2020
中国住户调查年鉴
CHINA YEARBOOK OF HOUSEHOLD SURVEY

国家统计局住户调查办公室　编

COMPILED BY
Department of Household Surveys
National Bureau of Statistics of China

中国统计出版社
China Statistics Press

图书在版编目（CIP）数据

中国住户调查年鉴 . 2020 / 国家统计局住户调查办公室编 . -- 北京 : 中国统计出版社 , 2020.10
ISBN 978-7-5037-9300-4

Ⅰ . ①中 … Ⅱ . ①国 … Ⅲ . ①居民家庭收支调查－中国－ 2020 －年鉴 Ⅳ . ① F126.2-54

中国版本图书馆 CIP 数据核字 (2020) 第 193941 号

中国住户调查年鉴—2020

作　　者 / 国家统计局住户调查办公室
责任编辑 / 冯燕玲　杜珞维
出版发行 / 中国统计出版社
通信地址 / 北京市丰台区西三环南路甲 6 号　邮政编码 /100073
电　　话 / 邮购（010）63376909　书店（010）68783171
网　　址 / http://www.zgtjcbs.com/
印　　刷 / 河北鑫兆源印刷有限公司
经　　销 / 新华书店
开　　本 / 880×1230 毫米　1/16
字　　数 / 808 千字
印　　张 / 26.25
版　　别 / 2020 年 10 月第 1 版
版　　次 / 2020 年 10 月第 1 次印刷
定　　价 / 248.00 元

如有印装差错，由本社发行部调换。

《中国住户调查年鉴—2020》

编 者 说 明

一、《中国住户调查年鉴—2020》是一本全面反映中国城乡居民收支、生产和生活状况的资料性年鉴。该年鉴收录了历年全国及分城乡居民收支与生活状况主要数据，以及分地区、按收入等份分组和按4个经济区域分组的住户收支与生活状况主要数据，还包括农村住户固定资产投资情况，以及住户调查其他数据。

二、2012年国家统计局对原来分开组织实施的城镇住户调查和农村住户调查实施了一体化改革，统一了抽样方法、指标口径等，本书所收录的居民收支及生活状况数据资料主要来源于国家统计局自2012年四季度起组织开展的全国住户收支与生活状况调查，未包括香港、澳门特别行政区和台湾省数据。今年，该年鉴还收录了1978年以来按住户收支与生活状况调查口径调整的分地区、分城乡居民主要收支历史数据，删减了2012年及以前年份来源于城镇住户调查和农村住户调查的历史数据。

三、全书内容分为如下部分，即：综述；（一）全国及分城乡居民收支与生活状况主要数据；（二）分地区居民收支与生活状况主要数据；（三）历年全国及分地区居民收支与生活状况主要数据；（四）全国及分地区农村住户固定资产投资情况；（五）住户调查其他数据；住户调查简介。

四、本年鉴数据一般保留一位小数，部分数据合计由于单位取舍不同而产生的计算误差均未作调整。

五、本年鉴各表中对全表的注解均在表上方，对表中部分指标的注解则在表下方。带续表的资料中对部分指标的注解则在最后一张续表的下方。

六、本年鉴的符号使用说明："空格"表示该统计指标数据不详或无该项统计；"#"表示其中的主要项；"*"表示本表下有注解。

编　者

2020年10月

目录

综述

第一部分　全国及分城乡居民收支与生活状况主要数据

第二部分　分地区居民收支与生活状况主要数据

第三部分 历年全国及分地区居民收支与生活状况主要数据

一、1978-2019 年全国居民收支增长情况

二、1978-2019 年分地区居民收支主要数据

第四部分 全国及分地区农村住户固定资产投资情况

一、农村住户固定资产投资和结构

二、农村住户固定资产投资和投向

三、农村住户固定资产投资和建房

第五部分 住户调查其他数据

住户调查简介

综　述

2019年全国住户收支与生活状况调查主要结果综述

据国家统计局对全国31个省(自治区、直辖市)16万户居民家庭开展的住户收支与生活状况调查,2019年全国居民收入保持较快增长,生活质量不断改善,居民间收入差距缩小,向2020年居民收入比2010年翻一番的目标更进一步。

一、2019年全国居民人均可支配收入实际增长5.8%

2019年,全国居民人均可支配收入30733元,比上年名义增长8.9%,扣除价格因素影响,实际增长5.8%。分城乡看,城镇居民人均可支配收入42359元,名义增长7.9%,实际增长5.0%;农村居民人均可支配收入16021元,名义增长9.6%,实际增长6.2%。农村居民人均可支配收入名义增速和实际增速分别快于城镇居民1.7和1.2个百分点。全国居民人均可支配收入增长的主要情况如下:

(一)工资性收入增长[①] 8.6%。2019年,全国居民人均工资性收入17186元,增长8.6%,增速比上年加快0.3个百分点。

2019年,全国就业形势继续保持稳定,城镇居民人均工资性收入25565元,增长7.5%,延续稳定增长态势。城镇居民人均工资性收入占人均可支配收入的比重为60.4%,比上年下降0.2个百分点。人均工资性收入对城镇居民增收的贡献率为57.0%,比上年提高1.3个百分点。

2019年,农村居民人均工资性收入6583元,增长9.8%,增速比上年加快0.7个百分点。主要是农民工就业人数增长0.8%,增速比上年加快0.2个百分点。农村居民人均工资性收入占人均可支配收入的比重为41.1%,比上年提高0.1个百分点。人均工资性收入对农村居民增收的贡献率为41.8%,比上年下降0.2个百分点。

(二)经营净收入增长8.1%。2019年,全国居民人均经营净收入5247元,增长8.1%,增速比上年加快0.3个百分点。

2019年,党中央、国务院深化"放管服"改革、优化营商环境,市场活力不断增强,减税降费红利加速释放,金融对实体经济和小微企业的支持力度增强,城镇居民人均经营净收入4840元,增长9.0%,增速比上年回落0.3个百分点。城镇居民人均经营净收入占人均可支配收入的比重为11.4%,比上年提高0.1个百分点。人均经营净收入对城镇居民增收的贡献率为12.8%,比上年回落0.4个百分点。

2019年,农村居民人均经营净收入5762元,增长7.5%,增速比上年加快0.9个百分点。人均经营净收入占人均可支配收入的比重为36.0%,比上年下降0.7个百分点。人均经营净收入对农村居民增收的贡献率为28.8%,比上年提高0.9个百分点。第一产业经营净收入增速加快。农村居民人均第一产业经营净收入3730元,增长6.9%,增速比上年加快4.0个百分点。其中,人均种植业净收入增长5.1%,比上年加快1.8个百分点,主要是2019年粮食总产量增长0.9%,创历史最高水平,以及蔬菜、水果价格上涨带动种植业收入增加;人均牧业净收入增长14.3%,比上年加快16.2个百分点,主要是猪肉价格同比大幅上涨,牛羊肉及畜禽产品量价齐升,冲抵了生猪出栏下降带来的损失。二三产经营净收入增速有所回落。农村居民人均二三产业经营净收入2032元,增长8.7%,增速比上年回落5.5个百分点。

(三)财产净收入增长10.1%。2019年,全国居民人均财产净收入2619元,增长10.1%,增速比上年回落2.8个百分点。

城镇居民人均财产净收入4391元,增长9.0%,增速比上年回落2.7个百分点,占人均可支配收入的比重为10.4%。人均财产净收入增长对城镇居民增收的贡献率为11.7%,比上年下降3.0个百分点。主要是各地坚持"房住不炒"定位,全面落实因城施策、稳地价稳房价稳预期的长效管理调控机制,房地产市场平稳健康发展。

农村居民人均财产净收入377元,增长10.3%,增速比上年回落2.6个百分点。其中,人均转让承包土地经营权租金净收入和出租房屋净收入分别增长12.3%和11.3%。农村居民人均财产净收入占人均可支配收入的比重为2.4%,比上年提高0.1个百分点。人均财产净收入对农村居

①以下如无特别说明,均为比上年名义增长。

民增收的贡献率为2.5%，比上年下降0.8个百分点。

（四）转移净收入增长9.9%。2019年，全国居民人均转移净收入5680元，增长9.9%。

城镇居民人均转移净收入7563元，增长8.2%，增速比上年加快1.1个百分点，占人均可支配收入的比重为17.9%。人均转移净收入增长对城镇居民增收的贡献率为18.5%，比上年提高2.2个百分点。主要是由于城镇最低生活保障标准继续上调，医保报销范围、比例逐步扩大，同时个税改革红利全面释放，城镇居民人均个人所得税支出下降24.1%。

农村居民人均转移净收入3298元，增长12.9%，增速比上年加快0.7个百分点。主要是各地继续加大精准扶贫和社会救助力度，人均社会救济和补助收入增长14.6%；医疗保障体系持续完善，报销药品目录进一步扩大，居民医保报销比例继续提高，人均报销医疗费增长16.4%；部分地区提高稻谷补贴、农机补贴等标准，农村居民人均政策性惠农补贴增长16.5%。农村居民人均转移净收入占人均可支配收入的比重为20.6%，比上年提高0.6个百分点。人均转移净收入对农村居民增收的贡献率为26.9%，比上年提高0.1个百分点。

二、2019年居民收入差距缩小

2019年全国居民人均可支配收入保持较快增长，居民间收入差距缩小，收入分配状况进一步改善。

（一）人均可支配收入中位数①增速快于平均数增速。

2019年，全国居民人均可支配收入中位数26523元，比上年增长9.0%，增速快于平均数增速0.1个百分点。全国居民人均可支配收入中位数相当于平均数的86.3%，比上年提高0.1个百分点。分城乡看，城镇居民人均可支配收入中位数相当于平均数的92.6%，比上年下降0.2个百分点；农村居民人均可支配收入中位数相当于平均数的89.8%，比上年提高0.4个百分点。

（二）中西部地区居民人均可支配收入增速快于平均数增速。

地区间居民收入相对差距缩小。分区域②看，东部地区全体居民人均可支配收入比上年增长8.7%，中部地区增长9.4%，西部地区增长9.3%，东北地区增长7.2%。中部和西部地区增长较快，东北地区增长最慢。以西部地区为1，东部、中部、东北地区与西部地区全体居民人均可支配收入之比分别为1.64、1.09和1.14，西部地区与东部和东北地区差距缩小。

中间收入群体收入增长加快。按人均可支配收入从低到高进行五等份分组，全国居民中间偏上、中间和中间偏下收入组居民收入分别增长7.6%、8.0%和9.9%，增速分别比上年加快2.0、4.9和6.2个百分点。

农村低收入组收入加快增长。2019年，各地持续落实精准扶贫、精准脱贫方略，因地制宜、精准施策，聚焦脱贫质量，不断加大扶贫力度，为高质量打赢脱贫攻坚战、如期全面建成小康社会打下坚实基础。农村居民低收入组人均可支配收入增长16.3%，比上年加快5.3个百分点，增速高于全国农村居民收入增速6.7个百分点。

城镇高收入组收入增长放缓。城镇居民高收入组人均可支配收入增长8.0%，比上年回落2.1个百分点，增速高于全国城镇居民收入增速0.1个百分点。

三、2019年全国居民收入稳定增长为到2020年实现居民收入翻番目标更进一步

按现价看，2019年全国居民人均可支配收入为30733元，是2010年的2.45倍。按可比价看，2011-2019年全国居民人均可支配收入实际增速分别为10.3%、10.6%、8.1%、8.0%、7.4%、6.3%、7.3%、6.5%和5.8%，九年累计实际增长96.6%。据此测算，在2020年，全国居民人均可支配收入实际增速在1.7%以上，全国居民人均可支配收入比2010年翻一番的目标接近完成。

四、2019年全国居民人均消费支出实际增长5.5%

① 人均可支配收入中位数：指将所有调查户按人均可支配收入水平从低到高顺序排列，处于最中间位置调查户的人均可支配收入。

② 东部地区：北京、天津、河北、上海、江苏、浙江、福建、山东、广东、海南；
中部地区：山西、安徽、江西、河南、湖北、湖南；
西部地区：内蒙古、广西、重庆、四川、贵州、云南、西藏、陕西、甘肃、青海、宁夏、新疆；
东北地区：辽宁、吉林、黑龙江。

2019年全国居民人均消费支出21559元,比上年名义增长8.6%,扣除价格因素,实际增长5.5%,名义增速比上年加快0.2个百分点,实际增速比上年回落0.7个百分点。全国居民人均服务性消费支出9886元,名义增长12.6%;人均服务性消费支出占人均消费支出比重为45.9%,比上年提高1.7个百分点。分城乡看,城镇居民人均消费支出28063元,名义增长7.5%,实际增长4.6%;农村居民人均消费支出13328元,名义增长9.9%,实际增长6.5%。农村居民消费支出实际增速快于城镇居民1.9个百分点。

(一)食品烟酒支出增长8.0%。

2019年,全国居民人均食品烟酒支出6084元,增长8.0%。全国居民人均食品烟酒支出占人均消费支出的比重(恩格尔系数)为28.2%,比上年下降0.2个百分点。其中,受猪肉价格大幅上涨带动畜禽肉类价格明显上升影响,全国居民人均食品支出增长5.4%,增速比上年加快5.0个百分点。随着餐饮行业规模不断扩大,居民在外饮食行为更加普遍,人均饮食服务支出增长16.3%。分城乡看,城镇居民人均食品烟酒支出7733元,增长6.8%;农村居民人均食品烟酒支出3998元,增长9.7%。

(二)衣着支出增长3.8%。

2019年,全国居民人均衣着支出1338元,增长3.8%。分城乡看,城镇居民人均衣着支出1832元,增长1.3%;农村居民人均衣着支出713元,增长10.1%,农村居民的个性化着装需求得到进一步满足。

(三)居住支出增长8.8%。

2019年,全国居民人均居住支出5055元,增长8.8%。其中,人均住房维修及管理支出增长17.8%。分城乡看,城镇居民人均居住支出6780元,增长8.4%;农村居民人均居住支出2871元,增长7.9%。

(四)生活用品及服务支出增长4.8%。

2019年,全国居民人均生活用品及服务支出1281元,增长4.8%,居民对个人生活品质的追求不断增强,包括化妆品消费在内的人均个人用品支出增长14.6%。分城乡看,城镇居民人均生活用品及服务支出1689元,增长3.7%;农村居民人均生活用品及服务支出764元,增长6.0%。

(五)交通通信支出增长7.0%。

2019年,全国居民人均交通通信支出2862元,增长7.0%。其中,随着交通网络建设更加便捷高效,居民出行更为便利,人均交通支出增长10.5%。电信行业提速降费相关工作进一步推进,居民得到更多通信实惠,全国居民人均通信支出下降2.9%。分城乡看,城镇居民人均交通通信支出3671元,增长5.7%;农村居民人均交通通信支出1837元,增长8.7%。

(六)教育文化娱乐支出增长12.9%。

2019年,全国居民人均教育文化娱乐支出2513元,增长12.9%。其中,由于教育培训行业日益规范成熟,居民教育投资理念不断增强,人均教育支出增长19.0%。分城乡看,城镇居民人均教育文化娱乐支出3328元,增长11.9%;农村居民人均教育文化娱乐支出1482元,增长13.8%。

(七)医疗保健支出增长12.9%。

2019年,全国居民人均医疗保健支出1902元,增长12.9%。其中,人均医疗服务支出增长19.8%。主要是异地就医直接结算更加便利、更多药品纳入医保、大病保险和医疗救助制度进一步完善,推动居民享受更多优质医疗服务。分城乡看,城镇居民人均医疗保健支出2283元,增长11.6%;农村居民人均医疗保健支出1421元,增长14.6%。

(八)其他用品及服务支出增长9.7%。

2019年,全国居民人均其他用品及服务支出524元,增长9.7%。分城乡看,城镇居民人均其他用品及服务支出747元,增长8.7%;农村居民人均其他用品及服务支出241元,增长10.6%。

五、2019年全国农村贫困人口减少1109万人

据对全国31个省(自治区、直辖市)16万户居民家庭的抽样调查,按现行国家农村贫困标准①测算,2019年全国农村贫困人口551万人,比上年减少1109万人,下降66.8%;贫困发生率0.6%,比上年下降1.1个百分点。

(一)东、中、西部地区②农村减贫速度均超

① 现行国家农村贫困标准为2010年价格每人每年生活水平2300元,2019年价格每人每年3218元。

② 东部地区:包括北京、天津、河北、辽宁、上海、江苏、浙江、福建、山东、广东、海南。
中部地区:包括山西、吉林、黑龙江、安徽、江西、河南、湖北、湖南。
西部地区:包括内蒙古、广西、重庆、四川、贵州、云南、西藏、陕西、甘肃、青海、宁夏、新疆。

上年。

按现行国家农村贫困标准测算，2019年西部地区农村贫困人口323万人，比上年减少593万人，下降64.7%，减贫速度比上年加快20.8个百分点；贫困人口占全国农村贫困人口的58.7%，比上年上升3.5个百分点；贫困发生率1.1%，比上年下降2.1个百分点。

中部地区农村贫困人口181万人，比上年减少416万人，下降69.7%，减贫速度比上年加快23.4个百分点；贫困人口占全国农村贫困人口的32.9%，比上年下降3.1个百分点；贫困发生率0.6%，比上年下降1.2个百分点。

东部地区农村贫困人口47万人，比上年减少100万人，下降68.3%，减贫速度比上年加快17.1个百分点；贫困人口占全国农村贫困人口的8.5%，比上年下降0.3个百分点；贫困发生率0.1%，比上年下降0.3个百分点。

（二）各省贫困发生率均下降至2.2%及以下。

2019年，各省贫困发生率普遍下降至2.2%及以下。其中，贫困发生率在1%以上的省份有7个，包括广西、贵州、云南、西藏、甘肃、青海、新疆；贫困发生率在0.5%-1%的省份有7个，包括山西、吉林、河南、湖南、四川、陕西、宁夏；贫困发生率在0.5%以下、贫困现象在统计上呈现为不显著状态的省份有17个，包括北京、天津、河北、内蒙古、辽宁、黑龙江、上海、江苏、浙江、安徽、福建、江西、山东、湖北、广东、海南、重庆。

（三）部分省份扶贫任务仍然较重。

2019年，农村贫困人口在50万人以上的省份有5个，包括河南、广西、四川、贵州、云南；农村贫困发生率在1.5%以上的省份有4个，包括贵州、云南、甘肃、新疆，其中甘肃的农村贫困发生率仍有2.2%。

1

全国及分城乡居民收支与生活状况主要数据

一、2014-2019年全国居民收支与生活状况主要数据

1-1-1 全国居民家庭基本情况

指 标	单 位	2014年	2015年	2016年	2017年	2018年	2019年
一、基本情况							
户均常住人口	人/户	3.0	3.0	3.0	3.0	3.1	3.0
户均常住从业人口	人/户	1.8	1.8	1.7	1.7	1.7	1.6
平均每户家庭从业人口比重	%	58.4	57.6	56.9	56.5	54.0	53.1
平均每一从业人口负担人数(包括从业者本人)	人	1.7	1.7	1.8	1.8	1.9	1.9
二、户主文化程度							
(一)未上过学	%	2.8	2.4	2.0	2.0	2.3	2.1
(二)小学	%	20.0	19.1	18.2	18.0	20.5	20.2
(三)初中	%	42.0	42.5	43.3	43.3	40.9	41.3
(四)高中	%	20.0	20.3	20.3	20.4	18.3	18.5
(五)大学专科	%	8.9	9.2	9.5	9.6	10.0	9.9
(六)大学本科及以上	%	6.3	6.6	6.8	6.8	8.1	7.9
三、常住从业人员就业类型							
(一)雇主	%	1.6	1.3	1.1	0.9	1.0	0.8
(二)公职人员	%	3.0	2.9	2.8	2.8	2.5	2.5
(三)事业单位人员	%	5.9	6.0	6.2	6.2	6.0	6.0
(四)国有企业雇员	%	5.0	4.9	4.9	4.8	4.1	4.0
(五)其他雇员	%	40.1	42.5	43.4	45.1	46.9	49.2
(六)农业自营	%	33.7	32.9	31.5	30.0	29.4	27.4
(七)非农自营	%	10.7	9.5	10.1	10.1	9.9	10.2
四、常住从业人员从事主要行业							
(一)第一产业	%	34.8	33.9	32.7	31.3	30.8	29.1
(二)第二产业	%	23.0	23.2	22.9	23.2	22.5	22.8
(三)第三产业	%	42.2	42.9	44.4	45.5	46.7	48.2
五、居民收入与支出情况							
居民人均可支配收入	元/人	20167.1	21966.2	23821.0	25973.8	28228.0	30732.8
居民人均可支配收入中位数	元/人	17569.8	19281.1	20882.9	22408.0	24336.4	26523.2
居民人均现金可支配收入	元/人	18747.4	20424.3	22204.5	24201.9	26291.4	28612.1
现金可支配收入占可支配收入比重	%	93.0	93.0	93.2	93.2	93.1	93.1
居民人均消费支出	元/人	14491.4	15712.4	17110.7	18322.1	19853.1	21558.9
居民人均现金消费支出	元/人	11975.7	12988.7	14142.0	15122.3	16174.8	17526.0
现金消费支出占消费支出比重	%	82.6	82.7	82.6	82.5	81.5	81.3

注：①从2013年度起，国家统计局开展了住户收支与生活状况抽样调查，本年鉴中的2013年及以后年份数据来源于此调查，与2012年及以前的分城镇和农村住户抽样调查的调查范围、调查方法、指标口径有所不同。
②表1-1-1到2-3-6-10数据来源于实施城乡一体化调查后的住户收支与生活状况抽样调查。

1-1-2 全国居民可支配收入及构成

指 标	2014年	2015年	2016年	2017年	2018年	2019年
可支配收入 （元/人）	**20167.1**	**21966.2**	**23821.0**	**25973.8**	**28228.0**	**30732.8**
一、工资性收入	11420.6	12459.0	13455.2	14620.3	15829.0	17186.2
二、经营净收入	3732.0	3955.6	4217.7	4501.8	4852.4	5247.3
(一)第一产业经营净收入	1582.8	1627.5	1673.2	1715.2	1797.7	1891.9
1.农业	1198.9	1233.6	1237.3	1261.4	1327.7	1382.0
2.林业	95.0	85.6	81.1	84.3	94.4	98.8
3.牧业	238.7	254.4	295.7	300.4	298.7	335.0
4.渔业	50.2	54.0	59.1	69.1	76.9	76.0
(二)第二产业经营净收入	376.1	391.2	402.5	434.9	503.9	573.4
(三)第三产业经营净收入	1773.1	1937.0	2142.0	2351.7	2550.9	2782.1
三、财产净收入	1587.8	1739.6	1889.0	2107.4	2378.5	2619.1
四、转移净收入	3426.8	3811.9	4259.1	4744.3	5168.1	5680.3
(一)转移性收入	4417.2	4959.1	5570.1	6171.2	6693.4	7322.7
(二)转移性支出	990.5	1147.1	1311.0	1426.9	1525.4	1642.4
可支配收入构成 （%）	**100.0**	**100.0**	**100.0**	**100.0**	**100.0**	**100.0**
一、工资性收入	56.6	56.7	56.5	56.3	56.1	55.9
二、经营净收入	18.5	18.0	17.7	17.3	17.2	17.1
(一)第一产业经营净收入	7.8	7.4	7.0	6.6	6.4	6.2
1.农业	5.9	5.6	5.2	4.9	4.7	4.5
2.林业	0.5	0.4	0.3	0.3	0.3	0.3
3.牧业	1.2	1.2	1.2	1.2	1.1	1.1
4.渔业	0.2	0.2	0.2	0.3	0.3	0.2
(二)第二产业经营净收入	1.9	1.8	1.7	1.7	1.8	1.9
(三)第三产业经营净收入	8.8	8.8	9.0	9.1	9.0	9.1
三、财产净收入	7.9	7.9	7.9	8.1	8.4	8.5
四、转移净收入	17.0	17.4	17.9	18.3	18.3	18.5
(一)转移性收入	21.9	22.6	23.4	23.8	23.7	23.8
(二)转移性支出	4.9	5.2	5.5	5.5	5.4	5.3

1-1-3 全国居民现金可支配收入及构成

指 标	2014年	2015年	2016年	2017年	2018年	2019年
现金可支配收入 （元/人）	**18747.4**	**20424.3**	**22204.5**	**24201.9**	**26291.4**	**28612.1**
一、现金工资性收入	11352.7	12386.2	13379.0	14537.8	15746.4	17095.9
二、现金经营净收入	3571.5	3782.7	4111.4	4424.1	4880.3	5269.7
(一)第一产业经营净收入	1197.1	1239.8	1337.1	1405.1	1531.6	1622.0
1.农业	834.5	859.8	912.6	960.6	1060.7	1119.9
2.林业	55.8	54.1	56.0	60.4	66.4	68.9
3.牧业	254.7	269.3	307.6	314.0	326.0	353.4
4.渔业	52.1	56.6	61.0	70.1	78.5	79.8
(二)第二产业经营净收入	433.8	439.3	458.7	492.1	582.5	644.6
(三)第三产业经营净收入	1940.6	2103.7	2315.7	2526.8	2766.1	3003.1
三、现金财产净收入	621.8	689.5	739.8	811.5	877.8	1001.5
四、现金转移净收入	3201.3	3565.9	3974.3	4428.6	4786.9	5244.0
(一)现金转移性收入	4192.1	4712.8	5285.3	5855.5	6312.3	6886.4
(二)现金转移性支出	990.7	1146.9	1311.0	1426.9	1525.4	1642.4
现金可支配收入构成 （%）	**100.0**	**100.0**	**100.0**	**100.0**	**100.0**	**100.0**
一、现金工资性收入	60.6	60.6	60.3	60.1	59.9	59.8
二、现金经营净收入	19.1	18.5	18.5	18.3	18.6	18.4
(一)第一产业经营净收入	6.4	6.1	6.0	5.8	5.8	5.7
1.农业	4.5	4.2	4.1	4.0	4.0	3.9
2.林业	0.3	0.3	0.3	0.2	0.3	0.2
3.牧业	1.4	1.3	1.4	1.3	1.2	1.2
4.渔业	0.3	0.3	0.3	0.3	0.3	0.3
(二)第二产业经营净收入	2.3	2.2	2.1	2.0	2.2	2.3
(三)第三产业经营净收入	10.4	10.3	10.4	10.4	10.5	10.5
三、现金财产净收入	3.3	3.4	3.3	3.4	3.3	3.5
四、现金转移净收入	17.1	17.5	17.9	18.3	18.2	18.3
(一)现金转移性收入	22.4	23.1	23.8	24.2	24.0	24.1
(二)现金转移性支出	5.3	5.6	5.9	5.9	5.8	5.7

1-1-4　全国居民按收入五等份分组的人均可支配收入

单位：元/人

组　别	2014年	2015年	2016年	2017年	2018年	2019年
20%低收入组家庭人均可支配收入	4747.3	5221.2	5528.7	5958.4	6440.5	7380.4
20%中间偏下收入组家庭人均可支配收入	10887.4	11894.0	12898.9	13842.8	14360.5	15777.0
20%中间收入组家庭人均可支配收入	17631.0	19320.1	20924.4	22495.3	23188.9	25034.7
20%中间偏上收入组家庭人均可支配收入	26937.4	29437.6	31990.4	34546.8	36471.4	39230.5
20%高收入组家庭人均可支配收入	50968.0	54543.5	59259.5	64934.0	70639.5	76400.7

注：全国居民按收入五等份分组是指将所有调查户按人均可支配收入水平从低到高顺序排列，平均分为五个等份，处于最低20%的收入群体为低收入组，依此类推依次为中间偏下收入组、中间收入组、中间偏上收入组、高收入组。本表数据为不同分组家庭的人均可支配收入。表1-2-4、1-3-4与此相同。

1-1-5　全国居民按东、中、西部及东北地区分组的人均可支配收入

单位：元/人

组　别	2014年	2015年	2016年	2017年	2018年	2019年
东部地区	25954.0	28223.3	30654.7	33414.0	36298.2	39438.9
中部地区	16867.7	18442.1	20006.2	21833.6	23798.3	26025.3
西部地区	15376.1	16868.1	18406.8	20130.3	21935.8	23986.1
东北地区	19604.4	21008.4	22351.5	23900.5	25543.2	27370.6

1-1-6 全国居民消费支出

单位：元/人

指 标	2014年	2015年	2016年	2017年	2018年	2019年
消费支出	**14491.4**	**15712.4**	**17110.7**	**18322.1**	**19853.1**	**21558.9**
#服务性消费支出	5842.1	6459.7	7156.6	7802.6	8780.8	9886.0
(一)食品烟酒	4493.9	4814.0	5151.0	5373.6	5631.1	6084.2
1.食品	3223.9	3414.4	3657.8	3745.3	3761.1	3964.9
2.烟酒	446.7	480.7	499.5	529.7	559.8	600.2
3.饮料	97.8	104.6	108.9	118.4	117.2	131.6
4.饮食服务	725.4	814.4	884.8	980.2	1192.9	1387.5
(二)衣着	1099.3	1164.1	1202.7	1237.6	1288.9	1338.1
1.衣类	847.1	895.5	929.5	962.1	1038.6	1076.0
2.鞋类	252.2	268.6	273.3	275.5	250.3	262.2
(三)居住	3200.5	3419.2	3746.4	4106.9	4646.6	5054.8
1.租赁房房租	158.4	149.1	155.4	166.9	223.3	236.4
2.住房维修及管理	383.1	419.0	469.0	571.5	587.2	691.6
3.水、电、燃料及其他	724.6	724.7	773.0	815.2	845.1	870.1
4.自有住房折算租金	1934.5	2126.4	2349.0	2553.3	2991.0	3256.7
(四)生活用品及服务	889.7	951.4	1043.7	1120.7	1222.7	1280.9
1.家具及室内装饰品	142.3	161.8	168.2	190.5	206.6	220.8
2.家用器具	233.0	237.2	265.2	289.1	320.1	327.3
3.家用纺织品	81.0	84.7	91.5	93.5	97.2	101.8
4.家庭日用杂品	267.0	277.3	296.3	300.1	293.8	292.8
5.个人护理用品	124.4	146.2	170.7	192.9	232.9	266.9
6.家庭服务	42.0	44.1	51.8	54.6	72.1	71.2
(五)交通通信	1869.3	2086.9	2337.8	2498.9	2675.4	2861.6
1.交通	1244.2	1409.3	1619.8	1774.4	1971.6	2178.1
2.通信	625.1	677.5	718.0	724.5	703.8	683.5
(六)教育文化娱乐	1535.9	1723.1	1915.3	2086.2	2225.7	2513.1
1.教育	864.4	963.0	1115.3	1236.7	1398.3	1664.5
2.文化和娱乐	671.5	760.1	800.0	849.6	827.4	848.6
(七)医疗保健	1044.8	1164.5	1307.5	1451.2	1685.2	1902.3
1.医疗器具及药品	369.3	405.0	448.5	489.2	524.7	512.0
2.医疗服务	675.5	759.5	858.9	962.1	1160.5	1390.3
(八)其他用品及服务	358.0	389.2	406.3	447.0	477.5	524.0
1.其他用品	211.1	226.5	220.5	243.0	244.9	265.5
2.其他服务	146.9	162.7	185.9	204.0	232.6	258.4

1-1-7 全国居民消费支出构成

单位：%

指　　标	2014年	2015年	2016年	2017年	2018年	2019年
消费支出构成	**100.0**	**100.0**	**100.0**	**100.0**	**100.0**	**100.0**
#服务性消费支出	40.3	41.1	41.8	42.6	44.2	45.9
(一)食品烟酒	31.0	30.6	30.1	29.3	28.4	28.2
1.食品	22.2	21.7	21.4	20.4	18.9	18.4
2.烟酒	3.1	3.1	2.9	2.9	2.8	2.8
3.饮料	0.7	0.7	0.6	0.6	0.6	0.6
4.饮食服务	5.0	5.2	5.2	5.3	6.0	6.4
(二)衣着	7.6	7.4	7.0	6.8	6.5	6.2
1.衣类	5.8	5.7	5.4	5.3	5.2	5.0
2.鞋类	1.7	1.7	1.6	1.5	1.3	1.2
(三)居住	22.1	21.8	21.9	22.4	23.4	23.4
1.租赁房房租	1.1	0.9	0.9	0.9	1.1	1.1
2.住房维修及管理	2.6	2.7	2.7	3.1	3.0	3.2
3.水、电、燃料及其他	5.0	4.6	4.5	4.4	4.3	4.0
4.自有住房折算租金	13.3	13.5	13.7	13.9	15.1	15.1
(四)生活用品及服务	6.1	6.1	6.1	6.1	6.2	5.9
1.家具及室内装饰品	1.0	1.0	1.0	1.0	1.0	1.0
2.家用器具	1.6	1.5	1.5	1.6	1.6	1.5
3.家用纺织品	0.6	0.5	0.5	0.5	0.5	0.5
4.家庭日用杂品	1.8	1.8	1.7	1.6	1.5	1.4
5.个人护理用品	0.9	0.9	1.0	1.1	1.2	1.2
6.家庭服务	0.3	0.3	0.3	0.3	0.4	0.3
(五)交通通信	12.9	13.3	13.7	13.6	13.5	13.3
1.交通	8.6	9.0	9.5	9.7	9.9	10.1
2.通信	4.3	4.3	4.2	4.0	3.5	3.2
(六)教育文化娱乐	10.6	11.0	11.2	11.4	11.2	11.7
1.教育	6.0	6.1	6.5	6.7	7.0	7.7
2.文化和娱乐	4.6	4.8	4.7	4.6	4.2	3.9
(七)医疗保健	7.2	7.4	7.6	7.9	8.5	8.8
1.医疗器具及药品	2.5	2.6	2.6	2.7	2.6	2.4
2.医疗服务	4.7	4.8	5.0	5.3	5.8	6.4
(八)其他用品及服务	2.5	2.5	2.4	2.4	2.4	2.4
1.其他用品	1.5	1.4	1.3	1.3	1.2	1.2
2.其他服务	1.0	1.0	1.1	1.1	1.2	1.2

1-1-8 全国居民现金消费支出

单位：元/人

指　　标	2014年	2015年	2016年	2017年	2018年	2019年
现金消费支出	**11975.7**	**12988.7**	**14142.0**	**15122.3**	**16174.8**	**17526.0**
(一)食品烟酒	4185.6	4505.0	4846.7	5073.0	5366.2	5798.1
1.食品	2955.7	3149.4	3399.7	3496.3	3540.8	3729.9
2.烟酒	446.7	480.6	499.4	529.6	559.8	600.2
3.饮料	97.3	104.2	108.7	118.2	117.0	131.2
4.饮食服务	685.9	770.8	838.9	928.8	1148.6	1336.7
(二)衣着	1098.6	1163.5	1202.2	1237.0	1288.3	1337.6
1.衣类	846.4	894.9	928.9	961.5	1038.0	1075.4
2.鞋类	252.2	268.6	273.3	275.5	250.3	262.2
(三)居住	1215.7	1251.9	1359.8	1519.0	1615.1	1755.7
1.租赁房房租	158.4	149.1	155.4	166.9	223.3	236.4
2.住房维修及管理	383.1	419.0	469.0	571.5	587.2	691.6
3.水、电、燃料及其他	674.3	683.9	735.4	780.6	804.6	827.8
(四)生活用品及服务	882.6	943.8	1036.1	1110.8	1211.0	1266.9
1.家具及室内装饰品	141.1	160.6	167.7	189.7	205.9	220.4
2.家用器具	233.0	237.2	265.2	289.1	320.1	327.3
3.家用纺织品	81.0	84.7	91.5	93.5	97.2	101.8
4.家庭日用杂品	261.1	271.0	289.2	290.9	282.9	279.3
5.个人护理用品	124.4	146.2	170.7	192.9	232.9	266.9
6.家庭服务	42.0	44.1	51.8	54.6	72.1	71.2
(五)交通通信	1866.2	2083.7	2332.9	2495.3	2669.1	2857.4
1.交通	1241.1	1406.1	1614.9	1770.8	1965.3	2173.9
2.通信	625.1	677.5	718.0	724.5	703.8	683.5
(六)教育文化娱乐	1534.9	1722.0	1914.3	2085.3	2224.1	2511.7
1.教育	864.3	963.0	1115.2	1236.6	1398.3	1664.5
2.文化和娱乐	670.6	759.0	799.1	848.7	825.9	847.2
(七)医疗保健	838.3	933.3	1048.5	1160.7	1332.6	1482.4
1.医疗器具及药品	367.6	404.1	447.9	488.7	523.8	511.6
2.医疗服务	470.6	529.2	600.6	672.0	808.8	970.7
(八)其他用品及服务	353.8	385.6	401.5	441.2	468.4	516.2
1.其他用品	209.5	224.9	218.7	240.4	242.3	263.3
2.其他服务	144.4	160.7	182.8	200.8	226.0	252.9

1-1-9 全国居民现金消费支出构成

单位：%

指　　标	2014年	2015年	2016年	2017年	2018年	2019年
现金消费支出构成	**100.0**	**100.0**	**100.0**	**100.0**	**100.0**	**100.0**
(一)食品烟酒	35.0	34.7	34.3	33.5	33.2	33.1
1.食品	24.7	24.2	24.0	23.1	21.9	21.3
2.烟酒	3.7	3.7	3.5	3.5	3.5	3.4
3.饮料	0.8	0.8	0.8	0.8	0.7	0.7
4.饮食服务	5.7	5.9	5.9	6.1	7.1	7.6
(二)衣着	9.2	9.0	8.5	8.2	8.0	7.6
1.衣类	7.1	6.9	6.6	6.4	6.4	6.1
2.鞋类	2.1	2.1	1.9	1.8	1.5	1.5
(三)居住	10.2	9.6	9.6	10.0	10.0	10.0
1.租赁房房租	1.3	1.1	1.1	1.1	1.4	1.3
2.住房维修及管理	3.2	3.2	3.3	3.8	3.6	3.9
3.水、电、燃料及其他	5.6	5.3	5.2	5.2	5.0	4.7
(四)生活用品及服务	7.4	7.3	7.3	7.3	7.5	7.2
1.家具及室内装饰品	1.2	1.2	1.2	1.3	1.3	1.3
2.家用器具	1.9	1.8	1.9	1.9	2.0	1.9
3.家用纺织品	0.7	0.7	0.6	0.6	0.6	0.6
4.家庭日用杂品	2.2	2.1	2.0	1.9	1.7	1.6
5.个人护理用品	1.0	1.1	1.2	1.3	1.4	1.5
6.家庭服务	0.4	0.3	0.4	0.4	0.4	0.4
(五)交通通信	15.6	16.0	16.5	16.5	16.5	16.3
1.交通	10.4	10.8	11.4	11.7	12.2	12.4
2.通信	5.2	5.2	5.1	4.8	4.4	3.9
(六)教育文化娱乐	12.8	13.3	13.5	13.8	13.8	14.3
1.教育	7.2	7.4	7.9	8.2	8.6	9.5
2.文化和娱乐	5.6	5.8	5.7	5.6	5.1	4.8
(七)医疗保健	7.0	7.2	7.4	7.7	8.2	8.5
1.医疗器具及药品	3.1	3.1	3.2	3.2	3.2	2.9
2.医疗服务	3.9	4.1	4.2	4.4	5.0	5.5
(八)其他用品及服务	3.0	3.0	2.8	2.9	2.9	2.9
1.其他用品	1.7	1.7	1.5	1.6	1.5	1.5
2.其他服务	1.2	1.2	1.3	1.3	1.4	1.4

1-1-10 全国居民主要食品消费量

单位：公斤/人

指　　标	2014年	2015年	2016年	2017年	2018年	2019年
一、粮食(原粮)	141.0	134.5	132.8	130.1	127.2	130.1
(一)谷物	131.4	124.3	122.0	119.6	116.3	117.9
(二)薯类	2.2	2.4	2.6	2.5	2.6	2.9
(三)豆类	7.5	7.8	8.3	8.0	8.3	9.3
二、食用油	10.4	10.6	10.6	10.4	9.6	9.5
#食用植物油	9.8	10.0	10.0	9.8	8.9	8.9
三、蔬菜及食用菌	96.9	97.8	100.1	99.2	96.1	98.6
#鲜菜	94.1	94.9	96.9	96.1	93.0	95.2
四、肉类	25.6	26.2	26.1	26.7	29.5	26.9
#猪肉	20.0	20.1	19.6	20.1	22.8	20.3
牛肉	1.5	1.6	1.8	1.9	2.0	2.2
羊肉	1.0	1.2	1.5	1.3	1.3	1.2
五、禽类	8.0	8.4	9.1	8.9	9.0	10.8
六、水产品	10.8	11.2	11.4	11.5	11.4	13.6
七、蛋类	8.6	9.5	9.7	10.0	9.7	10.7
八、奶类	12.6	12.1	12.0	12.1	12.2	12.5
九、干鲜瓜果类	42.2	44.5	48.3	50.1	52.1	56.4
#鲜瓜果	38.6	40.5	43.9	45.6	47.4	51.4
坚果类	2.9	3.1	3.4	3.5	3.5	3.8
十、食糖	1.3	1.3	1.3	1.3	1.3	1.3

1-1-11 全国居民年末主要耐用消费品拥有量

单位：平均每百户

指　　标	单　位	2014年	2015年	2016年	2017年	2018年	2019年
家用汽车	辆	19.2	22.7	27.7	29.7	33.0	35.3
摩托车	辆	43.5	42.2	40.0	39.3	35.7	34.2
电动助力车	辆	43.8	47.6	53.2	56.5	59.2	63.9
洗衣机	台	83.7	86.4	89.8	91.7	93.8	96.0
电冰箱(柜)	台	85.5	89.0	93.5	95.3	98.8	100.9
微波炉	台	36.0	36.9	38.4	40.0	39.2	40.1
彩色电视机	台	119.2	119.9	120.8	122.2	119.3	120.6
空调	台	75.2	81.5	90.9	96.1	109.3	115.6
热水器	台	67.7	71.2	76.2	78.6	85.0	86.9
排油烟机	台	44.3	45.7	48.6	51.0	56.4	59.3
移动电话	部	215.9	224.8	235.4	240.0	249.1	253.2
计算机	台	53.0	55.5	57.5	58.7	53.4	53.2
照相机	台	21.7	20.4	17.7	18.4	12.6	12.2

二、2014-2019年全国城镇居民收支与生活状况主要数据

1-2-1 城镇居民家庭基本情况

指　　标	单 位	2014年	2015年	2016年	2017年	2018年	2019年
一、基本情况							
户均常住人口	人/户	2.8	2.9	2.9	2.9	3.0	3.0
户均常住从业人口	人/户	1.6	1.5	1.5	1.5	1.5	1.5
平均每户家庭从业人口比重	%	54.9	53.6	53.0	52.6	50.8	50.3
平均每一从业人口负担人数(包括从业者本人)	人	1.8	1.9	1.9	1.9	2.0	2.0
二、户主文化程度							
(一)未上过学	%	1.5	1.3	1.1	1.0	1.1	1.1
(二)小学	%	10.7	10.1	9.4	9.2	11.3	11.1
(三)初中	%	34.5	34.2	34.7	34.8	33.8	34.4
(四)高中	%	27.2	27.4	27.5	27.5	23.6	23.8
(五)大学专科	%	14.9	15.5	15.7	15.7	16.3	16.0
(六)大学本科及以上	%	11.1	11.5	11.7	11.7	13.9	13.6
三、常住从业人员就业类型							
(一)雇主	%	2.4	1.9	1.5	1.2	1.4	1.2
(二)公职人员	%	5.7	5.5	5.3	5.2	4.4	4.3
(三)事业单位人员	%	11.0	11.2	11.5	11.3	10.7	10.4
(四)国有企业雇员	%	9.6	9.5	9.3	9.0	7.6	7.2
(五)其他雇员	%	52.6	55.6	55.8	57.0	58.1	59.4
(六)农业自营	%	5.6	5.0	4.8	4.5	6.5	6.1
(七)非农自营	%	13.0	11.4	11.8	11.8	11.2	11.3
四、常住从业人员从事主要行业							
(一)第一产业	%	6.6	5.9	5.9	5.5	7.7	7.2
(二)第二产业	%	26.1	26.2	25.2	25.1	23.9	23.8
(三)第三产业	%	67.3	67.9	68.9	69.3	68.5	69.0
五、居民收入与支出情况							
居民人均可支配收入	元/人	28843.9	31194.8	33616.2	36396.2	39250.8	42358.8
居民人均可支配收入中位数	元/人	26634.7	29128.7	31554.5	33833.7	36412.8	39244.0
居民人均现金可支配收入	元/人	26860.2	29042.0	31270.0	33757.3	36316.2	39147.6
现金可支配收入占可支配收入比重	%	93.1	93.1	93.0	92.7	92.5	92.4
居民人均消费支出	元/人	19968.1	21392.4	23078.9	24445.0	26112.3	28063.4
居民人均现金消费支出	元/人	16690.6	17887.0	19284.1	20329.4	21287.1	22798.0
现金消费支出占消费支出比重	%	83.6	83.6	83.6	83.2	81.5	81.2

1-2-2 城镇居民可支配收入及构成

指 标	2014年	2015年	2016年	2017年	2018年	2019年
可支配收入 （元/人）	**28843.9**	**31194.8**	**33616.2**	**36396.2**	**39250.8**	**42358.8**
一、工资性收入	17936.8	19337.1	20665.0	22200.9	23792.2	25564.8
二、经营净收入	3279.0	3476.1	3770.1	4064.7	4442.6	4840.4
(一)第一产业经营净收入	313.6	291.7	308.4	322.6	427.6	439.2
(二)第二产业经营净收入	481.0	491.9	500.5	531.4	605.4	699.8
(三)第三产业经营净收入	2484.4	2692.5	2961.2	3210.8	3409.6	3701.5
三、财产净收入	2812.1	3041.9	3271.3	3606.9	4027.7	4390.6
四、转移净收入	4815.9	5339.7	5909.8	6523.6	6988.3	7563.0
(一)转移性收入	6425.3	7159.2	7983.2	8752.5	9293.3	10012.3
(二)转移性支出	1609.4	1819.5	2073.4	2228.9	2305.0	2449.2
可支配收入构成 （%）	**100.0**	**100.0**	**100.0**	**100.0**	**100.0**	**100.0**
一、工资性收入	62.2	62.0	61.5	61.0	60.6	60.4
二、经营净收入	11.4	11.1	11.2	11.2	11.3	11.4
(一)第一产业经营净收入	1.1	0.9	0.9	0.9	1.1	1.0
(二)第二产业经营净收入	1.7	1.6	1.5	1.5	1.5	1.7
(三)第三产业经营净收入	8.6	8.6	8.8	8.8	8.7	8.7
三、财产净收入	9.7	9.8	9.7	9.9	10.3	10.4
四、转移净收入	16.7	17.1	17.6	17.9	17.8	17.9
(一)转移性收入	22.3	22.9	23.7	24.0	23.7	23.6
(二)转移性支出	5.6	5.8	6.2	6.1	5.9	5.8

1-2-3 城镇居民现金可支配收入及构成

指　标	2014年	2015年	2016年	2017年	2018年	2019年
现金可支配收入 （元/人）	**26860.2**	**29042.0**	**31270.0**	**33757.3**	**36316.2**	**39147.6**
一、现金工资性收入	17821.3	19214.8	20541.7	22072.7	23670.9	25439.1
二、现金经营净收入	3528.0	3714.0	4032.3	4321.9	4808.0	5180.9
(一)第一产业经营净收入	267.0	244.3	269.4	285.4	414.6	404.1
(二)第二产业经营净收入	556.9	554.6	573.7	605.4	702.9	793.0
(三)第三产业经营净收入	2704.1	2915.1	3189.2	3431.1	3690.5	3983.8
三、现金财产净收入	977.8	1072.8	1139.6	1234.1	1311.6	1494.7
四、现金转移净收入	4533.1	5040.4	5556.4	6128.5	6525.7	7032.9
(一)现金转移性收入	6143.0	6859.4	7629.7	8357.4	8830.7	9482.1
(二)现金转移性支出	1609.9	1819.1	2073.4	2228.9	2305.0	2449.2
现金可支配收入构成 （%）	**100.0**	**100.0**	**100.0**	**100.0**	**100.0**	**100.0**
一、现金工资性收入	66.3	66.2	65.7	65.4	65.2	65.0
二、现金经营净收入	13.1	12.8	12.9	12.8	13.2	13.2
(一)第一产业经营净收入	1.0	0.8	0.9	0.8	1.1	1.0
(二)第二产业经营净收入	2.1	1.9	1.8	1.8	1.9	2.0
(三)第三产业经营净收入	10.1	10.0	10.2	10.2	10.2	10.2
三、现金财产净收入	3.6	3.7	3.6	3.7	3.6	3.8
四、现金转移净收入	16.9	17.4	17.8	18.2	18.0	18.0
(一)现金转移性收入	22.9	23.6	24.4	24.8	24.3	24.2
(二)现金转移性支出	6.0	6.3	6.6	6.6	6.3	6.3

1-2-4 城镇居民按收入五等份分组的人均可支配收入

单位：元/人

组 别	2014年	2015年	2016年	2017年	2018年	2019年
20%低收入组家庭人均可支配收入	11219.3	12230.9	13004.1	13723.1	14386.9	15549.4
20%中间偏下收入组家庭人均可支配收入	19650.5	21446.2	23054.9	24550.1	24856.5	26783.7
20%中间收入组家庭人均可支配收入	26650.6	29105.2	31521.8	33781.3	35196.1	37875.8
20%中间偏上收入组家庭人均可支配收入	35631.2	38572.4	41805.6	45163.4	49173.5	52907.3
20%高收入组家庭人均可支配收入	61615.0	65082.2	70347.8	77097.2	84907.1	91682.6

1-2-5 城镇居民按东、中、西部及东北地区分组的人均可支配收入

单位：元/人

组 别	2014年	2015年	2016年	2017年	2018年	2019年
东部地区	33905.4	36691.3	39651.0	42989.8	46432.6	50145.4
中部地区	24733.3	26809.6	28879.3	31293.8	33803.2	36607.5
西部地区	24390.6	26473.1	28609.7	30986.9	33388.6	36040.6
东北地区	25578.9	27399.6	29045.1	30959.5	32993.7	35130.3

1-2-6 城镇居民消费支出

单位：元/人

指　　标	2014年	2015年	2016年	2017年	2018年	2019年
消费支出	**19968.1**	**21392.4**	**23078.9**	**24445.0**	**26112.3**	**28063.4**
#服务性消费支出	8438.5	9192.4	10068.1	10854.5	12130.4	13517.7
(一)食品烟酒	6000.0	6359.7	6762.4	7001.0	7239.0	7732.6
1.食品	4163.5	4361.5	4639.8	4713.8	4630.9	4818.5
2.烟酒	521.2	551.0	568.9	598.4	619.7	652.6
3.饮料	129.4	136.1	140.3	150.7	148.7	164.0
4.饮食服务	1185.9	1311.0	1413.4	1538.1	1839.7	2097.4
(二)衣着	1627.2	1701.1	1739.0	1757.9	1808.2	1831.9
1.衣类	1263.7	1320.0	1356.4	1381.6	1473.4	1489.7
2.鞋类	363.5	381.1	382.6	376.4	334.8	342.2
(三)居住	4489.6	4726.0	5113.7	5564.0	6255.0	6780.2
1.租赁房房租	276.0	256.4	261.5	275.7	360.7	369.2
2.住房维修及管理	429.0	489.1	568.8	701.9	668.3	815.4
3.水、电、燃料及其他	947.7	941.0	1001.8	1029.3	1037.0	1058.5
4.自有住房折算租金	2836.9	3039.5	3281.6	3557.1	4189.0	4537.2
(四)生活用品及服务	1233.2	1306.5	1426.8	1525.0	1629.4	1689.3
1.家具及室内装饰品	188.0	216.1	227.2	261.3	269.2	284.4
2.家用器具	309.9	317.4	349.6	378.0	412.9	425.6
3.家用纺织品	113.2	116.6	127.0	131.4	131.4	137.5
4.家庭日用杂品	355.0	359.5	382.1	381.9	359.6	350.3
5.个人护理用品	199.5	226.9	257.8	285.0	342.3	382.1
6.家庭服务	67.6	70.0	83.0	87.5	114.0	109.5
(五)交通通信	2637.3	2895.4	3173.9	3321.5	3473.5	3671.3
1.交通	1763.8	1966.0	2217.0	2380.0	2580.0	2826.5
2.通信	873.5	929.4	956.9	941.6	893.5	844.9
(六)教育文化娱乐	2142.3	2382.8	2637.6	2846.6	2974.1	3328.0
1.教育	1054.4	1166.7	1368.9	1508.0	1703.4	2037.3
2.文化和娱乐	1087.9	1216.1	1268.7	1338.7	1270.7	1290.6
(七)医疗保健	1305.6	1443.4	1630.8	1777.4	2045.7	2282.7
1.医疗器具及药品	505.1	550.5	608.9	652.9	660.4	633.6
2.医疗服务	800.4	892.9	1021.8	1124.4	1385.2	1649.1
(八)其他用品及服务	532.9	577.5	594.7	651.5	687.4	747.2
1.其他用品	307.4	327.1	310.7	343.5	339.6	366.7
2.其他服务	225.5	250.4	283.9	308.0	347.8	380.5

1-2-7 城镇居民消费支出构成

单位：%

指　　标	2014年	2015年	2016年	2017年	2018年	2019年
消费支出构成	**100.0**	**100.0**	**100.0**	**100.0**	**100.0**	**100.0**
#服务性消费支出	42.3	43.0	43.6	44.4	46.5	48.2
(一)食品烟酒	30.0	29.7	29.3	28.6	27.7	27.6
1.食品	20.9	20.4	20.1	19.3	17.7	17.2
2.烟酒	2.6	2.6	2.5	2.4	2.4	2.3
3.饮料	0.6	0.6	0.6	0.6	0.6	0.6
4.饮食服务	5.9	6.1	6.1	6.3	7.0	7.5
(二)衣着	8.1	8.0	7.5	7.2	6.9	6.5
1.衣类	6.3	6.2	5.9	5.7	5.6	5.3
2.鞋类	1.8	1.8	1.7	1.5	1.3	1.2
(三)居住	22.5	22.1	22.2	22.8	24.0	24.2
1.租赁房房租	1.4	1.2	1.1	1.1	1.4	1.3
2.住房维修及管理	2.1	2.3	2.5	2.9	2.6	2.9
3.水、电、燃料及其他	4.7	4.4	4.3	4.2	4.0	3.8
4.自有住房折算租金	14.2	14.2	14.2	14.6	16.0	16.2
(四)生活用品及服务	6.2	6.1	6.2	6.2	6.2	6.0
1.家具及室内装饰品	0.9	1.0	1.0	1.1	1.0	1.0
2.家用器具	1.6	1.5	1.5	1.5	1.6	1.5
3.家用纺织品	0.6	0.5	0.6	0.5	0.5	0.5
4.家庭日用杂品	1.8	1.7	1.7	1.6	1.4	1.2
5.个人护理用品	1.0	1.1	1.1	1.2	1.3	1.4
6.家庭服务	0.3	0.3	0.4	0.4	0.4	0.4
(五)交通通信	13.2	13.5	13.8	13.6	13.3	13.1
1.交通	8.8	9.2	9.6	9.7	9.9	10.1
2.通信	4.4	4.3	4.1	3.9	3.4	3.0
(六)教育文化娱乐	10.7	11.1	11.4	11.6	11.4	11.9
1.教育	5.3	5.5	5.9	6.2	6.5	7.3
2.文化和娱乐	5.4	5.7	5.5	5.5	4.9	4.6
(七)医疗保健	6.5	6.7	7.1	7.3	7.8	8.1
1.医疗器具及药品	2.5	2.6	2.6	2.7	2.5	2.3
2.医疗服务	4.0	4.2	4.4	4.6	5.3	5.9
(八)其他用品及服务	2.7	2.7	2.6	2.7	2.6	2.7
1.其他用品	1.5	1.5	1.3	1.4	1.3	1.3
2.其他服务	1.1	1.2	1.2	1.3	1.3	1.4

1-2-8 城镇居民现金消费支出

单位：元/人

指 标	2014年	2015年	2016年	2017年	2018年	2019年
现金消费支出	**16690.6**	**17887.0**	**19284.1**	**20329.4**	**21287.1**	**22798.0**
(一)食品烟酒	5874.9	6224.8	6627.7	6861.2	7099.2	7583.9
1.食品	4104.8	4299.0	4577.9	4651.9	4554.7	4738.6
2.烟酒	521.2	551.0	568.9	598.4	619.7	652.6
3.饮料	129.4	136.1	140.3	150.7	148.6	163.9
4.饮食服务	1119.6	1238.6	1340.7	1460.2	1776.2	2028.8
(二)衣着	1626.6	1700.5	1738.4	1757.3	1807.5	1831.3
1.衣类	1263.1	1319.4	1355.8	1381.0	1472.6	1489.1
2.鞋类	363.5	381.1	382.6	376.4	334.8	342.2
(三)居住	1625.6	1665.9	1810.4	1986.8	2045.2	2223.5
1.租赁房房租	276.0	256.4	261.5	275.7	360.7	369.2
2.住房维修及管理	429.0	489.1	568.8	701.9	668.3	815.4
3.水、电、燃料及其他	920.7	920.4	980.0	1009.3	1016.3	1038.9
(四)生活用品及服务	1225.6	1298.7	1417.8	1514.5	1617.5	1676.2
1.家具及室内装饰品	187.9	216.0	227.1	261.2	269.1	284.1
2.家用器具	309.9	317.4	349.6	378.0	412.9	425.6
3.家用纺织品	113.2	116.6	127.0	131.4	131.4	137.5
4.家庭日用杂品	347.5	351.7	373.2	371.5	347.8	337.3
5.个人护理用品	199.5	226.9	257.8	285.0	342.3	382.1
6.家庭服务	67.6	70.0	83.0	87.5	114.0	109.5
(五)交通通信	2631.5	2889.8	3166.5	3315.6	3466.0	3665.0
1.交通	1758.0	1960.4	2209.6	2374.1	2572.6	2820.1
2.通信	873.5	929.4	956.9	941.6	893.5	844.9
(六)教育文化娱乐	2140.7	2381.0	2636.3	2845.4	2972.1	3326.0
1.教育	1054.3	1166.7	1368.9	1507.9	1703.4	2037.3
2.文化和娱乐	1086.4	1214.3	1267.4	1337.5	1268.8	1288.7
(七)医疗保健	1038.5	1153.7	1298.7	1403.7	1604.0	1754.6
1.医疗器具及药品	502.1	548.8	607.9	652.2	659.0	633.2
2.医疗服务	536.4	605.0	690.8	751.5	945.1	1121.4
(八)其他用品及服务	527.1	572.6	588.3	644.8	675.5	737.6
1.其他用品	305.7	325.2	308.7	340.8	336.5	363.9
2.其他服务	221.5	247.4	279.6	304.0	338.9	373.6

1-2-9 城镇居民现金消费支出构成

单位：%

指 标	2014年	2015年	2016年	2017年	2018年	2019年
现金消费支出构成	**100.0**	**100.0**	**100.0**	**100.0**	**100.0**	**100.0**
(一)食品烟酒	35.2	34.8	34.4	33.8	33.3	33.3
1.食品	24.6	24.0	23.7	22.9	21.4	20.8
2.烟酒	3.1	3.1	3.0	2.9	2.9	2.9
3.饮料	0.8	0.8	0.7	0.7	0.7	0.7
4.饮食服务	6.7	6.9	7.0	7.2	8.3	8.9
(二)衣着	9.7	9.5	9.0	8.6	8.5	8.0
1.衣类	7.6	7.4	7.0	6.8	6.9	6.5
2.鞋类	2.2	2.1	2.0	1.9	1.6	1.5
(三)居住	9.7	9.3	9.4	9.8	9.6	9.8
1.租赁房房租	1.7	1.4	1.4	1.4	1.7	1.6
2.住房维修及管理	2.6	2.7	2.9	3.5	3.1	3.6
3.水、电、燃料及其他	5.5	5.1	5.1	5.0	4.8	4.6
(四)生活用品及服务	7.3	7.3	7.4	7.4	7.6	7.4
1.家具及室内装饰品	1.1	1.2	1.2	1.3	1.3	1.2
2.家用器具	1.9	1.8	1.8	1.9	1.9	1.9
3.家用纺织品	0.7	0.7	0.7	0.6	0.6	0.6
4.家庭日用杂品	2.1	2.0	1.9	1.8	1.6	1.5
5.个人护理用品	1.2	1.3	1.3	1.4	1.6	1.7
6.家庭服务	0.4	0.4	0.4	0.4	0.5	0.5
(五)交通通信	15.8	16.2	16.4	16.3	16.3	16.1
1.交通	10.5	11.0	11.5	11.7	12.1	12.4
2.通信	5.2	5.2	5.0	4.6	4.2	3.7
(六)教育文化娱乐	12.8	13.3	13.7	14.0	14.0	14.6
1.教育	6.3	6.5	7.1	7.4	8.0	8.9
2.文化和娱乐	6.5	6.8	6.6	6.6	6.0	5.7
(七)医疗保健	6.2	6.5	6.7	6.9	7.5	7.7
1.医疗器具及药品	3.0	3.1	3.2	3.2	3.1	2.8
2.医疗服务	3.2	3.4	3.6	3.7	4.4	4.9
(八)其他用品及服务	3.2	3.2	3.1	3.2	3.2	3.2
1.其他用品	1.8	1.8	1.6	1.7	1.6	1.6
2.其他服务	1.3	1.4	1.4	1.5	1.6	1.6

1-2-10　城镇居民主要食品消费量

单位：公斤/人

指　标	2014年	2015年	2016年	2017年	2018年	2019年
一、粮食(原粮)	117.2	112.6	111.9	109.7	110.0	110.6
(一)谷物	106.5	101.6	100.5	98.6	98.8	98.5
(二)薯类	2.0	2.1	2.3	2.3	2.4	2.6
(三)豆类	8.6	8.9	9.1	8.8	8.8	9.5
二、食用油	11.0	11.1	11.0	10.7	9.4	9.2
#食用植物油	10.6	10.7	10.6	10.3	8.9	8.7
三、蔬菜及食用菌	104.0	104.4	107.5	106.7	103.1	105.8
#鲜菜	100.1	100.2	103.2	102.5	99.0	101.5
四、肉类	28.4	28.9	29.0	29.2	31.2	28.7
#猪肉	20.8	20.7	20.4	20.6	22.7	20.3
牛肉	2.2	2.4	2.5	2.6	2.7	2.9
羊肉	1.2	1.5	1.8	1.6	1.5	1.4
五、禽类	9.1	9.4	10.2	9.7	9.8	11.4
六、水产品	14.4	14.7	14.8	14.8	14.3	16.7
七、蛋类	9.8	10.5	10.7	10.9	10.8	11.5
八、奶类	18.1	17.1	16.5	16.5	16.5	16.7
九、干鲜瓜果类	52.9	55.1	58.1	59.9	62.0	66.8
#鲜瓜果	48.1	49.9	52.6	54.3	56.4	60.9
坚果类	3.7	4.0	4.2	4.3	4.1	4.3
十、食糖	1.3	1.3	1.3	1.3	1.3	1.2

1-2-11　城镇居民年末主要耐用消费品拥有量

单位：平均每百户

指　标	单　位	2014年	2015年	2016年	2017年	2018年	2019年
家用汽车	辆	25.7	30.0	35.5	37.5	41.0	43.2
摩托车	辆	24.5	22.7	20.9	20.8	19.5	18.7
电动助力车	辆	42.5	45.8	49.7	53.1	55.0	59.4
洗衣机	台	90.7	92.3	94.2	95.7	97.7	99.2
电冰箱(柜)	台	91.7	94.0	96.4	98.0	100.9	102.5
微波炉	台	52.6	53.8	55.3	56.9	55.2	55.7
彩色电视机	台	122.0	122.3	122.3	123.8	121.3	122.8
空调	台	107.4	114.6	123.7	128.6	142.2	148.3
热水器	台	83.0	85.6	88.7	90.7	97.2	98.2
排油烟机	台	68.2	69.2	71.5	73.7	79.1	81.7
移动电话	部	216.6	223.8	231.4	235.4	243.1	247.4
计算机	台	76.2	78.5	80.0	80.8	73.1	72.2
照相机	台	35.2	33.0	28.5	29.1	20.2	19.5

三、2014-2019年全国农村居民收支与生活状况主要数据

1-3-1 农村居民家庭基本情况

指　　标	单 位	2014年	2015年	2016年	2017年	2018年	2019年
一、基本情况							
户均常住人口	人/户	3.3	3.3	3.3	3.2	3.2	3.2
户均常住从业人口	人/户	2.0	2.0	2.0	2.0	1.9	1.8
平均每户家庭从业人口比重	%	62.4	62.2	61.4	61.1	57.9	56.7
平均每一从业人口负担人数(包括从业者本人)	人	1.6	1.6	1.6	1.6	1.7	1.8
二、户主文化程度							
(一)未上过学	%	4.4	3.8	3.3	3.2	3.9	3.6
(二)小学	%	31.8	30.7	29.9	29.8	32.8	32.5
(三)初中	%	51.5	53.1	54.6	54.7	50.3	50.8
(四)高中	%	10.9	11.1	10.7	10.8	11.1	11.2
(五)大学专科	%	1.2	1.2	1.2	1.3	1.6	1.7
(六)大学本科及以上	%	0.2	0.2	0.2	0.2	0.3	0.3
三、常住从业人员就业类型							
(一)雇主	%	0.8	0.7	0.8	0.6	0.6	0.4
(二)公职人员	%	0.4	0.3	0.3	0.3	0.5	0.5
(三)事业单位人员	%	0.9	0.9	1.0	0.9	1.0	1.0
(四)国有企业雇员	%	0.4	0.4	0.4	0.4	0.4	0.3
(五)其他雇员	%	27.9	29.6	30.8	32.9	34.7	37.7
(六)农业自营	%	61.3	60.4	58.4	56.4	54.2	51.3
(七)非农自营	%	8.4	7.7	8.4	8.4	8.6	8.8
四、常住从业人员从事主要行业							
(一)第一产业	%	62.5	61.5	59.8	58.0	55.8	53.6
(二)第二产业	%	19.8	20.3	20.5	21.2	21.1	21.6
(三)第三产业	%	17.7	18.3	19.8	20.8	23.1	24.8
五、居民收入与支出情况							
居民人均可支配收入	元/人	10488.9	11421.7	12363.4	13432.4	14617.0	16020.7
居民人均可支配收入中位数	元/人	9496.9	10291.2	11149.1	11969.0	13065.6	14389.2
居民人均现金可支配收入	元/人	9698.2	10577.8	11600.6	12703.9	13912.8	15279.8
现金可支配收入占可支配收入比重	%	92.5	92.6	93.8	94.6	95.2	95.4
居民人均消费支出	元/人	8382.6	9222.6	10129.8	10954.5	12124.3	13327.7
居民人均现金消费支出	元/人	6716.7	7392.1	8127.3	8856.5	9862.0	10854.5
现金消费支出占消费支出比重	%	80.1	80.2	80.2	80.8	81.3	81.4

1-3-2　农村居民可支配收入及构成

指　　标	2014年	2015年	2016年	2017年	2018年	2019年
可支配收入　（元/人）	**10488.9**	**11421.7**	**12363.4**	**13432.4**	**14617.0**	**16020.7**
一、工资性收入	4152.2	4600.3	5021.8	5498.4	5996.1	6583.5
二、经营净收入	4237.4	4503.6	4741.3	5027.8	5358.4	5762.2
(一)第一产业经营净收入	2998.6	3153.8	3269.6	3391.0	3489.5	3730.2
1.农业	2306.8	2412.2	2439.7	2523.6	2608.0	2740.1
2.林业	177.3	170.6	165.9	176.5	187.0	196.7
3.牧业	443.0	488.7	573.7	585.8	574.5	656.9
4.渔业	71.4	82.3	90.3	105.2	120.0	136.5
(二)第二产业经营净收入	259.1	276.1	287.9	318.9	378.4	413.4
(三)第三产业经营净收入	979.6	1073.7	1183.8	1318.0	1490.5	1618.6
三、财产净收入	222.1	251.5	272.1	303.0	342.1	377.3
四、转移净收入	1877.2	2066.3	2328.2	2603.2	2920.5	3297.8
(一)转移性收入	2177.4	2445.3	2747.5	3065.1	3483.1	3919.1
(二)转移性支出	300.2	379.0	419.3	461.9	562.6	621.4
可支配收入构成　（%）	**100.0**	**100.0**	**100.0**	**100.0**	**100.0**	**100.0**
一、工资性收入	39.6	40.3	40.6	40.9	41.0	41.1
二、经营净收入	40.4	39.4	38.3	37.4	36.7	36.0
(一)第一产业经营净收入	28.6	27.6	26.4	25.2	23.9	23.3
1.农业	22.0	21.1	19.7	18.8	17.8	17.1
2.林业	1.7	1.5	1.3	1.3	1.3	1.2
3.牧业	4.2	4.3	4.6	4.4	3.9	4.1
4.渔业	0.7	0.7	0.7	0.8	0.8	0.9
(二)第二产业经营净收入	2.5	2.4	2.3	2.4	2.6	2.6
(三)第三产业经营净收入	9.3	9.4	9.6	9.8	10.2	10.1
三、财产净收入	2.1	2.2	2.2	2.3	2.3	2.4
四、转移净收入	17.9	18.1	18.8	19.4	20.0	20.6
(一)转移性收入	20.8	21.4	22.2	22.8	23.8	24.5
(二)转移性支出	2.9	3.3	3.4	3.4	3.8	3.9

1-3-3 农村居民现金可支配收入及构成

指　　标	2014年	2015年	2016年	2017年	2018年	2019年
现金可支配收入 （元/人）	**9698.2**	**10577.8**	**11600.6**	**12703.9**	**13912.8**	**15279.8**
一、现金工资性收入	4137.5	4583.9	5000.8	5470.9	5961.3	6540.2
二、现金经营净收入	3620.1	3861.3	4203.9	4547.0	4969.5	5382.2
(一)第一产业经营净收入	2234.6	2377.3	2586.0	2752.5	2910.9	3163.2
1.农业	1583.4	1664.4	1779.0	1903.5	2032.8	2192.0
2.林业	102.5	107.4	114.9	127.4	130.0	134.0
3.牧业	474.7	521.4	600.3	616.5	626.7	693.7
4.渔业	74.0	84.0	91.9	105.1	121.4	143.6
(二)第二产业经营净收入	296.5	307.4	324.1	355.8	433.9	456.9
(三)第三产业经营净收入	1089.0	1176.5	1293.8	1438.7	1624.7	1762.1
三、现金财产净收入	224.7	251.5	272.1	303.0	342.1	377.3
四、现金转移净收入	1715.9	1881.2	2123.8	2383.0	2639.9	2980.2
(一)现金转移性收入	2016.0	2260.1	2543.1	2844.9	3202.6	3601.5
(二)现金转移性支出	300.1	378.9	419.3	461.9	562.6	621.4
现金可支配收入构成 （%）	**100.0**	**100.0**	**100.0**	**100.0**	**100.0**	**100.0**
一、现金工资性收入	42.7	43.3	43.1	43.1	42.8	42.8
二、现金经营净收入	37.3	36.5	36.2	35.8	35.7	35.2
(一)第一产业经营净收入	23.0	22.5	22.3	21.7	20.9	20.7
1.农业	16.3	15.7	15.3	15.0	14.6	14.3
2.林业	1.1	1.0	1.0	1.0	0.9	0.9
3.牧业	4.9	4.9	5.2	4.9	4.5	4.5
4.渔业	0.8	0.8	0.8	0.8	0.9	0.9
(二)第二产业经营净收入	3.1	2.9	2.8	2.8	3.1	3.0
(三)第三产业经营净收入	11.2	11.1	11.2	11.3	11.7	11.5
三、现金财产净收入	2.3	2.4	2.3	2.4	2.5	2.5
四、现金转移净收入	17.7	17.8	18.3	18.8	19.0	19.5
(一)现金转移性收入	20.8	21.4	21.9	22.4	23.0	23.6
(二)现金转移性支出	3.1	3.6	3.6	3.6	4.0	4.1

1-3-4　农村居民按收入五等份分组的人均可支配收入

单位：元/人

组　别	2014年	2015年	2016年	2017年	2018年	2019年
20%低收入组家庭人均可支配收入	2768.1	3085.6	3006.5	3301.9	3666.2	4262.6
20%中间偏下收入组家庭人均可支配收入	6604.4	7220.9	7827.7	8348.6	8508.5	9754.1
20%中间收入组家庭人均可支配收入	9503.9	10310.6	11159.1	11978.0	12530.2	13984.2
20%中间偏上收入组家庭人均可支配收入	13449.2	14537.3	15727.4	16943.6	18051.5	19732.4
20%高收入组家庭人均可支配收入	23947.4	26013.9	28448.0	31299.3	34042.6	36049.4

1-3-5　农村居民按东、中、西部及东北地区分组的人均可支配收入

单位：元/人

组　别	2014年	2015年	2016年	2017年	2018年	2019年
东部地区	13144.6	14297.4	15498.3	16822.1	18285.7	19988.6
中部地区	10011.1	10919.0	11794.3	12805.8	13954.1	15290.5
西部地区	8295.0	9093.4	9918.4	10828.6	11831.4	13035.3
东北地区	10802.1	11490.1	12274.6	13115.8	14080.4	15356.7

1-3-6 农村居民消费支出

单位：元/人

指　　标	2014年	2015年	2016年	2017年	2018年	2019年
消费支出	**8382.6**	**9222.6**	**10129.8**	**10954.5**	**12124.3**	**13327.7**
#服务性消费支出	2945.9	3337.4	3750.9	4130.2	4644.7	5290.2
(一)食品烟酒	2814.0	3048.0	3266.1	3415.4	3645.6	3998.2
1.食品	2175.9	2332.2	2509.2	2579.9	2687.1	2884.7
2.烟酒	363.7	400.2	418.2	447.1	485.9	533.9
3.饮料	62.6	68.7	72.2	79.5	78.4	90.5
4.饮食服务	211.8	246.9	266.5	309.0	394.2	489.1
(二)衣着	510.4	550.5	575.4	611.6	647.7	713.3
1.衣类	382.4	410.5	430.0	457.4	501.8	552.4
2.鞋类	128.0	140.0	145.4	154.1	145.9	160.9
(三)居住	1762.7	1926.2	2147.1	2353.5	2660.6	2871.3
1.租赁房房租	27.2	26.5	31.3	35.9	53.6	68.3
2.住房维修及管理	331.9	338.9	352.3	414.7	487.1	534.9
3.水、电、燃料及其他	475.9	477.6	505.3	557.5	608.1	631.8
4.自有住房折算租金	927.8	1083.2	1258.2	1345.4	1511.8	1636.3
(四)生活用品及服务	506.5	545.6	595.7	634.0	720.5	763.9
1.家具及室内装饰品	91.2	99.8	99.1	105.3	129.2	140.3
2.家用器具	147.2	145.7	166.4	182.2	205.4	202.9
3.家用纺织品	45.0	48.3	50.0	47.9	54.9	56.7
4.家庭日用杂品	168.9	183.5	195.9	201.6	212.7	220.1
5.个人护理用品	40.7	53.9	68.9	82.0	97.8	121.1
6.家庭服务	13.5	14.5	15.3	15.1	20.5	22.8
(五)交通通信	1012.6	1163.1	1359.9	1509.1	1690.0	1836.8
1.交通	664.7	773.4	921.3	1045.8	1220.3	1357.5
2.通信	348.0	389.7	438.6	463.3	469.7	479.3
(六)教育文化娱乐	859.5	969.3	1070.3	1171.3	1301.6	1481.8
1.教育	652.5	730.3	818.5	910.2	1021.6	1192.7
2.文化和娱乐	207.0	239.0	251.8	261.0	280.0	289.1
(七)医疗保健	753.9	846.0	929.2	1058.7	1240.1	1420.8
1.医疗器具及药品	217.8	238.8	260.9	292.1	357.1	358.0
2.医疗服务	536.1	607.2	668.3	766.7	883.0	1062.7
(八)其他用品及服务	163.0	174.0	186.0	200.9	218.3	241.5
1.其他用品	103.7	111.6	114.8	122.0	127.9	137.5
2.其他服务	59.3	62.4	71.2	78.9	90.4	104.0

1-3-7 农村居民消费支出构成

单位：%

指　　标	2014年	2015年	2016年	2017年	2018年	2019年
消费支出构成	**100.0**	**100.0**	**100.0**	**100.0**	**100.0**	**100.0**
#服务性消费支出	35.1	36.2	37.0	37.7	38.3	39.7
(一)食品烟酒	33.6	33.0	32.2	31.2	30.1	30.0
1.食品	26.0	25.3	24.8	23.6	22.2	21.6
2.烟酒	4.3	4.3	4.1	4.1	4.0	4.0
3.饮料	0.7	0.7	0.7	0.7	0.6	0.7
4.饮食服务	2.5	2.7	2.6	2.8	3.3	3.7
(二)衣着	6.1	6.0	5.7	5.6	5.3	5.4
1.衣类	4.6	4.5	4.2	4.2	4.1	4.1
2.鞋类	1.5	1.5	1.4	1.4	1.2	1.2
(三)居住	21.0	20.9	21.2	21.5	21.9	21.5
1.租赁房房租	0.3	0.3	0.3	0.3	0.4	0.5
2.住房维修及管理	4.0	3.7	3.5	3.8	4.0	4.0
3.水、电、燃料及其他	5.7	5.2	5.0	5.1	5.0	4.7
4.自有住房折算租金	11.1	11.7	12.4	12.3	12.5	12.3
(四)生活用品及服务	6.0	5.9	5.9	5.8	5.9	5.7
1.家具及室内装饰品	1.1	1.1	1.0	1.0	1.1	1.1
2.家用器具	1.8	1.6	1.6	1.7	1.7	1.5
3.家用纺织品	0.5	0.5	0.5	0.4	0.5	0.4
4.家庭日用杂品	2.0	2.0	1.9	1.8	1.8	1.7
5.个人护理用品	0.5	0.6	0.7	0.7	0.8	0.9
6.家庭服务	0.2	0.2	0.2	0.1	0.2	0.2
(五)交通通信	12.1	12.6	13.4	13.8	13.9	13.8
1.交通	7.9	8.4	9.1	9.5	10.1	10.2
2.通信	4.2	4.2	4.3	4.2	3.9	3.6
(六)教育文化娱乐	10.3	10.5	10.6	10.7	10.7	11.1
1.教育	7.8	7.9	8.1	8.3	8.4	8.9
2.文化和娱乐	2.5	2.6	2.5	2.4	2.3	2.2
(七)医疗保健	9.0	9.2	9.2	9.7	10.2	10.7
1.医疗器具及药品	2.6	2.6	2.6	2.7	2.9	2.7
2.医疗服务	6.4	6.6	6.6	7.0	7.3	8.0
(八)其他用品及服务	1.9	1.9	1.8	1.8	1.8	1.8
1.其他用品	1.2	1.2	1.1	1.1	1.1	1.0
2.其他服务	0.7	0.7	0.7	0.7	0.7	0.8

1-3-8 农村居民现金消费支出

单位：元/人

指　　标	2014年	2015年	2016年	2017年	2018年	2019年
现金消费支出	**6716.7**	**7392.1**	**8127.3**	**8856.5**	**9862.0**	**10854.5**
(一)食品烟酒	2301.3	2540.0	2763.4	2921.2	3226.3	3538.2
1.食品	1674.0	1835.8	2021.6	2105.8	2288.9	2453.5
2.烟酒	363.6	400.1	418.0	446.9	485.8	533.9
3.饮料	61.5	67.7	71.7	79.2	78.0	89.9
4.饮食服务	202.2	236.3	252.0	289.4	373.6	461.0
(二)衣着	509.7	549.9	575.0	610.9	647.2	712.9
1.衣类	381.7	410.0	429.6	456.8	501.3	552.0
2.鞋类	128.0	140.0	145.4	154.1	145.9	160.9
(三)居住	758.5	779.0	832.8	956.0	1084.0	1163.8
1.租赁房房租	27.2	26.5	31.3	35.9	53.6	68.3
2.住房维修及管理	331.9	338.9	352.3	414.7	487.1	534.9
3.水、电、燃料及其他	399.4	413.6	449.2	505.5	543.2	560.7
(四)生活用品及服务	500.1	538.3	589.7	624.9	709.0	748.9
1.家具及室内装饰品	88.8	97.2	98.2	103.7	127.8	139.7
2.家用器具	147.2	145.7	166.4	182.2	205.4	202.9
3.家用纺织品	45.0	48.3	50.0	47.9	54.9	56.7
4.家庭日用杂品	164.9	178.7	190.9	194.0	202.7	205.8
5.个人护理用品	40.7	53.9	68.9	82.0	97.8	121.1
6.家庭服务	13.5	14.5	15.3	15.1	20.5	22.8
(五)交通通信	1012.5	1162.6	1357.8	1508.1	1685.0	1835.5
1.交通	664.5	772.8	919.2	1044.8	1215.3	1356.1
2.通信	348.0	389.7	438.6	463.3	469.7	479.3
(六)教育文化娱乐	859.2	969.0	1069.9	1170.7	1300.5	1481.3
1.教育	652.4	730.3	818.5	910.2	1021.5	1192.7
2.文化和娱乐	206.8	238.7	251.4	260.5	279.0	288.6
(七)医疗保健	614.9	681.4	755.8	868.2	997.4	1137.9
1.医疗器具及药品	217.7	238.7	260.7	291.9	356.8	357.8
2.医疗服务	397.2	442.7	495.0	576.4	640.6	780.1
(八)其他用品及服务	160.5	172.0	183.0	196.3	212.7	236.0
1.其他用品	102.1	110.4	113.4	119.6	126.0	136.0
2.其他服务	58.4	61.6	69.6	76.7	86.6	100.0

1-3-9 农村居民现金消费支出构成

单位: %

指　　标	2014年	2015年	2016年	2017年	2018年	2019年
现金消费支出构成	**100.0**	**100.0**	**100.0**	**100.0**	**100.0**	**100.0**
(一)食品烟酒	34.3	34.4	34.0	33.0	32.7	32.6
1.食品	24.9	24.8	24.9	23.8	23.2	22.6
2.烟酒	5.4	5.4	5.1	5.0	4.9	4.9
3.饮料	0.9	0.9	0.9	0.9	0.8	0.8
4.饮食服务	3.0	3.2	3.1	3.3	3.8	4.2
(二)衣着	7.6	7.4	7.1	6.9	6.6	6.6
1.衣类	5.7	5.5	5.3	5.2	5.1	5.1
2.鞋类	1.9	1.9	1.8	1.7	1.5	1.5
(三)居住	11.3	10.5	10.2	10.8	11.0	10.7
1.租赁房房租	0.4	0.4	0.4	0.4	0.5	0.6
2.住房维修及管理	4.9	4.6	4.3	4.7	4.9	4.9
3.水、电、燃料及其他	5.9	5.6	5.5	5.7	5.5	5.2
(四)生活用品及服务	7.4	7.3	7.3	7.1	7.2	6.9
1.家具及室内装饰品	1.3	1.3	1.2	1.2	1.3	1.3
2.家用器具	2.2	2.0	2.0	2.1	2.1	1.9
3.家用纺织品	0.7	0.7	0.6	0.5	0.6	0.5
4.家庭日用杂品	2.5	2.4	2.3	2.2	2.1	1.9
5.个人护理用品	0.6	0.7	0.8	0.9	1.0	1.1
6.家庭服务	0.2	0.2	0.2	0.2	0.2	0.2
(五)交通通信	15.1	15.7	16.7	17.0	17.1	16.9
1.交通	9.9	10.5	11.3	11.8	12.3	12.5
2.通信	5.2	5.3	5.4	5.2	4.8	4.4
(六)教育文化娱乐	12.8	13.1	13.2	13.2	13.2	13.6
1.教育	9.7	9.9	10.1	10.3	10.4	11.0
2.文化和娱乐	3.1	3.2	3.1	2.9	2.8	2.7
(七)医疗保健	9.2	9.2	9.3	9.8	10.1	10.5
1.医疗器具及药品	3.2	3.2	3.2	3.3	3.6	3.3
2.医疗服务	5.9	6.0	6.1	6.5	6.5	7.2
(八)其他用品及服务	2.4	2.3	2.3	2.2	2.2	2.2
1.其他用品	1.5	1.5	1.4	1.4	1.3	1.3
2.其他服务	0.9	0.8	0.9	0.9	0.9	0.9

1-3-10 农村居民主要食品消费量

单位：公斤/人

指标	2014年	2015年	2016年	2017年	2018年	2019年
一、粮食(原粮)	167.6	159.5	157.2	154.6	148.5	154.8
(一)谷物	159.1	150.2	147.1	144.8	137.9	142.6
(二)薯类	2.4	2.7	2.9	2.8	3.0	3.2
(三)豆类	6.2	6.6	7.3	7.1	7.7	9.1
二、食用油	9.8	10.1	10.2	10.1	9.9	9.8
#食用植物油	9.0	9.2	9.3	9.2	9.0	9.0
三、蔬菜及食用菌	88.9	90.3	91.5	90.2	87.5	89.5
#鲜菜	87.5	88.7	89.7	88.5	85.6	87.2
四、肉类	22.5	23.1	22.7	23.6	27.5	24.7
#猪肉	19.2	19.5	18.7	19.5	23.0	20.2
牛肉	0.8	0.8	0.9	0.9	1.1	1.2
羊肉	0.7	0.9	1.1	1.0	1.0	1.0
五、禽类	6.7	7.1	7.9	7.9	8.0	10.0
六、水产品	6.8	7.2	7.5	7.4	7.8	9.6
七、蛋类	7.2	8.3	8.5	8.9	8.4	9.6
八、奶类	6.4	6.3	6.6	6.9	6.9	7.3
九、干鲜瓜果类	30.3	32.3	36.8	38.4	39.9	43.3
#鲜瓜果	28.0	29.7	33.8	35.1	36.3	39.3
坚果类	1.9	2.1	2.4	2.6	2.8	3.1
十、食糖	1.3	1.3	1.4	1.4	1.3	1.4

1-3-11 农村居民年末主要耐用消费品拥有量

单位：平均每百户

指标	单位	2014年	2015年	2016年	2017年	2018年	2019年
家用汽车	辆	11.0	13.3	17.4	19.3	22.3	24.7
摩托车	辆	67.6	67.5	65.1	64.1	57.4	55.1
电动助力车	辆	45.4	50.1	57.7	61.1	64.9	70.1
洗衣机	台	74.8	78.8	84.0	86.3	88.5	91.6
电冰箱(柜)	台	77.6	82.6	89.5	91.7	95.9	98.6
微波炉	台	14.7	15.0	16.1	17.3	17.7	18.9
彩色电视机	台	115.6	116.9	118.8	120.0	116.6	117.6
空调	台	34.2	38.8	47.6	52.6	65.2	71.3
热水器	台	48.2	52.5	59.7	62.5	68.7	71.7
排油烟机	台	13.9	15.3	18.4	20.4	26.0	29.0
移动电话	部	215.0	226.1	240.7	246.1	257.0	261.2
计算机	台	23.5	25.7	27.9	29.2	26.9	27.5
照相机	台	4.5	4.1	3.4	3.9	2.5	2.3

1-3-12　农村居民第一产业生产经营收支情况

单位：元/人

指　　标	2014年	2015年	2016年	2017年	2018年	2019年
一、生产经营收入	5731.6	6077.1	6385.1	6516.8	6841.1	7245.7
(一)农业	3896.6	4057.9	4128.0	4251.1	4476.9	4742.0
(二)林业	218.2	204.0	204.9	210.5	227.1	236.8
(三)牧业	1473.6	1627.7	1835.2	1821.8	1879.9	1986.6
(四)渔业	143.1	187.5	217.0	233.4	257.2	280.3
二、生产经营现金收入	4586.2	4925.0	5329.0	5510.9	5875.6	6270.8
(一)农业	2992.2	3137.0	3291.9	3453.0	3716.0	4005.6
(二)林业	141.0	139.6	152.8	160.5	168.2	172.2
(三)牧业	1313.6	1464.8	1672.0	1669.1	1738.7	1818.1
(四)渔业	139.4	183.6	212.3	228.3	252.7	275.0
三、生产经营费用支出	2506.4	2716.9	2909.9	2915.7	3114.6	3254.7
(一)农业	1439.8	1506.6	1547.9	1583.1	1716.4	1837.1
(二)林业	38.7	32.3	38.1	33.3	38.2	38.2
(三)牧业	961.8	1078.0	1200.5	1173.7	1228.2	1245.7
(四)渔业	66.0	100.0	123.3	125.7	131.9	133.7
四、生产经营现金费用支出	2351.7	2547.7	2742.9	2758.4	2964.7	3107.6
(一)农业	1408.8	1472.6	1512.9	1549.5	1683.2	1813.6
(二)林业	38.5	32.2	37.9	33.1	38.2	38.2
(三)牧业	838.9	943.3	1071.7	1052.6	1112.1	1124.4
(四)渔业	65.5	99.7	120.4	123.2	131.2	131.4

2

分地区居民收支与生活状况主要数据

一、全体居民数据

(一)2014年分地区全体居民收支主要数据

2-1-1-1　2014年分地区全体居民可支配收入

单位：元/人

地　区	可支配收入	一、工资性收入	二、经营净收入	三、财产净收入	四、转移净收入
全　国	**20167.1**	**11420.6**	**3732.0**	**1587.8**	**3426.8**
北　京	44488.6	27554.9	1452.2	7000.9	8480.6
天　津	28832.3	17163.0	2875.6	2781.7	6012.0
河　北	16647.4	9829.3	2681.4	1138.5	2998.2
山　西	16538.3	10168.3	2593.1	935.5	2841.4
内蒙古	20559.3	10904.0	5104.3	1202.8	3348.3
辽　宁	22820.2	12082.5	4062.6	1478.2	5196.8
吉　林	17520.4	8289.3	4835.1	754.2	3641.8
黑龙江	17404.4	8794.9	4208.9	973.1	3427.5
上　海	45965.8	28752.5	1376.4	6504.1	9332.8
江　苏	27172.8	15706.7	4421.3	2299.9	4744.8
浙　江	32657.6	19068.8	5958.9	3586.2	4043.6
安　徽	16795.5	9068.5	3937.9	904.5	2884.7
福　建	23330.9	13658.5	4593.2	2238.6	2840.5
江　西	16734.2	9386.1	3106.3	1242.7	2999.1
山　东	20864.2	12044.4	4708.3	1314.9	2796.7
河　南	15695.2	7963.0	3854.1	863.2	3014.9
湖　北	18283.2	9094.2	4216.0	1079.4	3893.5
湖　南	17621.7	8930.8	3605.8	1293.6	3791.4
广　东	25685.0	18439.3	3458.1	2376.2	1411.3
广　西	15557.1	7305.0	3782.7	1003.9	3465.5
海　南	17476.5	9854.2	3929.9	1253.9	2438.5
重　庆	18351.9	9888.7	2981.0	1256.2	4225.9
四　川	15749.0	7932.1	3459.1	918.5	3439.4
贵　州	12371.1	6336.2	2833.1	672.5	2529.2
云　南	13772.2	6309.0	3743.4	1450.0	2269.8
西　藏	10730.2	5212.8	3503.8	453.6	1560.0
陕　西	15836.7	8848.9	2404.4	1033.4	3550.1
甘　肃	12184.7	6414.6	2346.3	872.2	2551.6
青　海	14374.0	8291.7	2397.4	699.3	2985.6
宁　夏	15906.8	9612.7	3161.0	589.9	2543.2
新　疆	15096.6	7810.1	3997.2	673.6	2615.8

2-1-1-2 2014年分地区全体居民可支配收入构成

单位：%

地区	可支配收入	一、工资性收入	二、经营净收入	三、财产净收入	四、转移净收入
全国	**100.0**	**56.6**	**18.5**	**7.9**	**17.0**
北京	100.0	61.9	3.3	15.7	19.1
天津	100.0	59.5	10.0	9.6	20.9
河北	100.0	59.0	16.1	6.8	18.0
山西	100.0	61.5	15.7	5.7	17.2
内蒙古	100.0	53.0	24.8	5.9	16.3
辽宁	100.0	52.9	17.8	6.5	22.8
吉林	100.0	47.3	27.6	4.3	20.8
黑龙江	100.0	50.5	24.2	5.6	19.7
上海	100.0	62.6	3.0	14.1	20.3
江苏	100.0	57.8	16.3	8.5	17.5
浙江	100.0	58.4	18.2	11.0	12.4
安徽	100.0	54.0	23.4	5.4	17.2
福建	100.0	58.5	19.7	9.6	12.2
江西	100.0	56.1	18.6	7.4	17.9
山东	100.0	57.7	22.6	6.3	13.4
河南	100.0	50.7	24.6	5.5	19.2
湖北	100.0	49.7	23.1	5.9	21.3
湖南	100.0	50.7	20.5	7.3	21.5
广东	100.0	71.8	13.5	9.3	5.5
广西	100.0	47.0	24.3	6.5	22.3
海南	100.0	56.4	22.5	7.2	14.0
重庆	100.0	53.9	16.2	6.8	23.0
四川	100.0	50.4	22.0	5.8	21.8
贵州	100.0	51.2	22.9	5.4	20.4
云南	100.0	45.8	27.2	10.5	16.5
西藏	100.0	48.6	32.7	4.2	14.5
陕西	100.0	55.9	15.2	6.5	22.4
甘肃	100.0	52.6	19.3	7.2	20.9
青海	100.0	57.7	16.7	4.9	20.8
宁夏	100.0	60.4	19.9	3.7	16.0
新疆	100.0	51.7	26.5	4.5	17.3

2-1-1-3 2014年分地区全体居民现金可支配收入

单位：元/人

地区	现金可支配收入	一、工资性收入	二、经营净收入	三、财产净收入	四、转移净收入
全国	**18747.4**	**11352.7**	**3571.5**	**621.8**	**3201.3**
北京	38339.7	27439.9	1652.9	1116.8	8130.1
天津	26661.2	16941.4	3100.2	968.5	5651.1
河北	15735.7	9812.1	2653.0	423.5	2847.1
山西	15748.1	10132.1	2591.6	492.4	2532.1
内蒙古	20085.0	10897.5	5398.6	596.1	3192.9
辽宁	21434.8	11900.5	4280.1	429.9	4824.3
吉林	16493.1	8243.7	4493.4	256.4	3499.7
黑龙江	16700.6	8780.3	4248.0	401.0	3271.3
上海	38644.3	28462.4	1424.8	456.2	8300.9
江苏	25216.8	15605.9	4491.7	798.4	4320.8
浙江	30734.8	18963.5	6588.0	1497.6	3685.7
安徽	15815.4	9023.0	3813.3	326.7	2652.4
福建	21671.0	13568.9	4596.7	875.1	2630.2
江西	15513.8	9367.8	2687.1	565.5	2893.4
山东	19810.9	12015.0	4615.8	516.8	2663.4
河南	14564.1	7942.5	3320.8	445.6	2855.2
湖北	16890.9	9001.7	3912.6	321.4	3655.1
湖南	16518.9	8882.0	3265.4	745.7	3625.8
广东	24054.2	18228.0	3363.4	1206.6	1256.2
广西	14274.7	7279.3	3216.1	501.5	3277.8
海南	16371.2	9811.8	3896.0	500.9	2162.5
重庆	16914.8	9853.2	2538.6	500.0	4022.9
四川	14424.5	7884.8	2880.7	432.1	3226.9
贵州	11462.0	6322.9	2417.7	302.7	2418.7
云南	12758.3	6301.4	3381.1	955.7	2120.1
西藏	9711.2	5210.9	2783.4	199.6	1517.4
陕西	14921.9	8801.9	2203.2	592.8	3324.0
甘肃	11256.9	6404.1	2034.7	389.7	2428.5
青海	13540.8	8279.3	2350.5	299.4	2611.5
宁夏	15051.9	9584.5	3090.6	125.7	2251.1
新疆	14247.6	7790.9	3826.6	205.2	2424.9

2-1-1-4　2014年分地区全体居民现金可支配收入构成

单位：%

地　区	现金可支配收入	一、工资性收入	二、经营净收入	三、财产净收入	四、转移净收入
全　国	**100.0**	**60.6**	**19.1**	**3.3**	**17.1**
北　京	100.0	71.6	4.3	2.9	21.2
天　津	100.0	63.5	11.6	3.6	21.2
河　北	100.0	62.4	16.9	2.7	18.1
山　西	100.0	64.3	16.5	3.1	16.1
内蒙古	100.0	54.3	26.9	3.0	15.9
辽　宁	100.0	55.5	20.0	2.0	22.5
吉　林	100.0	50.0	27.2	1.6	21.2
黑龙江	100.0	52.6	25.4	2.4	19.6
上　海	100.0	73.7	3.7	1.2	21.5
江　苏	100.0	61.9	17.8	3.2	17.1
浙　江	100.0	61.7	21.4	4.9	12.0
安　徽	100.0	57.1	24.1	2.1	16.8
福　建	100.0	62.6	21.2	4.0	12.1
江　西	100.0	60.4	17.3	3.6	18.7
山　东	100.0	60.6	23.3	2.6	13.4
河　南	100.0	54.5	22.8	3.1	19.6
湖　北	100.0	53.3	23.2	1.9	21.6
湖　南	100.0	53.8	19.8	4.5	21.9
广　东	100.0	75.8	14.0	5.0	5.2
广　西	100.0	51.0	22.5	3.5	23.0
海　南	100.0	59.9	23.8	3.1	13.2
重　庆	100.0	58.3	15.0	3.0	23.8
四　川	100.0	54.7	20.0	3.0	22.4
贵　州	100.0	55.2	21.1	2.6	21.1
云　南	100.0	49.4	26.5	7.5	16.6
西　藏	100.0	53.7	28.7	2.1	15.6
陕　西	100.0	59.0	14.8	4.0	22.3
甘　肃	100.0	56.9	18.1	3.5	21.6
青　海	100.0	61.1	17.4	2.2	19.3
宁　夏	100.0	63.7	20.5	0.8	15.0
新　疆	100.0	54.7	26.9	1.4	17.0

2-1-1-5　2014年分地区全体居民消费支出

单位：元/人

地　区	消费支出	一、食品烟酒支出	二、衣着支出	三、居住支出
全　国	**14491.4**	**4493.9**	**1099.3**	**3200.5**
北　京	31102.9	7467.8	2359.8	9497.7
天　津	22343.0	7376.6	1859.3	4873.0
河　北	11931.5	3263.7	971.8	2727.7
山　西	10863.8	2940.5	1084.8	2198.8
内蒙古	16258.1	4746.4	1688.0	2795.2
辽　宁	16068.0	4554.8	1477.8	3400.5
吉　林	13026.0	3531.6	1228.9	2561.3
黑龙江	12768.8	3537.9	1292.8	2689.6
上　海	33064.8	9011.6	1613.0	10789.1
江　苏	19163.6	5591.7	1385.2	4126.7
浙　江	22552.0	6569.2	1587.1	5577.2
安　徽	11727.0	4003.1	870.3	2541.8
福　建	17644.5	6081.9	1097.5	4278.5
江　西	11088.9	3785.8	853.4	2576.6
山　东	13328.9	3932.3	1168.9	2825.8
河　南	11000.4	3202.4	1111.8	2208.6
湖　北	12928.3	4139.7	1009.7	2810.2
湖　南	13288.7	4240.5	914.1	2708.4
广　东	19205.5	6589.8	1014.6	4300.2
广　西	10274.3	3680.1	460.5	2341.5
海　南	12470.6	4915.0	549.9	2558.2
重　庆	13810.6	4971.9	1275.9	2554.4
四　川	12368.4	4548.2	974.3	2217.3
贵　州	9303.4	3151.9	666.3	1826.9
云　南	9869.5	3211.5	567.0	2018.5
西　藏	7317.0	3370.2	733.7	1311.5
陕　西	12203.6	3405.1	944.6	2585.8
甘　肃	9874.6	3218.2	884.2	2015.0
青　海	12604.8	3854.4	1153.0	2374.5
宁　夏	12484.5	3555.6	1170.0	2214.4
新　疆	11903.7	3855.0	1205.6	2226.4

2-1-1-5 续表 单位：元/人

地区	四、生活用品及服务支出	五、交通通信支出	六、教育文化娱乐支出	七、医疗保健支出	八、其他用品及服务支出
全　国	**889.7**	**1869.3**	**1535.9**	**1044.8**	**358.0**
北　京	2041.4	3578.6	3268.3	1914.2	975.2
天　津	1295.5	2904.7	1833.8	1584.5	615.5
河　北	773.6	1749.3	1144.5	1027.5	273.5
山　西	619.4	1214.7	1484.6	1008.6	312.4
内蒙古	1008.9	2405.1	1813.2	1319.7	481.5
辽　宁	918.7	1949.7	1834.4	1419.2	512.9
吉　林	689.5	1636.3	1550.8	1458.0	369.6
黑龙江	670.9	1588.4	1406.8	1258.3	324.1
上　海	1531.6	3596.5	3311.4	2223.9	987.6
江　苏	1107.2	2869.3	2238.2	1331.3	514.0
浙　江	1117.7	3670.6	2169.0	1358.2	503.1
安　徽	694.2	1324.9	1157.3	870.0	265.3
福　建	1032.3	2067.0	1667.2	926.8	493.1
江　西	679.3	1164.3	1151.1	635.0	243.4
山　东	993.6	1821.9	1303.0	989.6	293.7
河　南	875.1	1225.5	1160.8	929.0	287.1
湖　北	813.4	1339.8	1479.8	1056.2	279.3
湖　南	796.9	1600.2	1764.9	972.2	291.4
广　东	1116.5	2795.1	1965.0	890.5	533.9
广　西	614.0	1198.3	1115.3	679.3	185.3
海　南	686.0	1437.4	1358.4	716.8	248.8
重　庆	978.8	1476.2	1319.3	966.1	268.1
四　川	879.6	1437.0	1061.0	964.5	286.5
贵　州	619.1	1080.4	1222.0	572.0	164.7
云　南	568.4	1513.6	1096.7	739.4	154.4
西　藏	399.7	796.0	266.7	197.6	241.5
陕　西	796.2	1535.4	1500.4	1178.2	257.9
甘　肃	652.1	1072.2	1092.4	737.2	203.3
青　海	733.5	1790.1	1293.0	1071.2	335.0
宁　夏	797.9	1763.5	1416.4	1239.9	326.7
新　疆	669.2	1624.5	1102.2	978.3	242.4

2-1-1-6 2014年分地区全体居民消费支出构成

单位： %

地区	消费支出	一、食品烟酒支出	二、衣着支出	三、居住支出
全国	**100.0**	**31.0**	**7.6**	**22.1**
北京	100.0	24.0	7.6	30.5
天津	100.0	33.0	8.3	21.8
河北	100.0	27.4	8.1	22.9
山西	100.0	27.1	10.0	20.2
内蒙古	100.0	29.2	10.4	17.2
辽宁	100.0	28.3	9.2	21.2
吉林	100.0	27.1	9.4	19.7
黑龙江	100.0	27.7	10.1	21.1
上海	100.0	27.3	4.9	32.6
江苏	100.0	29.2	7.2	21.5
浙江	100.0	29.1	7.0	24.7
安徽	100.0	34.1	7.4	21.7
福建	100.0	34.5	6.2	24.2
江西	100.0	34.1	7.7	23.2
山东	100.0	29.5	8.8	21.2
河南	100.0	29.1	10.1	20.1
湖北	100.0	32.0	7.8	21.7
湖南	100.0	31.9	6.9	20.4
广东	100.0	34.3	5.3	22.4
广西	100.0	35.8	4.5	22.8
海南	100.0	39.4	4.4	20.5
重庆	100.0	36.0	9.2	18.5
四川	100.0	36.8	7.9	17.9
贵州	100.0	33.9	7.2	19.6
云南	100.0	32.5	5.7	20.5
西藏	100.0	46.1	10.0	17.9
陕西	100.0	27.9	7.7	21.2
甘肃	100.0	32.6	9.0	20.4
青海	100.0	30.6	9.1	18.8
宁夏	100.0	28.5	9.4	17.7
新疆	100.0	32.4	10.1	18.7

2-1-1-6 续表 单位：%

地　区	四、生活用品及服务支出	五、交通通信支出	六、教育文化娱乐支出	七、医疗保健支出	八、其他用品及服务支出
全　国	**6.1**	**12.9**	**10.6**	**7.2**	**2.5**
北　京	6.6	11.5	10.5	6.2	3.1
天　津	5.8	13.0	8.2	7.1	2.8
河　北	6.5	14.7	9.6	8.6	2.3
山　西	5.7	11.2	13.7	9.3	2.9
内蒙古	6.2	14.8	11.2	8.1	3.0
辽　宁	5.7	12.1	11.4	8.8	3.2
吉　林	5.3	12.6	11.9	11.2	2.8
黑龙江	5.3	12.4	11.0	9.9	2.5
上　海	4.6	10.9	10.0	6.7	3.0
江　苏	5.8	15.0	11.7	6.9	2.7
浙　江	5.0	16.3	9.6	6.0	2.2
安　徽	5.9	11.3	9.9	7.4	2.3
福　建	5.9	11.7	9.4	5.3	2.8
江　西	6.1	10.5	10.4	5.7	2.2
山　东	7.5	13.7	9.8	7.4	2.2
河　南	8.0	11.1	10.6	8.4	2.6
湖　北	6.3	10.4	11.4	8.2	2.2
湖　南	6.0	12.0	13.3	7.3	2.2
广　东	5.8	14.6	10.2	4.6	2.8
广　西	6.0	11.7	10.9	6.6	1.8
海　南	5.5	11.5	10.9	5.7	2.0
重　庆	7.1	10.7	9.6	7.0	1.9
四　川	7.1	11.6	8.6	7.8	2.3
贵　州	6.7	11.6	13.1	6.1	1.8
云　南	5.8	15.3	11.1	7.5	1.6
西　藏	5.5	10.9	3.6	2.7	3.3
陕　西	6.5	12.6	12.3	9.7	2.1
甘　肃	6.6	10.9	11.1	7.5	2.1
青　海	5.8	14.2	10.3	8.5	2.7
宁　夏	6.4	14.1	11.3	9.9	2.6
新　疆	5.6	13.6	9.3	8.2	2.0

2-1-1-7　2014年分地区全体居民现金消费支出

单位：元/人

地　区	现金消费支出	一、食品烟酒支出	二、衣着支出	三、居住支出
全　国	**11975.7**	**4185.6**	**1098.6**	**1215.7**
北　京	23254.6	7370.6	2358.6	2092.1
天　津	18677.4	7187.4	1859.1	1780.3
河　北	10128.3	3150.1	971.2	1188.8
山　西	9234.3	2746.0	1081.8	1021.3
内 蒙 古	14495.7	4492.0	1687.4	1438.2
辽　宁	13486.2	4317.5	1477.3	1438.8
吉　林	11374.3	3363.3	1228.8	1224.2
黑 龙 江	11178.0	3474.0	1290.4	1319.5
上　海	23375.0	8750.0	1612.0	2430.7
江　苏	15660.0	5333.8	1384.6	1304.7
浙　江	18014.8	6361.7	1586.6	1616.2
安　徽	9677.2	3755.4	868.9	962.8
福　建	14389.1	5759.6	1097.2	1558.7
江　西	8917.9	3397.9	853.1	899.7
山　东	11383.5	3795.6	1167.7	1145.3
河　南	9480.2	3085.6	1111.6	967.4
湖　北	10587.5	3743.0	1008.7	1097.6
湖　南	11099.4	3752.5	913.8	1176.2
广　东	16224.6	6199.8	1014.1	1865.5
广　西	8147.6	3150.1	460.3	910.5
海　南	10423.9	4680.8	549.6	950.7
重　庆	11383.9	4476.7	1275.5	832.9
四　川	10111.9	3891.4	973.8	823.8
贵　州	7491.5	2551.2	666.2	728.0
云　南	7911.2	2728.7	566.9	686.7
西　藏	5296.9	2322.0	732.8	385.1
陕　西	10487.4	3203.3	944.4	1294.9
甘　肃	8342.8	2862.0	884.1	940.2
青　海	10769.0	3398.0	1152.9	1356.5
宁　夏	10873.5	3331.6	1169.9	1104.1
新　疆	10309.7	3534.4	1203.9	1123.3

2-1-1-7 续表　　单位：元/人

地　区	四、生活用品及服务支出	五、交通通信支出	六、教育文化娱乐支出	七、医疗保健支出	八、其他用品及服务支出
全　国	**882.6**	**1866.2**	**1534.9**	**838.3**	**353.8**
北　京	2027.5	3575.0	3267.5	1593.0	970.3
天　津	1293.8	2867.0	1832.0	1257.6	600.4
河　北	770.5	1746.6	1144.3	884.8	271.8
山　西	610.3	1214.1	1484.2	773.9	302.6
内蒙古	1008.3	2405.1	1812.9	1176.3	475.6
辽　宁	908.3	1937.1	1833.4	1073.2	500.5
吉　林	685.7	1631.1	1550.7	1320.9	369.5
黑龙江	670.2	1587.3	1406.6	1107.5	322.6
上　海	1525.9	3576.2	3298.0	1200.7	981.6
江　苏	1094.0	2865.0	2237.4	930.3	510.3
浙　江	1097.5	3666.6	2167.9	1022.8	495.7
安　徽	691.3	1323.8	1155.8	656.5	262.8
福　建	1026.1	2064.5	1665.8	729.7	487.6
江　西	678.8	1164.1	1151.0	530.9	242.5
山　东	988.6	1821.5	1302.5	872.2	290.1
河　南	874.8	1224.7	1160.7	768.5	287.0
湖　北	810.0	1338.8	1478.8	835.4	275.3
湖　南	793.0	1597.0	1764.9	813.6	288.4
广　东	1104.6	2789.7	1961.9	763.5	525.5
广　西	606.6	1197.6	1115.0	526.1	181.4
海　南	652.5	1437.3	1357.9	549.2	245.9
重　庆	975.1	1475.7	1319.2	765.0	263.8
四　川	868.6	1434.4	1060.4	776.8	282.7
贵　州	600.6	1079.8	1221.8	481.4	162.6
云　南	561.6	1513.0	1096.7	606.0	151.6
西　藏	398.3	796.0	266.7	154.5	241.5
陕　西	792.4	1533.5	1500.0	963.7	255.3
甘　肃	649.6	1071.5	1092.3	642.3	200.7
青　海	708.5	1790.1	1292.7	737.1	333.1
宁　夏	783.0	1759.6	1416.1	1006.0	303.2
新　疆	667.8	1624.5	1100.8	814.1	240.9

2-1-1-8 2014年分地区全体居民现金消费支出构成

单位： %

地区	现金消费支出	一、食品烟酒支出	二、衣着支出	三、居住支出
全国	**100.0**	**35.0**	**9.2**	**10.2**
北京	100.0	31.7	10.1	9.0
天津	100.0	38.5	10.0	9.5
河北	100.0	31.1	9.6	11.7
山西	100.0	29.7	11.7	11.1
内蒙古	100.0	31.0	11.6	9.9
辽宁	100.0	32.0	11.0	10.7
吉林	100.0	29.6	10.8	10.8
黑龙江	100.0	31.1	11.5	11.8
上海	100.0	37.4	6.9	10.4
江苏	100.0	34.1	8.8	8.3
浙江	100.0	35.3	8.8	9.0
安徽	100.0	38.8	9.0	9.9
福建	100.0	40.0	7.6	10.8
江西	100.0	38.1	9.6	10.1
山东	100.0	33.3	10.3	10.1
河南	100.0	32.5	11.7	10.2
湖北	100.0	35.4	9.5	10.4
湖南	100.0	33.8	8.2	10.6
广东	100.0	38.2	6.3	11.5
广西	100.0	38.7	5.6	11.2
海南	100.0	44.9	5.3	9.1
重庆	100.0	39.3	11.2	7.3
四川	100.0	38.5	9.6	8.1
贵州	100.0	34.1	8.9	9.7
云南	100.0	34.5	7.2	8.7
西藏	100.0	43.8	13.8	7.3
陕西	100.0	30.5	9.0	12.3
甘肃	100.0	34.3	10.6	11.3
青海	100.0	31.6	10.7	12.6
宁夏	100.0	30.6	10.8	10.2
新疆	100.0	34.3	11.7	10.9

2-1-1-8 续表

单位： %

地 区	四、生活用品及服务支出	五、交通通信支出	六、教育文化娱乐支出	七、医疗保健支出	八、其他用品及服务支出
全 国	**7.4**	**15.6**	**12.8**	**7.0**	**3.0**
北 京	8.7	15.4	14.1	6.9	4.2
天 津	6.9	15.3	9.8	6.7	3.2
河 北	7.6	17.2	11.3	8.7	2.7
山 西	6.6	13.1	16.1	8.4	3.3
内蒙古	7.0	16.6	12.5	8.1	3.3
辽 宁	6.7	14.4	13.6	8.0	3.7
吉 林	6.0	14.3	13.6	11.6	3.2
黑龙江	6.0	14.2	12.6	9.9	2.9
上 海	6.5	15.3	14.1	5.1	4.2
江 苏	7.0	18.3	14.3	5.9	3.3
浙 江	6.1	20.4	12.0	5.7	2.8
安 徽	7.1	13.7	11.9	6.8	2.7
福 建	7.1	14.3	11.6	5.1	3.4
江 西	7.6	13.1	12.9	6.0	2.7
山 东	8.7	16.0	11.4	7.7	2.5
河 南	9.2	12.9	12.2	8.1	3.0
湖 北	7.7	12.6	14.0	7.9	2.6
湖 南	7.1	14.4	15.9	7.3	2.6
广 东	6.8	17.2	12.1	4.7	3.2
广 西	7.4	14.7	13.7	6.5	2.2
海 南	6.3	13.8	13.0	5.3	2.4
重 庆	8.6	13.0	11.6	6.7	2.3
四 川	8.6	14.2	10.5	7.7	2.8
贵 州	8.0	14.4	16.3	6.4	2.2
云 南	7.1	19.1	13.9	7.7	1.9
西 藏	7.5	15.0	5.0	2.9	4.6
陕 西	7.6	14.6	14.3	9.2	2.4
甘 肃	7.8	12.8	13.1	7.7	2.4
青 海	6.6	16.6	12.0	6.8	3.1
宁 夏	7.2	16.2	13.0	9.3	2.8
新 疆	6.5	15.8	10.7	7.9	2.3

(二)2015年分地区全体居民收支主要数据

2-1-2-1　2015年分地区全体居民可支配收入

单位：元/人

地　区	可支配收入	一、工资性收入	二、经营净收入	三、财产净收入	四、转移净收入
全　国	**21966.2**	**12459.0**	**3955.6**	**1739.6**	**3811.9**
北　京	48458.0	30240.4	1421.3	7498.9	9297.4
天　津	31291.4	19256.2	2906.1	2928.0	6201.1
河　北	18118.1	10910.0	2815.0	1212.5	3180.6
山　西	17853.7	10893.1	2709.2	986.6	3264.7
内蒙古	22310.1	11992.1	5379.7	1265.9	3672.3
辽　宁	24575.6	12868.5	4285.8	1490.6	5930.7
吉　林	18683.7	8977.7	5047.4	832.7	3825.8
黑龙江	18592.7	9182.3	4462.6	991.6	3956.1
上　海	49867.2	30499.1	1319.2	7172.8	10876.1
江　苏	29538.9	17187.9	4466.6	2536.9	5347.5
浙　江	35537.1	20654.1	6181.8	4078.9	4622.3
安　徽	18362.6	10041.7	4194.7	966.8	3159.4
福　建	25404.4	14845.3	4928.6	2372.0	3258.5
江　西	18437.1	10304.2	3327.5	1328.2	3477.2
山　东	22703.2	13143.9	5078.8	1454.6	3025.8
河　南	17124.8	8796.0	4069.1	938.0	3321.6
湖　北	20025.6	10079.0	4480.2	1142.4	4324.0
湖　南	19317.5	9827.5	3949.9	1399.5	4140.5
广　东	27858.9	19878.2	3748.1	2683.2	1549.4
广　西	16873.4	8061.4	4056.0	1073.8	3682.2
海　南	18979.0	11044.1	3920.2	1244.8	2769.8
重　庆	20110.1	10673.9	3315.1	1366.8	4754.3
四　川	17221.0	8610.8	3697.8	1073.7	3838.6
贵　州	13696.6	7032.9	3191.1	738.6	2734.1
云　南	15222.6	7067.7	4051.4	1644.8	2458.6
西　藏	12254.3	6227.1	3956.8	498.8	1571.6
陕　西	17395.0	9535.6	2531.0	1194.1	4134.3
甘　肃	13466.6	7102.1	2551.8	968.6	2844.1
青　海	15812.7	9191.5	2445.0	802.5	3373.7
宁　夏	17329.1	10395.5	3255.8	645.5	3032.3
新　疆	16859.1	9107.6	4204.3	676.4	2870.8

2-1-2-2　2015年分地区全体居民可支配收入构成

单位：%

地　区	可支配收入	一、工资性收入	二、经营净收入	三、财产净收入	四、转移净收入
全　国	**100.0**	**56.7**	**18.0**	**7.9**	**17.4**
北　京	100.0	62.4	2.9	15.5	19.2
天　津	100.0	61.5	9.3	9.4	19.8
河　北	100.0	60.2	15.5	6.7	17.6
山　西	100.0	61.0	15.2	5.5	18.3
内蒙古	100.0	53.8	24.1	5.7	16.5
辽　宁	100.0	52.4	17.4	6.1	24.1
吉　林	100.0	48.1	27.0	4.5	20.5
黑龙江	100.0	49.4	24.0	5.3	21.3
上　海	100.0	61.2	2.6	14.4	21.8
江　苏	100.0	58.2	15.1	8.6	18.1
浙　江	100.0	58.1	17.4	11.5	13.0
安　徽	100.0	54.7	22.8	5.3	17.2
福　建	100.0	58.4	19.4	9.3	12.8
江　西	100.0	55.9	18.0	7.2	18.9
山　东	100.0	57.9	22.4	6.4	13.3
河　南	100.0	51.4	23.8	5.5	19.4
湖　北	100.0	50.3	22.4	5.7	21.6
湖　南	100.0	50.9	20.4	7.2	21.4
广　东	100.0	71.4	13.5	9.6	5.6
广　西	100.0	47.8	24.0	6.4	21.8
海　南	100.0	58.2	20.7	6.6	14.6
重　庆	100.0	53.1	16.5	6.8	23.6
四　川	100.0	50.0	21.5	6.2	22.3
贵　州	100.0	51.3	23.3	5.4	20.0
云　南	100.0	46.4	26.6	10.8	16.2
西　藏	100.0	50.8	32.3	4.1	12.8
陕　西	100.0	54.8	14.6	6.9	23.8
甘　肃	100.0	52.7	18.9	7.2	21.1
青　海	100.0	58.1	15.5	5.1	21.3
宁　夏	100.0	60.0	18.8	3.7	17.5
新　疆	100.0	54.0	24.9	4.0	17.0

2-1-2-3 2015年分地区全体居民现金可支配收入

单位：元/人

地区	现金可支配收入	一、工资性收入	二、经营净收入	三、财产净收入	四、转移净收入
全国	**20424.3**	**12386.2**	**3782.7**	**689.5**	**3565.9**
北京	41885.3	30096.8	1618.4	1345.6	8824.6
天津	28981.3	19070.7	3118.5	986.2	5805.9
河北	16987.2	10897.2	2652.4	452.5	2985.2
山西	16939.2	10872.1	2614.0	442.8	3010.3
内蒙古	21698.3	11984.6	5647.1	610.3	3456.3
辽宁	23178.7	12678.2	4464.6	428.0	5607.8
吉林	17310.0	8916.8	4483.0	281.1	3629.2
黑龙江	18023.4	9161.2	4647.6	396.7	3817.9
上海	41977.9	30198.9	1357.6	671.7	9749.7
江苏	27354.7	17085.8	4410.0	916.0	4942.9
浙江	33291.9	20520.2	6668.0	1881.6	4222.0
安徽	17248.7	9976.0	3999.5	323.9	2949.3
福建	23655.5	14777.7	4968.2	860.9	3048.7
江西	17048.3	10283.0	2852.7	546.2	3366.4
山东	21552.8	13115.1	5002.4	604.4	2830.9
河南	15983.3	8784.4	3597.5	465.9	3135.5
湖北	18393.7	10001.0	4075.4	310.8	4006.6
湖南	18253.5	9780.1	3662.2	821.0	3990.1
广东	26034.2	19616.3	3718.6	1301.1	1398.3
广西	15678.5	8028.2	3637.8	545.1	3467.4
海南	17923.5	11017.7	3929.8	518.0	2458.0
重庆	18705.0	10625.6	2954.3	560.2	4565.0
四川	15858.9	8562.2	3155.8	547.0	3593.9
贵州	12758.2	7022.7	2820.0	303.7	2611.7
云南	14021.3	7056.9	3609.7	1086.5	2268.1
西藏	11077.9	6227.0	3082.3	243.8	1524.9
陕西	16429.6	9493.2	2367.9	722.6	3845.9
甘肃	12536.3	7090.6	2328.0	443.9	2673.8
青海	15040.5	9167.6	2477.8	381.5	3013.6
宁夏	16549.0	10368.4	3336.8	162.4	2681.4
新疆	15913.7	9094.2	3939.9	197.6	2682.0

2-1-2-4 2015年分地区全体居民现金可支配收入构成

单位：%

地区	现金可支配收入	一、工资性收入	二、经营净收入	三、财产净收入	四、转移净收入
全国	**100.0**	**60.6**	**18.5**	**3.4**	**17.5**
北京	100.0	71.9	3.9	3.2	21.1
天津	100.0	65.8	10.8	3.4	20.0
河北	100.0	64.1	15.6	2.7	17.6
山西	100.0	64.2	15.4	2.6	17.8
内蒙古	100.0	55.2	26.0	2.8	15.9
辽宁	100.0	54.7	19.3	1.8	24.2
吉林	100.0	51.5	25.9	1.6	21.0
黑龙江	100.0	50.8	25.8	2.2	21.2
上海	100.0	71.9	3.2	1.6	23.2
江苏	100.0	62.5	16.1	3.3	18.1
浙江	100.0	61.6	20.0	5.7	12.7
安徽	100.0	57.8	23.2	1.9	17.1
福建	100.0	62.5	21.0	3.6	12.9
江西	100.0	60.3	16.7	3.2	19.7
山东	100.0	60.9	23.2	2.8	13.1
河南	100.0	55.0	22.5	2.9	19.6
湖北	100.0	54.4	22.2	1.7	21.8
湖南	100.0	53.6	20.1	4.5	21.9
广东	100.0	75.3	14.3	5.0	5.4
广西	100.0	51.2	23.2	3.5	22.1
海南	100.0	61.5	21.9	2.9	13.7
重庆	100.0	56.8	15.8	3.0	24.4
四川	100.0	54.0	19.9	3.4	22.7
贵州	100.0	55.0	22.1	2.4	20.5
云南	100.0	50.3	25.7	7.7	16.2
西藏	100.0	56.2	27.8	2.2	13.8
陕西	100.0	57.8	14.4	4.4	23.4
甘肃	100.0	56.6	18.6	3.5	21.3
青海	100.0	61.0	16.5	2.5	20.0
宁夏	100.0	62.7	20.2	1.0	16.2
新疆	100.0	57.1	24.8	1.2	16.9

2-1-2-5 2015年分地区全体居民消费支出

单位：元/人

地区	消费支出	一、食品烟酒支出	二、衣着支出	三、居住支出
全国	**15712.4**	**4814.0**	**1164.1**	**3419.2**
北京	33802.8	7584.2	2425.7	10350.2
天津	24162.5	7709.9	1949.4	5237.5
河北	13030.7	3515.5	1055.3	2995.8
山西	11729.1	3089.4	1146.7	2297.4
内蒙古	17178.5	4919.8	1759.7	2918.9
辽宁	17199.8	4858.0	1561.6	3471.6
吉林	13763.9	3683.5	1254.9	2692.3
黑龙江	13402.5	3704.1	1288.3	2619.6
上海	34783.6	9271.5	1622.7	11307.5
江苏	20555.6	5936.0	1415.1	4551.6
浙江	24116.9	6975.8	1646.5	5964.2
安徽	12840.1	4424.2	924.6	2630.0
福建	18850.2	6440.0	1134.6	4638.2
江西	12403.4	4181.7	929.1	2783.4
山东	14578.4	4166.2	1276.6	2903.3
河南	11835.1	3373.7	1141.9	2387.9
湖北	14316.5	4499.9	1073.1	3007.0
湖南	14267.3	4535.5	1028.0	2810.8
广东	20975.7	7236.7	1103.4	4677.1
广西	11401.0	3960.8	503.1	2559.9
海南	13575.0	5364.1	568.3	2628.0
重庆	15139.5	5325.5	1334.7	2743.4
四川	13632.1	5001.4	1071.3	2400.9
贵州	10413.8	3375.8	719.2	2185.7
云南	11005.4	3587.7	625.7	2146.4
西藏	8245.8	3919.8	764.3	1374.6
陕西	13087.2	3646.4	989.4	2786.1
甘肃	10950.8	3447.6	967.7	2120.8
青海	13611.3	3958.2	1232.0	2352.8
宁夏	13815.6	3694.8	1237.9	2607.3
新疆	12867.4	4092.8	1274.5	2227.9

2-1-2-5 续表 单位：元/人

地　区	四、生活用品及服务支出	五、交通通信支出	六、教育文化娱乐支出	七、医疗保健支出	八、其他用品及服务支出
全　国	**951.4**	**2086.9**	**1723.1**	**1164.5**	**389.2**
北　京	2098.3	4489.6	3634.6	2228.6	991.4
天　津	1514.0	3185.9	2096.0	1757.1	712.6
河　北	832.2	1807.6	1338.6	1192.0	293.6
山　西	672.5	1501.4	1628.0	1102.0	291.5
内 蒙 古	1030.9	2569.0	2067.1	1384.3	528.9
辽　宁	1028.7	2282.0	1973.3	1522.4	502.2
吉　林	718.4	1810.0	1683.6	1527.5	393.7
黑 龙 江	672.4	1675.1	1526.2	1577.0	339.8
上　海	1484.6	4206.5	3718.1	2268.3	904.3
江　苏	1238.2	2984.7	2423.8	1409.6	596.5
浙　江	1159.3	3961.3	2428.3	1433.0	548.4
安　徽	698.8	1622.3	1339.3	932.3	268.8
福　建	1047.5	2305.3	1784.7	1028.6	471.3
江　西	736.6	1444.4	1354.0	698.8	275.5
山　东	1038.1	2104.2	1557.3	1180.1	352.7
河　南	910.6	1355.4	1337.2	1023.1	305.4
湖　北	868.6	1722.5	1577.6	1252.5	315.3
湖　南	883.6	1624.6	2049.7	998.3	336.8
广　东	1245.3	3020.2	2117.3	976.1	599.8
广　西	672.5	1445.7	1280.1	778.1	200.7
海　南	697.9	1783.1	1278.0	987.0	268.7
重　庆	1064.3	1746.4	1513.4	1117.9	294.0
四　川	918.4	1629.2	1207.9	1071.2	331.8
贵　州	636.2	1321.6	1401.2	604.6	169.5
云　南	644.3	1632.6	1281.5	875.7	211.5
西　藏	394.9	1025.9	314.1	229.2	223.1
陕　西	887.3	1537.1	1608.4	1363.5	269.1
甘　肃	708.8	1214.7	1315.9	949.5	225.7
青　海	793.4	2263.3	1383.4	1318.2	310.0
宁　夏	885.4	1806.1	1707.9	1482.9	393.4
新　疆	788.8	1842.4	1282.1	1078.3	280.6

2-1-2-6 2015年分地区全体居民消费支出构成

单位: %

地　区	消费支出	一、食品烟酒支出	二、衣着支出	三、居住支出
全　国	**100.0**	**30.6**	**7.4**	**21.8**
北　京	100.0	22.4	7.2	30.6
天　津	100.0	31.9	8.1	21.7
河　北	100.0	27.0	8.1	23.0
山　西	100.0	26.3	9.8	19.6
内蒙古	100.0	28.6	10.2	17.0
辽　宁	100.0	28.2	9.1	20.2
吉　林	100.0	26.8	9.1	19.6
黑龙江	100.0	27.6	9.6	19.5
上　海	100.0	26.7	4.7	32.5
江　苏	100.0	28.9	6.9	22.1
浙　江	100.0	28.9	6.8	24.7
安　徽	100.0	34.5	7.2	20.5
福　建	100.0	34.2	6.0	24.6
江　西	100.0	33.7	7.5	22.4
山　东	100.0	28.6	8.8	19.9
河　南	100.0	28.5	9.6	20.2
湖　北	100.0	31.4	7.5	21.0
湖　南	100.0	31.8	7.2	19.7
广　东	100.0	34.5	5.3	22.3
广　西	100.0	34.7	4.4	22.5
海　南	100.0	39.5	4.2	19.4
重　庆	100.0	35.2	8.8	18.1
四　川	100.0	36.7	7.9	17.6
贵　州	100.0	32.4	6.9	21.0
云　南	100.0	32.6	5.7	19.5
西　藏	100.0	47.5	9.3	16.7
陕　西	100.0	27.9	7.6	21.3
甘　肃	100.0	31.5	8.8	19.4
青　海	100.0	29.1	9.1	17.3
宁　夏	100.0	26.7	9.0	18.9
新　疆	100.0	31.8	9.9	17.3

2-1-2-6 续表 单位：%

地　　区	四、生活用品及服务支出	五、交通通信支出	六、教育文化娱乐支出	七、医疗保健支出	八、其他用品及服务支出
全　　国	**6.1**	**13.3**	**11.0**	**7.4**	**2.5**
北　　京	6.2	13.3	10.8	6.6	2.9
天　　津	6.3	13.2	8.7	7.3	2.9
河　　北	6.4	13.9	10.3	9.1	2.3
山　　西	5.7	12.8	13.9	9.4	2.5
内 蒙 古	6.0	15.0	12.0	8.1	3.1
辽　　宁	6.0	13.3	11.5	8.9	2.9
吉　　林	5.2	13.2	12.2	11.1	2.9
黑 龙 江	5.0	12.5	11.4	11.8	2.5
上　　海	4.3	12.1	10.7	6.5	2.6
江　　苏	6.0	14.5	11.8	6.9	2.9
浙　　江	4.8	16.4	10.1	5.9	2.3
安　　徽	5.4	12.6	10.4	7.3	2.1
福　　建	5.6	12.2	9.5	5.5	2.5
江　　西	5.9	11.6	10.9	5.6	2.2
山　　东	7.1	14.4	10.7	8.1	2.4
河　　南	7.7	11.5	11.3	8.6	2.6
湖　　北	6.1	12.0	11.0	8.7	2.2
湖　　南	6.2	11.4	14.4	7.0	2.4
广　　东	5.9	14.4	10.1	4.7	2.9
广　　西	5.9	12.7	11.2	6.8	1.8
海　　南	5.1	13.1	9.4	7.3	2.0
重　　庆	7.0	11.5	10.0	7.4	1.9
四　　川	6.7	12.0	8.9	7.9	2.4
贵　　州	6.1	12.7	13.5	5.8	1.6
云　　南	5.9	14.8	11.6	8.0	1.9
西　　藏	4.8	12.4	3.8	2.8	2.7
陕　　西	6.8	11.7	12.3	10.4	2.1
甘　　肃	6.5	11.1	12.0	8.7	2.1
青　　海	5.8	16.6	10.2	9.7	2.3
宁　　夏	6.4	13.1	12.4	10.7	2.8
新　　疆	6.1	14.3	10.0	8.4	2.2

2-1-2-7 2015年分地区全体居民现金消费支出

单位：元/人

地区	现金消费支出	一、食品烟酒支出	二、衣着支出	三、居住支出
全国	**12988.7**	**4505.0**	**1163.5**	**1251.9**
北京	25262.7	7447.7	2424.5	2426.0
天津	20215.9	7552.5	1949.1	1903.3
河北	10995.8	3417.4	1054.3	1252.4
山西	10025.1	2909.0	1143.1	1005.7
内蒙古	15285.2	4702.2	1759.4	1426.9
辽宁	14564.9	4621.2	1561.1	1424.6
吉林	11920.2	3489.1	1254.9	1242.2
黑龙江	11793.4	3628.4	1288.2	1218.5
上海	24389.5	9020.5	1622.6	2322.5
江苏	16780.7	5695.6	1414.8	1444.0
浙江	19278.3	6741.2	1645.6	1762.7
安徽	10665.3	4148.7	923.6	944.6
福建	15273.1	6170.6	1134.4	1554.9
江西	10047.4	3795.6	928.9	924.5
山东	12465.1	4042.8	1275.4	1106.2
河南	10213.5	3263.7	1141.9	1063.8
湖北	11707.0	4103.9	1072.4	1109.0
湖南	11997.4	4068.8	1027.5	1161.7
广东	17567.8	6799.9	1102.9	1863.5
广西	9174.1	3474.0	503.0	1006.2
海南	11372.8	5125.2	567.6	954.9
重庆	12603.5	4817.3	1334.5	906.6
四川	11123.3	4276.9	1070.7	856.9
贵州	8484.4	2857.0	719.0	887.2
云南	8860.1	3054.3	625.5	722.8
西藏	6193.1	2841.8	763.7	448.6
陕西	11236.2	3485.7	989.1	1386.6
甘肃	9278.9	3116.6	967.5	929.1
青海	11783.9	3629.4	1231.9	1235.8
宁夏	12074.6	3504.1	1237.1	1405.5
新疆	11164.9	3737.7	1272.8	1063.2

2-1-2-7 续表　　单位：元/人

地　区	四、生活用品及服务支出	五、交通通信支出	六、教育文化娱乐支出	七、医疗保健支出	八、其他用品及服务支出
全　国	**943.8**	**2083.7**	**1722.0**	**933.3**	**385.6**
北　京	2094.4	4485.2	3633.6	1763.2	988.1
天　津	1510.7	3149.3	2094.0	1356.8	700.0
河　北	829.6	1806.7	1338.2	1005.4	291.8
山　西	667.3	1500.3	1627.9	886.5	285.3
内蒙古	1030.8	2568.8	2066.6	1203.8	526.7
辽　宁	1015.8	2266.4	1961.5	1221.3	493.1
吉　林	713.9	1807.1	1683.5	1335.9	393.6
黑龙江	672.0	1674.4	1526.2	1447.9	337.7
上　海	1481.2	4183.3	3713.4	1145.4	900.6
江　苏	1220.9	2982.0	2422.4	1007.6	593.4
浙　江	1136.6	3956.0	2426.2	1066.3	543.8
安　徽	692.4	1620.6	1338.9	731.6	265.0
福　建	1042.9	2299.7	1784.6	818.0	467.9
江　西	736.3	1444.1	1354.0	590.3	273.5
山　东	1029.1	2103.6	1556.8	1003.1	348.1
河　南	909.8	1355.1	1337.2	837.7	304.4
湖　北	866.8	1721.3	1577.2	944.8	311.6
湖　南	880.2	1622.5	2048.9	854.3	333.5
广　东	1236.8	3016.0	2114.8	839.6	594.4
广　西	662.8	1441.5	1279.4	609.2	198.1
海　南	669.2	1782.6	1277.5	727.8	268.0
重　庆	1060.5	1743.7	1513.1	937.3	290.4
四　川	898.1	1627.5	1207.3	857.0	328.9
贵　州	632.0	1321.1	1401.2	499.7	167.3
云　南	637.2	1631.4	1281.5	698.5	208.9
西　藏	393.1	1025.9	314.1	183.3	222.8
陕　西	882.1	1535.2	1607.8	1084.6	265.3
甘　肃	697.5	1214.2	1315.8	816.9	221.3
青　海	791.0	2263.3	1382.6	942.3	307.6
宁　夏	871.8	1793.1	1707.8	1179.2	375.9
新　疆	787.4	1842.3	1282.0	899.6	280.1

2-1-2-8 2015年分地区全体居民现金消费支出构成

单位：%

地区	现金消费支出	一、食品烟酒支出	二、衣着支出	三、居住支出
全国	**100.0**	**34.7**	**9.0**	**9.6**
北京	100.0	29.5	9.6	9.6
天津	100.0	37.4	9.6	9.4
河北	100.0	31.1	9.6	11.4
山西	100.0	29.0	11.4	10.0
内蒙古	100.0	30.8	11.5	9.3
辽宁	100.0	31.7	10.7	9.8
吉林	100.0	29.3	10.5	10.4
黑龙江	100.0	30.8	10.9	10.3
上海	100.0	37.0	6.7	9.5
江苏	100.0	33.9	8.4	8.6
浙江	100.0	35.0	8.5	9.1
安徽	100.0	38.9	8.7	8.9
福建	100.0	40.4	7.4	10.2
江西	100.0	37.8	9.2	9.2
山东	100.0	32.4	10.2	8.9
河南	100.0	32.0	11.2	10.4
湖北	100.0	35.1	9.2	9.5
湖南	100.0	33.9	8.6	9.7
广东	100.0	38.7	6.3	10.6
广西	100.0	37.9	5.5	11.0
海南	100.0	45.1	5.0	8.4
重庆	100.0	38.2	10.6	7.2
四川	100.0	38.4	9.6	7.7
贵州	100.0	33.7	8.5	10.5
云南	100.0	34.5	7.1	8.2
西藏	100.0	45.9	12.3	7.2
陕西	100.0	31.0	8.8	12.3
甘肃	100.0	33.6	10.4	10.0
青海	100.0	30.8	10.5	10.5
宁夏	100.0	29.0	10.2	11.6
新疆	100.0	33.5	11.4	9.5

2-1-2-8 续表

单位：%

地 区	四、生活用品及服务支出	五、交通通信支出	六、教育文化娱乐支出	七、医疗保健支出	八、其他用品及服务支出
全 国	**7.3**	**16.0**	**13.3**	**7.2**	**3.0**
北 京	8.3	17.8	14.4	7.0	3.9
天 津	7.5	15.6	10.4	6.7	3.5
河 北	7.5	16.4	12.2	9.1	2.7
山 西	6.7	15.0	16.2	8.8	2.8
内蒙古	6.7	16.8	13.5	7.9	3.4
辽 宁	7.0	15.6	13.5	8.4	3.4
吉 林	6.0	15.2	14.1	11.2	3.3
黑龙江	5.7	14.2	12.9	12.3	2.9
上 海	6.1	17.2	15.2	4.7	3.7
江 苏	7.3	17.8	14.4	6.0	3.5
浙 江	5.9	20.5	12.6	5.5	2.8
安 徽	6.5	15.2	12.6	6.9	2.5
福 建	6.8	15.1	11.7	5.4	3.1
江 西	7.3	14.4	13.5	5.9	2.7
山 东	8.3	16.9	12.5	8.0	2.8
河 南	8.9	13.3	13.1	8.2	3.0
湖 北	7.4	14.7	13.5	8.1	2.7
湖 南	7.3	13.5	17.1	7.1	2.8
广 东	7.0	17.2	12.0	4.8	3.4
广 西	7.2	15.7	13.9	6.6	2.2
海 南	5.9	15.7	11.2	6.4	2.4
重 庆	8.4	13.8	12.0	7.4	2.3
四 川	8.1	14.6	10.9	7.7	3.0
贵 州	7.4	15.6	16.5	5.9	2.0
云 南	7.2	18.4	14.5	7.9	2.4
西 藏	6.3	16.6	5.1	3.0	3.6
陕 西	7.9	13.7	14.3	9.7	2.4
甘 肃	7.5	13.1	14.2	8.8	2.4
青 海	6.7	19.2	11.7	8.0	2.6
宁 夏	7.2	14.9	14.1	9.8	3.1
新 疆	7.1	16.5	11.5	8.1	2.5

2-1-2-9　2015年分地区全体居民家庭主要食品消费量

单位：公斤/人

地　区	粮食（原粮）	谷物	食用油	植物油	蔬菜	肉类	猪肉
全　国	**134.5**	**124.3**	**10.6**	**10.0**	**97.8**	**26.2**	**20.1**
北　京	90.8	81.5	10.8	10.7	100.6	26.0	14.2
天　津	127.4	117.9	11.0	11.0	115.1	25.2	15.8
河　北	131.5	122.6	9.7	9.6	88.2	19.0	12.4
山　西	131.6	117.8	8.0	7.9	76.0	13.6	9.5
内蒙古	156.5	144.3	8.1	7.8	90.0	32.8	16.9
辽　宁	135.8	122.0	11.4	11.2	123.3	25.6	18.1
吉　林	129.7	119.3	11.2	11.1	94.7	19.6	14.9
黑龙江	138.6	125.6	13.7	13.6	91.4	20.3	13.9
上　海	102.7	91.0	9.7	9.5	102.8	28.9	20.6
江　苏	122.0	110.2	12.5	12.4	104.1	26.1	19.6
浙　江	130.6	117.6	11.3	10.8	91.8	26.9	21.9
安　徽	142.0	129.4	10.0	9.3	93.4	22.7	18.1
福　建	126.7	117.2	9.3	8.2	88.7	31.3	25.5
江　西	150.9	142.3	13.0	12.4	108.8	25.2	20.6
山　东	127.4	118.2	8.9	8.9	88.9	20.3	12.9
河　南	127.3	118.4	8.5	8.4	80.8	16.1	11.3
湖　北	123.1	112.0	14.9	14.4	117.3	27.8	22.4
湖　南	148.4	139.8	12.4	9.5	102.0	30.0	25.9
广　东	118.3	110.5	9.1	8.6	98.9	36.5	29.7
广　西	143.4	136.8	8.2	6.8	93.0	31.6	27.9
海　南	100.9	96.6	7.6	6.4	88.3	28.9	25.2
重　庆	149.8	134.3	14.4	13.3	132.9	39.3	33.7
四　川	160.7	149.7	13.0	11.9	130.2	39.3	34.9
贵　州	135.8	124.8	8.7	7.1	90.9	32.5	29.8
云　南	134.5	124.8	7.5	5.8	98.5	29.6	25.9
西　藏	276.9	269.6	15.2	10.0	24.7	39.1	6.7
陕　西	132.7	122.7	10.9	10.8	77.6	14.0	10.4
甘　肃	159.9	148.6	9.8	9.7	73.8	18.0	12.6
青　海	117.6	110.4	9.5	9.1	62.7	23.2	10.3
宁　夏	131.1	123.9	8.7	8.6	87.6	17.1	7.1
新　疆	181.9	178.3	13.9	13.8	103.5	23.2	4.2

2-1-2-9 续表 单位：公斤/人

地 区			禽类	水产品	蛋类	奶类	干鲜瓜果类	食糖
	牛肉	羊肉						
全 国	**1.6**	**1.2**	**8.4**	**11.2**	**9.5**	**12.1**	**44.5**	**1.3**
北 京	3.3	3.0	6.0	9.6	13.7	26.9	68.9	0.8
天 津	2.6	3.0	4.9	16.6	16.8	17.1	72.7	1.3
河 北	1.2	1.3	4.0	5.3	12.5	13.9	53.8	1.1
山 西	0.6	1.2	2.1	3.0	10.3	14.7	46.9	0.9
内蒙古	3.8	8.6	5.1	4.9	9.3	21.9	51.8	1.3
辽 宁	2.1	1.3	4.7	13.9	12.3	14.4	60.5	1.3
吉 林	1.7	0.7	3.8	7.0	9.7	9.5	47.1	1.1
黑龙江	1.5	1.2	4.5	7.9	9.6	10.4	54.5	1.6
上 海	2.6	1.0	12.1	25.2	10.4	21.7	51.1	1.4
江 苏	1.7	0.8	9.9	17.4	10.2	16.4	40.4	1.1
浙 江	1.7	0.5	9.8	24.3	7.6	12.5	46.1	1.4
安 徽	1.5	0.7	10.8	10.8	10.5	10.7	38.2	1.5
福 建	1.5	0.7	10.6	26.0	8.2	10.8	37.4	1.6
江 西	1.6	0.2	8.1	12.2	7.5	11.2	35.8	1.2
山 东	1.0	1.0	5.9	11.2	15.7	18.2	60.7	0.9
河 南	1.2	0.9	5.1	3.7	12.3	10.9	48.3	1.2
湖 北	1.6	0.6	5.5	14.9	8.5	8.0	33.4	0.9
湖 南	1.5	0.5	9.7	11.5	7.2	5.8	50.5	1.8
广 东	1.8	0.6	18.6	22.0	6.9	8.3	36.0	1.5
广 西	1.3	0.4	18.6	10.2	5.7	5.7	37.3	1.4
海 南	1.5	0.6	18.9	26.8	4.8	4.3	27.7	1.0
重 庆	1.3	0.5	10.2	9.9	10.1	14.6	39.6	2.9
四 川	1.2	0.4	10.7	6.8	8.7	10.7	33.8	1.8
贵 州	1.2	0.3	5.1	2.2	4.4	5.3	27.8	1.1
云 南	1.6	0.4	7.4	3.7	5.0	5.5	26.8	1.3
西 藏	26.4	5.8	0.9	0.5	3.1	21.4	6.1	3.2
陕 西	0.6	1.0	2.3	2.1	7.6	12.6	40.1	0.9
甘 肃	1.4	2.4	4.0	2.0	7.6	13.4	49.0	1.7
青 海	4.5	6.9	3.2	2.1	4.3	17.4	27.9	1.3
宁 夏	3.5	5.4	6.0	2.6	6.0	15.5	64.9	1.2
新 疆	4.6	13.2	5.2	3.2	6.8	19.5	58.2	1.2

2-1-2-10 2015年分地区全体居民年末主要耐用消费品拥有量

单位：平均每百户

地区	家用汽车(辆)	摩托车(辆)	电动助力车(辆)	洗衣机(台)	电冰箱(柜)(台)	微波炉(台)	彩色电视机(台)
全国	**22.7**	**42.2**	**47.6**	**86.4**	**89.0**	**36.9**	**119.9**
北京	45.0	4.0	24.6	95.2	97.9	77.3	130.1
天津	37.7	11.6	43.5	96.0	98.1	66.4	111.4
河北	30.4	40.0	82.2	97.6	93.9	37.5	115.9
山西	20.7	37.4	37.2	91.1	76.4	23.8	105.4
内蒙古	28.5	44.8	40.4	91.3	92.7	25.2	103.3
辽宁	18.1	26.3	21.1	88.1	92.5	40.2	109.0
吉林	19.3	40.7	9.4	92.8	92.0	28.8	108.0
黑龙江	10.7	28.9	9.8	90.3	89.8	24.6	103.3
上海	24.3	4.9	58.3	89.3	95.9	84.4	174.2
江苏	31.3	27.7	111.9	96.7	99.0	78.7	161.9
浙江	39.8	20.0	73.6	83.2	95.7	49.5	169.3
安徽	14.8	34.1	73.9	83.3	93.7	36.4	125.3
福建	22.3	63.8	34.9	80.1	94.1	51.5	139.0
江西	16.7	52.5	54.4	68.3	90.6	31.4	133.7
山东	37.8	43.6	94.1	91.9	94.9	33.0	108.7
河南	17.4	47.4	88.8	95.5	85.8	23.0	115.1
湖北	12.9	51.8	23.9	79.3	90.5	30.3	117.6
湖南	16.4	54.3	15.8	83.7	92.9	24.9	114.3
广东	24.6	60.7	23.0	69.3	76.1	34.0	104.3
广西	18.0	75.4	49.5	72.3	86.6	38.4	113.3
海南	15.5	66.3	53.8	55.0	74.4	25.6	104.7
重庆	15.4	27.3	6.2	86.6	95.7	42.9	121.8
四川	15.3	38.0	21.0	88.6	88.9	25.2	117.6
贵州	15.0	40.0	6.0	90.5	79.1	22.2	103.6
云南	24.2	56.5	20.6	80.0	69.5	31.0	104.9
西藏	21.5	57.0	10.9	60.4	61.5	14.6	114.0
陕西	15.8	40.4	29.9	91.8	79.8	22.3	109.2
甘肃	13.7	58.0	23.7	91.8	72.0	24.5	107.0
青海	24.3	48.7	9.8	95.7	94.3	32.4	105.0
宁夏	25.2	47.3	47.6	96.5	90.0	31.7	108.4
新疆	19.9	48.9	33.4	92.8	91.1	23.6	100.1

2-1-2-10 续表　　　　单位：平均每百户

地　区	空调（台）	热水器（台）	排油烟机（台）	移动电话（部）	计算机（台）	照相机（台）
全　国	**81.5**	**71.2**	**45.7**	**224.8**	**55.5**	**20.4**
北　京	155.5	92.6	83.8	221.2	101.9	59.4
天　津	124.3	92.7	76.7	219.5	68.1	31.1
河　北	87.1	72.7	48.2	223.3	57.5	19.9
山　西	24.4	42.6	39.9	207.8	53.7	13.8
内蒙古	7.6	40.6	42.1	218.4	43.5	16.2
辽　宁	21.4	54.0	56.0	196.4	53.8	23.6
吉　林	6.2	35.3	47.5	228.0	53.3	15.5
黑龙江	6.2	31.8	46.4	199.5	44.5	13.6
上　海	180.9	88.2	74.3	217.2	117.3	50.2
江　苏	162.6	98.4	63.2	228.6	73.4	27.7
浙　江	154.5	87.5	70.7	224.2	77.6	27.7
安　徽	99.2	80.7	37.4	210.8	45.3	14.9
福　建	116.9	91.3	49.8	242.6	67.6	20.6
江　西	84.1	74.6	40.1	228.2	50.4	15.1
山　东	77.5	84.0	54.5	214.7	59.2	26.3
河　南	91.2	63.8	31.0	222.9	48.1	12.9
湖　北	90.1	75.8	40.4	227.2	52.4	15.7
湖　南	86.4	66.5	39.7	239.9	47.3	16.0
广　东	122.2	82.0	50.0	233.7	70.9	28.4
广　西	65.3	71.4	31.8	256.4	50.2	16.4
海　南	64.8	67.1	36.1	235.3	42.4	10.2
重　庆	115.5	76.5	36.5	232.2	49.3	19.1
四　川	60.4	68.2	28.5	221.6	35.4	11.9
贵　州	12.7	50.4	21.0	241.8	31.7	8.5
云　南	1.7	72.4	31.7	235.1	30.7	15.3
西　藏	3.2	15.4	15.4	185.8	18.7	13.5
陕　西	57.6	57.9	37.2	237.4	45.9	17.2
甘　肃	5.1	43.2	35.4	235.7	36.7	14.7
青　海	1.4	37.8	43.6	233.5	39.0	14.1
宁　夏	7.9	73.5	47.3	255.9	47.3	13.6
新　疆	9.2	53.2	44.8	192.7	39.8	17.0

(三)2016年分地区全体居民收支主要数据

2-1-3-1 2016年分地区全体居民可支配收入

单位：元/人

地区	可支配收入	一、工资性收入	二、经营净收入	三、财产净收入	四、转移净收入
全国	**23821.0**	**13455.2**	**4217.7**	**1889.0**	**4259.1**
北京	52530.4	33114.2	1396.4	8229.6	9790.2
天津	34074.5	21218.6	3136.7	3217.4	6501.9
河北	19725.4	11888.9	3020.3	1335.4	3480.8
山西	19048.9	11304.9	2693.1	1111.8	3939.0
内蒙古	24126.6	12939.5	5776.4	1202.7	4208.0
辽宁	26039.7	13787.5	4526.8	1294.1	6431.3
吉林	19967.0	9699.3	4814.9	861.3	4591.4
黑龙江	19838.5	9673.3	4263.6	994.6	4907.0
上海	54305.3	32718.6	1398.9	7684.2	12503.7
江苏	32070.1	18664.4	4723.7	2880.4	5801.6
浙江	38529.0	22206.7	6588.6	4337.5	5396.2
安徽	19998.1	10931.6	4512.7	1085.5	3468.3
福建	27607.9	16041.9	5280.2	2621.9	3663.9
江西	20109.6	11309.4	3579.8	1368.6	3851.8
山东	24685.3	14259.3	5470.4	1632.8	3322.7
河南	18443.1	9265.5	4257.3	1142.3	3777.9
湖北	21786.6	10818.7	4781.4	1322.9	4863.7
湖南	21114.8	10796.9	4233.8	1503.5	4580.7
广东	30295.8	21361.9	4101.8	3096.5	1735.6
广西	18305.1	8882.9	4779.4	1069.1	3573.7
海南	20653.4	12258.1	4042.1	1216.5	3136.7
重庆	22034.1	11557.7	3684.3	1413.7	5378.4
四川	18808.3	9278.2	3993.2	1198.5	4338.3
贵州	15121.1	7787.3	3555.4	773.3	3005.1
云南	16719.9	7659.6	4433.2	1673.0	2954.2
西藏	13639.2	7111.0	4141.1	527.0	1860.1
陕西	18873.7	10366.1	2538.3	1103.3	4866.0
甘肃	14670.3	7910.3	2746.9	1009.5	3003.6
青海	17301.8	10234.6	2629.2	862.7	3575.3
宁夏	18832.3	11238.9	3359.7	792.0	3441.7
新疆	18354.7	9968.2	4434.4	695.0	3257.0

2-1-3-2　2016年分地区全体居民可支配收入构成

单位：%

地　区	可支配收入	一、工资性收入	二、经营净收入	三、财产净收入	四、转移净收入
全　国	**100.0**	**56.5**	**17.7**	**7.9**	**17.9**
北　京	100.0	63.0	2.7	15.7	18.6
天　津	100.0	62.3	9.2	9.4	19.1
河　北	100.0	60.3	15.3	6.8	17.6
山　西	100.0	59.3	14.1	5.8	20.7
内蒙古	100.0	53.6	23.9	5.0	17.4
辽　宁	100.0	52.9	17.4	5.0	24.7
吉　林	100.0	48.6	24.1	4.3	23.0
黑龙江	100.0	48.8	21.5	5.0	24.7
上　海	100.0	60.2	2.6	14.1	23.0
江　苏	100.0	58.2	14.7	9.0	18.1
浙　江	100.0	57.6	17.1	11.3	14.0
安　徽	100.0	54.7	22.6	5.4	17.3
福　建	100.0	58.1	19.1	9.5	13.3
江　西	100.0	56.2	17.8	6.8	19.2
山　东	100.0	57.8	22.2	6.6	13.5
河　南	100.0	50.2	23.1	6.2	20.5
湖　北	100.0	49.7	21.9	6.1	22.3
湖　南	100.0	51.1	20.1	7.1	21.7
广　东	100.0	70.5	13.5	10.2	5.7
广　西	100.0	48.5	26.1	5.8	19.5
海　南	100.0	59.4	19.6	5.9	15.2
重　庆	100.0	52.5	16.7	6.4	24.4
四　川	100.0	49.3	21.2	6.4	23.1
贵　州	100.0	51.5	23.5	5.1	19.9
云　南	100.0	45.8	26.5	10.0	17.7
西　藏	100.0	52.1	30.4	3.9	13.6
陕　西	100.0	54.9	13.4	5.8	25.8
甘　肃	100.0	53.9	18.7	6.9	20.5
青　海	100.0	59.2	15.2	5.0	20.7
宁　夏	100.0	59.7	17.8	4.2	18.3
新　疆	100.0	54.3	24.2	3.8	17.7

2-1-3-3　2016年分地区全体居民现金可支配收入

单位：元/人

地　区	现金可支配收入	一、工资性收入	二、经营净收入	三、财产净收入	四、转移净收入
全　国	**22204.5**	**13379.0**	**4111.4**	**739.8**	**3974.3**
北　京	45140.7	32940.4	1502.6	1593.3	9104.3
天　津	31523.0	21004.7	3365.9	1078.5	6073.9
河　北	18731.2	11871.6	3090.4	453.5	3315.7
山　西	17968.5	11275.7	2630.7	452.8	3609.3
内蒙古	23262.0	12933.4	5900.3	565.0	3863.3
辽　宁	24607.9	13576.4	4737.1	286.5	6008.0
吉　林	18786.0	9616.4	4549.1	289.2	4331.3
黑龙江	19211.0	9651.9	4404.1	422.6	4732.3
上　海	45954.4	32489.0	1464.0	798.1	11203.3
江　苏	29771.9	18573.6	4763.1	1046.8	5388.4
浙　江	36023.6	22025.4	6912.5	2081.2	5004.6
安　徽	18717.8	10853.9	4248.8	377.4	3237.7
福　建	25622.6	15959.2	5335.2	912.8	3415.4
江　西	18738.9	11288.6	3207.3	512.0	3731.0
山　东	23610.3	14225.3	5633.4	667.8	3083.7
河　南	17219.8	9248.9	3860.3	545.4	3565.2
湖　北	20081.1	10742.4	4514.0	348.4	4476.3
湖　南	20004.1	10740.2	3994.1	869.3	4400.3
广　东	28213.4	21116.4	4113.2	1433.8	1550.0
广　西	17225.4	8850.3	4501.6	527.8	3345.7
海　南	19597.4	12234.2	4044.9	496.8	2821.5
重　庆	20518.4	11503.4	3265.7	604.9	5144.2
四　川	17510.4	9229.1	3567.6	663.6	4050.1
贵　州	14292.3	7772.4	3344.4	297.6	2877.9
云　南	15420.7	7651.5	3937.3	1084.0	2747.9
西　藏	12420.7	7110.9	3255.7	245.3	1808.9
陕　西	17855.3	10327.7	2376.8	634.0	4516.8
甘　肃	13765.8	7896.9	2669.0	440.7	2759.2
青　海	16457.5	10218.7	2635.2	410.2	3193.4
宁　夏	18231.1	11214.3	3689.0	276.6	3051.2
新　疆	17363.6	9936.0	4233.9	207.9	2985.8

2-1-3-4 2016年分地区全体居民现金可支配收入构成

单位：%

地 区	现金可支配收入	一、工资性收入	二、经营净收入	三、财产净收入	四、转移净收入
全 国	**100.0**	**60.3**	**18.5**	**3.3**	**17.9**
北 京	100.0	73.0	3.3	3.5	20.2
天 津	100.0	66.6	10.7	3.4	19.3
河 北	100.0	63.4	16.5	2.4	17.7
山 西	100.0	62.8	14.6	2.5	20.1
内蒙古	100.0	55.6	25.4	2.4	16.6
辽 宁	100.0	55.2	19.3	1.2	24.4
吉 林	100.0	51.2	24.2	1.5	23.1
黑龙江	100.0	50.2	22.9	2.2	24.6
上 海	100.0	70.7	3.2	1.7	24.4
江 苏	100.0	62.4	16.0	3.5	18.1
浙 江	100.0	61.1	19.2	5.8	13.9
安 徽	100.0	58.0	22.7	2.0	17.3
福 建	100.0	62.3	20.8	3.6	13.3
江 西	100.0	60.2	17.1	2.7	19.9
山 东	100.0	60.3	23.9	2.8	13.1
河 南	100.0	53.7	22.4	3.2	20.7
湖 北	100.0	53.5	22.5	1.7	22.3
湖 南	100.0	53.7	20.0	4.3	22.0
广 东	100.0	74.8	14.6	5.1	5.5
广 西	100.0	51.4	26.1	3.1	19.4
海 南	100.0	62.4	20.6	2.5	14.4
重 庆	100.0	56.1	15.9	2.9	25.1
四 川	100.0	52.7	20.4	3.8	23.1
贵 州	100.0	54.4	23.4	2.1	20.1
云 南	100.0	49.6	25.5	7.0	17.8
西 藏	100.0	57.3	26.2	2.0	14.6
陕 西	100.0	57.8	13.3	3.6	25.3
甘 肃	100.0	57.4	19.4	3.2	20.0
青 海	100.0	62.1	16.0	2.5	19.4
宁 夏	100.0	61.5	20.2	1.5	16.7
新 疆	100.0	57.2	24.4	1.2	17.2

2-1-3-5　2016年分地区全体居民消费支出

单位：元/人

地　区	消费支出	一、食品烟酒支出	二、衣着支出	三、居住支出
全　国	**17110.7**	**5151.0**	**1202.7**	**3746.4**
北　京	35415.7	7608.5	2433.0	11187.7
天　津	26129.3	8020.6	1931.2	5654.8
河　北	14247.5	3819.1	1111.1	3295.0
山　西	12682.9	3098.1	1104.0	2751.3
内蒙古	18072.3	5169.0	1827.1	3173.6
辽　宁	19852.8	5457.8	1745.3	3700.7
吉　林	14772.6	3949.0	1266.5	2794.3
黑龙江	14445.8	3997.0	1313.7	2616.9
上　海	37458.3	9564.0	1734.0	12263.9
江　苏	22129.9	6265.7	1453.3	5107.2
浙　江	25526.6	7414.2	1564.1	6133.5
安　徽	14711.5	4880.2	990.8	3047.3
福　建	20167.5	6907.0	1093.1	5199.8
江　西	13258.6	4400.8	944.7	3089.1
山　东	15926.4	4489.5	1326.1	3214.7
河　南	12712.3	3585.2	1141.7	2630.0
湖　北	15888.7	4926.4	1106.5	3369.9
湖　南	15750.5	4812.0	1057.9	3104.6
广　东	23448.4	8015.1	1209.9	5247.0
广　西	12295.2	4232.3	532.5	2735.5
海　南	14275.4	5745.5	596.5	2647.1
重　庆	16384.8	5611.6	1373.7	2903.1
四　川	14838.5	5321.2	1140.8	2734.4
贵　州	11931.6	3708.9	810.6	2518.2
云　南	11768.8	3742.4	653.5	2346.6
西　藏	9318.7	4530.4	926.8	1522.8
陕　西	13943.0	3857.2	1024.1	2850.2
甘　肃	12254.2	3701.2	994.5	2294.9
青　海	14774.7	4271.8	1269.5	2595.5
宁　夏	14965.4	3701.3	1219.9	2741.7
新　疆	14066.5	4213.4	1271.6	2492.9

2-1-3-5 续表

单位：元/人

地区	四、生活用品及服务支出	五、交通通信支出	六、教育文化娱乐支出	七、医疗保健支出	八、其他用品及服务支出
全国	**1043.7**	**2337.8**	**1915.3**	**1307.5**	**406.3**
北京	2327.2	4701.7	3686.6	2455.7	1015.2
天津	1561.7	3752.2	2404.0	2022.9	782.0
河北	957.6	2062.2	1449.2	1225.4	327.8
山西	679.6	1709.0	1810.7	1227.5	302.6
内蒙古	1126.9	2525.5	2165.8	1569.9	514.4
辽宁	1182.4	2837.3	2422.1	1912.1	595.0
吉林	773.9	2073.0	1850.1	1681.7	384.1
黑龙江	750.7	2040.9	1688.3	1694.7	343.8
上海	1755.2	4228.5	4174.6	2720.7	1017.6
江苏	1363.1	3372.2	2514.5	1453.7	600.2
浙江	1224.0	4377.3	2794.3	1506.5	512.6
安徽	868.8	1975.2	1558.8	1092.1	298.4
福建	1111.2	2504.2	1905.4	1053.9	392.8
江西	765.0	1576.9	1424.4	764.5	293.2
山东	1124.5	2324.8	1754.6	1339.0	353.1
河南	953.8	1550.8	1439.5	1113.4	298.0
湖北	938.1	1931.0	1739.5	1528.2	349.1
湖南	993.1	1915.5	2392.7	1165.0	309.8
广东	1402.0	3296.5	2451.2	1144.9	681.9
广西	711.0	1541.6	1444.0	907.4	190.8
海南	704.3	1762.2	1544.9	1021.0	254.0
重庆	1145.8	1941.6	1745.9	1344.5	318.7
四川	967.2	1850.3	1284.8	1172.6	367.1
贵州	751.3	1610.6	1602.5	724.7	204.8
云南	682.1	1723.5	1429.8	976.4	214.4
西藏	500.8	990.0	370.1	257.7	220.1
陕西	953.4	1664.1	1785.2	1528.2	280.7
甘肃	803.0	1573.0	1502.1	1122.7	262.9
青海	873.8	2287.0	1568.2	1503.9	404.8
宁夏	924.6	2748.6	1772.1	1473.2	384.1
新疆	911.6	2052.4	1471.2	1333.2	320.1

2-1-3-6 2016年分地区全体居民消费支出构成

单位： %

地 区	消费支出	一、食品烟酒支出	二、衣着支出	三、居住支出
全 国	**100.0**	**30.1**	**7.0**	**21.9**
北 京	100.0	21.5	6.9	31.6
天 津	100.0	30.7	7.4	21.6
河 北	100.0	26.8	7.8	23.1
山 西	100.0	24.4	8.7	21.7
内 蒙 古	100.0	28.6	10.1	17.6
辽 宁	100.0	27.5	8.8	18.6
吉 林	100.0	26.7	8.6	18.9
黑 龙 江	100.0	27.7	9.1	18.1
上 海	100.0	25.5	4.6	32.7
江 苏	100.0	28.3	6.6	23.1
浙 江	100.0	29.0	6.1	24.0
安 徽	100.0	33.2	6.7	20.7
福 建	100.0	34.2	5.4	25.8
江 西	100.0	33.2	7.1	23.3
山 东	100.0	28.2	8.3	20.2
河 南	100.0	28.2	9.0	20.7
湖 北	100.0	31.0	7.0	21.2
湖 南	100.0	30.6	6.7	19.7
广 东	100.0	34.2	5.2	22.4
广 西	100.0	34.4	4.3	22.2
海 南	100.0	40.2	4.2	13.5
重 庆	100.0	34.2	8.4	17.7
四 川	100.0	35.9	7.7	18.4
贵 州	100.0	31.1	6.8	21.1
云 南	100.0	31.8	5.6	19.9
西 藏	100.0	48.6	9.9	16.3
陕 西	100.0	27.7	7.3	20.4
甘 肃	100.0	30.2	8.1	18.7
青 海	100.0	28.9	8.6	17.6
宁 夏	100.0	24.7	8.2	18.3
新 疆	100.0	30.0	9.0	17.7

2-1-3-6 续表

单位: %

地 区	四、生活用品及服务支出	五、交通通信支出	六、教育文化娱乐支出	七、医疗保健支出	八、其他用品及服务支出
全 国	**6.1**	**13.7**	**11.2**	**7.6**	**2.4**
北 京	6.6	13.3	10.4	6.9	2.9
天 津	6.0	14.4	9.2	7.7	3.0
河 北	6.7	14.5	10.2	8.6	2.3
山 西	5.4	13.5	14.3	9.7	2.4
内蒙古	6.2	14.0	12.0	8.7	2.8
辽 宁	6.0	14.3	12.2	9.6	3.0
吉 林	5.2	14.0	12.5	11.4	2.6
黑龙江	5.2	14.1	11.7	11.7	2.4
上 海	4.7	11.3	11.1	7.3	2.7
江 苏	6.2	15.2	11.4	6.6	2.7
浙 江	4.8	17.1	10.9	5.9	2.0
安 徽	5.9	13.4	10.6	7.4	2.0
福 建	5.5	12.4	9.4	5.2	1.9
江 西	5.8	11.9	10.7	5.8	2.2
山 东	7.1	14.6	11.0	8.4	2.2
河 南	7.5	12.2	11.3	8.8	2.3
湖 北	5.9	12.2	10.9	9.6	2.2
湖 南	6.3	12.2	15.2	7.4	2.0
广 东	6.0	14.1	10.5	4.9	2.9
广 西	5.8	12.5	11.7	7.4	1.6
海 南	4.9	12.3	10.8	7.2	1.8
重 庆	7.0	11.9	10.7	8.2	1.9
四 川	6.5	12.5	8.7	7.9	2.5
贵 州	6.3	13.5	13.4	6.1	1.7
云 南	5.8	14.6	12.1	8.3	1.8
西 藏	5.4	10.6	4.0	2.8	2.4
陕 西	6.8	11.9	12.8	11.0	2.0
甘 肃	6.6	12.8	12.3	9.2	2.1
青 海	5.9	15.5	10.6	10.2	2.7
宁 夏	6.2	18.4	11.8	9.8	2.6
新 疆	6.5	14.6	10.5	9.5	2.3

2-1-3-7　2016年分地区全体居民现金消费支出

单位：元/人

地　区	现金消费支出	一、食品烟酒支出	二、衣着支出	三、居住支出
全　国	**14142.0**	**4846.7**	**1202.2**	**1359.8**
北　京	25905.1	7461.4	2432.6	2503.3
天　津	21904.9	7852.5	1930.8	2048.5
河　北	12069.6	3751.4	1110.3	1349.0
山　西	10676.0	2916.0	1103.8	1209.0
内蒙古	15962.3	4926.3	1827.0	1539.5
辽　宁	17115.6	5212.4	1745.0	1614.4
吉　林	12712.2	3747.8	1266.4	1209.5
黑龙江	12802.5	3918.2	1313.6	1226.4
上　海	26344.2	9344.6	1733.3	2692.0
江　苏	18049.8	6049.4	1452.8	1655.5
浙　江	20439.0	7089.5	1563.5	1768.4
安　徽	12290.0	4614.8	990.1	1118.1
福　建	16181.3	6607.8	1092.8	1772.1
江　西	10674.7	4043.4	944.6	984.4
山　东	13589.0	4379.3	1325.0	1223.7
河　南	10814.8	3478.7	1141.4	1051.4
湖　北	12898.1	4504.3	1105.8	1184.3
湖　南	13265.8	4344.0	1057.0	1269.6
广　东	19626.2	7634.9	1209.1	2002.6
广　西	9982.2	3758.1	532.2	1099.0
海　南	12105.9	5527.8	596.5	958.7
重　庆	13718.5	5086.2	1373.1	995.8
四　川	12136.2	4572.9	1140.4	1045.3
贵　州	9886.9	3265.0	809.2	1025.3
云　南	9456.4	3204.6	653.4	768.6
西　藏	7327.8	3553.5	926.6	560.9
陕　西	11949.7	3717.0	1023.6	1339.6
甘　肃	10399.5	3379.2	994.4	980.8
青　海	12889.4	3884.4	1269.5	1426.9
宁　夏	13092.2	3528.8	1219.8	1411.5
新　疆	12251.5	3886.6	1270.0	1258.4

2-1-3-7 续表 单位：元/人

地区	四、生活用品及服务支出	五、交通通信支出	六、教育文化娱乐支出	七、医疗保健支出	八、其他用品及服务支出
全国	**1036.1**	**2332.9**	**1914.3**	**1048.5**	**401.5**
北京	2324.2	4700.3	3686.3	1786.2	1010.9
天津	1559.4	3709.6	2402.1	1629.2	772.9
河北	953.0	2059.6	1448.6	1071.5	326.1
山西	672.1	1708.9	1810.2	957.3	298.7
内蒙古	1126.7	2525.5	2165.8	1338.2	513.4
辽宁	1174.3	2824.1	2419.2	1545.4	581.0
吉林	769.3	2059.3	1849.8	1426.6	383.7
黑龙江	750.6	2040.7	1687.8	1521.4	343.7
上海	1752.7	4207.9	4173.7	1427.7	1012.3
江苏	1346.8	3370.1	2514.0	1064.4	596.9
浙江	1206.3	4374.4	2791.8	1141.0	504.0
安徽	864.4	1970.9	1558.7	877.6	295.4
福建	1103.4	2502.0	1904.7	809.6	388.8
江西	764.3	1576.1	1424.4	646.8	290.7
山东	1111.3	2323.3	1754.0	1122.2	350.2
河南	952.1	1550.1	1439.3	904.6	297.2
湖北	932.7	1896.9	1739.4	1189.6	345.0
湖南	990.4	1913.9	2392.3	990.8	307.8
广东	1383.4	3289.5	2446.5	991.5	668.7
广西	702.8	1533.4	1443.6	727.7	185.3
海南	697.8	1761.4	1544.1	769.1	250.6
重庆	1137.5	1938.8	1745.4	1128.3	313.3
四川	958.1	1849.9	1284.4	923.7	360.6
贵州	746.9	1609.5	1602.5	627.7	200.9
云南	675.8	1723.3	1429.5	790.9	210.3
西藏	500.3	990.0	370.1	206.6	219.8
陕西	949.9	1663.4	1783.4	1195.7	277.3
甘肃	797.7	1572.8	1501.6	914.2	258.7
青海	871.1	2286.5	1568.2	1178.2	404.5
宁夏	913.6	2747.7	1771.9	1139.9	359.2
新疆	909.4	2051.8	1470.9	1096.8	307.6

2-1-3-8　2016年分地区全体居民现金消费支出构成

单位：%

地　区	现金消费支出	一、食品烟酒支出	二、衣着支出	三、居住支出
全　国	**100.0**	**34.3**	**8.5**	**9.6**
北　京	100.0	28.8	9.4	9.7
天　津	100.0	35.8	8.8	9.4
河　北	100.0	31.1	9.2	11.2
山　西	100.0	27.3	10.3	11.3
内 蒙 古	100.0	30.9	11.4	9.6
辽　宁	100.0	30.5	10.2	9.4
吉　林	100.0	29.5	10.0	9.5
黑 龙 江	100.0	30.6	10.3	9.6
上　海	100.0	35.5	6.6	10.2
江　苏	100.0	33.5	8.0	9.2
浙　江	100.0	34.7	7.6	8.7
安　徽	100.0	37.5	8.1	9.1
福　建	100.0	40.8	6.8	11.0
江　西	100.0	37.9	8.8	9.2
山　东	100.0	32.2	9.8	9.0
河　南	100.0	32.2	10.6	9.7
湖　北	100.0	34.9	8.6	9.2
湖　南	100.0	32.7	8.0	9.6
广　东	100.0	38.9	6.2	10.2
广　西	100.0	37.6	5.3	11.0
海　南	100.0	45.7	4.9	7.9
重　庆	100.0	37.1	10.0	7.3
四　川	100.0	37.7	9.4	8.6
贵　州	100.0	33.0	8.2	10.4
云　南	100.0	33.9	6.9	8.1
西　藏	100.0	48.5	12.6	7.7
陕　西	100.0	31.1	8.6	11.2
甘　肃	100.0	32.5	9.6	9.4
青　海	100.0	30.1	9.8	11.1
宁　夏	100.0	27.0	9.3	10.8
新　疆	100.0	31.7	10.4	10.3

2-1-3-8 续表

单位： %

地　　区	四、生活用品及服务支出	五、交通通信支出	六、教育文化娱乐支出	七、医疗保健支出	八、其他用品及服务支出
全　　国	**7.3**	**16.5**	**13.5**	**7.4**	**2.8**
北　　京	9.0	18.1	14.2	6.9	3.9
天　　津	7.1	16.9	11.0	7.4	3.5
河　　北	7.9	17.1	12.0	8.9	2.7
山　　西	6.3	16.0	17.0	9.0	2.8
内 蒙 古	7.1	15.8	13.6	8.4	3.2
辽　　宁	6.9	16.5	14.1	9.0	3.4
吉　　林	6.1	16.2	14.6	11.2	3.0
黑 龙 江	5.9	15.9	13.2	11.9	2.7
上　　海	6.7	16.0	15.8	5.4	3.8
江　　苏	7.5	18.7	13.9	5.9	3.3
浙　　江	5.9	21.4	13.7	5.6	2.5
安　　徽	7.0	16.0	12.7	7.1	2.4
福　　建	6.8	15.5	11.8	5.0	2.4
江　　西	7.2	14.8	13.3	6.1	2.7
山　　东	8.2	17.1	12.9	8.3	2.6
河　　南	8.8	14.3	13.3	8.4	2.7
湖　　北	7.2	14.7	13.5	9.2	2.7
湖　　南	7.5	14.4	18.0	7.5	2.3
广　　东	7.0	16.8	12.5	5.1	3.4
广　　西	7.0	15.4	14.5	7.3	1.9
海　　南	5.8	14.5	12.8	6.4	2.1
重　　庆	8.3	14.1	12.7	8.2	2.3
四　　川	7.9	15.2	10.6	7.6	3.0
贵　　州	7.6	16.3	16.2	6.3	2.0
云　　南	7.1	18.2	15.1	8.4	2.2
西　　藏	6.8	13.5	5.1	2.8	3.0
陕　　西	7.9	13.9	14.9	10.0	2.3
甘　　肃	7.7	15.1	14.4	8.8	2.5
青　　海	6.8	17.7	12.2	9.1	3.1
宁　　夏	7.0	21.0	13.5	8.7	2.7
新　　疆	7.4	16.7	12.0	9.0	2.5

2-1-3-9　2016年分地区全体居民家庭主要食品消费量

单位：公斤/人

地　　区	粮食（原粮）	谷物	食用油	植物油	蔬菜	肉类	猪肉
全　　国	**132.8**	**122.0**	**10.6**	**10.0**	**100.1**	**26.1**	**19.6**
北　　京	83.8	74.4	9.7	9.7	95.4	24.2	13.1
天　　津	126.9	115.7	11.0	10.9	127.5	26.3	16.1
河　　北	130.6	120.8	10.1	10.0	94.4	19.2	12.1
山　　西	134.6	119.9	7.9	7.9	78.4	13.4	9.0
内 蒙 古	156.1	143.0	9.5	9.3	99.8	34.2	16.5
辽　　宁	134.7	119.9	11.8	11.6	119.3	27.0	18.3
吉　　林	137.6	126.2	11.8	11.7	101.3	19.8	14.2
黑 龙 江	142.6	128.1	14.3	14.2	89.7	21.2	14.2
上　　海	105.4	93.4	9.0	8.9	102.8	29.1	20.2
江　　苏	116.9	104.7	12.1	12.0	104.8	25.9	19.1
浙　　江	135.6	122.3	12.0	11.5	94.9	26.6	21.5
安　　徽	140.9	128.6	9.9	9.2	97.6	22.9	17.8
福　　建	128.4	118.7	9.8	8.7	91.7	31.7	25.8
江　　西	146.2	137.1	13.1	12.5	112.2	24.8	19.9
山　　东	125.7	115.8	8.7	8.7	94.4	20.7	12.8
河　　南	125.1	115.2	8.3	8.2	86.3	15.9	10.8
湖　　北	115.3	103.3	14.1	13.7	119.7	26.5	20.8
湖　　南	144.4	136.0	11.9	9.3	101.4	29.5	25.1
广　　东	118.1	109.9	9.6	9.2	98.7	36.2	29.1
广　　西	139.0	131.9	7.5	6.2	88.9	31.4	27.0
海　　南	99.4	94.3	7.3	6.0	95.3	31.4	27.0
重　　庆	151.1	136.0	14.2	12.9	139.2	39.7	33.6
四　　川	155.8	143.0	12.9	11.6	130.0	37.6	33.0
贵　　州	129.5	117.9	8.6	7.0	89.2	30.9	28.0
云　　南	135.1	125.3	8.1	5.8	98.6	30.1	26.2
西　　藏	283.3	276.9	19.6	14.2	27.4	41.2	9.3
陕　　西	131.1	119.6	10.6	10.5	81.9	13.3	10.0
甘　　肃	157.4	145.2	9.1	9.0	79.4	17.7	11.9
青　　海	123.8	114.6	9.3	8.9	65.3	26.6	12.3
宁　　夏	123.1	115.3	8.3	8.2	89.4	16.6	6.7
新　　疆	168.1	164.3	14.6	14.5	105.4	23.0	3.8

2-1-3-9 续表 单位：公斤/人

地 区	牛肉	羊肉	禽类	水产品	蛋类	奶类	干鲜瓜果类	食糖
全 国	**1.8**	**1.5**	**9.1**	**11.4**	**9.7**	**12.0**	**48.3**	**1.3**
北 京	2.9	3.1	5.7	8.5	12.0	23.2	63.2	1.2
天 津	2.8	3.3	5.6	16.9	17.8	17.0	80.8	1.3
河 北	1.4	1.5	4.4	6.0	13.3	15.2	59.3	1.2
山 西	0.7	1.5	2.1	2.2	10.0	14.1	47.2	0.9
内蒙古	4.3	9.9	5.9	5.2	9.3	22.7	55.3	1.5
辽 宁	2.6	1.8	5.3	14.8	13.3	14.8	65.7	1.3
吉 林	2.1	1.0	4.8	7.4	10.3	9.5	50.8	1.2
黑龙江	1.8	1.5	5.5	8.3	9.9	9.8	57.4	1.8
上 海	2.8	1.1	13.3	25.7	11.1	21.0	54.8	1.4
江 苏	1.8	1.0	11.1	17.9	10.3	15.8	43.7	1.1
浙 江	1.8	0.7	10.6	23.3	8.1	12.0	48.5	1.5
安 徽	1.8	1.0	11.9	11.2	11.3	10.5	43.5	1.0
福 建	1.9	0.8	12.2	26.6	8.8	11.0	40.1	1.7
江 西	1.8	0.3	8.5	12.2	6.8	10.1	38.2	1.0
山 东	1.1	1.3	6.3	11.7	16.7	17.7	68.3	1.0
河 南	1.2	1.1	5.7	4.1	12.8	11.0	55.0	1.3
湖 北	1.6	0.8	6.1	15.8	8.4	7.6	37.6	0.9
湖 南	1.8	0.6	10.7	12.3	7.6	5.4	52.2	1.4
广 东	1.8	0.8	20.1	22.0	7.0	7.5	38.1	1.5
广 西	1.6	0.7	19.5	10.5	5.3	5.6	39.7	1.4
海 南	1.9	0.7	21.5	26.7	5.0	4.4	30.0	1.1
重 庆	1.4	0.8	11.3	10.0	9.9	16.6	41.5	2.8
四 川	1.3	0.6	11.3	7.3	8.6	11.1	37.6	1.9
贵 州	1.2	0.3	5.4	2.4	4.3	5.5	31.4	1.0
云 南	1.8	0.5	7.9	3.9	4.8	5.3	29.1	1.3
西 藏	21.8	9.6	0.9	0.4	2.9	20.4	6.8	3.5
陕 西	0.6	1.2	2.8	2.2	7.0	13.4	44.9	0.9
甘 肃	1.4	2.8	4.2	2.1	7.1	13.8	56.0	1.8
青 海	5.0	8.0	3.2	2.0	4.6	18.2	30.9	1.3
宁 夏	3.5	5.3	6.1	2.8	5.5	14.4	72.0	1.4
新 疆	4.8	13.1	5.8	3.5	6.6	20.5	63.6	1.2

2-1-3-10 2016年分地区全体居民年末主要耐用消费品拥有量

单位：平均每百户

地 区	家用汽车(辆)	摩托车(辆)	电动助力车(辆)	洗衣机(台)	电冰箱(柜)(台)	微波炉(台)	彩色电视机(台)
全 国	**27.7**	**40.0**	**53.2**	**89.8**	**93.5**	**38.4**	**120.8**
北 京	47.3	3.3	26.0	95.0	97.6	77.4	128.2
天 津	43.1	8.1	45.4	97.5	100.2	66.9	113.1
河 北	35.3	34.7	87.3	98.4	97.1	39.4	114.9
山 西	24.6	33.3	43.3	93.3	82.0	24.7	104.8
内蒙古	34.1	40.4	45.6	93.7	97.2	24.8	103.2
辽 宁	24.2	26.5	23.5	91.7	98.2	43.9	109.6
吉 林	21.4	37.8	11.3	94.1	94.9	29.4	105.5
黑龙江	14.2	27.5	10.5	91.2	92.8	23.9	102.6
上 海	29.3	4.3	65.1	93.4	99.0	87.4	183.0
江 苏	37.9	24.4	118.3	98.9	102.5	81.9	166.9
浙 江	45.2	17.9	80.0	86.4	98.9	50.9	172.6
安 徽	18.7	28.5	81.3	87.0	96.4	40.4	126.8
福 建	26.5	63.6	42.2	84.3	98.5	52.6	140.9
江 西	21.5	52.8	60.5	72.0	93.5	32.3	133.1
山 东	44.1	36.4	99.9	94.8	98.4	34.7	107.8
河 南	23.7	40.4	103.5	97.5	92.4	25.1	117.9
湖 北	17.6	52.0	28.5	84.8	95.8	32.3	118.7
湖 南	21.4	56.6	18.1	87.9	96.4	25.9	115.7
广 东	29.4	62.8	27.2	75.1	80.7	36.1	104.8
广 西	22.2	74.5	59.2	80.0	91.7	39.5	112.6
海 南	18.1	63.2	70.5	61.5	81.5	25.7	106.1
重 庆	19.6	26.0	8.6	89.0	98.1	44.4	122.6
四 川	20.4	36.1	25.9	92.2	95.3	28.0	113.8
贵 州	21.2	38.8	7.9	93.4	85.7	23.6	104.8
云 南	28.7	61.0	23.3	85.0	76.7	30.2	105.3
西 藏	23.3	56.2	12.2	71.7	69.6	15.4	117.2
陕 西	19.9	36.3	33.3	94.4	85.9	22.0	108.5
甘 肃	18.0	54.6	27.8	95.3	80.7	25.7	107.9
青 海	30.5	45.3	10.2	97.2	97.4	32.4	103.7
宁 夏	30.1	42.5	53.2	98.9	94.5	34.2	107.7
新 疆	25.2	42.5	39.6	96.4	98.6	22.5	101.4

2-1-3-10 续表 单位：平均每百户

地　　区	空调（台）	热水器（台）	排油烟机（台）	移动电话（部）	计算机（台）	照相机（台）
全　　国	**90.9**	**76.2**	**48.6**	**235.4**	**57.5**	**17.7**
北　　京	162.6	93.4	84.3	225.8	99.8	53.7
天　　津	134.4	92.3	78.9	230.3	73.3	28.5
河　　北	96.3	77.6	52.0	229.5	58.6	18.3
山　　西	26.1	45.0	42.5	216.9	54.6	12.5
内 蒙 古	8.3	44.6	44.0	226.1	46.3	15.5
辽　　宁	24.9	58.8	58.4	210.1	59.3	21.2
吉　　林	7.2	36.7	45.3	231.0	52.6	12.6
黑 龙 江	6.4	33.6	47.1	207.6	46.7	11.6
上　　海	197.2	92.7	78.4	227.9	131.2	48.0
江　　苏	177.1	101.2	66.2	239.3	76.6	25.4
浙　　江	169.3	92.0	73.1	233.1	77.8	23.9
安　　徽	112.8	87.8	41.0	221.8	45.0	11.4
福　　建	124.9	95.7	52.7	249.5	67.7	15.9
江　　西	89.9	79.3	42.1	234.5	48.4	11.5
山　　东	90.9	88.7	57.7	220.7	61.5	24.1
河　　南	109.3	71.5	37.3	238.5	51.1	11.3
湖　　北	102.4	81.9	41.9	234.7	53.2	11.7
湖　　南	97.5	74.8	43.9	254.9	48.9	13.5
广　　东	136.2	85.2	52.7	241.9	73.9	24.7
广　　西	73.3	80.2	33.8	267.5	52.4	12.4
海　　南	82.1	75.8	36.4	254.5	47.4	8.7
重　　庆	123.0	79.2	39.9	245.9	52.7	16.8
四　　川	73.8	75.6	33.3	239.6	39.2	10.4
贵　　州	15.4	58.3	25.5	263.5	33.6	7.4
云　　南	2.0	78.6	32.2	253.5	33.1	12.6
西　　藏	3.2	15.2	17.4	199.4	20.4	10.6
陕　　西	63.8	64.7	40.0	243.8	47.3	14.0
甘　　肃	5.7	47.5	38.3	251.8	39.9	13.0
青　　海	1.4	40.4	48.6	247.1	38.0	12.1
宁　　夏	8.7	82.6	51.2	265.1	50.1	12.9
新　　疆	13.7	59.4	48.4	202.9	42.4	15.2

(四)2017年分地区全体居民收支主要数据

2-1-4-1 2017年分地区全体居民可支配收入

单位：元/人

地　区	可支配收入	一、工资性收入	二、经营净收入	三、财产净收入	四、转移净收入
全　国	**25973.8**	**14620.3**	**4501.8**	**2107.4**	**4744.3**
北　京	57229.8	35216.6	1408.3	9305.9	11299.0
天　津	37022.3	23165.0	3262.2	3504.9	7090.3
河　北	21484.1	13003.5	3210.8	1467.3	3802.6
山　西	20420.0	11957.1	2624.1	1227.9	4610.9
内蒙古	26212.2	13899.7	6363.8	1287.6	4661.2
辽　宁	27835.4	14596.2	4881.9	1342.7	7014.6
吉　林	21368.3	10631.3	4712.7	898.7	5125.6
黑龙江	21205.8	10318.8	4499.3	993.0	5394.8
上　海	58988.0	34365.4	1532.6	9030.1	14059.9
江　苏	35024.1	20399.2	4994.2	3238.6	6392.1
浙　江	42045.7	24137.3	7123.4	4741.6	6043.4
安　徽	21863.3	11920.9	4878.9	1227.7	3835.8
福　建	30047.7	17380.1	5600.1	2885.1	4182.4
江　西	22031.4	12553.1	3760.9	1397.0	4320.4
山　东	26929.9	15532.3	5892.6	1831.3	3673.8
河　南	20170.0	10108.1	4574.5	1237.3	4250.1
湖　北	23757.2	11830.6	5157.3	1501.9	5267.4
湖　南	23102.7	11836.6	4483.5	1626.8	5155.7
广　东	33003.3	23052.9	4420.9	3602.0	1927.5
广　西	19904.8	9819.3	5014.1	1171.5	3899.8
海　南	22553.2	13371.2	4285.7	1365.4	3530.9
重　庆	24153.0	12603.8	4016.7	1525.5	6007.0
四　川	20579.8	10013.6	4263.7	1362.9	4939.6
贵　州	16703.6	8642.8	3842.1	903.3	3315.5
云　南	18348.3	8468.1	4771.0	1850.9	3258.3
西　藏	15457.3	7839.7	4482.3	753.4	2381.9
陕　西	20635.2	11254.5	2629.5	1179.8	5571.4
甘　肃	16011.0	8798.4	2982.2	1043.7	3186.7
青　海	19001.0	11351.0	2861.2	949.0	3839.9
宁　夏	20561.7	12270.3	3628.2	819.8	3843.3
新　疆	19975.1	10907.2	4743.7	739.3	3584.9

2-1-4-2 2017年分地区全体居民可支配收入构成

单位：%

地 区	可支配收入	一、工资性收入	二、经营净收入	三、财产净收入	四、转移净收入
全 国	**100.0**	**56.3**	**17.3**	**8.1**	**18.3**
北 京	100.0	61.5	2.5	16.3	19.7
天 津	100.0	62.6	8.8	9.5	19.2
河 北	100.0	60.5	14.9	6.8	17.7
山 西	100.0	58.6	12.9	6.0	22.6
内 蒙 古	100.0	53.0	24.3	4.9	17.8
辽 宁	100.0	52.4	17.5	4.8	25.2
吉 林	100.0	49.8	22.1	4.2	24.0
黑 龙 江	100.0	48.7	21.2	4.7	25.4
上 海	100.0	58.3	2.6	15.3	23.8
江 苏	100.0	58.2	14.3	9.2	18.3
浙 江	100.0	57.4	16.9	11.3	14.4
安 徽	100.0	54.5	22.3	5.6	17.5
福 建	100.0	57.8	18.6	9.6	13.9
江 西	100.0	57.0	17.1	6.3	19.6
山 东	100.0	57.7	21.9	6.8	13.6
河 南	100.0	50.1	22.7	6.1	21.1
湖 北	100.0	49.8	21.7	6.3	22.2
湖 南	100.0	51.2	19.4	7.0	22.3
广 东	100.0	69.9	13.4	10.9	5.8
广 西	100.0	49.3	25.2	5.9	19.6
海 南	100.0	59.3	19.0	6.1	15.7
重 庆	100.0	52.2	16.6	6.3	24.9
四 川	100.0	48.7	20.7	6.6	24.0
贵 州	100.0	51.7	23.0	5.4	19.8
云 南	100.0	46.2	26.0	10.1	17.8
西 藏	100.0	50.7	29.0	4.9	15.4
陕 西	100.0	54.5	12.7	5.7	27.0
甘 肃	100.0	55.0	18.6	6.5	19.9
青 海	100.0	59.7	15.1	5.0	20.2
宁 夏	100.0	59.7	17.6	4.0	18.7
新 疆	100.0	54.6	23.7	3.7	17.9

2-1-4-3 2017年分地区全体居民现金可支配收入

单位：元／人

地区	现金可支配收入	一、工资性收入	二、经营净收入	三、财产净收入	四、转移净收入
全　国	**24201.9**	**14537.8**	**4424.1**	**811.5**	**4428.6**
北　京	48622.9	35049.1	1513.9	1784.1	10275.8
天　津	34125.9	22949.8	3485.0	1107.6	6583.5
河　北	20314.6	12983.7	3286.5	430.0	3614.5
山　西	19279.1	11914.6	2557.0	543.0	4264.5
内蒙古	25427.9	13896.1	6478.4	613.6	4439.3
辽　宁	26469.0	14384.2	5118.9	326.1	6639.7
吉　林	20476.4	10556.5	4791.4	298.6	4829.9
黑龙江	20885.5	10280.2	4999.5	409.8	5195.9
上　海	49452.4	34152.3	1593.5	941.5	12765.0
江　苏	32512.7	20281.6	5126.8	1126.7	5977.5
浙　江	39335.2	23926.4	7454.9	2363.0	5591.0
安　徽	20619.5	11829.6	4862.7	389.7	3537.5
福　建	27923.8	17281.6	5695.4	1004.9	3941.9
江　西	20697.7	12525.3	3498.0	480.8	4193.6
山　东	25462.8	15490.3	5799.3	738.8	3434.5
河　南	18754.2	10089.9	4103.9	568.1	3992.3
湖　北	21929.7	11763.8	4958.6	371.5	4835.8
湖　南	21807.7	11775.0	4160.4	945.0	4927.2
广　东	30546.8	22810.2	4467.3	1581.3	1688.1
广　西	18767.0	9773.2	4779.0	620.2	3594.5
海　南	21439.4	13349.0	4296.9	586.6	3206.9
重　庆	22508.1	12537.0	3546.7	677.5	5746.9
四　川	19207.7	9954.2	3874.5	746.4	4632.7
贵　州	15904.5	8628.0	3695.4	411.5	3169.6
云　南	17098.6	8457.8	4380.2	1240.6	3020.0
西　藏	13964.5	7834.8	3675.8	329.2	2124.7
陕　西	19654.9	11221.7	2581.2	685.9	5166.0
甘　肃	15035.2	8779.6	2888.8	458.2	2908.7
青　海	18142.4	11333.6	2867.1	465.3	3476.4
宁　夏	19840.5	12246.7	3847.8	303.3	3442.7
新　疆	18953.3	10873.4	4537.8	210.1	3332.0

2-1-4-4　2017年分地区全体居民现金可支配收入构成

单位：%

地　区	现金可支配收入	一、工资性收入	二、经营净收入	三、财产净收入	四、转移净收入
全　国	**100.0**	**60.1**	**18.3**	**3.4**	**18.3**
北　京	100.0	72.1	3.1	3.7	21.1
天　津	100.0	67.3	10.2	3.2	19.3
河　北	100.0	63.9	16.2	2.1	17.8
山　西	100.0	61.8	13.3	2.8	22.1
内蒙古	100.0	54.6	25.5	2.4	17.5
辽　宁	100.0	54.3	19.3	1.2	25.1
吉　林	100.0	51.6	23.4	1.5	23.6
黑龙江	100.0	49.2	23.9	2.0	24.9
上　海	100.0	69.1	3.2	1.9	25.8
江　苏	100.0	62.4	15.8	3.5	18.4
浙　江	100.0	60.8	19.0	6.0	14.2
安　徽	100.0	57.4	23.6	1.9	17.2
福　建	100.0	61.9	20.4	3.6	14.1
江　西	100.0	60.5	16.9	2.3	20.3
山　东	100.0	60.8	22.8	2.9	13.5
河　南	100.0	53.8	21.9	3.0	21.3
湖　北	100.0	53.6	22.6	1.7	22.1
湖　南	100.0	54.0	19.1	4.3	22.6
广　东	100.0	74.7	14.6	5.2	5.5
广　西	100.0	52.1	25.5	3.3	19.2
海　南	100.0	62.3	20.0	2.7	15.0
重　庆	100.0	55.7	15.8	3.0	25.5
四　川	100.0	51.8	20.2	3.9	24.1
贵　州	100.0	54.2	23.2	2.6	19.9
云　南	100.0	49.5	25.6	7.3	17.7
西　藏	100.0	56.1	26.3	2.4	15.2
陕　西	100.0	57.1	13.1	3.5	26.3
甘　肃	100.0	58.4	19.2	3.0	19.3
青　海	100.0	62.5	15.8	2.6	19.2
宁　夏	100.0	61.7	19.4	1.5	17.4
新　疆	100.0	57.4	23.9	1.1	17.6

2-1-4-5 2017年分地区全体居民消费支出

单位：元/人

地 区	消费支出	一、食品烟酒支出	二、衣着支出	三、居住支出
全 国	**18322.1**	**5373.6**	**1237.6**	**4106.9**
北 京	37425.3	7548.9	2238.3	12295.0
天 津	27841.4	8647.0	1944.8	5922.4
河 北	15437.0	3912.8	1173.5	3679.4
山 西	13664.4	3324.8	1206.0	2933.5
内蒙古	18945.5	5205.3	1866.2	3324.0
辽 宁	20463.4	5605.4	1671.6	3732.5
吉 林	15631.9	4144.1	1379.0	2912.3
黑龙江	15577.5	4209.0	1437.7	2833.0
上 海	39791.9	10005.9	1733.4	13708.7
江 苏	23468.6	6524.8	1505.9	5586.2
浙 江	27079.1	7750.8	1585.9	6992.9
安 徽	15751.7	5143.4	1037.5	3397.6
福 建	21249.3	7212.7	1119.1	5533.0
江 西	14459.0	4626.1	1005.8	3552.2
山 东	17280.7	4715.1	1374.6	3565.8
河 南	13729.6	3687.0	1184.5	2988.3
湖 北	16937.6	5098.4	1131.7	3699.0
湖 南	17160.4	5003.6	1086.1	3428.9
广 东	24819.6	8317.0	1230.3	5790.9
广 西	13423.7	4409.9	564.7	2909.3
海 南	15402.7	5935.9	631.1	2925.6
重 庆	17898.1	5943.5	1394.8	3140.9
四 川	16179.9	5632.2	1152.7	2946.8
贵 州	12969.6	3954.0	863.4	2670.3
云 南	12658.1	3838.4	651.3	2471.1
西 藏	10320.1	4788.6	1047.6	1763.2
陕 西	14899.7	4124.0	1084.0	2978.6
甘 肃	13120.1	3886.9	1071.3	2475.1
青 海	15503.1	4453.0	1265.9	2754.5
宁 夏	15350.3	3796.4	1268.9	2861.5
新 疆	15087.3	4338.5	1305.5	2698.5

2-1-4-5 续表

单位：元/人

地　区	四、生活用品及服务支出	五、交通通信支出	六、教育文化娱乐支出	七、医疗保健支出	八、其他用品及服务支出
全　国	**1120.7**	**2498.9**	**2086.2**	**1451.2**	**447.0**
北　京	2492.4	5034.0	3916.7	2899.7	1000.4
天　津	1655.5	3744.5	2691.5	2390.0	845.6
河　北	1066.2	2290.3	1578.3	1396.3	340.1
山　西	761.0	1884.0	1879.3	1359.7	316.1
内蒙古	1199.9	2914.9	2227.8	1653.8	553.8
辽　宁	1191.7	3088.4	2534.5	1999.9	639.3
吉　林	795.8	2218.0	1928.5	1818.3	435.9
黑龙江	776.4	2185.5	1898.0	1791.3	446.6
上　海	1824.9	4057.7	4685.9	2602.1	1173.3
江　苏	1443.5	3496.4	2747.6	1510.9	653.3
浙　江	1345.8	4306.5	2844.9	1696.1	556.1
安　徽	890.8	2102.3	1700.5	1135.9	343.8
福　建	1179.0	2642.8	1966.4	1105.3	491.0
江　西	859.9	1600.7	1606.8	877.8	329.7
山　东	1260.5	2568.3	1948.4	1484.3	363.6
河　南	1056.4	1698.6	1559.8	1219.8	335.2
湖　北	1025.9	1795.7	1930.4	1838.3	418.2
湖　南	1054.0	2042.6	2805.1	1424.0	316.1
广　东	1447.4	3380.0	2620.4	1319.5	714.1
广　西	762.8	1878.5	1585.8	1075.6	237.1
海　南	769.0	1995.0	1756.8	1101.2	288.1
重　庆	1245.5	2310.3	1993.0	1471.9	398.1
四　川	1062.9	2200.0	1468.2	1320.2	396.8
贵　州	802.4	1781.6	1783.3	851.2	263.5
云　南	742.0	2033.4	1573.7	1125.3	223.0
西　藏	617.2	1176.9	441.6	271.5	213.5
陕　西	1036.2	1760.7	1857.6	1704.8	353.7
甘　肃	836.8	1796.5	1537.1	1233.4	282.8
青　海	929.0	2409.6	1686.6	1598.7	405.8
宁　夏	932.4	2616.8	1955.6	1553.6	365.1
新　疆	943.2	2382.6	1599.3	1466.3	353.4

2-1-4-6 2017年分地区全体居民消费支出构成

单位：%

地 区	消费支出	一、食品烟酒支出	二、衣着支出	三、居住支出
全 国	**100.0**	**29.3**	**6.8**	**22.4**
北 京	100.0	20.2	6.0	32.9
天 津	100.0	31.1	7.0	21.3
河 北	100.0	25.3	7.6	23.8
山 西	100.0	24.3	8.8	21.5
内蒙古	100.0	27.5	9.9	17.5
辽 宁	100.0	27.4	8.2	18.2
吉 林	100.0	26.5	8.8	18.6
黑龙江	100.0	27.0	9.2	18.2
上 海	100.0	25.1	4.4	34.5
江 苏	100.0	27.8	6.4	23.8
浙 江	100.0	28.6	5.9	25.8
安 徽	100.0	32.7	6.6	21.6
福 建	100.0	33.9	5.3	26.0
江 西	100.0	32.0	7.0	24.6
山 东	100.0	27.3	8.0	20.6
河 南	100.0	26.9	8.6	21.8
湖 北	100.0	30.1	6.7	21.8
湖 南	100.0	29.2	6.3	20.0
广 东	100.0	33.5	5.0	23.3
广 西	100.0	32.9	4.2	21.7
海 南	100.0	38.5	4.1	19.0
重 庆	100.0	33.2	7.8	17.5
四 川	100.0	34.8	7.1	18.2
贵 州	100.0	30.5	6.7	20.5
云 南	100.0	30.3	5.1	19.5
西 藏	100.0	46.4	10.2	17.1
陕 西	100.0	27.7	7.3	20.0
甘 肃	100.0	29.6	8.2	18.9
青 海	100.0	28.7	8.2	17.8
宁 夏	100.0	24.7	8.3	18.6
新 疆	100.0	28.8	8.7	17.9

2-1-4-6 续表

单位： %

地 区	四、生活用品及服务支出	五、交通通信支出	六、教育文化娱乐支出	七、医疗保健支出	八、其他用品及服务支出
全 国	**6.1**	**13.6**	**11.4**	**7.9**	**2.4**
北 京	6.7	13.5	10.5	7.7	2.7
天 津	5.9	13.4	9.7	8.6	3.0
河 北	6.9	14.8	10.2	9.0	2.2
山 西	5.6	13.8	13.8	10.0	2.3
内 蒙 古	6.3	15.4	11.8	8.7	2.9
辽 宁	5.8	15.1	12.4	9.8	3.1
吉 林	5.1	14.2	12.3	11.6	2.8
黑 龙 江	5.0	14.0	12.2	11.5	2.9
上 海	4.6	10.2	11.8	6.5	2.9
江 苏	6.2	14.9	11.7	6.4	2.8
浙 江	5.0	15.9	10.5	6.3	2.1
安 徽	5.7	13.3	10.8	7.2	2.2
福 建	5.5	12.4	9.3	5.2	2.3
江 西	5.9	11.1	11.1	6.1	2.3
山 东	7.3	14.9	11.3	8.6	2.1
河 南	7.7	12.4	11.4	8.9	2.4
湖 北	6.1	10.6	11.4	10.9	2.5
湖 南	6.1	11.9	16.3	8.3	1.8
广 东	5.8	13.6	10.6	5.3	2.9
广 西	5.7	14.0	11.8	8.0	1.8
海 南	5.0	13.0	11.4	7.1	1.9
重 庆	7.0	12.9	11.1	8.2	2.2
四 川	6.6	13.6	9.1	8.2	2.5
贵 州	6.2	13.7	13.8	6.6	2.0
云 南	5.9	16.1	12.4	8.9	1.8
西 藏	6.0	11.4	4.3	2.6	2.1
陕 西	7.0	11.8	12.5	11.4	2.4
甘 肃	6.4	13.7	11.7	9.4	2.2
青 海	6.0	15.5	10.9	10.3	2.6
宁 夏	6.1	17.0	12.7	10.1	2.4
新 疆	6.3	15.8	10.6	9.7	2.3

2-1-4-7 2017年分地区全体居民现金消费支出

单位：元/人

地 区	现金消费支出	一、食品烟酒支出	二、衣着支出	三、居住支出
全 国	**15122.3**	**5073.0**	**1237.0**	**1519.0**
北 京	26577.5	7409.9	2237.8	2602.5
天 津	23272.1	8468.5	1944.5	2051.1
河 北	13071.3	3846.8	1173.2	1566.9
山 西	11599.3	3140.8	1205.6	1372.5
内蒙古	16863.8	4964.0	1866.1	1698.1
辽 宁	17692.4	5361.4	1671.0	1595.6
吉 林	13502.6	3899.9	1377.3	1323.2
黑龙江	13827.1	4111.1	1437.7	1374.5
上 海	27280.9	9806.4	1733.3	2720.0
江 苏	19079.5	6293.3	1505.5	1838.3
浙 江	21691.4	7406.3	1585.0	2408.8
安 徽	13037.1	4885.0	1036.8	1231.3
福 建	16951.1	6878.7	1118.8	1825.7
江 西	11782.7	4296.0	1005.7	1337.2
山 东	14774.9	4608.9	1374.3	1402.8
河 南	11691.1	3586.2	1184.3	1308.4
湖 北	13753.4	4735.3	1130.5	1308.5
湖 南	14507.6	4514.3	1085.7	1495.3
广 东	20552.6	7952.7	1229.6	2131.4
广 西	10895.2	3888.1	563.6	1183.3
海 南	13127.4	5742.7	631.0	1133.7
重 庆	15068.2	5380.3	1394.3	1138.1
四 川	13346.4	4909.7	1149.7	1118.3
贵 州	10801.6	3526.1	863.3	1058.0
云 南	10203.7	3318.6	651.3	770.9
西 藏	8157.2	3812.4	1047.0	640.1
陕 西	12823.7	4011.1	1083.5	1410.4
甘 肃	11174.5	3589.4	1071.0	1077.2
青 海	13626.3	4176.1	1265.8	1514.9
宁 夏	13385.4	3626.2	1268.8	1451.2
新 疆	13232.4	4027.8	1304.9	1393.4

2-1-4-7 续表　　　　　　　　　　　　　　　　　　　　单位：元/人

地　区	四、生活用品及服务支出	五、交通通信支出	六、教育文化娱乐支出	七、医疗保健支出	八、其他用品及服务支出
全　国	**1110.8**	**2495.3**	**2085.3**	**1160.7**	**441.2**
北　京	2490.6	5032.7	3916.4	1888.0	999.7
天　津	1653.8	3708.7	2690.2	1918.8	836.5
河　北	1063.6	2287.0	1578.2	1217.6	338.0
山　西	754.8	1883.2	1878.9	1052.0	311.5
内 蒙 古	1199.7	2914.9	2227.8	1439.7	553.5
辽　宁	1181.5	3073.1	2534.3	1654.1	621.5
吉　林	792.2	2211.2	1928.3	1535.0	435.5
黑 龙 江	775.8	2185.3	1898.0	1598.6	446.1
上　海	1823.4	4042.9	4684.4	1312.2	1158.3
江　苏	1424.0	3495.3	2746.7	1127.7	648.7
浙　江	1333.3	4300.3	2840.7	1270.0	546.9
安　徽	885.6	2101.0	1700.2	856.2	341.1
福　建	1169.6	2638.4	1965.2	867.0	487.6
江　西	859.3	1598.9	1606.7	755.0	324.0
山　东	1234.7	2567.0	1948.3	1278.9	360.0
河　南	1055.3	1697.9	1559.7	965.4	333.9
湖　北	1024.0	1789.4	1928.7	1426.2	410.9
湖　南	1051.3	2041.0	2804.6	1201.7	313.7
广　东	1429.3	3371.2	2618.2	1111.4	708.8
广　西	737.0	1872.5	1585.2	841.1	224.4
海　南	765.4	1994.3	1756.8	815.6	287.9
重　庆	1228.5	2308.0	1992.5	1236.5	390.0
四　川	1051.3	2199.1	1467.2	1066.2	384.8
贵　州	794.8	1780.2	1783.3	739.4	256.5
云　南	727.6	2033.3	1573.6	913.6	214.9
西　藏	614.7	1176.9	440.8	213.1	212.4
陕　西	1022.0	1760.1	1855.4	1334.2	347.0
甘　肃	827.2	1796.1	1535.9	1002.2	275.3
青　海	926.8	2408.6	1686.6	1242.2	405.4
宁　夏	923.3	2613.9	1955.6	1186.7	359.8
新　疆	942.4	2381.7	1593.1	1245.9	343.2

2-1-4-8 2017年分地区全体居民现金消费支出构成

单位: %

地区	现金消费支出	一、食品烟酒支出	二、衣着支出	三、居住支出
全国	**100.0**	**33.5**	**8.2**	**10.0**
北京	100.0	27.9	8.4	9.8
天津	100.0	36.4	8.4	8.8
河北	100.0	29.4	9.0	12.0
山西	100.0	27.1	10.4	11.8
内蒙古	100.0	29.4	11.1	10.1
辽宁	100.0	30.3	9.4	9.0
吉林	100.0	28.9	10.2	9.3
黑龙江	100.0	29.7	10.4	9.9
上海	100.0	35.9	6.4	10.0
江苏	100.0	33.0	7.9	9.6
浙江	100.0	34.1	7.3	11.1
安徽	100.0	37.5	8.0	9.4
福建	100.0	40.6	6.6	10.8
江西	100.0	36.5	8.5	11.3
山东	100.0	31.2	9.3	9.5
河南	100.0	30.7	10.1	11.2
湖北	100.0	34.4	8.2	9.5
湖南	100.0	31.1	7.5	10.3
广东	100.0	38.7	6.0	10.4
广西	100.0	35.7	5.2	10.9
海南	100.0	43.7	4.8	8.6
重庆	100.0	35.7	9.3	7.6
四川	100.0	36.8	8.6	8.4
贵州	100.0	32.6	8.0	9.8
云南	100.0	32.5	6.4	7.6
西藏	100.0	46.7	12.8	7.8
陕西	100.0	31.3	8.4	11.0
甘肃	100.0	32.1	9.6	9.6
青海	100.0	30.6	9.3	11.1
宁夏	100.0	27.1	9.5	10.8
新疆	100.0	30.4	9.9	10.5

2-1-4-8 续表

单位: %

地区	四、生活用品及服务支出	五、交通通信支出	六、教育文化娱乐支出	七、医疗保健支出	八、其他用品及服务支出
全国	**7.3**	**16.5**	**13.8**	**7.7**	**2.9**
北京	9.4	18.9	14.7	7.1	3.8
天津	7.1	15.9	11.6	8.2	3.6
河北	8.1	17.5	12.1	9.3	2.6
山西	6.5	16.2	16.2	9.1	2.7
内蒙古	7.1	17.3	13.2	8.5	3.3
辽宁	6.7	17.4	14.3	9.3	3.5
吉林	5.9	16.4	14.3	11.4	3.2
黑龙江	5.6	15.8	13.7	11.6	3.2
上海	6.7	14.8	17.2	4.8	4.2
江苏	7.5	18.3	14.4	5.9	3.4
浙江	6.1	19.8	13.1	5.9	2.5
安徽	6.8	16.1	13.0	6.6	2.6
福建	6.9	15.6	11.6	5.1	2.9
江西	7.3	13.6	13.6	6.4	2.7
山东	8.4	17.4	13.2	8.7	2.4
河南	9.0	14.5	13.3	8.3	2.9
湖北	7.4	13.0	14.0	10.4	3.0
湖南	7.2	14.1	19.3	8.3	2.2
广东	7.0	16.4	12.7	5.4	3.4
广西	6.8	17.2	14.5	7.7	2.1
海南	5.8	15.2	13.4	6.2	2.2
重庆	8.2	15.3	13.2	8.2	2.6
四川	7.9	16.5	11.0	8.0	2.9
贵州	7.4	16.5	16.5	6.8	2.4
云南	7.1	19.9	15.4	9.0	2.1
西藏	7.5	14.4	5.4	2.6	2.6
陕西	8.0	13.7	14.5	10.4	2.7
甘肃	7.4	16.1	13.7	9.0	2.5
青海	6.8	17.7	12.4	9.1	3.0
宁夏	6.9	19.5	14.6	8.9	2.7
新疆	7.1	18.0	12.0	9.4	2.6

2-1-4-9 2017年分地区全体居民家庭主要食品消费量

单位：公斤/人

地　区	粮食(原粮)	谷物	食用油	植物油	蔬菜	肉类	猪肉
全　国	**130.1**	**119.6**	**10.4**	**9.8**	**99.2**	**26.7**	**20.1**
北　京	75.7	67.1	8.3	8.3	91.9	22.9	12.7
天　津	120.1	109.6	10.9	10.8	116.3	26.5	15.8
河　北	124.8	115.2	9.3	9.2	87.4	19.4	12.3
山　西	135.7	120.6	8.1	8.0	77.4	13.9	9.4
内蒙古	152.3	139.9	8.3	8.1	87.5	33.8	17.0
辽　宁	128.6	114.3	11.6	11.4	113.8	27.3	18.5
吉　林	142.2	130.5	12.2	12.1	109.4	21.4	15.7
黑龙江	141.2	127.6	14.4	14.3	92.5	22.8	15.4
上　海	98.1	87.0	8.7	8.6	99.8	28.1	19.5
江　苏	114.8	103.1	12.2	12.0	108.2	26.6	19.5
浙　江	134.1	120.7	12.1	11.7	96.5	27.2	21.9
安　徽	137.3	125.6	10.0	9.4	99.8	23.6	18.4
福　建	122.0	113.0	9.1	8.1	89.5	31.8	25.9
江　西	140.4	131.6	13.2	12.7	110.0	26.4	20.6
山　东	122.8	113.3	8.1	8.0	93.6	20.9	13.0
河　南	124.5	115.0	8.3	8.2	84.4	16.2	10.9
湖　北	112.2	101.3	12.4	12.0	116.6	26.5	20.7
湖　南	146.6	138.1	12.4	9.7	104.9	31.8	27.1
广　东	116.8	108.9	9.2	8.8	100.8	36.5	29.1
广　西	133.9	126.9	8.4	6.9	87.5	32.1	27.6
海　南	96.0	91.5	8.8	7.4	93.0	29.3	24.9
重　庆	152.6	137.8	14.8	12.9	142.8	39.9	33.9
四　川	160.2	147.3	12.7	11.6	132.5	41.1	36.2
贵　州	121.1	109.9	8.2	6.8	85.1	30.5	27.6
云　南	126.8	116.9	7.7	6.0	90.4	30.9	26.9
西　藏	284.5	277.4	20.9	14.5	32.1	29.8	7.6
陕　西	132.4	119.9	10.9	10.7	86.1	14.1	10.2
甘　肃	151.0	138.9	8.5	8.4	75.0	17.2	11.4
青　海	116.8	108.2	9.4	9.2	61.8	25.1	11.4
宁　夏	111.2	104.4	7.7	7.6	87.2	15.7	6.3
新　疆	159.1	155.6	14.2	14.1	98.2	21.6	3.9

2-1-4-9 续表 单位：公斤/人

地区	牛肉	羊肉	禽类	水产品	蛋类	奶类	干鲜瓜果类	食糖
全国	**1.9**	**1.3**	**8.9**	**11.5**	**10.0**	**12.1**	**50.1**	**1.3**
北京	2.9	2.8	5.5	8.6	12.1	22.5	63.9	1.1
天津	3.0	3.2	5.6	16.9	18.3	17.2	85.3	1.4
河北	1.4	1.4	4.1	5.7	14.0	14.4	60.8	1.1
山西	0.8	1.3	2.3	2.4	10.9	15.0	51.2	1.0
内蒙古	4.3	8.9	5.3	4.9	9.1	22.7	56.2	1.5
辽宁	2.6	1.5	5.2	14.5	13.6	15.0	65.1	1.3
吉林	2.2	0.8	5.0	7.3	10.9	9.7	50.9	1.3
黑龙江	1.9	1.4	5.7	8.2	11.1	10.4	60.2	1.8
上海	2.9	0.9	12.8	25.1	10.7	20.8	56.3	1.3
江苏	1.9	0.8	10.3	18.1	10.7	15.6	46.2	1.1
浙江	2.0	0.6	10.6	23.7	8.5	12.0	50.7	1.5
安徽	1.9	0.9	10.2	10.8	11.6	11.0	48.2	1.0
福建	1.9	0.8	11.8	25.8	8.7	10.8	41.2	1.8
江西	2.1	0.4	8.4	12.6	7.0	11.1	39.4	1.1
山东	1.2	1.1	5.9	11.6	17.2	17.3	69.8	1.0
河南	1.2	1.1	5.3	3.8	14.3	11.5	57.6	1.2
湖北	1.7	0.6	5.4	15.1	7.6	6.9	40.3	0.9
湖南	1.9	0.7	10.7	11.8	8.0	5.7	53.0	1.4
广东	2.0	0.7	20.6	22.8	7.3	7.7	40.1	1.5
广西	1.8	0.8	19.6	10.6	5.6	5.6	40.2	1.3
海南	1.8	0.8	20.4	25.6	4.5	4.2	29.3	1.0
重庆	1.4	0.8	11.6	10.5	9.8	17.2	42.7	2.7
四川	1.5	0.5	10.9	7.6	8.9	12.3	40.7	2.0
贵州	1.2	0.3	5.0	2.4	4.2	5.4	32.3	1.0
云南	1.7	0.5	7.6	3.7	4.5	5.3	29.4	1.4
西藏	13.9	7.9	1.4	0.7	3.7	22.5	10.1	1.1
陕西	0.7	1.2	2.7	2.5	8.0	14.6	51.4	1.0
甘肃	1.4	2.4	4.4	2.2	7.3	13.9	54.9	1.9
青海	5.3	7.1	3.5	2.0	4.8	17.9	30.0	1.3
宁夏	3.6	4.7	6.0	2.6	5.5	13.4	71.2	1.3
新疆	4.6	11.7	6.0	3.3	6.5	21.0	59.7	1.2

2-1-4-10　2017年分地区全体居民年末主要耐用消费品拥有量

单位：平均每百户

地　区	家用汽车（辆）	摩托车（辆）	电动助力车（辆）	洗衣机（台）	电冰箱(柜)（台）	微波炉（台）	彩色电视机（台）
全　国	**29.7**	**39.3**	**56.5**	**91.7**	**95.3**	**40.0**	**122.2**
北　京	48.0	3.4	27.5	96.0	98.3	78.1	129.1
天　津	44.0	6.4	47.9	98.1	101.0	68.5	113.8
河　北	37.3	33.9	90.0	99.2	97.6	40.5	115.3
山　西	25.1	32.8	44.7	93.8	82.3	25.8	105.2
内蒙古	36.1	39.0	47.5	94.4	98.4	25.7	103.4
辽　宁	25.4	26.0	25.4	93.2	99.7	44.7	110.3
吉　林	23.2	38.1	12.5	95.0	95.5	29.8	105.5
黑龙江	15.7	26.1	12.1	92.5	94.5	24.0	102.7
上　海	30.8	4.0	67.0	94.7	100.4	88.3	185.7
江　苏	40.2	23.1	123.3	100.1	104.1	84.0	170.3
浙　江	47.9	17.7	84.1	88.9	101.1	53.0	178.2
安　徽	21.4	27.6	87.7	90.3	99.0	44.0	130.6
福　建	29.0	62.6	46.6	86.7	99.4	53.8	141.5
江　西	24.7	52.2	65.0	75.6	94.9	34.6	134.5
山　东	47.7	35.0	104.7	96.1	99.8	37.7	108.3
河　南	25.0	38.5	107.4	98.5	93.3	26.0	118.7
湖　北	19.0	53.0	30.7	86.9	98.3	33.7	120.1
湖　南	23.3	56.0	20.7	90.4	98.1	27.1	117.3
广　东	31.6	64.2	30.9	78.2	84.4	38.1	106.9
广　西	24.6	72.8	65.5	82.6	94.0	41.3	113.6
海　南	19.6	61.3	75.2	64.3	83.6	25.9	107.2
重　庆	21.3	25.5	8.7	90.5	99.1	45.0	122.9
四　川	22.6	35.9	28.0	94.0	98.1	30.4	120.8
贵　州	23.6	37.2	10.0	95.3	89.2	24.4	105.9
云　南	30.8	61.1	26.1	88.4	80.4	31.7	106.2
西　藏	26.0	60.9	13.6	73.4	72.9	15.7	119.4
陕　西	20.9	35.5	35.7	95.7	87.8	22.9	109.5
甘　肃	19.8	51.6	29.4	96.2	82.9	26.2	107.6
青　海	33.7	44.5	11.3	98.0	98.9	35.2	102.8
宁　夏	33.6	38.5	58.2	100.1	96.2	35.9	107.4
新　疆	28.5	41.7	44.6	97.9	101.0	23.6	102.7

2-1-4-10 续表　　　　单位：平均每百户

地　　区	空调（台）	热水器（台）	排油烟机（台）	移动电话（部）	计算机（台）	照相机（台）
全　　国	**96.1**	**78.6**	**51.0**	**240.0**	**58.7**	**18.4**
北　　京	166.3	94.4	85.2	228.5	101.1	54.4
天　　津	139.8	93.7	81.4	231.8	74.2	29.6
河　　北	100.1	79.0	53.8	233.0	59.5	19.2
山　　西	27.8	45.5	43.5	220.3	55.6	12.2
内 蒙 古	9.0	46.3	45.8	229.2	47.4	15.5
辽　　宁	28.1	60.8	61.4	213.0	60.7	21.8
吉　　林	8.0	38.0	46.7	232.9	52.7	14.2
黑 龙 江	7.2	35.1	49.2	209.7	47.3	12.7
上　　海	202.5	94.8	80.8	230.4	131.1	47.7
江　　苏	184.2	103.2	69.2	242.9	78.7	28.6
浙　　江	176.1	95.3	75.4	239.9	80.7	23.7
安　　徽	121.3	91.1	44.6	230.0	46.2	11.9
福　　建	129.5	97.8	55.2	252.2	67.5	15.7
江　　西	98.1	82.2	45.2	241.5	50.8	11.3
山　　东	100.3	90.3	61.0	225.7	63.3	26.3
河　　南	114.9	73.3	38.5	241.0	50.6	10.8
湖　　北	106.9	84.1	44.8	236.4	53.5	13.8
湖　　南	102.3	78.5	47.4	260.7	50.7	13.7
广　　东	145.2	88.7	55.4	248.8	75.8	24.6
广　　西	78.4	84.8	35.9	276.4	53.2	11.7
海　　南	87.0	78.0	39.0	262.4	48.3	8.6
重　　庆	127.5	80.2	39.9	250.4	51.7	16.3
四　　川	81.4	79.8	35.9	243.5	40.5	11.0
贵　　州	18.0	64.6	27.3	275.3	36.3	7.8
云　　南	2.7	82.2	33.9	259.6	33.8	13.1
西　　藏	3.5	16.0	17.8	203.7	21.4	11.4
陕　　西	68.3	66.4	41.6	244.9	49.8	15.9
甘　　肃	6.2	49.7	40.1	255.8	41.2	12.7
青　　海	1.4	43.9	50.8	252.6	38.8	11.5
宁　　夏	9.4	89.1	54.4	269.0	52.1	12.3
新　　疆	14.9	59.9	49.5	208.3	42.7	15.6

(五)2018年分地区全体居民收支主要数据

2-1-5-1　2018年分地区全体居民可支配收入

单位：元/人

地　　区	可支配收入	一、工资性收入	二、经营净收入	三、财产净收入	四、转移净收入
全　　国	**28228.0**	**15829.0**	**4852.4**	**2378.5**	**5168.1**
北　　京	62361.2	37686.8	1201.6	10611.8	12861.0
天　　津	39506.1	25119.0	3344.0	3587.2	7456.0
河　　北	23445.7	14179.3	3530.6	1624.1	4111.6
山　　西	21990.1	12552.0	2809.2	1304.4	5324.6
内 蒙 古	28375.7	15033.3	7149.1	1442.2	4751.1
辽　　宁	29701.4	15580.5	5186.2	1336.7	7598.1
吉　　林	22798.4	12038.8	5019.4	998.9	4741.3
黑 龙 江	22725.8	10950.8	4878.1	1089.4	5807.6
上　　海	64182.6	37136.9	1820.9	9666.3	15558.5
江　　苏	38095.8	21947.8	5386.1	3745.7	7016.2
浙　　江	45839.8	26241.6	7751.7	5244.2	6602.3
安　　徽	23983.6	12851.4	5478.4	1456.8	4197.1
福　　建	32643.9	18996.9	6015.3	3165.5	4466.2
江　　西	24079.7	13738.5	4055.6	1584.6	4700.9
山　　东	29204.6	16814.4	6300.0	2043.2	4047.0
河　　南	21963.5	11066.1	4674.0	1546.6	4676.8
湖　　北	25814.5	12737.6	5450.6	1726.0	5900.3
湖　　南	25240.7	12797.9	5015.9	1923.1	5503.8
广　　东	35809.9	24749.0	4734.5	4131.4	2194.9
广　　西	21485.0	10203.8	5484.6	1439.6	4357.0
海　　南	24579.0	14306.2	4461.8	1889.6	3921.4
重　　庆	26385.8	13928.1	4311.4	1649.3	6497.0
四　　川	22460.6	11069.9	4558.1	1443.1	5389.4
贵　　州	18430.2	9500.9	4037.6	1297.3	3594.4
云　　南	20084.2	9609.0	4883.9	1963.2	3628.0
西　　藏	17286.1	8903.5	4589.1	1096.2	2697.3
陕　　西	22528.3	12161.4	3033.9	1350.5	5982.4
甘　　肃	17488.4	9676.3	3212.1	1162.3	3437.7
青　　海	20757.3	12209.1	3013.8	1057.1	4477.3
宁　　夏	22400.4	13440.8	3958.2	885.1	4116.3
新　　疆	21500.2	11654.7	5153.1	784.3	3908.2

2-1-5-2 2018年分地区全体居民可支配收入构成

单位：%

地区	可支配收入	一、工资性收入	二、经营净收入	三、财产净收入	四、转移净收入
全国	**100.0**	**56.1**	**17.2**	**8.4**	**18.3**
北京	100.0	60.4	1.9	17.0	20.6
天津	100.0	63.6	8.5	9.1	18.9
河北	100.0	60.5	15.1	6.9	17.5
山西	100.0	57.1	12.8	5.9	24.2
内蒙古	100.0	53.0	25.2	5.1	16.7
辽宁	100.0	52.5	17.5	4.5	25.6
吉林	100.0	52.8	22.0	4.4	20.8
黑龙江	100.0	48.2	21.5	4.8	25.6
上海	100.0	57.9	2.8	15.1	24.2
江苏	100.0	57.6	14.1	9.8	18.4
浙江	100.0	57.2	16.9	11.4	14.4
安徽	100.0	53.6	22.8	6.1	17.5
福建	100.0	58.2	18.4	9.7	13.7
江西	100.0	57.1	16.8	6.6	19.5
山东	100.0	57.6	21.6	7.0	13.9
河南	100.0	50.4	21.3	7.0	21.3
湖北	100.0	49.3	21.1	6.7	22.9
湖南	100.0	50.7	19.9	7.6	21.8
广东	100.0	69.1	13.2	11.5	6.1
广西	100.0	47.5	25.5	6.7	20.3
海南	100.0	58.2	18.2	7.7	16.0
重庆	100.0	52.8	16.3	6.3	24.6
四川	100.0	49.3	20.3	6.4	24.0
贵州	100.0	51.6	21.9	7.0	19.5
云南	100.0	47.8	24.3	9.8	18.1
西藏	100.0	51.5	26.5	6.3	15.6
陕西	100.0	54.0	13.5	6.0	26.6
甘肃	100.0	55.3	18.4	6.6	19.7
青海	100.0	58.8	14.5	5.1	21.6
宁夏	100.0	60.0	17.7	4.0	18.4
新疆	100.0	54.2	24.0	3.6	18.2

2-1-5-3　2018年分地区全体居民现金可支配收入

单位：元/人

地　区	现金可支配收入	一、工资性收入	二、经营净收入	三、财产净收入	四、转移净收入
全　国	**26291.4**	**15746.4**	**4880.3**	**877.8**	**4786.9**
北　京	52505.4	37611.3	1443.8	1897.0	11553.3
天　津	36153.7	24961.6	3632.1	883.0	6677.0
河　北	22042.6	14153.6	3701.1	282.7	3905.1
山　西	20935.3	12524.7	2815.2	608.4	4987.0
内蒙古	27536.3	15021.7	7333.6	751.7	4429.2
辽　宁	28444.5	15399.9	5510.8	396.4	7137.5
吉　林	21445.5	12003.0	4581.2	407.9	4453.4
黑龙江	21096.8	10914.6	4084.5	581.7	5516.0
上　海	54257.4	36942.7	1918.1	1333.6	14063.0
江　苏	34696.7	21842.7	5336.1	1078.2	6439.8
浙　江	42898.8	26109.2	8126.7	2560.6	6102.3
安　徽	23041.0	12760.1	5907.6	435.5	3937.8
福　建	30012.5	18805.0	6028.5	985.9	4193.1
江　西	22785.6	13707.4	3901.8	655.2	4521.1
山　东	28077.7	16758.9	6784.0	783.3	3751.4
河　南	20419.3	11029.1	4447.5	613.2	4329.4
湖　北	24166.1	12640.3	5686.3	441.8	5397.7
湖　南	23880.6	12700.5	4933.5	1070.7	5175.8
广　东	33051.2	24541.4	4950.7	1603.1	1956.1
广　西	20277.1	10144.5	5411.6	811.6	3909.3
海　南	23091.6	14251.3	4500.4	785.4	3554.5
重　庆	24789.9	13844.8	3995.5	745.6	6204.0
四　川	21027.7	10999.8	4229.3	764.4	5034.2
贵　州	17806.7	9473.6	4105.0	889.9	3338.2
云　南	18823.3	9594.8	4711.2	1157.4	3359.8
西　藏	16081.3	8898.3	4066.7	567.0	2549.4
陕　西	21498.3	12113.9	2962.8	796.4	5625.2
甘　肃	16091.5	9653.8	2994.3	386.8	3056.7
青　海	20048.5	12172.8	3343.8	525.5	4006.4
宁　夏	21773.2	13407.9	4345.2	499.3	3520.8
新　疆	20206.2	11615.6	4792.4	260.6	3537.6

2-1-5-4 2018年分地区全体居民现金可支配收入构成

单位：%

地区	现金可支配收入	一、工资性收入	二、经营净收入	三、财产净收入	四、转移净收入
全国	**100.0**	**59.9**	**18.6**	**3.3**	**18.2**
北京	100.0	71.6	2.7	3.6	22.0
天津	100.0	69.0	10.0	2.4	18.5
河北	100.0	64.2	16.8	1.3	17.7
山西	100.0	59.8	13.4	2.9	23.8
内蒙古	100.0	54.6	26.6	2.7	16.1
辽宁	100.0	54.1	19.4	1.4	25.1
吉林	100.0	56.0	21.4	1.9	20.8
黑龙江	100.0	51.7	19.4	2.8	26.1
上海	100.0	68.1	3.5	2.5	25.9
江苏	100.0	63.0	15.4	3.1	18.6
浙江	100.0	60.9	18.9	6.0	14.2
安徽	100.0	55.4	25.6	1.9	17.1
福建	100.0	62.7	20.1	3.3	14.0
江西	100.0	60.2	17.1	2.9	19.8
山东	100.0	59.7	24.2	2.8	13.4
河南	100.0	54.0	21.8	3.0	21.2
湖北	100.0	52.3	23.5	1.8	22.3
湖南	100.0	53.2	20.7	4.5	21.7
广东	100.0	74.3	15.0	4.9	5.9
广西	100.0	50.0	26.7	4.0	19.3
海南	100.0	61.7	19.5	3.4	15.4
重庆	100.0	55.8	16.1	3.0	25.0
四川	100.0	52.3	20.1	3.6	23.9
贵州	100.0	53.2	23.1	5.0	18.7
云南	100.0	51.0	25.0	6.1	17.8
西藏	100.0	55.3	25.3	3.5	15.9
陕西	100.0	56.3	13.8	3.7	26.2
甘肃	100.0	60.0	18.6	2.4	19.0
青海	100.0	60.7	16.7	2.6	20.0
宁夏	100.0	61.6	20.0	2.3	16.2
新疆	100.0	57.5	23.7	1.3	17.5

2-1-5-5 2018年分地区全体居民消费支出

单位：元/人

地区	消费支出	一、食品烟酒支出	二、衣着支出	三、居住支出
全国	**19853.1**	**5631.1**	**1288.9**	**4646.6**
北京	39842.7	8064.9	2175.5	14110.3
天津	29902.9	8647.5	1990.0	6406.3
河北	16722.0	4271.3	1257.4	4050.4
山西	14810.1	3688.2	1261.0	3228.5
内蒙古	19665.2	5324.3	1751.2	3680.0
辽宁	21398.3	5727.8	1628.1	4169.5
吉林	17200.4	4417.4	1397.0	3294.8
黑龙江	16994.0	4573.2	1405.4	3176.3
上海	43351.3	10728.2	2036.8	14208.5
江苏	25007.4	6529.8	1541.0	6731.2
浙江	29470.7	8198.3	1813.5	7721.2
安徽	17044.6	5414.7	1137.4	3941.9
福建	22996.0	7572.9	1212.1	6130.0
江西	15792.0	4809.0	1074.1	3795.2
山东	18779.8	5030.9	1391.8	3928.5
河南	15168.5	3959.8	1172.8	3512.0
湖北	19537.8	5491.3	1316.2	4310.6
湖南	18807.9	5260.0	1215.5	3976.1
广东	26054.0	8480.8	1135.3	6643.3
广西	14934.8	4545.7	616.7	3263.5
海南	17528.4	6552.2	655.9	3744.0
重庆	19248.5	6220.8	1454.5	3493.8
四川	17663.6	5937.9	1173.8	3368.0
贵州	13798.1	3792.9	934.7	2760.7
云南	14249.9	3983.4	789.1	3081.1
西藏	11520.2	4330.5	1285.2	2102.6
陕西	16159.7	4292.5	1141.1	3388.2
甘肃	14624.0	4253.3	1111.5	3095.0
青海	16557.2	4671.6	1350.6	2990.0
宁夏	16715.1	4234.1	1388.2	3014.3
新疆	16189.1	4691.6	1456.0	2894.3

2-1-5-5 续表　　　　单位：元/人

地　区	四、生活用品及服务支出	五、交通通信支出	六、教育文化娱乐支出	七、医疗保健支出	八、其他用品及服务支出
全　国	**1222.7**	**2675.4**	**2225.7**	**1685.2**	**477.5**
北　京	2371.9	4767.4	3999.4	3274.5	1078.6
天　津	1818.4	4280.9	3186.6	2676.9	896.3
河　北	1138.7	2355.4	1734.5	1540.5	373.8
山　西	855.6	1845.2	1940.0	1635.1	356.4
内蒙古	1204.6	3074.3	2245.4	1847.5	537.9
辽　宁	1259.4	2968.2	2708.0	2257.1	680.2
吉　林	899.4	2479.7	2193.4	2012.0	506.7
黑龙江	886.4	2196.6	2030.3	2235.3	490.4
上　海	2095.5	4881.2	5049.4	3070.2	1281.5
江　苏	1493.3	3522.8	2582.6	2016.4	590.4
浙　江	1652.4	4302.0	3031.3	2059.4	692.6
安　徽	1041.2	2082.1	1810.4	1224.0	392.8
福　建	1223.1	2923.3	2194.0	1234.8	505.8
江　西	1047.7	1872.1	1813.0	1000.0	381.0
山　东	1394.3	2834.3	2174.4	1627.6	398.1
河　南	1054.4	1838.0	1769.1	1541.5	321.0
湖　北	1253.2	2584.1	2187.5	1907.9	487.0
湖　南	1190.2	2322.9	2786.2	1705.5	351.5
广　东	1440.8	3423.9	2750.9	1520.8	658.2
广　西	898.2	2150.1	1798.9	1364.6	291.9
海　南	826.6	1919.0	2185.5	1236.1	409.2
重　庆	1338.9	2545.0	2087.8	1660.0	442.8
四　川	1182.2	2398.8	1599.7	1568.6	434.5
贵　州	878.1	2408.0	1660.0	1083.5	280.1
云　南	859.9	2212.8	1772.7	1267.7	283.2
西　藏	622.3	1847.7	609.3	460.1	262.6
陕　西	1200.8	2005.8	2008.8	1749.4	373.2
甘　肃	896.9	1640.7	1710.3	1573.9	342.4
青　海	932.0	2671.4	1655.6	1842.0	444.0
宁　夏	1067.1	2724.4	2139.5	1727.1	420.4
新　疆	1082.8	2274.4	1762.5	1592.6	434.9

2-1-5-6 2018年分地区全体居民消费支出构成

单位：%

地区	消费支出	一、食品烟酒支出	二、衣着支出	三、居住支出
全　国	**100.0**	**28.4**	**6.5**	**23.4**
北　京	100.0	20.2	5.5	35.4
天　津	100.0	28.9	6.7	21.4
河　北	100.0	25.5	7.5	24.2
山　西	100.0	24.9	8.5	21.8
内蒙古	100.0	27.1	8.9	18.7
辽　宁	100.0	26.8	7.6	19.5
吉　林	100.0	25.7	8.1	19.2
黑龙江	100.0	26.9	8.3	18.7
上　海	100.0	24.7	4.7	32.8
江　苏	100.0	26.1	6.2	26.9
浙　江	100.0	27.8	6.2	26.2
安　徽	100.0	31.8	6.7	23.1
福　建	100.0	32.9	5.3	26.7
江　西	100.0	30.5	6.8	24.0
山　东	100.0	26.8	7.4	20.9
河　南	100.0	26.1	7.7	23.2
湖　北	100.0	28.1	6.7	22.1
湖　南	100.0	28.0	6.5	21.1
广　东	100.0	32.6	4.4	25.5
广　西	100.0	30.4	4.1	21.9
海　南	100.0	37.4	3.7	21.4
重　庆	100.0	32.3	7.6	18.2
四　川	100.0	33.6	6.6	19.1
贵　州	100.0	27.5	6.8	20.0
云　南	100.0	28.0	5.5	21.6
西　藏	100.0	37.6	11.2	18.3
陕　西	100.0	26.6	7.1	21.0
甘　肃	100.0	29.1	7.6	21.2
青　海	100.0	28.2	8.2	13.1
宁　夏	100.0	25.3	8.3	13.0
新　疆	100.0	29.0	9.0	17.9

2-1-5-6 续表　　　　单位：%

地　区	四、生活用品及服务支出	五、交通通信支出	六、教育文化娱乐支出	七、医疗保健支出	八、其他用品及服务支出
全　国	**6.2**	**13.5**	**11.2**	**8.5**	**2.4**
北　京	6.0	12.0	10.0	8.2	2.7
天　津	6.1	14.3	10.7	9.0	3.0
河　北	6.8	14.1	10.4	9.2	2.2
山　西	5.8	12.5	13.1	11.0	2.4
内 蒙 古	6.1	15.6	11.4	9.4	2.7
辽　宁	5.9	13.9	12.7	10.5	3.2
吉　林	5.2	14.4	12.8	11.7	2.9
黑 龙 江	5.2	12.9	11.9	13.2	2.9
上　海	4.8	11.3	11.6	7.1	3.0
江　苏	6.0	14.1	10.3	8.1	2.4
浙　江	5.6	14.6	10.3	7.0	2.3
安　徽	6.1	12.2	10.6	7.2	2.3
福　建	5.3	12.7	9.5	5.4	2.2
江　西	6.6	11.9	11.5	6.3	2.4
山　东	7.4	15.1	11.6	8.7	2.1
河　南	7.0	12.1	11.7	10.2	2.1
湖　北	6.4	13.2	11.2	9.8	2.5
湖　南	6.3	12.4	14.8	9.1	1.9
广　东	5.5	13.1	10.6	5.8	2.5
广　西	6.0	14.4	12.0	9.1	2.0
海　南	4.7	10.9	12.5	7.1	2.3
重　庆	7.0	13.2	10.8	8.6	2.3
四　川	6.7	13.6	9.1	8.9	2.5
贵　州	6.4	17.5	12.0	7.9	2.0
云　南	6.0	15.5	12.4	8.9	2.0
西　藏	5.4	16.0	5.3	4.0	2.3
陕　西	7.4	12.4	12.4	10.8	2.3
甘　肃	6.1	11.2	11.7	10.8	2.3
青　海	5.6	16.1	10.0	11.1	2.7
宁　夏	6.4	16.3	12.8	10.3	2.5
新　疆	6.7	14.0	10.9	9.8	2.7

2-1-5-7 2018年分地区全体居民现金消费支出

单位：元/人

地区	现金消费支出	一、食品烟酒支出	二、衣着支出	三、居住支出
全国	**16174.8**	**5366.2**	**1288.3**	**1615.1**
北京	27210.9	8002.1	2173.5	2867.2
天津	24896.9	8513.4	1989.5	2337.2
河北	13834.6	4186.3	1257.2	1455.4
山西	12650.6	3554.6	1260.4	1537.1
内蒙古	17229.0	5103.4	1750.8	1776.9
辽宁	18227.9	5494.8	1627.9	1722.0
吉林	14916.0	4229.6	1396.9	1486.8
黑龙江	14997.4	4470.6	1405.3	1582.3
上海	31023.0	10533.7	2036.1	3580.0
江苏	19570.6	6323.9	1540.5	2091.0
浙江	23223.5	7905.6	1813.1	2281.6
安徽	13809.7	5200.4	1136.9	1184.3
福建	18196.3	7222.8	1211.1	1977.3
江西	12740.7	4586.5	1073.9	1160.3
山东	15764.1	4930.9	1391.0	1322.2
河南	12517.1	3883.1	1172.5	1275.5
湖北	15893.2	5181.7	1315.2	1477.8
湖南	15681.7	4826.4	1214.4	1609.8
广东	21168.7	8151.1	1133.6	2336.1
广西	12167.1	4112.8	616.0	1341.6
海南	14508.5	6355.5	655.7	1291.0
重庆	16225.9	5740.3	1453.4	1257.1
四川	14573.6	5295.8	1173.3	1251.9
贵州	11568.0	3392.5	934.5	1165.4
云南	11319.3	3546.7	789.0	850.2
西藏	9349.8	3875.7	1281.3	545.4
陕西	13825.4	4140.7	1140.5	1556.9
甘肃	12305.3	3971.6	1111.3	1408.0
青海	14401.7	4423.2	1350.3	1557.8
宁夏	14446.0	4066.5	1387.7	1490.6
新疆	14036.6	4355.0	1454.7	1420.7

2-1-5-7 续表

单位：元/人

地区	四、生活用品及服务支出	五、交通通信支出	六、教育文化娱乐支出	七、医疗保健支出	八、其他用品及服务支出
全国	**1211.0**	**2669.1**	**2224.1**	**1332.6**	**468.4**
北京	2366.1	4758.4	3997.8	1978.3	1067.5
天津	1735.4	4267.2	3186.4	2062.2	805.5
河北	1134.1	2352.4	1734.4	1341.5	373.1
山西	853.4	1845.0	1940.0	1313.1	347.0
内蒙古	1204.4	3074.2	2245.2	1537.3	536.9
辽宁	1249.0	2959.0	2705.8	1808.1	661.2
吉林	896.6	2476.4	2193.4	1729.9	506.4
黑龙江	885.9	2195.6	2030.1	1938.9	488.7
上海	2088.1	4864.4	5045.4	1599.4	1275.9
江苏	1481.5	3513.2	2581.5	1452.5	586.5
浙江	1642.0	4297.7	3028.5	1570.4	684.6
安徽	1032.8	2055.9	1809.4	1003.4	386.6
福建	1215.7	2914.4	2192.4	961.5	501.0
江西	1044.6	1871.6	1812.9	816.5	374.5
山东	1371.8	2831.3	2174.0	1361.1	382.0
河南	1052.4	1836.7	1767.8	1213.5	315.5
湖北	1251.5	2571.9	2187.4	1439.7	468.0
湖南	1186.5	2308.9	2785.2	1404.4	346.2
广东	1419.9	3418.6	2746.4	1316.9	646.1
广西	852.0	2147.4	1797.8	1020.1	279.5
海南	807.8	1918.5	2185.1	889.0	405.8
重庆	1326.3	2543.2	2087.1	1382.0	436.5
四川	1161.0	2397.0	1596.6	1271.0	427.1
贵州	871.8	2396.9	1659.9	870.6	276.4
云南	852.9	2212.6	1772.4	1014.7	280.8
西藏	613.8	1846.1	608.8	316.5	262.2
陕西	1187.3	1993.0	2007.2	1431.3	368.5
甘肃	893.5	1633.8	1702.5	1246.6	338.0
青海	929.8	2671.0	1655.2	1380.1	434.4
宁夏	1058.5	2722.5	2139.2	1168.2	413.0
新疆	1076.9	2273.3	1751.6	1307.6	396.9

2-1-5-8　2018年分地区全体居民现金消费支出构成

单位：%

地区	现金消费支出	一、食品烟酒支出	二、衣着支出	三、居住支出
全　国	**100.0**	**33.2**	**8.0**	**10.0**
北　京	100.0	29.4	8.0	10.5
天　津	100.0	34.2	8.0	9.4
河　北	100.0	30.3	9.1	10.5
山　西	100.0	28.1	10.0	12.2
内蒙古	100.0	29.6	10.2	10.3
辽　宁	100.0	30.1	8.9	9.4
吉　林	100.0	28.4	9.4	10.0
黑龙江	100.0	29.8	9.4	10.6
上　海	100.0	34.0	6.6	11.5
江　苏	100.0	32.3	7.9	10.7
浙　江	100.0	34.0	7.8	9.8
安　徽	100.0	37.7	8.2	8.6
福　建	100.0	39.7	6.7	10.9
江　西	100.0	36.0	8.4	9.1
山　东	100.0	31.3	8.8	8.4
河　南	100.0	31.0	9.4	10.2
湖　北	100.0	32.6	8.3	9.3
湖　南	100.0	30.8	7.7	10.3
广　东	100.0	38.5	5.4	11.0
广　西	100.0	33.8	5.1	11.0
海　南	100.0	43.8	4.5	8.9
重　庆	100.0	35.4	9.0	7.7
四　川	100.0	36.3	8.1	8.6
贵　州	100.0	29.3	8.1	10.1
云　南	100.0	31.3	7.0	7.5
西　藏	100.0	41.5	13.7	5.8
陕　西	100.0	29.9	8.2	11.3
甘　肃	100.0	32.3	9.0	11.4
青　海	100.0	30.7	9.4	10.8
宁　夏	100.0	28.1	9.6	10.3
新　疆	100.0	31.0	10.4	10.1

2-1-5-8 续表

单位：%

地区	四、生活用品及服务支出	五、交通通信支出	六、教育文化娱乐支出	七、医疗保健支出	八、其他用品及服务支出
全国	**7.5**	**16.5**	**13.8**	**8.2**	**2.9**
北京	8.7	17.5	14.7	7.3	3.9
天津	7.0	17.1	12.8	8.3	3.2
河北	8.2	17.0	12.5	9.7	2.7
山西	6.7	14.6	15.3	10.4	2.7
内蒙古	7.0	17.8	13.0	8.9	3.1
辽宁	6.9	16.2	14.8	9.9	3.6
吉林	6.0	16.6	14.7	11.6	3.4
黑龙江	5.9	14.6	13.5	12.9	3.3
上海	6.7	15.7	16.3	5.2	4.1
江苏	7.6	18.0	13.2	7.4	3.0
浙江	7.1	18.5	13.0	6.8	2.9
安徽	7.5	14.9	13.1	7.3	2.8
福建	6.7	16.0	12.0	5.3	2.8
江西	8.2	14.7	14.2	6.4	2.9
山东	8.7	18.0	13.8	8.6	2.4
河南	8.4	14.7	14.1	9.7	2.5
湖北	7.9	16.2	13.8	9.1	2.9
湖南	7.6	14.7	17.8	9.0	2.2
广东	6.7	16.1	13.0	6.2	3.1
广西	7.0	17.6	14.8	8.4	2.3
海南	5.6	13.2	15.1	6.1	2.8
重庆	8.2	15.7	12.9	8.5	2.7
四川	8.0	16.4	11.0	8.7	2.9
贵州	7.5	20.7	14.3	7.5	2.4
云南	7.5	19.5	15.7	9.0	2.5
西藏	6.6	19.7	6.5	3.4	2.8
陕西	8.6	14.4	14.5	10.4	2.7
甘肃	7.3	13.3	13.8	10.1	2.7
青海	6.5	18.5	11.5	9.6	3.0
宁夏	7.3	18.8	14.8	8.1	2.9
新疆	7.7	16.2	12.5	9.3	2.8

2-1-5-9　2018年分地区全体居民家庭主要食品消费量

单位：公斤/人

地　区	粮食(原粮)	谷物	食用油	植物油	蔬菜	肉类	猪肉
全　国	**127.2**	**116.3**	**9.6**	**8.9**	**96.1**	**29.5**	**22.8**
北　京	91.9	81.7	7.2	7.1	106.3	25.9	16.3
天　津	118.3	107.9	9.9	9.8	116.8	26.9	16.8
河　北	130.8	119.6	7.6	7.3	95.5	23.0	15.8
山　西	137.6	121.3	7.5	7.2	83.7	15.3	10.8
内蒙古	153.0	140.0	7.6	7.4	94.0	34.3	20.0
辽　宁	127.8	113.3	10.3	10.1	107.7	27.0	19.0
吉　林	132.6	119.0	10.8	10.6	92.3	24.8	18.9
黑龙江	139.9	126.5	12.9	12.8	95.8	25.7	18.5
上　海	110.5	98.1	8.0	7.5	103.6	31.4	22.4
江　苏	121.9	108.9	9.1	8.8	100.1	28.6	21.2
浙　江	132.9	119.6	11.6	10.9	91.7	29.8	23.7
安　徽	139.5	126.1	9.5	8.5	95.3	28.3	22.1
福　建	125.1	115.9	9.1	7.9	90.8	34.7	29.1
江　西	134.5	124.9	13.6	12.9	97.0	30.6	25.5
山　东	117.2	107.1	7.6	7.5	92.8	23.9	15.9
河　南	123.4	113.0	8.4	8.3	84.7	18.5	12.9
湖　北	110.9	100.3	10.5	10.1	111.4	28.4	22.9
湖　南	137.6	128.4	11.8	9.0	94.4	34.5	29.8
广　东	108.7	101.1	9.2	8.6	100.6	41.0	34.0
广　西	128.3	121.8	8.1	6.7	85.2	35.7	31.3
海　南	94.8	89.8	8.8	7.4	90.7	33.9	29.2
重　庆	135.7	121.2	13.8	11.7	132.0	43.9	38.8
四　川	146.6	134.2	12.1	10.8	120.7	45.4	38.9
贵　州	111.3	100.1	6.6	5.1	75.2	31.7	29.1
云　南	117.3	108.6	7.1	5.4	83.8	31.9	27.5
西　藏	208.9	201.7	15.9	9.9	42.7	29.5	6.7
陕　西	131.7	118.9	10.7	10.4	83.5	16.2	11.8
甘　肃	151.8	139.3	9.4	9.3	79.9	20.2	14.3
青　海	113.2	107.8	9.3	8.9	52.3	27.0	9.8
宁　夏	112.1	105.4	7.2	7.1	87.5	16.3	7.0
新　疆	156.2	153.1	14.1	13.8	91.8	24.4	3.7

2-1-5-9 续表　　　　单位：公斤/人

地　区			禽类	水产品	蛋类	奶类	干鲜瓜果类	食糖
	牛肉	羊肉						
全　国	**2.0**	**1.3**	**9.0**	**11.4**	**9.7**	**12.2**	**52.1**	**1.3**
北　京	3.3	2.7	5.8	8.9	14.6	26.0	74.7	1.1
天　津	2.9	2.7	5.7	16.7	17.7	18.6	86.2	1.4
河　北	1.5	1.4	4.9	5.9	13.7	14.4	66.8	1.1
山　西	0.7	1.1	2.4	2.6	11.3	15.7	55.9	1.0
内蒙古	3.3	7.5	5.6	5.2	9.2	22.2	58.0	1.4
辽　宁	2.6	1.3	5.1	13.7	12.1	14.9	61.8	1.2
吉　林	2.3	0.7	4.9	8.0	10.1	10.0	53.9	1.3
黑龙江	2.0	1.1	5.3	9.0	10.9	10.4	64.3	1.8
上　海	3.0	1.1	12.3	24.5	12.0	20.8	63.5	1.5
江　苏	2.1	0.9	10.7	17.8	10.5	15.1	45.1	1.1
浙　江	2.5	0.7	10.7	22.9	8.4	13.2	52.6	1.5
安　徽	2.2	0.9	12.0	12.0	11.3	11.7	52.6	1.0
福　建	1.9	0.7	11.5	23.9	8.6	11.7	47.2	1.7
江　西	2.2	0.4	8.7	12.7	7.2	10.8	41.5	1.1
山　东	1.2	1.0	6.0	12.1	16.0	16.4	74.2	0.9
河　南	1.2	1.1	6.0	4.0	12.8	12.5	56.0	1.3
湖　北	1.9	0.6	5.6	15.4	7.1	6.8	43.7	0.8
湖　南	1.9	0.6	10.8	11.9	7.8	6.7	57.5	1.3
广　东	2.2	0.7	21.1	22.0	7.4	8.6	39.4	1.6
广　西	1.9	0.7	18.5	9.9	5.5	5.6	39.0	1.2
海　南	2.1	1.0	18.8	27.0	4.8	4.7	28.4	1.1
重　庆	1.3	0.6	10.0	9.9	9.8	12.6	43.7	2.8
四　川	1.7	0.5	10.4	7.2	8.4	12.5	40.6	1.9
贵　州	1.0	0.2	4.6	2.2	3.4	4.4	33.2	0.8
云　南	2.0	0.4	6.7	3.5	4.3	5.1	29.6	1.1
西　藏	17.9	4.5	1.5	0.5	3.6	14.3	6.0	4.3
陕　西	1.0	1.1	2.9	2.8	7.8	13.8	46.6	1.0
甘　肃	1.2	2.4	4.8	2.4	8.7	13.6	75.6	1.9
青　海	9.4	6.6	2.9	1.7	3.7	17.6	24.8	1.4
宁　夏	4.1	4.1	6.8	2.5	5.9	13.5	78.7	1.4
新　疆	5.1	14.0	4.9	2.9	5.6	19.9	52.3	1.2

2-1-5-10 2018年分地区全体居民年末主要耐用消费品拥有量

单位：平均每百户

地　　区	家用汽车（辆）	摩托车（辆）	电动助力车（辆）	洗衣机（台）	电冰箱(柜)（台）	微波炉（台）	彩色电视机（台）
全　　国	**33.0**	**35.7**	**59.2**	**93.8**	**98.8**	**39.2**	**119.3**
北　　京	53.1	3.6	25.0	100.3	103.9	76.2	125.1
天　　津	53.0	4.4	45.8	99.6	103.3	68.9	111.5
河　　北	44.9	28.6	95.6	99.8	99.1	45.4	111.5
山　　西	27.9	27.9	52.7	92.6	86.2	24.5	102.3
内 蒙 古	39.5	33.3	44.7	96.9	103.7	29.2	104.0
辽　　宁	27.3	22.9	25.3	93.2	100.0	43.0	106.0
吉　　林	29.5	30.3	13.1	94.6	97.3	30.8	101.7
黑 龙 江	16.6	22.2	16.2	93.2	96.5	22.9	100.8
上　　海	36.9	3.2	68.1	93.2	100.2	85.2	173.3
江　　苏	38.1	17.6	122.2	100.4	108.4	78.5	163.9
浙　　江	44.4	12.7	82.9	90.6	104.0	50.1	173.2
安　　徽	27.4	25.1	100.5	92.0	101.2	43.6	131.0
福　　建	24.9	50.8	49.2	85.0	98.1	43.5	125.7
江　　西	29.4	48.4	69.2	78.1	96.6	31.8	129.3
山　　东	46.7	28.0	102.0	98.1	102.6	37.9	106.5
河　　南	29.6	30.2	111.3	98.9	96.5	26.2	114.3
湖　　北	29.9	56.4	38.6	91.9	103.6	31.7	122.0
湖　　南	22.8	57.7	21.9	95.1	101.9	25.7	116.6
广　　东	36.9	67.2	34.6	89.7	94.4	39.2	109.1
广　　西	27.2	63.7	70.7	85.1	98.5	41.7	107.0
海　　南	26.3	58.8	77.2	69.3	87.8	23.9	103.1
重　　庆	23.7	25.7	13.2	91.8	102.0	42.4	122.6
四　　川	25.2	35.3	29.5	94.6	98.2	27.0	116.6
贵　　州	28.0	41.6	13.8	96.9	92.6	20.4	102.7
云　　南	37.7	56.8	27.5	90.9	87.7	32.9	104.7
西　　藏	37.3	61.7	20.0	85.6	83.9	19.5	111.2
陕　　西	27.7	37.8	36.7	94.3	89.9	25.8	104.3
甘　　肃	25.1	37.9	37.6	98.3	90.5	27.1	107.2
青　　海	38.8	40.1	10.8	95.3	97.8	34.0	95.5
宁　　夏	38.3	34.7	58.2	101.4	98.8	35.7	104.5
新　　疆	29.7	33.0	51.5	97.5	102.5	25.8	100.5

2-1-5-10 续表 单位：平均每百户

地 区	空调（台）	热水器（台）	排油烟机（台）	移动电话（部）	计算机（台）	照相机（台）
全 国	**109.3**	**85.0**	**56.4**	**249.1**	**53.4**	**12.6**
北 京	186.8	99.8	91.3	228.3	91.4	42.0
天 津	150.9	96.4	87.0	233.1	70.6	20.7
河 北	105.0	80.9	50.4	236.5	64.0	15.7
山 西	34.4	54.8	47.9	223.8	45.9	8.9
内蒙古	13.6	56.3	55.1	231.3	46.3	11.6
辽 宁	35.8	67.6	66.9	208.8	47.4	15.8
吉 林	11.0	49.4	54.9	234.8	50.2	8.6
黑龙江	8.5	46.1	56.3	215.7	40.9	7.3
上 海	199.9	94.9	81.2	220.1	99.2	32.9
江 苏	193.0	106.1	68.9	247.3	62.6	14.4
浙 江	193.1	101.9	80.9	243.6	72.6	17.3
安 徽	142.0	98.1	54.0	255.8	45.8	8.9
福 建	138.6	104.3	56.1	246.7	59.4	11.0
江 西	107.4	88.0	51.6	266.0	46.3	7.5
山 东	118.5	95.3	68.8	231.4	61.7	18.7
河 南	132.7	81.2	44.3	255.6	46.1	7.0
湖 北	131.0	94.4	55.4	263.1	55.6	10.0
湖 南	122.6	88.5	52.9	279.2	51.1	10.0
广 东	176.1	99.4	65.5	268.2	69.3	15.9
广 西	94.5	87.8	36.8	282.5	48.1	10.1
海 南	109.3	82.8	39.9	275.2	40.7	8.0
重 庆	150.1	87.6	52.5	261.4	45.2	11.3
四 川	91.4	82.4	41.2	252.4	36.0	7.5
贵 州	17.3	70.0	27.8	285.3	29.2	4.3
云 南	4.1	84.0	39.0	267.2	34.4	7.8
西 藏	5.8	23.5	18.0	235.0	18.8	6.1
陕 西	80.6	69.8	43.9	247.0	36.8	10.6
甘 肃	7.4	57.3	46.3	275.3	39.1	10.5
青 海	1.2	55.9	52.1	254.6	35.5	8.6
宁 夏	12.6	98.3	61.3	265.5	48.9	8.8
新 疆	17.5	70.2	53.4	212.5	36.1	8.6

（六）2019年分地区全体居民收支主要数据

2-1-6-1　2019年分地区全体居民可支配收入

单位：元/人

地　区	可支配收入	一、工资性收入	二、经营净收入	三、财产净收入	四、转移净收入
全　国	**30732.8**	**17186.2**	**5247.3**	**2619.1**	**5680.3**
北　京	67755.9	41214.1	1200.6	11257.0	14084.1
天　津	42404.1	27002.3	3095.5	3908.0	8398.4
河　北	25664.7	15535.2	3911.9	1789.8	4427.9
山　西	23828.5	13396.0	3108.6	1306.4	6017.4
内蒙古	30555.0	15922.2	7994.2	1613.8	5024.9
辽　宁	31819.7	16776.0	5319.1	1485.8	8238.8
吉　林	24562.9	13157.6	5266.6	1044.0	5094.7
黑龙江	24253.6	11751.0	5004.2	1112.2	6386.2
上　海	69441.6	40024.7	2208.9	10055.1	17152.9
江　苏	41399.7	23835.7	5636.2	4372.2	7555.6
浙　江	49898.8	28511.0	8498.2	5707.9	7181.7
安　徽	26415.1	13956.5	5967.5	1729.4	4761.7
福　建	35616.1	20679.5	6582.5	3527.6	4826.5
江　西	26262.4	15005.9	4366.6	1735.5	5154.4
山　东	31597.0	18111.3	6812.6	2211.7	4461.3
河　南	23902.7	11962.6	5139.0	1588.7	5212.3
湖　北	28319.5	14046.2	5982.8	1949.2	6341.3
湖　南	27679.7	13917.5	5609.3	2089.2	6063.7
广　东	39014.3	26554.3	5154.7	4776.9	2528.4
广　西	23328.2	11169.6	5777.7	1527.8	4853.1
海　南	26679.5	15580.7	4597.6	2038.5	4462.7
重　庆	28920.4	15474.7	4696.7	1792.4	6956.7
四　川	24703.1	12048.8	5058.1	1593.3	6002.9
贵　州	20397.4	10557.5	4359.7	1471.1	4009.2
云　南	22082.4	10606.0	5332.7	2184.3	3959.5
西　藏	19501.3	10334.1	4953.3	1251.3	2962.6
陕　西	24666.3	13308.7	3256.2	1475.8	6625.6
甘　肃	19139.0	10705.2	3551.7	1139.3	3742.8
青　海	22617.7	13204.1	3305.9	1140.9	4966.7
宁　夏	24411.9	14887.5	4198.0	944.0	4382.4
新　疆	23103.4	12579.1	5308.4	838.8	4377.1

2-1-6-2　2019年分地区全体居民可支配收入构成

单位：%

地　区	可支配收入	一、工资性收入	二、经营净收入	三、财产净收入	四、转移净收入
全　国	**100.0**	**55.9**	**17.1**	**8.5**	**18.5**
北　京	100.0	60.8	1.8	16.6	20.8
天　津	100.0	63.7	7.3	9.2	19.8
河　北	100.0	60.5	15.2	7.0	17.3
山　西	100.0	56.2	13.0	5.5	25.3
内蒙古	100.0	52.1	26.2	5.3	16.4
辽　宁	100.0	52.7	16.7	4.7	25.9
吉　林	100.0	53.6	21.4	4.3	20.7
黑龙江	100.0	48.5	20.6	4.6	26.3
上　海	100.0	57.6	3.2	14.5	24.7
江　苏	100.0	57.6	13.6	10.6	18.3
浙　江	100.0	57.1	17.0	11.4	14.4
安　徽	100.0	52.8	22.6	6.5	18.0
福　建	100.0	58.1	18.5	9.9	13.6
江　西	100.0	57.1	16.6	6.6	19.6
山　东	100.0	57.3	21.6	7.0	14.1
河　南	100.0	50.0	21.5	6.6	21.8
湖　北	100.0	49.6	21.1	6.9	22.4
湖　南	100.0	50.3	20.3	7.5	21.9
广　东	100.0	68.1	13.2	12.2	6.5
广　西	100.0	47.9	24.8	6.5	20.8
海　南	100.0	58.4	17.2	7.6	16.7
重　庆	100.0	53.5	16.2	6.2	24.1
四　川	100.0	48.8	20.5	6.4	24.3
贵　州	100.0	51.8	21.4	7.2	19.7
云　南	100.0	48.0	24.1	9.9	17.9
西　藏	100.0	53.0	25.4	6.4	15.2
陕　西	100.0	54.0	13.2	6.0	26.9
甘　肃	100.0	55.9	18.6	6.0	19.6
青　海	100.0	58.4	14.6	5.0	22.0
宁　夏	100.0	61.0	17.2	3.9	18.0
新　疆	100.0	54.4	23.0	3.6	18.9

2-1-6-3　2019年分地区全体居民现金可支配收入

单位：元/人

地　区	现金可支配收入	一、工资性收入	二、经营净收入	三、财产净收入	四、转移净收入
全　国	**28612.1**	**17096.9**	**5269.7**	**1001.5**	**5244.0**
北　京	56981.9	41179.3	1297.0	2047.4	12458.2
天　津	38437.7	26783.5	3306.2	985.4	7362.6
河　北	24190.0	15507.8	4065.4	429.0	4187.9
山　西	22699.4	13349.1	3163.1	593.9	5593.3
内蒙古	29954.1	15902.4	8474.5	838.8	4738.4
辽　宁	30307.1	16606.9	5518.7	440.9	7740.6
吉　林	23074.8	13130.8	4711.1	409.1	4823.8
黑龙江	23204.7	11702.5	4912.8	565.0	6024.4
上　海	58870.4	39843.2	2306.3	1140.8	15580.1
江　苏	37825.1	23720.4	5687.0	1465.2	6952.5
浙　江	46658.5	28367.6	8862.6	2786.8	6641.4
安　徽	24844.9	13859.5	5966.0	572.4	4447.1
福　建	32775.3	20485.9	6792.1	1006.8	4490.5
江　西	25186.7	14967.1	4569.3	726.4	4923.9
山　东	30299.7	18046.7	7327.6	796.3	4129.0
河　南	22344.9	11926.7	4961.8	630.3	4826.1
湖　北	26510.1	13943.0	6103.9	586.9	5876.4
湖　南	26124.3	13815.6	5462.9	1167.0	5678.8
广　东	36031.2	26351.3	5330.2	2095.4	2254.3
广　西	21679.1	11070.1	5481.8	884.4	4242.8
海　南	24991.3	15510.6	4593.9	759.7	4127.1
重　庆	27089.0	15375.3	4307.1	811.0	6595.6
四　川	23068.4	11957.9	4735.8	844.6	5530.0
贵　州	19560.8	10508.9	4386.8	1016.3	3648.8
云　南	20343.6	10589.0	4809.2	1338.7	3606.7
西　藏	18773.3	10331.6	5081.9	683.6	2676.2
陕　西	23405.9	13267.3	3092.0	836.4	6210.1
甘　肃	17871.9	10690.9	3514.6	258.1	3408.3
青　海	21732.8	13158.9	3532.8	579.5	4461.6
宁　夏	23631.2	14836.2	4448.5	527.7	3818.3
新　疆	21661.5	12514.1	4868.8	324.9	3953.7

2-1-6-4　2019年分地区全体居民现金可支配收入构成

单位：%

地　区	现金可支配收入	一、工资性收入	二、经营净收入	三、财产净收入	四、转移净收入
全　国	**100.0**	**59.8**	**18.4**	**3.5**	**18.3**
北　京	100.0	72.3	2.3	3.6	21.9
天　津	100.0	69.7	8.6	2.6	19.2
河　北	100.0	64.1	16.8	1.8	17.3
山　西	100.0	58.8	13.9	2.6	24.6
内蒙古	100.0	53.1	28.3	2.8	15.8
辽　宁	100.0	54.8	18.2	1.5	25.5
吉　林	100.0	56.9	20.4	1.8	20.9
黑龙江	100.0	50.4	21.2	2.4	26.0
上　海	100.0	67.7	3.9	1.9	26.5
江　苏	100.0	62.7	15.0	3.9	18.4
浙　江	100.0	60.8	19.0	6.0	14.2
安　徽	100.0	55.8	24.0	2.3	17.9
福　建	100.0	62.5	20.7	3.1	13.7
江　西	100.0	59.4	18.1	2.9	19.5
山　东	100.0	59.6	24.2	2.6	13.6
河　南	100.0	53.4	22.2	2.8	21.6
湖　北	100.0	52.6	23.0	2.2	22.2
湖　南	100.0	52.9	20.9	4.5	21.7
广　东	100.0	73.1	14.8	5.8	6.3
广　西	100.0	51.1	25.3	4.1	19.6
海　南	100.0	62.1	18.4	3.0	16.5
重　庆	100.0	56.8	15.9	3.0	24.3
四　川	100.0	51.8	20.5	3.7	24.0
贵　州	100.0	53.7	22.4	5.2	18.7
云　南	100.0	52.1	23.6	6.6	17.7
西　藏	100.0	55.0	27.1	3.6	14.3
陕　西	100.0	56.7	13.2	3.6	26.5
甘　肃	100.0	59.8	19.7	1.4	19.1
青　海	100.0	60.5	16.3	2.7	20.5
宁　夏	100.0	62.8	18.8	2.2	16.2
新　疆	100.0	57.8	22.5	1.5	18.3

2-1-6-5　2019年分地区全体居民消费支出

单位：元/人

地　区	消费支出	一、食品烟酒支出	二、衣着支出	三、居住支出
全　国	**21558.9**	**6084.2**	**1338.1**	**5054.8**
北　京	43038.3	8488.5	2229.5	15751.4
天　津	31853.6	8983.7	1999.5	6946.1
河　北	17987.2	4675.7	1304.8	4301.6
山　西	15862.6	3997.2	1289.9	3331.6
内蒙古	20743.4	5517.3	1765.4	3943.7
辽　宁	22202.8	5956.6	1586.1	4417.0
吉　林	18075.4	4675.4	1406.8	3351.5
黑龙江	18111.5	4781.1	1437.6	3314.2
上　海	45605.1	10952.6	2071.8	15046.4
江　苏	26697.3	6847.0	1573.4	7247.3
浙　江	32025.8	8928.9	1877.1	8403.2
安　徽	19137.4	6080.8	1300.6	4281.3
福　建	25314.3	8095.6	1319.6	6974.9
江　西	17650.5	5215.2	1077.6	4398.8
山　东	20427.5	5416.8	1443.1	4370.1
河　南	16331.8	4186.8	1226.5	3723.1
湖　北	21567.0	5946.8	1422.4	4769.1
湖　南	20478.9	5771.0	1262.2	4306.1
广　东	28994.7	9369.2	1192.2	7329.1
广　西	16418.3	5031.2	648.0	3493.2
海　南	19554.9	7122.3	697.7	4110.4
重　庆	20773.9	6666.7	1491.9	3851.2
四　川	19338.3	6466.8	1213.0	3678.8
贵　州	14780.0	4110.2	984.0	2941.7
云　南	15779.8	4558.4	822.7	3370.6
西　藏	13029.2	4792.5	1446.3	2320.6
陕　西	17464.9	4671.9	1227.5	3625.3
甘　肃	15879.1	4574.0	1125.3	3440.4
青　海	17544.8	5130.9	1359.8	3304.0
宁　夏	18296.8	4605.2	1476.6	3245.1
新　疆	17396.6	5042.7	1472.1	3270.9

2-1-6-5 续表 单位：元/人

地区	四、生活用品及服务支出	五、交通通信支出	六、教育文化娱乐支出	七、医疗保健支出	八、其他用品及服务支出
全国	**1280.9**	**2861.6**	**2513.1**	**1902.3**	**524.0**
北京	2387.3	4979.0	4310.9	3739.7	1151.9
天津	1956.7	4236.4	3584.4	2991.9	1154.9
河北	1170.4	2415.7	1984.1	1699.0	435.8
山西	910.7	1979.7	2136.2	1820.7	396.5
内蒙古	1185.8	3218.4	2407.7	2108.0	597.1
辽宁	1275.3	2848.5	2929.3	2434.2	756.0
吉林	948.3	2518.1	2436.6	2174.0	564.7
黑龙江	844.8	2317.4	2444.9	2457.1	514.4
上海	2122.8	5355.7	5495.1	3204.8	1355.9
江苏	1496.4	3732.2	2946.4	2166.5	688.1
浙江	1715.9	4552.8	3624.0	2122.6	801.3
安徽	1154.3	2286.6	2132.8	1489.9	411.2
福建	1269.7	3019.4	2509.0	1506.8	619.3
江西	1128.6	2104.3	2094.2	1264.5	367.3
山东	1538.9	2991.5	2409.7	1816.5	440.8
河南	1101.5	1976.0	2016.8	1746.1	354.9
湖北	1418.5	2822.2	2459.6	2230.9	497.5
湖南	1226.2	2538.5	3017.4	1961.6	395.8
广东	1560.2	3833.6	3244.4	1770.4	695.5
广西	944.1	2384.7	2007.0	1616.0	294.2
海南	932.7	2578.2	2413.4	1294.0	406.2
重庆	1392.5	2632.8	2312.2	1925.4	501.3
四川	1201.3	2576.4	1813.5	1934.9	453.7
贵州	873.8	2405.6	1865.6	1274.8	324.3
云南	926.6	2439.0	1950.0	1401.4	311.2
西藏	847.7	2015.2	690.3	519.2	397.4
陕西	1151.1	2154.8	2243.4	1977.4	413.3
甘肃	945.3	1972.7	1843.5	1619.3	358.6
青海	953.2	2587.6	1731.8	1995.6	481.8
宁夏	1144.5	3018.1	2352.4	1929.3	525.5
新疆	1159.5	2408.1	1876.1	1725.4	441.7

2-1-6-6 2019年分地区全体居民消费支出构成

单位：%

地　区	消费支出	一、食品烟酒支出	二、衣着支出	三、居住支出
全　国	**100.0**	**28.2**	**6.2**	**23.4**
北　京	100.0	19.7	5.2	36.6
天　津	100.0	28.2	6.3	21.8
河　北	100.0	26.0	7.3	23.9
山　西	100.0	25.2	8.1	21.0
内蒙古	100.0	26.6	8.5	19.0
辽　宁	100.0	26.8	7.1	19.9
吉　林	100.0	25.9	7.8	18.5
黑龙江	100.0	26.4	7.9	18.3
上　海	100.0	24.0	4.5	33.0
江　苏	100.0	25.6	5.9	27.1
浙　江	100.0	27.9	5.9	26.2
安　徽	100.0	31.8	6.8	22.4
福　建	100.0	32.0	5.2	27.6
江　西	100.0	29.5	6.1	24.9
山　东	100.0	26.5	7.1	21.4
河　南	100.0	25.6	7.5	22.8
湖　北	100.0	27.6	6.6	22.1
湖　南	100.0	28.2	6.2	21.0
广　东	100.0	32.3	4.1	25.3
广　西	100.0	30.6	3.9	21.3
海　南	100.0	36.4	3.6	21.0
重　庆	100.0	32.1	7.2	18.5
四　川	100.0	33.4	6.3	19.0
贵　州	100.0	27.8	6.7	19.9
云　南	100.0	28.9	5.2	21.4
西　藏	100.0	36.8	11.1	17.8
陕　西	100.0	26.8	7.0	20.8
甘　肃	100.0	28.8	7.1	21.7
青　海	100.0	29.2	7.8	18.8
宁　夏	100.0	25.2	8.1	17.7
新　疆	100.0	29.0	8.5	18.8

2-1-6-6　续表　　单位：%

地　区	四、生活用品及服务支出	五、交通通信支出	六、教育文化娱乐支出	七、医疗保健支出	八、其他用品及服务支出
全　国	**5.9**	**13.3**	**11.7**	**8.8**	**2.4**
北　京	5.5	11.6	10.0	8.7	2.7
天　津	6.1	13.3	11.3	9.4	3.6
河　北	6.5	13.4	11.0	9.4	2.4
山　西	5.7	12.5	13.5	11.5	2.5
内蒙古	5.7	15.5	11.6	10.2	2.9
辽　宁	5.7	12.8	13.2	11.0	3.4
吉　林	5.2	13.9	13.5	12.0	3.1
黑龙江	4.7	12.8	13.5	13.6	2.8
上　海	4.7	11.7	12.0	7.0	3.0
江　苏	5.6	14.0	11.0	8.1	2.6
浙　江	5.4	14.2	11.3	6.6	2.5
安　徽	6.0	11.9	11.1	7.8	2.1
福　建	5.0	11.9	9.9	6.0	2.4
江　西	6.4	11.9	11.9	7.2	2.1
山　东	7.5	14.6	11.8	8.9	2.2
河　南	6.7	12.1	12.3	10.7	2.2
湖　北	6.6	13.1	11.4	10.3	2.3
湖　南	6.0	12.4	14.7	9.6	1.9
广　东	5.4	13.2	11.2	6.1	2.4
广　西	5.8	14.5	12.2	9.8	1.8
海　南	4.8	13.2	12.3	6.6	2.1
重　庆	6.7	12.7	11.1	9.3	2.4
四　川	6.2	13.3	9.4	10.0	2.3
贵　州	5.9	16.3	12.6	8.6	2.2
云　南	5.9	15.5	12.4	8.9	2.0
西　藏	6.5	15.5	5.3	4.0	3.1
陕　西	6.6	12.3	12.8	11.3	2.4
甘　肃	6.0	12.4	11.6	10.2	2.3
青　海	5.4	14.7	9.9	11.4	2.7
宁　夏	6.3	16.5	12.9	10.5	2.9
新　疆	6.7	13.8	10.8	9.9	2.5

2-1-6-7 2019年分地区全体居民现金消费支出

单位：元/人

地区	现金消费支出	一、食品烟酒支出	二、衣着支出	三、居住支出
全国	**17526.0**	**5798.1**	**1337.6**	**1755.7**
北京	29142.2	8448.1	2229.5	3620.5
天津	26138.7	8794.4	1999.2	2441.2
河北	14942.6	4573.8	1304.6	1600.2
山西	13460.9	3845.8	1289.6	1544.7
内蒙古	18088.5	5220.8	1765.3	1871.7
辽宁	18787.0	5732.1	1585.6	1750.2
吉林	15705.5	4486.2	1406.7	1447.8
黑龙江	15890.0	4637.6	1437.5	1600.3
上海	32258.3	10769.5	2071.6	3465.2
江苏	20789.3	6613.8	1572.7	2205.4
浙江	25247.2	8623.9	1876.1	2483.1
安徽	15499.4	5850.1	1299.6	1252.2
福建	19805.5	7731.7	1319.1	2225.6
江西	14298.0	4969.3	1077.1	1547.0
山东	17083.0	5310.5	1442.6	1474.9
河南	13516.5	4100.1	1226.4	1387.1
湖北	17627.2	5582.6	1421.6	1665.5
湖南	17069.1	5325.0	1261.5	1745.9
广东	23663.0	9065.8	1191.3	2591.5
广西	13242.9	4494.6	647.8	1430.7
海南	16247.8	6842.2	697.6	1399.0
重庆	17344.6	6131.1	1491.0	1361.7
四川	15923.0	5820.3	1212.5	1366.6
贵州	12377.4	3766.8	983.7	1226.1
云南	12381.8	3922.7	822.5	948.6
西藏	10795.2	4478.0	1445.3	686.0
陕西	14888.2	4498.5	1226.8	1623.1
甘肃	13371.5	4321.3	1125.1	1501.1
青海	15154.8	4857.0	1359.3	1740.8
宁夏	15942.9	4418.2	1476.4	1623.7
新疆	15076.1	4691.4	1470.9	1672.5

2-1-6-7 续表

单位：元/人

地　区	四、生活用品及服务支出	五、交通通信支出	六、教育文化娱乐支出	七、医疗保健支出	八、其他用品及服务支出
全　国	**1266.9**	**2857.4**	**2511.7**	**1482.4**	**516.2**
北　京	2383.1	4976.7	4310.8	2027.5	1146.0
天　津	1813.7	4218.7	3583.6	2259.3	1028.6
河　北	1167.6	2412.9	1984.1	1465.0	434.5
山　西	902.1	1979.1	2134.4	1372.9	392.3
内蒙古	1185.1	3218.4	2407.2	1824.6	595.5
辽　宁	1263.5	2834.6	2928.8	1946.4	745.8
吉　林	943.9	2514.0	2436.5	1906.5	564.0
黑龙江	844.3	2316.8	2444.8	2095.0	513.6
上　海	2119.6	5349.7	5489.8	1643.3	1349.7
江　苏	1485.7	3726.2	2945.6	1560.2	679.8
浙　江	1702.3	4549.7	3621.3	1595.2	795.5
安　徽	1145.3	2276.2	2132.3	1137.3	406.4
福　建	1266.2	3014.9	2507.4	1125.0	615.6
江　西	1123.1	2102.7	2089.7	1025.2	363.8
山　东	1505.4	2989.7	2407.8	1515.8	436.3
河　南	1097.1	1974.6	2016.7	1364.9	349.5
湖　北	1416.9	2811.8	2459.6	1781.2	488.0
湖　南	1216.2	2527.4	3016.1	1585.5	391.4
广　东	1542.3	3830.5	3240.4	1514.2	687.1
广　西	876.2	2381.9	2006.2	1122.0	283.3
海　南	931.6	2578.0	2413.3	981.6	404.5
重　庆	1383.2	2630.4	2312.0	1547.4	487.7
四　川	1183.3	2574.2	1813.0	1508.2	445.0
贵　州	865.5	2402.1	1865.2	948.4	319.4
云　南	918.0	2438.8	1950.0	1071.0	310.2
西　藏	844.9	2015.2	689.2	368.2	268.3
陕　西	1137.3	2151.7	2242.2	1602.2	406.3
甘　肃	941.5	1972.3	1838.7	1315.9	355.7
青　海	951.9	2585.5	1731.8	1454.9	473.5
宁　夏	1140.4	3015.2	2352.0	1399.9	517.1
新　疆	1151.7	2406.3	1870.7	1399.3	413.2

2-1-6-8 2019年分地区全体居民现金消费支出构成

单位：%

地区	现金消费支出	一、食品烟酒支出	二、衣着支出	三、居住支出
全国	**100.0**	**33.1**	**7.6**	**10.0**
北京	100.0	29.0	7.7	12.4
天津	100.0	33.6	7.6	9.3
河北	100.0	30.6	8.7	10.7
山西	100.0	28.6	9.6	11.5
内蒙古	100.0	28.9	9.8	10.3
辽宁	100.0	30.5	8.4	9.3
吉林	100.0	28.6	9.0	9.2
黑龙江	100.0	29.2	9.0	10.1
上海	100.0	33.4	6.4	10.7
江苏	100.0	31.8	7.6	10.6
浙江	100.0	34.2	7.4	9.8
安徽	100.0	37.7	8.4	8.1
福建	100.0	39.0	6.7	11.2
江西	100.0	34.8	7.5	10.8
山东	100.0	31.1	8.4	8.6
河南	100.0	30.3	9.1	10.3
湖北	100.0	31.7	8.1	9.4
湖南	100.0	31.2	7.4	10.2
广东	100.0	38.3	5.0	11.0
广西	100.0	33.9	4.9	10.8
海南	100.0	42.1	4.3	8.6
重庆	100.0	35.3	8.6	7.9
四川	100.0	36.6	7.6	8.6
贵州	100.0	30.4	7.9	9.9
云南	100.0	31.7	6.6	7.7
西藏	100.0	41.5	13.4	6.4
陕西	100.0	30.2	8.2	10.9
甘肃	100.0	32.3	8.4	11.2
青海	100.0	32.0	9.0	11.5
宁夏	100.0	27.7	9.3	10.2
新疆	100.0	31.1	9.8	11.1

2-1-6-8 续表

单位：%

地区	四、生活用品及服务支出	五、交通通信支出	六、教育文化娱乐支出	七、医疗保健支出	八、其他用品及服务支出
全国	**7.2**	**16.3**	**14.3**	**8.5**	**2.9**
北京	8.2	17.1	14.8	7.0	3.9
天津	6.9	16.1	13.7	8.6	3.9
河北	7.8	16.1	13.3	9.8	2.9
山西	6.7	14.7	15.9	10.2	2.9
内蒙古	6.6	17.8	13.3	10.1	3.3
辽宁	6.7	15.1	15.6	10.4	4.0
吉林	6.0	16.0	15.5	12.1	3.6
黑龙江	5.3	14.6	15.4	13.2	3.2
上海	6.6	16.6	17.0	5.1	4.2
江苏	7.1	17.9	14.2	7.5	3.3
浙江	6.7	18.0	14.3	6.3	3.2
安徽	7.4	14.7	13.8	7.3	2.6
福建	6.4	15.2	12.7	5.7	3.1
江西	7.9	14.7	14.6	7.2	2.5
山东	8.8	17.5	14.1	8.9	2.6
河南	8.1	14.6	14.9	10.1	2.6
湖北	8.0	16.0	14.0	10.1	2.8
湖南	7.1	14.8	17.7	9.3	2.3
广东	6.5	16.2	13.7	6.4	2.9
广西	6.6	18.0	15.1	8.5	2.1
海南	5.7	15.9	14.9	6.0	2.5
重庆	8.0	15.2	13.3	8.9	2.8
四川	7.4	16.2	11.4	9.5	2.8
贵州	7.0	19.4	15.1	7.7	2.6
云南	7.4	19.7	15.7	8.6	2.5
西藏	7.8	18.7	6.4	3.4	2.5
陕西	7.6	14.5	15.1	10.8	2.7
甘肃	7.0	14.7	13.8	9.8	2.7
青海	6.3	17.1	11.4	9.6	3.1
宁夏	7.2	18.9	14.8	8.8	3.2
新疆	7.6	16.0	12.4	9.3	2.7

2-1-6-9　2019年分地区全体居民家庭主要食品消费量

单位：公斤/人

地　区	粮食(原粮)	谷物	食用油	植物油	蔬菜	肉类	猪肉
全　国	**130.1**	**117.9**	**9.5**	**8.9**	**98.6**	**26.9**	**20.3**
北　京	97.3	86.2	6.9	6.7	114.9	25.7	14.6
天　津	105.2	94.6	8.7	8.6	114.1	24.7	15.0
河　北	143.9	130.5	7.6	7.4	97.7	20.7	13.7
山　西	139.4	121.8	7.4	7.2	93.6	14.7	10.2
内蒙古	169.8	153.3	6.7	6.4	100.3	32.7	19.5
辽　宁	127.9	112.2	9.6	9.4	110.3	25.7	17.9
吉　林	140.6	124.2	10.4	10.2	95.9	23.1	16.7
黑龙江	138.8	124.1	12.5	12.4	96.1	21.5	15.1
上　海	105.3	92.8	8.5	8.2	102.4	29.0	19.8
江　苏	120.3	106.9	9.2	9.0	101.4	25.3	17.8
浙　江	132.9	119.0	11.3	10.8	95.4	28.3	22.0
安　徽	147.3	131.5	8.8	8.1	102.7	27.1	20.6
福　建	120.2	110.8	8.8	7.9	86.4	27.8	22.3
江　西	134.0	123.1	12.9	12.4	96.4	28.2	23.5
山　东	117.6	106.5	8.2	8.1	94.2	21.6	14.6
河　南	132.2	120.1	7.8	7.8	89.3	17.6	12.0
湖　北	117.7	106.0	11.9	11.4	104.9	26.1	20.4
湖　南	144.1	134.2	11.7	9.5	97.9	30.3	25.7
广　东	115.9	106.7	9.0	8.5	109.4	38.7	30.7
广　西	133.6	126.1	8.3	7.3	86.1	29.3	25.0
海　南	99.9	90.5	8.4	7.5	95.9	25.0	20.3
重　庆	138.1	123.7	14.7	12.8	132.4	38.9	33.7
四　川	142.7	129.3	11.3	10.3	122.6	39.4	33.4
贵　州	108.9	97.4	6.6	5.4	73.6	28.6	26.0
云　南	124.0	113.4	6.5	4.9	82.5	32.2	27.7
西　藏	187.6	182.7	16.1	12.1	52.4	27.9	5.7
陕　西	132.2	118.0	10.4	10.0	89.3	15.6	10.9
甘　肃	158.0	144.9	8.5	8.4	83.4	19.5	13.6
青　海	108.1	102.2	9.7	9.2	54.7	24.3	8.7
宁　夏	106.7	99.7	7.6	7.5	88.8	16.3	6.3
新　疆	133.6	130.3	12.6	12.5	88.2	22.4	3.1

2-1-6-9 续表　　单位：公斤/人

地　区			禽类	水产品	蛋类	奶类	干鲜瓜果类	食糖
	牛肉	羊肉						
全　国	**2.2**	**1.2**	**10.8**	**13.6**	**10.7**	**12.5**	**56.4**	**1.3**
北　京	3.6	2.6	6.5	10.1	14.5	28.9	85.5	1.1
天　津	2.8	2.6	6.1	17.4	18.5	17.0	90.1	1.1
河　北	1.5	1.3	5.4	7.4	15.7	14.5	76.2	1.2
山　西	0.7	1.1	2.9	3.0	13.4	16.8	62.4	1.0
内蒙古	3.5	6.4	6.5	6.7	11.0	24.0	69.1	1.3
辽　宁	2.7	1.1	5.6	15.4	13.1	16.0	67.4	1.2
吉　林	2.5	0.6	5.6	9.9	11.1	10.8	63.7	1.4
黑龙江	1.9	1.1	6.0	10.3	12.2	9.8	67.3	1.6
上　海	3.5	1.0	13.1	27.2	12.3	20.8	61.1	1.4
江　苏	2.3	0.8	12.4	19.6	11.3	14.7	45.7	1.0
浙　江	2.7	0.7	11.9	25.9	9.2	13.5	55.6	1.6
安　徽	2.3	0.9	14.7	15.2	12.5	12.0	63.7	1.0
福　建	2.2	0.7	13.0	25.3	9.1	10.7	44.8	1.6
江　西	2.5	0.3	10.6	15.5	7.7	11.0	45.9	1.0
山　东	1.1	1.0	6.5	13.8	17.5	16.9	78.1	0.8
河　南	1.4	1.0	6.9	4.7	14.6	13.1	62.5	1.2
湖　北	2.3	0.6	7.0	17.6	7.6	7.4	43.1	0.7
湖　南	2.2	0.6	13.7	14.8	8.7	6.9	60.6	1.2
广　东	3.1	0.7	25.9	28.6	8.4	8.8	47.2	1.5
广　西	2.0	0.6	24.8	13.4	6.3	5.0	40.6	1.2
海　南	2.4	0.9	24.7	31.6	4.9	4.5	30.9	0.9
重　庆	1.7	0.5	11.9	12.1	10.3	13.3	46.0	2.6
四　川	1.9	0.4	13.2	9.4	9.0	11.6	46.0	1.8
贵　州	1.0	0.2	5.6	2.8	3.7	4.6	35.1	0.7
云　南	2.1	0.4	7.9	4.5	4.5	5.8	34.2	1.2
西　藏	17.5	3.7	1.7	0.6	3.2	11.6	8.8	5.2
陕　西	1.2	1.4	3.5	3.3	8.9	14.5	51.5	1.0
甘　肃	1.5	2.2	5.6	3.1	8.1	15.9	60.5	1.7
青　海	9.0	5.5	3.4	2.0	4.2	18.8	28.0	1.5
宁　夏	4.8	4.1	7.7	3.0	6.2	14.6	79.2	1.4
新　疆	5.0	12.2	5.3	3.2	6.4	21.1	57.8	1.8

2-1-6-10　2019年分地区全体居民年末主要耐用消费品拥有量

单位：平均每百户

地　区	家用汽车（辆）	摩托车（辆）	电动助力车（辆）	洗衣机（台）	电冰箱(柜)（台）	微波炉（台）	彩色电视机（台）
全　国	**35.3**	**34.2**	**63.9**	**96.0**	**100.9**	**40.1**	**120.6**
北　京	54.0	3.7	27.1	101.1	104.4	77.3	126.5
天　津	54.6	4.0	50.3	100.3	104.4	69.8	112.0
河　北	45.9	24.6	100.6	101.2	99.5	35.7	111.5
山　西	27.0	25.1	56.4	94.5	88.2	25.4	103.2
内蒙古	41.9	30.7	48.4	97.6	106.4	30.1	104.6
辽　宁	28.2	22.0	27.7	94.1	101.0	43.8	106.3
吉　林	31.2	29.0	15.3	95.4	98.4	32.3	102.3
黑龙江	22.1	20.3	17.0	95.6	98.9	23.6	100.8
上　海	38.6	2.8	70.7	94.9	101.6	86.2	177.0
江　苏	39.9	14.9	131.3	101.9	109.0	80.7	165.7
浙　江	44.9	11.6	87.8	92.9	105.6	52.6	175.5
安　徽	29.9	22.0	107.4	94.8	103.1	45.2	135.4
福　建	27.5	51.6	59.3	90.5	102.2	48.0	131.3
江　西	31.1	44.8	73.0	81.4	98.5	33.8	128.3
山　东	51.7	25.3	108.2	98.5	104.0	39.0	106.9
河　南	30.7	28.2	117.8	99.8	98.0	28.4	115.2
湖　北	31.3	56.9	40.3	93.4	105.7	31.8	122.2
湖　南	25.6	57.2	25.2	97.2	103.8	26.5	117.6
广　东	41.3	66.4	39.7	92.6	97.6	41.1	110.2
广　西	30.9	63.8	79.9	91.4	102.6	46.0	110.0
海　南	28.9	50.8	96.8	74.3	92.4	21.2	103.6
重　庆	27.0	23.7	15.7	94.3	104.0	44.9	124.8
四　川	28.2	34.5	32.6	97.9	102.0	29.1	119.7
贵　州	31.4	41.5	18.0	99.6	96.7	21.7	104.8
云　南	39.6	59.5	31.5	95.6	92.6	34.2	105.4
西　藏	39.5	61.9	21.5	87.1	87.1	18.5	114.2
陕　西	28.8	35.4	39.3	96.6	91.8	25.7	104.7
甘　肃	24.8	39.0	32.9	97.0	90.6	29.2	106.7
青　海	44.7	36.4	12.5	98.5	102.8	38.2	99.1
宁　夏	39.8	30.4	61.6	102.7	100.5	40.2	105.3
新　疆	31.2	25.1	61.1	99.4	106.6	24.9	103.6

2-1-6-10 续表 单位：平均每百户

地 区	空调（台）	热水器（台）	排油烟机（台）	移动电话（部）	计算机（台）	照相机（台）
全 国	**115.6**	**86.9**	**59.3**	**253.2**	**53.2**	**12.2**
北 京	191.5	100.0	93.0	232.7	91.8	42.6
天 津	161.0	96.1	89.8	235.7	68.6	19.3
河 北	108.9	81.3	57.9	240.5	52.5	9.6
山 西	36.4	57.1	50.5	227.9	45.1	8.9
内蒙古	14.1	57.5	56.0	234.4	45.7	11.7
辽 宁	43.6	69.0	67.3	211.6	46.9	15.3
吉 林	13.8	51.4	56.8	236.7	49.5	8.8
黑龙江	8.8	48.8	57.1	228.1	40.3	7.4
上 海	207.1	96.9	83.3	224.5	104.7	34.0
江 苏	199.3	105.9	70.4	251.1	62.2	13.7
浙 江	195.8	104.0	83.1	245.0	72.3	17.6
安 徽	152.3	97.4	57.6	261.4	45.6	9.1
福 建	155.5	110.2	61.5	259.7	61.2	11.6
江 西	114.4	92.4	57.6	263.4	46.9	8.8
山 东	125.5	93.7	70.8	234.0	63.0	17.1
河 南	140.6	82.7	46.6	261.0	46.5	7.0
湖 北	133.9	96.3	58.1	265.4	55.7	10.1
湖 南	128.9	91.2	56.7	280.3	51.3	9.8
广 东	187.8	101.5	68.3	270.6	72.6	16.3
广 西	106.9	94.7	41.0	283.6	48.7	9.3
海 南	127.2	87.5	42.8	286.2	43.3	7.3
重 庆	160.7	91.1	55.7	265.1	46.2	11.1
四 川	103.8	87.3	45.6	257.6	37.1	7.9
贵 州	19.2	76.7	31.7	294.1	31.9	4.5
云 南	4.5	86.8	40.8	278.2	33.5	8.4
西 藏	5.5	24.9	17.4	240.5	21.5	6.1
陕 西	84.4	69.3	45.7	248.5	37.3	10.2
甘 肃	8.6	57.6	45.1	274.8	38.0	9.7
青 海	1.0	59.4	55.5	261.5	36.1	8.8
宁 夏	13.7	99.9	64.9	270.7	51.3	9.3
新 疆	19.5	79.6	61.7	225.2	34.8	9.1

二、城镇居民数据

(一)2014年分地区城镇居民收支主要数据

2-2-1-1　2014年分地区城镇居民可支配收入

单位：元/人

地　区	可支配收入	一、工资性收入	二、经营净收入	三、财产净收入	四、转移净收入
全　国	**28843.9**	**17936.8**	**3279.0**	**2812.1**	**4815.9**
北　京	48531.8	29652.9	1388.7	7976.7	9513.5
天　津	31506.0	18796.9	2442.2	3230.2	7036.8
河　北	24141.3	15275.9	1806.8	2222.4	4836.3
山　西	24069.4	15623.7	2701.1	1727.1	4017.4
内蒙古	28349.6	17406.2	4538.8	1802.1	4602.6
辽　宁	29081.7	16239.6	3421.9	2147.7	7272.5
吉　林	23217.8	13658.2	2628.5	1238.0	5693.1
黑龙江	22609.0	13741.3	2421.0	1318.2	5128.5
上　海	48841.4	30212.1	1369.0	7179.4	10080.9
江　苏	34346.3	20720.1	4063.5	3373.5	6189.2
浙　江	40392.7	23317.3	6379.4	5358.3	5337.7
安　徽	24838.5	15515.0	3881.7	1787.7	3654.1
福　建	30722.4	19197.2	4246.8	3648.6	3629.8
江　西	24309.2	15623.1	1961.4	2489.7	4235.0
山　东	29221.9	18866.2	4035.7	2271.2	4048.9
河　南	23672.1	14510.8	3264.4	1861.7	4035.2
湖　北	24852.3	14215.3	3515.1	1922.4	5199.4
湖　南	26570.2	14661.7	3566.7	2628.6	5713.1
广　东	32148.1	24315.6	3547.4	3376.8	908.3
广　西	24669.0	13892.7	3431.3	2235.0	5110.0
海　南	24486.5	15654.2	3166.6	2252.2	3413.5
重　庆	25147.2	15020.2	2658.3	2026.0	5442.7
四　川	24234.4	14262.4	2903.8	1891.2	5177.0
贵　州	22548.2	13147.5	3172.5	1746.6	4481.6
云　南	24299.0	13530.9	2911.9	3642.2	4214.1
西　藏	22015.8	17404.6	631.1	1537.8	2442.3
陕　西	24365.8	14925.9	2030.6	2018.8	5390.4
甘　肃	21803.9	13999.9	1670.0	2109.5	4024.5
青　海	22306.6	15283.5	1699.4	1159.6	4164.1
宁　夏	23284.6	15735.6	2685.1	1023.9	3840.0
新　疆	23214.0	15404.3	2491.4	1240.2	4078.1

2-2-1-2 2014年分地区城镇居民可支配收入构成

单位：%

地　区	可支配收入	一、工资性收入	二、经营净收入	三、财产净收入	四、转移净收入
全　国	**100.0**	**62.2**	**11.4**	**9.7**	**16.7**
北　京	100.0	61.1	2.9	16.4	19.6
天　津	100.0	59.7	7.8	10.3	22.3
河　北	100.0	63.3	7.5	9.2	20.0
山　西	100.0	64.9	11.2	7.2	16.7
内蒙古	100.0	61.4	16.0	6.4	16.2
辽　宁	100.0	55.8	11.8	7.4	25.0
吉　林	100.0	58.8	11.3	5.3	24.5
黑龙江	100.0	60.8	10.7	5.8	22.7
上　海	100.0	61.9	2.8	14.7	20.6
江　苏	100.0	60.3	11.8	9.8	18.0
浙　江	100.0	57.7	15.8	13.3	13.2
安　徽	100.0	62.5	15.6	7.2	14.7
福　建	100.0	62.5	13.8	11.9	11.8
江　西	100.0	64.3	8.1	10.2	17.4
山　东	100.0	64.6	13.8	7.8	13.9
河　南	100.0	61.3	13.8	7.9	17.0
湖　北	100.0	57.2	14.1	7.7	20.9
湖　南	100.0	55.2	13.4	9.9	21.5
广　东	100.0	75.6	11.0	10.5	2.8
广　西	100.0	56.3	13.9	9.1	20.7
海　南	100.0	63.9	12.9	9.2	13.9
重　庆	100.0	59.7	10.6	8.1	21.6
四　川	100.0	58.9	12.0	7.8	21.4
贵　州	100.0	58.3	14.1	7.7	19.9
云　南	100.0	55.7	12.0	15.0	17.3
西　藏	100.0	79.1	2.9	7.0	11.1
陕　西	100.0	61.3	8.3	8.3	22.1
甘　肃	100.0	64.2	7.7	9.7	18.5
青　海	100.0	68.5	7.6	5.2	18.7
宁　夏	100.0	67.6	11.5	4.4	16.5
新　疆	100.0	66.4	10.7	5.3	17.6

2-2-1-3　2014年分地区城镇居民现金可支配收入

单位：元/人

地　区	现金可支配收入	一、工资性收入	二、经营净收入	三、财产净收入	四、转移净收入
全　国	**26860.2**	**17821.3**	**3528.0**	**977.8**	**4533.1**
北　京	41405.7	29542.4	1556.8	1162.9	9143.6
天　津	28891.7	18528.4	2726.9	1006.2	6630.2
河　北	22555.7	15248.1	1974.6	668.5	4664.4
山　西	22957.7	15563.9	2833.2	844.8	3715.8
内蒙古	27575.1	17395.8	4995.5	748.4	4435.5
辽　宁	26977.0	15974.7	3690.5	532.7	6779.0
吉　林	22332.1	13576.1	2890.6	319.4	5546.1
黑龙江	21821.6	13716.1	2849.1	316.9	4939.5
上　海	40769.6	29920.2	1430.3	426.3	8992.9
江　苏	31584.8	20598.8	4371.8	989.1	5625.1
浙　江	37345.8	23170.9	7215.7	2053.5	4905.7
安　徽	23457.8	15430.2	4107.1	525.9	3394.7
福　建	28303.1	19068.7	4533.3	1340.0	3361.1
江　西	22826.1	15586.2	2090.1	1037.2	4112.6
山　东	27743.2	18814.8	4244.6	730.1	3953.6
河　南	22544.0	14468.5	3379.2	861.5	3834.8
湖　北	23247.0	14055.3	3766.4	493.5	4931.8
湖　南	25373.6	14580.1	3845.2	1427.7	5520.5
广　东	30197.3	24011.7	3799.4	1645.0	741.2
广　西	23434.6	13839.2	3594.7	1065.3	4935.4
海　南	22660.9	15593.8	3251.0	783.2	3032.9
重　庆	23602.3	14963.5	2791.0	689.7	5158.1
四　川	22854.3	14169.3	3006.5	752.9	4925.6
贵　州	21718.6	13113.6	3540.4	711.2	4353.4
云　南	22926.3	13513.7	3049.6	2323.9	4039.1
西　藏	20853.3	17396.2	650.2	417.8	2389.0
陕　西	23160.6	14836.3	2156.9	1102.2	5065.2
甘　肃	20637.6	13975.4	1901.5	838.4	3922.3
青　海	21284.9	15262.2	2065.7	296.7	3660.2
宁　夏	22181.3	15683.1	2857.5	102.8	3537.9
新　疆	22119.2	15365.8	2678.3	174.7	3900.4

2-2-1-4 2014年分地区城镇居民现金可支配收入构成

单位：%

地区	现金可支配收入	一、工资性收入	二、经营净收入	三、财产净收入	四、转移净收入
全国	**100.0**	**66.3**	**13.1**	**3.6**	**16.9**
北京	100.0	71.3	3.8	2.8	22.1
天津	100.0	64.1	9.4	3.5	22.9
河北	100.0	67.6	8.8	3.0	20.7
山西	100.0	67.8	12.3	3.7	16.2
内蒙古	100.0	63.1	18.1	2.7	16.1
辽宁	100.0	59.2	13.7	2.0	25.1
吉林	100.0	60.8	12.9	1.4	24.8
黑龙江	100.0	62.9	13.1	1.5	22.6
上海	100.0	73.4	3.5	1.0	22.1
江苏	100.0	65.2	13.8	3.1	17.8
浙江	100.0	62.0	19.3	5.5	13.1
安徽	100.0	65.8	17.5	2.2	14.5
福建	100.0	67.4	16.0	4.7	11.9
江西	100.0	68.3	9.2	4.5	18.0
山东	100.0	67.8	15.3	2.6	14.3
河南	100.0	64.2	15.0	3.8	17.0
湖北	100.0	60.5	16.2	2.1	21.2
湖南	100.0	57.5	15.2	5.6	21.8
广东	100.0	79.5	12.6	5.4	2.5
广西	100.0	59.1	15.3	4.5	21.1
海南	100.0	68.8	14.3	3.5	13.4
重庆	100.0	63.4	11.8	2.9	21.9
四川	100.0	62.0	13.2	3.3	21.6
贵州	100.0	60.4	16.3	3.3	20.0
云南	100.0	58.9	13.3	10.1	17.6
西藏	100.0	83.4	3.1	2.0	11.5
陕西	100.0	64.1	9.3	4.8	21.9
甘肃	100.0	67.7	9.2	4.1	19.0
青海	100.0	71.7	9.7	1.4	17.2
宁夏	100.0	70.7	12.9	0.5	15.9
新疆	100.0	69.5	12.1	0.8	17.6

2-2-1-5 2014年分地区城镇居民消费支出

单位：元/人

地区	消费支出	一、食品烟酒支出	二、衣着支出	三、居住支出
全国	**19968.1**	**6000.0**	**1627.2**	**4489.6**
北京	33717.5	8007.4	2587.4	10308.4
天津	24289.6	8069.5	2050.8	5251.4
河北	16203.8	4240.8	1424.4	3735.8
山西	14636.9	3804.0	1616.0	2898.8
内蒙古	20885.2	6003.2	2394.6	3619.3
辽宁	20519.6	5816.9	1987.2	4428.2
吉林	17156.1	4478.5	1800.6	3330.8
黑龙江	16466.6	4532.1	1813.4	3503.8
上海	35182.4	9438.6	1700.4	11621.7
江苏	23476.3	6695.8	1753.0	5101.5
浙江	27241.7	7705.0	1997.7	6901.9
安徽	16107.1	5360.3	1333.7	3542.4
福建	22204.1	7368.7	1461.0	5434.7
江西	15141.8	4965.6	1394.7	3377.1
山东	18322.6	5298.1	1801.3	4015.6
河南	16184.5	4662.5	1823.4	3136.0
湖北	16681.4	5390.6	1463.9	3575.1
湖南	18334.7	5596.0	1442.1	3567.6
广东	23611.7	7850.2	1344.7	5291.5
广西	15045.4	5293.7	794.6	3389.7
海南	17513.8	6655.3	829.9	3697.8
重庆	18279.5	6308.4	1878.1	3520.8
四川	17759.9	6203.8	1539.4	3186.1
贵州	15254.6	4809.6	1245.9	2942.5
云南	16268.3	4987.4	1066.6	3469.6
西藏	15669.4	6166.6	1656.2	3397.6
陕西	17546.0	4800.2	1470.4	3620.4
甘肃	15942.3	4964.2	1654.2	3537.7
青海	17492.9	5228.5	1754.2	3446.5
宁夏	17216.2	4795.3	1729.0	3027.6
新疆	17684.5	5529.7	1912.4	3262.8

2-2-1-5 续表 单位：元/人

地　区	四、生活用品及服务支出	五、交通通信支出	六、教育文化娱乐支出	七、医疗保健支出	八、其他用品及服务支出
全　国	**1233.2**	**2637.3**	**2142.3**	**1305.6**	**532.9**
北　京	2206.6	3857.2	3610.9	2044.4	1095.2
天　津	1387.1	3114.0	2013.0	1721.3	682.6
河　北	1081.6	2448.4	1591.9	1304.5	376.5
山　西	887.9	1709.8	2026.5	1240.9	452.9
内蒙古	1436.6	3095.3	2177.8	1470.8	687.7
辽　宁	1234.8	2434.3	2275.9	1630.8	711.4
吉　林	971.6	2232.2	1980.8	1838.4	523.2
黑龙江	912.7	2054.2	1723.2	1457.6	469.6
上　海	1629.4	3801.5	3605.0	2327.6	1058.3
江　苏	1335.2	3504.0	2838.8	1616.7	631.3
浙　江	1333.7	4493.9	2642.9	1527.0	639.7
安　徽	922.9	1924.9	1650.9	976.5	395.4
福　建	1302.0	2737.8	2170.0	1059.0	670.9
江　西	991.2	1627.7	1653.8	760.7	370.9
山　东	1430.7	2376.6	1769.8	1188.0	442.4
河　南	1389.3	1735.0	1721.9	1204.1	512.3
湖　北	1024.7	1802.3	1894.8	1187.8	342.1
湖　南	1098.6	2462.1	2537.5	1209.8	421.0
广　东	1365.1	3625.4	2468.4	988.3	678.1
广　西	904.5	1845.9	1688.9	845.9	282.1
海　南	957.7	2156.2	1912.8	960.3	343.8
重　庆	1292.6	2009.7	1713.6	1187.7	368.6
四　川	1210.6	2168.8	1672.4	1283.6	495.2
贵　州	1090.5	1873.1	2071.3	927.4	294.3
云　南	916.5	2608.3	1816.5	1115.2	288.2
西　藏	891.1	1730.1	727.3	552.5	547.9
陕　西	1176.0	2447.1	2147.5	1495.9	388.5
甘　肃	1089.5	1628.7	1644.3	1048.2	375.3
青　海	1008.7	2235.2	2056.4	1213.0	550.4
宁　夏	1094.9	2552.8	1957.5	1616.9	442.3
新　疆	1087.6	2406.7	1741.0	1310.9	433.5

2-2-1-6 2014年分地区城镇居民消费支出构成

单位: %

地区	消费支出	一、食品烟酒支出	二、衣着支出	三、居住支出
全国	**100.0**	**30.0**	**8.1**	**22.5**
北京	100.0	23.7	7.7	30.6
天津	100.0	33.2	8.4	21.6
河北	100.0	26.2	8.8	23.1
山西	100.0	26.0	11.0	19.8
内蒙古	100.0	28.7	11.5	17.3
辽宁	100.0	28.3	9.7	21.6
吉林	100.0	26.1	10.5	19.4
黑龙江	100.0	27.5	11.0	21.3
上海	100.0	26.8	4.8	33.0
江苏	100.0	28.5	7.5	21.7
浙江	100.0	28.3	7.3	25.3
安徽	100.0	33.3	8.3	22.0
福建	100.0	33.2	6.6	24.5
江西	100.0	32.8	9.2	22.3
山东	100.0	28.9	9.8	21.9
河南	100.0	28.8	11.3	19.4
湖北	100.0	32.3	8.8	21.4
湖南	100.0	30.5	7.9	19.5
广东	100.0	33.2	5.7	22.4
广西	100.0	35.2	5.3	22.5
海南	100.0	38.0	4.7	21.1
重庆	100.0	34.5	10.3	19.3
四川	100.0	34.9	8.7	17.9
贵州	100.0	31.5	8.2	19.3
云南	100.0	30.7	6.6	21.3
西藏	100.0	39.4	10.6	21.7
陕西	100.0	27.4	8.4	20.6
甘肃	100.0	31.1	10.4	22.2
青海	100.0	29.9	10.0	19.7
宁夏	100.0	27.9	10.0	17.6
新疆	100.0	31.3	10.8	18.4

2-2-1-6 续表 单位：%

地 区	四、生活用品及服务支出	五、交通通信支出	六、教育文化娱乐支出	七、医疗保健支出	八、其他用品及服务支出
全 国	**6.2**	**13.2**	**10.7**	**6.5**	**2.7**
北 京	6.5	11.4	10.7	6.1	3.2
天 津	5.7	12.8	8.3	7.1	2.8
河 北	6.7	15.1	9.8	8.1	2.3
山 西	6.1	11.7	13.8	8.5	3.1
内 蒙 古	6.9	14.8	10.4	7.0	3.3
辽 宁	6.0	11.9	11.1	7.9	3.5
吉 林	5.7	13.0	11.5	10.7	3.0
黑 龙 江	5.5	12.5	10.5	8.9	2.9
上 海	4.6	10.8	10.2	6.6	3.0
江 苏	5.7	14.9	12.1	6.9	2.7
浙 江	4.9	16.5	9.7	5.6	2.3
安 徽	5.7	12.0	10.2	6.1	2.5
福 建	5.9	12.3	9.8	4.8	3.0
江 西	6.5	10.7	10.9	5.0	2.4
山 东	7.8	13.0	9.7	6.5	2.4
河 南	8.6	10.7	10.6	7.4	3.2
湖 北	6.1	10.8	11.4	7.1	2.1
湖 南	6.0	13.4	13.8	6.6	2.3
广 东	5.8	15.4	10.5	4.2	2.9
广 西	6.0	12.3	11.2	5.6	1.9
海 南	5.5	12.3	10.9	5.5	2.0
重 庆	7.1	11.0	9.4	6.5	2.0
四 川	6.8	12.2	9.4	7.2	2.8
贵 州	7.1	12.3	13.6	6.1	1.9
云 南	5.6	16.0	11.2	6.9	1.8
西 藏	5.7	11.0	4.6	3.5	3.5
陕 西	6.7	13.9	12.2	8.5	2.2
甘 肃	6.8	10.2	10.3	6.6	2.4
青 海	5.8	12.8	11.8	6.9	3.1
宁 夏	6.4	14.8	11.4	9.4	2.6
新 疆	6.1	13.6	9.8	7.4	2.5

2-2-1-7　2014年分地区城镇居民现金消费支出

单位：元/人

地　区	现金消费支出	一、食品烟酒支出	二、衣着支出	三、居住支出
全　国	**16690.6**	**5874.9**	**1626.6**	**1625.6**
北　京	25074.5	7919.2	2586.1	2123.4
天　津	20222.1	7868.5	2050.6	1820.2
河　北	13650.7	4207.9	1424.2	1390.3
山　西	12706.8	3718.2	1613.7	1334.9
内蒙古	18837.1	5975.5	2394.3	1766.7
辽　宁	17155.8	5596.5	1986.6	1802.5
吉　林	15282.8	4402.4	1800.5	1689.5
黑龙江	14516.1	4506.1	1811.0	1770.5
上　海	24725.3	9197.1	1699.3	2535.1
江　苏	19080.3	6536.9	1752.4	1435.5
浙　江	21634.8	7556.4	1997.1	1896.2
安　徽	13531.5	5244.5	1333.2	1346.6
福　建	18376.8	7233.0	1460.5	2019.9
江　西	12775.7	4903.9	1394.5	1196.0
山　东	15627.9	5219.5	1799.8	1489.6
河　南	14167.6	4616.6	1823.3	1374.5
湖　北	13988.8	5251.2	1463.4	1294.4
湖　南	16017.4	5488.8	1441.7	1555.4
广　东	20188.1	7612.3	1344.1	2277.8
广　西	12697.6	5144.3	794.2	1367.0
海　南	14782.4	6528.1	829.4	1412.1
重　庆	15531.8	6179.9	1877.6	1196.1
四　川	15362.0	6008.1	1538.7	1237.4
贵　州	13312.0	4730.2	1245.9	1209.0
云　南	13635.8	4884.7	1066.3	1114.6
西　藏	13293.3	6158.2	1656.2	1083.3
陕　西	15439.4	4719.1	1470.2	1922.0
甘　肃	13804.5	4921.2	1654.2	1542.8
青　海	15391.9	5198.4	1754.1	1881.8
宁　夏	15146.3	4746.1	1728.7	1318.1
新　疆	15673.8	5493.2	1912.4	1462.9

2-2-1-7 续表

单位：元/人

地区	四、生活用品及服务支出	五、交通通信支出	六、教育文化娱乐支出	七、医疗保健支出	八、其他用品及服务支出
全　国	**1225.6**	**2631.5**	**2140.7**	**1038.5**	**527.1**
北　京	2191.9	3853.1	3610.0	1700.1	1090.8
天　津	1385.4	3067.8	2010.9	1354.1	664.6
河　北	1078.7	2442.7	1591.8	1140.8	373.8
山　西	879.3	1708.8	2026.3	978.9	446.7
内蒙古	1435.6	3095.3	2177.2	1309.0	683.7
辽　宁	1222.8	2415.0	2274.8	1164.4	693.3
吉　林	968.1	2223.1	1980.8	1695.3	523.0
黑龙江	912.2	2052.4	1722.9	1274.0	467.0
上　海	1624.0	3779.4	3589.9	1248.0	1052.6
江　苏	1321.6	3497.5	2837.7	1072.1	626.5
浙　江	1308.5	4487.9	2641.7	1117.4	629.6
安　徽	919.5	1922.7	1647.8	725.8	391.4
福　建	1297.5	2733.7	2168.3	801.7	662.2
江　西	990.3	1627.4	1653.6	640.6	369.5
山　东	1425.9	2375.9	1768.9	1111.0	437.3
河　南	1388.6	1733.0	1721.6	997.9	512.0
湖　北	1020.8	1800.3	1893.2	930.1	335.4
湖　南	1094.4	2455.7	2537.5	1025.1	418.9
广　东	1350.5	3617.4	2464.4	854.8	666.8
广　西	899.8	1844.2	1688.4	683.2	276.4
海　南	917.1	2156.1	1912.2	688.2	339.3
重　庆	1289.9	2008.9	1713.5	904.1	361.9
四　川	1204.3	2163.0	1671.4	1047.2	491.9
贵　州	1088.9	1871.4	2071.2	803.4	291.9
云　南	909.7	2606.7	1816.3	953.6	283.9
西　藏	891.0	1730.1	727.3	499.3	547.9
陕　西	1169.1	2443.1	2146.9	1184.6	384.4
甘　肃	1087.0	1627.1	1644.2	954.8	373.3
青　海	959.5	2235.2	2055.8	759.1	548.0
宁　夏	1084.6	2545.1	1957.1	1331.5	435.1
新　疆	1085.3	2406.7	1740.0	1142.4	431.0

2-2-1-8　2014年分地区城镇居民现金消费支出构成

单位：%

地　　区	现金消费支出	一、食品烟酒支出	二、衣着支出	三、居住支出
全　　国	**100.0**	**35.2**	**9.7**	**9.7**
北　　京	100.0	31.6	10.3	8.5
天　　津	100.0	38.9	10.1	9.0
河　　北	100.0	30.8	10.4	10.2
山　　西	100.0	29.3	12.7	10.5
内 蒙 古	100.0	31.7	12.7	9.4
辽　　宁	100.0	32.6	11.6	10.5
吉　　林	100.0	28.8	11.8	11.1
黑 龙 江	100.0	31.0	12.5	12.2
上　　海	100.0	37.2	6.9	10.3
江　　苏	100.0	34.3	9.2	7.5
浙　　江	100.0	34.9	9.2	8.8
安　　徽	100.0	38.8	9.9	10.0
福　　建	100.0	39.4	7.9	11.0
江　　西	100.0	38.4	10.9	9.4
山　　东	100.0	33.4	11.5	9.5
河　　南	100.0	32.6	12.9	9.7
湖　　北	100.0	37.5	10.5	9.3
湖　　南	100.0	34.3	9.0	9.7
广　　东	100.0	37.7	6.7	11.3
广　　西	100.0	40.5	6.3	10.8
海　　南	100.0	44.2	5.6	9.6
重　　庆	100.0	39.8	12.1	7.7
四　　川	100.0	39.1	10.0	8.1
贵　　州	100.0	35.5	9.4	9.1
云　　南	100.0	35.8	7.8	8.2
西　　藏	100.0	46.3	12.5	8.1
陕　　西	100.0	30.6	9.5	12.4
甘　　肃	100.0	35.6	12.0	11.2
青　　海	100.0	33.8	11.4	12.2
宁　　夏	100.0	31.3	11.4	8.7
新　　疆	100.0	35.0	12.2	9.3

2-2-1-8 续表 单位：%

地 区	四、生活用品及服务支出	五、交通通信支出	六、教育文化娱乐支出	七、医疗保健支出	八、其他用品及服务支出
全 国	**7.3**	**15.8**	**12.8**	**6.2**	**3.2**
北 京	8.7	15.4	14.4	6.8	4.4
天 津	6.9	15.2	9.9	6.7	3.3
河 北	7.9	17.9	11.7	8.4	2.7
山 西	6.9	13.4	15.9	7.7	3.5
内蒙古	7.6	16.4	11.6	6.9	3.6
辽 宁	7.1	14.1	13.3	6.8	4.0
吉 林	6.3	14.5	13.0	11.1	3.4
黑龙江	6.3	14.1	11.9	8.8	3.2
上 海	6.6	15.3	14.5	5.0	4.3
江 苏	6.9	18.3	14.9	5.6	3.3
浙 江	6.0	20.7	12.2	5.2	2.9
安 徽	6.8	14.2	12.2	5.4	2.9
福 建	7.1	14.9	11.8	4.4	3.6
江 西	7.8	12.7	12.9	5.0	2.9
山 东	9.1	15.2	11.3	7.1	2.8
河 南	9.8	12.2	12.2	7.0	3.6
湖 北	7.3	12.9	13.5	6.6	2.4
湖 南	6.8	15.3	15.8	6.4	2.6
广 东	6.7	17.9	12.2	4.2	3.3
广 西	7.1	14.5	13.3	5.4	2.2
海 南	6.2	14.6	12.9	4.7	2.3
重 庆	8.3	12.9	11.0	5.8	2.3
四 川	7.8	14.1	10.9	6.8	3.2
贵 州	8.2	14.1	15.6	6.0	2.2
云 南	6.7	19.1	13.3	7.0	2.1
西 藏	6.7	13.0	5.5	3.8	4.1
陕 西	7.6	15.8	13.9	7.7	2.5
甘 肃	7.9	11.8	11.9	6.9	2.7
青 海	6.2	14.5	13.4	4.9	3.6
宁 夏	7.2	16.8	12.9	8.8	2.9
新 疆	6.9	15.4	11.1	7.3	2.7

(二)2015年分地区城镇居民收支主要数据

2-2-2-1 2015年分地区城镇居民可支配收入

单位：元/人

地 区	可支配收入	一、工资性收入	二、经营净收入	三、财产净收入	四、转移净收入
全 国	**31194.8**	**19337.1**	**3476.1**	**3041.9**	**5339.7**
北 京	52859.2	32568.0	1336.5	8492.3	10462.4
天 津	34101.3	21060.4	2457.9	3400.3	7182.8
河 北	26152.2	16705.3	1828.6	2322.6	5295.6
山 西	25827.7	16561.8	2789.8	1788.6	4687.5
内蒙古	30594.1	18989.3	4801.1	1869.7	4934.0
辽 宁	31125.7	17126.7	3611.9	2149.3	8237.8
吉 林	24900.9	14791.8	2655.4	1368.5	6085.1
黑龙江	24202.6	14371.8	2526.7	1340.8	5963.3
上 海	52961.9	32010.0	1302.6	7915.4	11734.0
江 苏	37173.5	22460.5	4133.7	3681.8	6897.5
浙 江	43714.5	24947.7	6645.6	6048.3	6072.8
安 徽	26935.8	16928.7	4172.2	1881.9	3952.9
福 建	33275.3	20714.3	4571.5	3822.2	4167.4
江 西	26500.1	16834.9	2108.1	2591.8	4965.4
山 东	31545.3	20386.1	4375.2	2475.5	4308.5
河 南	25575.6	15624.3	3539.4	1990.3	4421.5
湖 北	27051.5	15571.6	3792.2	1985.3	5702.4
湖 南	28838.1	15902.8	3993.6	2801.0	6140.8
广 东	34757.2	26136.9	3823.2	3799.5	997.6
广 西	26415.9	15163.1	3665.1	2307.9	5279.9
海 南	26356.4	17214.9	2927.4	2198.7	4015.5
重 庆	27238.8	15936.2	2974.1	2174.7	6153.9
四 川	26205.3	15242.3	3054.4	2169.0	5739.7
贵 州	24579.6	14166.2	3729.8	1868.1	4815.6
云 南	26373.2	14659.0	3173.8	4036.1	4504.3
西 藏	25456.6	20560.5	728.1	1657.3	2510.8
陕 西	26420.2	15742.5	2139.6	2273.9	6264.3
甘 肃	23767.1	15189.3	1805.1	2294.5	4478.1
青 海	24542.3	16899.2	1765.3	1330.8	4547.1
宁 夏	25186.0	16884.7	2699.6	1081.5	4520.3
新 疆	26274.7	17943.3	2693.2	1267.8	4370.4

2-2-2-2　2015年分地区城镇居民可支配收入构成

单位：%

地　区	可支配收入	一、工资性收入	二、经营净收入	三、财产净收入	四、转移净收入
全　国	**100.0**	**62.0**	**11.1**	**9.8**	**17.1**
北　京	100.0	61.6	2.5	16.1	19.8
天　津	100.0	61.8	7.2	10.0	21.1
河　北	100.0	63.9	7.0	8.9	20.2
山　西	100.0	64.1	10.8	6.9	18.1
内蒙古	100.0	62.1	15.7	6.1	16.1
辽　宁	100.0	55.0	11.6	6.9	26.5
吉　林	100.0	59.4	10.7	5.5	24.4
黑龙江	100.0	59.4	10.4	5.5	24.6
上　海	100.0	60.4	2.5	14.9	22.2
江　苏	100.0	60.4	11.1	9.9	18.6
浙　江	100.0	57.1	15.2	13.8	13.9
安　徽	100.0	62.8	15.5	7.0	14.7
福　建	100.0	62.3	13.7	11.5	12.5
江　西	100.0	63.5	8.0	9.8	18.7
山　东	100.0	64.6	13.9	7.8	13.7
河　南	100.0	61.1	13.8	7.8	17.3
湖　北	100.0	57.6	14.0	7.3	21.1
湖　南	100.0	55.1	13.8	9.7	21.3
广　东	100.0	75.2	11.0	10.9	2.9
广　西	100.0	57.4	13.9	8.7	20.0
海　南	100.0	65.3	11.1	8.3	15.2
重　庆	100.0	58.5	10.9	8.0	22.6
四　川	100.0	58.2	11.7	8.3	21.9
贵　州	100.0	57.6	15.2	7.6	19.6
云　南	100.0	55.6	12.0	15.3	17.1
西　藏	100.0	80.8	2.9	6.5	9.9
陕　西	100.0	59.6	8.1	8.6	23.7
甘　肃	100.0	63.9	7.6	9.7	18.8
青　海	100.0	68.9	7.2	5.4	18.5
宁　夏	100.0	67.0	10.7	4.3	17.9
新　疆	100.0	68.3	10.2	4.8	16.6

2-2-2-3 2015年分地区城镇居民现金可支配收入

单位：元/人

地区	现金可支配收入	一、工资性收入	二、经营净收入	三、财产净收入	四、转移净收入
全国	**29042.0**	**19214.8**	**3714.0**	**1072.8**	**5040.4**
北京	45277.0	32427.6	1525.2	1367.9	9956.3
天津	31306.2	20840.2	2698.6	1032.6	6734.8
河北	24423.1	16688.6	1966.5	698.6	5069.3
山西	24599.7	16531.2	2941.7	728.6	4398.2
内蒙古	29599.1	18978.2	5151.8	743.2	4725.9
辽宁	29132.0	16853.2	3896.9	530.8	7851.1
吉林	23764.0	14682.5	2863.7	350.7	5867.1
黑龙江	23297.5	14334.9	2870.0	300.8	5791.8
上海	44250.8	31706.4	1339.9	659.7	10544.9
江苏	34192.9	22341.3	4322.0	1129.1	6400.5
浙江	40282.2	24770.1	7290.5	2604.3	5617.2
安徽	25543.3	16810.3	4517.1	508.2	3707.8
福建	30670.3	20613.9	4868.5	1286.9	3901.0
江西	24801.2	16793.3	2220.6	945.8	4841.5
山东	29932.3	20340.2	4571.7	855.9	4164.5
河南	24321.2	15602.1	3653.7	882.2	4183.2
湖北	25251.0	15442.9	4042.2	439.5	5326.5
湖南	27669.2	15818.7	4304.2	1560.9	5985.4
广东	32525.3	25759.0	4162.3	1759.8	844.2
广西	25146.2	15100.3	3894.5	1097.9	5053.4
海南	24592.3	17174.0	3020.0	811.7	3586.7
重庆	25638.9	15860.7	3108.9	769.5	5899.7
四川	24752.4	15151.4	3159.8	963.6	5477.6
贵州	23568.5	14141.7	4048.4	683.3	4695.1
云南	24826.1	14635.8	3329.9	2585.9	4274.5
西藏	24383.5	20560.1	805.8	562.9	2454.7
陕西	25039.3	15660.2	2231.5	1313.7	5833.9
甘肃	22463.3	15164.1	2039.3	943.1	4316.9
青海	23657.2	16850.6	2221.0	443.2	4142.3
宁夏	24102.6	16842.7	2985.3	136.0	4138.6
新疆	25056.5	17915.4	2825.9	182.4	4132.8

2-2-2-4　2015年分地区城镇居民现金可支配收入构成

单位：%

地　区	现金可支配收入	一、工资性收入	二、经营净收入	三、财产净收入	四、转移净收入
全　国	**100.0**	**66.2**	**12.8**	**3.7**	**17.4**
北　京	100.0	71.6	3.4	3.0	22.0
天　津	100.0	66.6	8.6	3.3	21.5
河　北	100.0	68.3	8.1	2.9	20.8
山　西	100.0	67.2	12.0	3.0	17.9
内蒙古	100.0	64.1	17.4	2.5	16.0
辽　宁	100.0	57.9	13.4	1.8	27.0
吉　林	100.0	61.8	12.1	1.5	24.7
黑龙江	100.0	61.5	12.3	1.3	24.9
上　海	100.0	71.7	3.0	1.5	23.8
江　苏	100.0	65.3	12.6	3.3	18.7
浙　江	100.0	61.5	18.1	6.5	13.9
安　徽	100.0	65.8	17.7	2.0	14.5
福　建	100.0	67.2	15.9	4.2	12.7
江　西	100.0	67.7	9.0	3.8	19.5
山　东	100.0	68.0	15.3	2.9	13.9
河　南	100.0	64.2	15.0	3.6	17.2
湖　北	100.0	61.2	16.0	1.7	21.1
湖　南	100.0	57.2	15.6	5.6	21.6
广　东	100.0	79.2	12.8	5.4	2.6
广　西	100.0	60.0	15.5	4.4	20.1
海　南	100.0	69.8	12.3	3.3	14.6
重　庆	100.0	61.9	12.1	3.0	23.0
四　川	100.0	61.2	12.8	3.9	22.1
贵　州	100.0	60.0	17.2	2.9	19.9
云　南	100.0	59.0	13.4	10.4	17.2
西　藏	100.0	84.3	3.3	2.3	10.1
陕　西	100.0	62.5	8.9	5.2	23.3
甘　肃	100.0	67.5	9.1	4.2	19.2
青　海	100.0	71.2	9.4	1.9	17.5
宁　夏	100.0	69.9	12.4	0.6	17.2
新　疆	100.0	71.5	11.3	0.7	16.5

2-2-2-5　2015年分地区城镇居民消费支出

单位：元/人

地　　区	消费支出	一、食品烟酒支出	二、衣着支出	三、居住支出
全　　国	**21392.4**	**6359.7**	**1701.1**	**4726.0**
北　　京	36642.0	8091.1	2651.3	11252.0
天　　津	26229.5	8447.7	2144.4	5667.2
河　　北	17586.6	4581.1	1544.2	4111.6
山　　西	15818.6	3981.0	1705.1	3019.5
内 蒙 古	21876.5	6210.3	2474.0	3710.3
辽　　宁	21556.7	6092.5	2065.6	4416.1
吉　　林	17972.6	4640.6	1812.9	3532.3
黑 龙 江	17152.1	4749.7	1773.5	3416.4
上　　海	36946.1	9690.7	1711.6	12137.0
江　　苏	24966.0	7003.8	1781.4	5644.7
浙　　江	28661.3	8092.0	2041.3	7230.5
安　　徽	17233.5	5802.1	1403.3	3460.0
福　　建	23520.2	7759.1	1489.8	5811.4
江　　西	16731.8	5407.8	1478.3	3619.9
山　　东	19853.8	5527.4	1943.0	4058.4
河　　南	17154.3	4818.7	1797.6	3391.1
湖　　北	18192.3	5828.6	1523.1	3742.7
湖　　南	19501.4	6075.5	1638.1	3519.6
广　　东	25673.1	8533.4	1453.7	5715.3
广　　西	16321.2	5610.2	845.8	3629.3
海　　南	18448.4	7051.8	828.6	3679.3
重　　庆	19742.3	6627.6	1931.7	3679.5
四　　川	19276.8	6783.1	1703.8	3335.5
贵　　州	16914.2	5282.7	1346.7	3468.4
云　　南	17675.0	5346.4	1138.2	3612.4
西　　藏	17022.0	7237.5	1611.6	3588.9
陕　　西	18463.9	5146.4	1500.5	3823.4
甘　　肃	17450.9	5345.9	1758.5	3539.9
青　　海	19200.6	5502.6	1902.5	3340.1
宁　　夏	18983.9	4883.4	1787.0	3608.3
新　　疆	19414.7	5954.9	2013.1	3166.9

2-2-2-5　续表　　　　　　　　　　　　　　　　　　　　　　　　单位：元/人

地　区	四、生活用品及服务支出	五、交通通信支出	六、教育文化娱乐支出	七、医疗保健支出	八、其他用品及服务支出
全　国	**1306.5**	**2895.4**	**2382.8**	**1443.4**	**577.5**
北　京	2272.7	4860.4	4027.6	2369.5	1117.4
天　津	1593.0	3403.0	2282.6	1888.1	803.4
河　北	1178.7	2386.4	1870.8	1500.6	413.1
山　西	947.9	2148.1	2207.9	1394.1	414.9
内蒙古	1430.2	3231.3	2504.7	1575.7	739.9
辽　宁	1359.5	2768.9	2418.7	1761.9	673.6
吉　林	1026.7	2322.5	2161.8	1924.2	551.7
黑龙江	908.1	2058.9	1846.7	1924.3	474.5
上　海	1573.1	4457.2	4046.0	2361.7	968.9
江　苏	1516.6	3619.8	3058.4	1594.3	747.2
浙　江	1360.5	4753.2	2962.8	1539.0	682.0
安　徽	926.4	2265.7	1913.3	1073.3	389.5
福　建	1336.9	3021.5	2314.0	1165.3	622.1
江　西	1007.5	2083.7	1874.4	841.4	418.8
山　东	1476.5	2747.7	2141.1	1416.1	543.5
河　南	1382.2	1874.1	1991.9	1365.5	533.1
湖　北	1099.3	2155.4	1972.2	1482.0	389.0
湖　南	1202.6	2430.2	2934.1	1174.6	526.6
广　东	1526.3	3905.0	2671.5	1096.4	771.4
广　西	952.0	2249.5	1845.0	866.2	323.1
海　南	964.3	2643.4	1617.8	1307.1	355.6
重　庆	1370.6	2383.2	1951.3	1394.1	404.2
四　川	1251.4	2414.4	1863.0	1369.3	556.4
贵　州	1078.5	2248.4	2312.7	872.2	304.5
云　南	1061.4	2664.0	2079.0	1351.9	421.6
西　藏	739.5	2037.5	757.9	534.4	514.6
陕　西	1297.9	2308.4	2201.1	1783.6	402.6
甘　肃	1124.9	1850.5	2044.9	1390.8	395.5
青　海	1179.9	3354.8	2022.5	1459.3	439.0
宁　夏	1185.4	2509.6	2389.8	2016.0	604.5
新　疆	1286.3	2869.4	2105.4	1517.1	501.6

2-2-2-6 2015年分地区城镇居民消费支出构成

单位：%

地区	消费支出	一、食品烟酒支出	二、衣着支出	三、居住支出
全国	**100.0**	**29.7**	**8.0**	**22.1**
北京	100.0	22.1	7.2	30.7
天津	100.0	32.2	8.2	21.6
河北	100.0	26.0	8.8	23.4
山西	100.0	25.2	10.8	19.1
内蒙古	100.0	28.4	11.3	17.0
辽宁	100.0	28.3	9.6	20.5
吉林	100.0	25.8	10.1	19.7
黑龙江	100.0	27.7	10.3	19.9
上海	100.0	26.2	4.6	32.9
江苏	100.0	28.1	7.1	22.5
浙江	100.0	28.2	7.1	25.2
安徽	100.0	33.7	8.1	20.1
福建	100.0	33.0	6.3	24.7
江西	100.0	32.3	8.8	21.6
山东	100.0	27.8	9.8	20.4
河南	100.0	28.1	10.5	19.8
湖北	100.0	32.0	8.4	20.6
湖南	100.0	31.2	8.4	18.0
广东	100.0	33.2	5.7	22.3
广西	100.0	34.4	5.2	22.2
海南	100.0	38.2	4.5	19.9
重庆	100.0	33.6	9.8	18.6
四川	100.0	35.2	8.8	17.3
贵州	100.0	31.2	8.0	20.5
云南	100.0	30.2	6.4	20.4
西藏	100.0	42.5	9.5	21.1
陕西	100.0	27.9	8.1	20.7
甘肃	100.0	30.6	10.1	20.3
青海	100.0	28.7	9.9	17.4
宁夏	100.0	25.7	9.4	19.0
新疆	100.0	30.7	10.4	16.3

2-2-2-6 续表 单位：%

地　区	四、生活用品及服务支出	五、交通通信支出	六、教育文化娱乐支出	七、医疗保健支出	八、其他用品及服务支出
全　国	**6.1**	**13.5**	**11.1**	**6.7**	**2.7**
北　京	6.2	13.3	11.0	6.5	3.0
天　津	6.1	13.0	8.7	7.2	3.1
河　北	6.7	13.6	10.6	8.5	2.3
山　西	6.0	13.6	14.0	8.8	2.6
内蒙古	6.5	14.8	11.4	7.2	3.4
辽　宁	6.3	12.8	11.2	8.2	3.1
吉　林	5.7	12.9	12.0	10.7	3.1
黑龙江	5.3	12.0	10.8	11.2	2.8
上　海	4.3	12.1	11.0	6.4	2.6
江　苏	6.1	14.5	12.3	6.4	3.0
浙　江	4.7	16.6	10.3	5.4	2.4
安　徽	5.4	13.1	11.1	6.2	2.3
福　建	5.7	12.8	9.8	5.0	2.6
江　西	6.0	12.5	11.2	5.0	2.5
山　东	7.4	13.8	10.8	7.1	2.7
河　南	8.1	10.9	11.6	8.0	3.1
湖　北	6.0	11.8	10.8	8.1	2.1
湖　南	6.2	12.5	15.0	6.0	2.7
广　东	5.9	15.2	10.4	4.3	3.0
广　西	5.8	13.8	11.3	5.3	2.0
海　南	5.2	14.3	8.8	7.1	1.9
重　庆	6.9	12.1	9.9	7.1	2.0
四　川	6.5	12.5	9.7	7.1	2.9
贵　州	6.4	13.3	13.7	5.2	1.8
云　南	6.0	15.1	11.8	7.6	2.4
西　藏	4.3	12.0	4.5	3.1	3.0
陕　西	7.0	12.5	11.9	9.7	2.2
甘　肃	6.4	10.6	11.7	8.0	2.3
青　海	6.1	17.5	10.5	7.6	2.3
宁　夏	6.2	13.2	12.6	10.6	3.2
新　疆	6.6	14.8	10.8	7.8	2.6

2-2-2-7 2015年分地区城镇居民现金消费支出

单位：元/人

地 区	现金消费支出	一、食品烟酒支出	二、衣着支出	三、居住支出
全 国	**17887.0**	**6224.8**	**1700.5**	**1665.9**
北 京	27263.9	7962.4	2650.0	2523.6
天 津	21845.7	8282.3	2144.0	1970.0
河 北	14737.8	4556.1	1543.5	1511.9
山 西	13744.9	3929.7	1698.3	1281.6
内 蒙 古	19656.9	6186.8	2473.6	1721.7
辽 宁	18265.8	5892.2	2064.7	1764.3
吉 林	15831.0	4534.2	1812.9	1720.0
黑 龙 江	15131.8	4713.2	1773.4	1594.3
上 海	25738.3	9447.5	1711.5	2397.0
江 苏	20318.4	6846.6	1781.2	1689.9
浙 江	22828.9	7915.2	2040.9	2038.5
安 徽	14589.1	5644.2	1402.7	1241.5
福 建	19308.3	7658.2	1489.6	1985.2
江 西	14121.9	5343.3	1478.3	1199.0
山 东	17005.8	5459.2	1941.7	1420.0
河 南	15035.1	4783.6	1797.6	1552.0
湖 北	15222.8	5672.7	1522.4	1304.3
湖 南	17149.6	5959.6	1637.7	1443.4
广 东	21803.4	8212.6	1453.0	2330.3
广 西	13807.8	5461.4	845.7	1485.1
海 南	15634.3	6917.2	828.6	1411.5
重 庆	16883.9	6479.0	1931.5	1228.2
四 川	16699.3	6581.0	1702.9	1225.9
贵 州	14756.5	5221.0	1346.7	1497.8
云 南	14848.5	5231.6	1137.9	1133.5
西 藏	14811.3	7235.4	1611.6	1434.7
陕 西	16163.7	5070.9	1500.3	2039.4
甘 肃	15154.4	5309.2	1758.3	1438.0
青 海	17019.0	5463.7	1902.4	1709.6
宁 夏	16770.1	4837.2	1785.6	1834.1
新 疆	17285.6	5901.7	2012.9	1324.3

2-2-2-7 续表 单位：元/人

地　区	四、生活用品及服务支出	五、交通通信支出	六、教育文化娱乐支出	七、医疗保健支出	八、其他用品及服务支出
全　国	**1298.7**	**2889.8**	**2381.0**	**1153.7**	**572.6**
北　京	2268.9	4855.2	4026.4	1862.8	1114.6
天　津	1590.4	3359.6	2280.9	1429.2	789.3
河　北	1175.8	2386.0	1870.7	1283.0	410.9
山　西	942.4	2146.9	2207.8	1130.3	407.9
内蒙古	1430.1	3230.9	2504.7	1369.3	739.6
辽　宁	1344.6	2745.5	2401.9	1392.7	659.8
吉　林	1021.6	2317.1	2161.6	1712.2	551.4
黑龙江	907.9	2057.7	1846.7	1767.8	470.9
上　海	1569.8	4431.6	4040.8	1174.9	965.2
江　苏	1497.0	3616.1	3056.8	1087.8	743.0
浙　江	1333.2	4745.7	2959.6	1119.6	676.1
安　徽	917.2	2262.2	1912.5	826.0	382.7
福　建	1333.0	3012.9	2313.8	899.1	616.5
江　西	1007.2	2083.2	1874.4	721.7	414.8
山　东	1470.0	2746.6	2140.3	1290.3	537.7
河　南	1380.6	1873.5	1991.7	1125.2	530.8
湖　北	1097.6	2153.3	1971.5	1116.1	384.8
湖　南	1199.6	2425.9	2932.6	1027.4	523.4
广　东	1516.8	3899.0	2667.9	960.3	763.5
广　西	942.3	2243.4	1843.3	668.1	318.6
海　南	928.3	2642.6	1617.1	934.2	354.6
重　庆	1367.0	2378.7	1950.8	1149.7	398.9
四　川	1243.2	2410.9	1862.4	1119.4	553.6
贵　州	1078.0	2247.1	2312.7	750.2	303.0
云　南	1050.6	2661.1	2079.0	1137.7	417.1
西　藏	739.5	2037.5	757.9	480.0	514.6
陕　西	1289.5	2304.5	2200.2	1362.6	396.4
甘　肃	1114.6	1849.2	2044.9	1247.9	392.3
青　海	1177.4	3354.8	2020.8	955.3	435.1
宁　夏	1175.0	2488.5	2389.8	1658.7	601.2
新　疆	1285.0	2869.0	2105.2	1286.0	501.4

2-2-2-8 2015年分地区城镇居民现金消费支出构成

单位： %

地 区	现金消费支出	一、食品烟酒支出	二、衣着支出	三、居住支出
全 国	**100.0**	**34.8**	**9.5**	**9.3**
北 京	100.0	29.2	9.7	9.3
天 津	100.0	37.9	9.8	9.0
河 北	100.0	30.9	10.5	10.3
山 西	100.0	28.6	12.4	9.3
内蒙古	100.0	31.5	12.6	8.8
辽 宁	100.0	32.3	11.3	9.7
吉 林	100.0	28.6	11.5	10.9
黑龙江	100.0	31.1	11.7	10.5
上 海	100.0	36.7	6.6	9.3
江 苏	100.0	33.7	8.8	8.3
浙 江	100.0	34.7	8.9	8.9
安 徽	100.0	38.7	9.6	8.5
福 建	100.0	39.7	7.7	10.3
江 西	100.0	37.8	10.5	8.5
山 东	100.0	32.1	11.4	8.4
河 南	100.0	31.8	12.0	10.3
湖 北	100.0	37.3	10.0	8.6
湖 南	100.0	34.8	9.5	8.4
广 东	100.0	37.7	6.7	10.7
广 西	100.0	39.6	6.1	10.8
海 南	100.0	44.2	5.3	9.0
重 庆	100.0	38.4	11.4	7.3
四 川	100.0	39.4	10.2	7.3
贵 州	100.0	35.4	9.1	10.1
云 南	100.0	35.2	7.7	7.6
西 藏	100.0	48.9	10.9	9.7
陕 西	100.0	31.4	9.3	12.5
甘 肃	100.0	35.0	11.6	9.5
青 海	100.0	32.1	11.2	10.0
宁 夏	100.0	28.8	10.6	10.9
新 疆	100.0	34.1	11.6	7.7

2-2-2-8 续表　　单位：%

地　区	四、生活用品及服务支出	五、交通通信支出	六、教育文化娱乐支出	七、医疗保健支出	八、其他用品及服务支出
全　国	**7.3**	**16.2**	**13.3**	**6.5**	**3.2**
北　京	8.3	17.8	14.8	6.8	4.1
天　津	7.3	15.4	10.4	6.5	3.6
河　北	8.0	16.2	12.7	8.7	2.8
山　西	6.9	15.6	16.1	8.2	3.0
内蒙古	7.3	16.4	12.7	7.0	3.8
辽　宁	7.4	15.0	13.1	7.6	3.6
吉　林	6.5	14.6	13.7	10.8	3.5
黑龙江	6.0	13.6	12.2	11.7	3.1
上　海	6.1	17.2	15.7	4.6	3.8
江　苏	7.4	17.8	15.0	5.4	3.7
浙　江	5.8	20.8	13.0	4.9	3.0
安　徽	6.3	15.5	13.1	5.7	2.6
福　建	6.9	15.6	12.0	4.7	3.2
江　西	7.1	14.8	13.3	5.1	2.9
山　东	8.6	16.2	12.6	7.6	3.2
河　南	9.2	12.5	13.2	7.5	3.5
湖　北	7.2	14.1	13.0	7.3	2.5
湖　南	7.0	14.1	17.1	6.0	3.1
广　东	7.0	17.9	12.2	4.4	3.5
广　西	6.8	16.2	13.3	4.8	2.3
海　南	5.9	16.9	10.3	6.0	2.3
重　庆	8.1	14.1	11.6	6.8	2.4
四　川	7.4	14.4	11.2	6.7	3.3
贵　州	7.3	15.2	15.7	5.1	2.1
云　南	7.1	17.9	14.0	7.7	2.8
西　藏	5.0	13.8	5.1	3.2	3.5
陕　西	8.0	14.3	13.6	8.4	2.5
甘　肃	7.4	12.2	13.5	8.2	2.6
青　海	6.9	19.7	11.9	5.6	2.6
宁　夏	7.0	14.8	14.3	9.9	3.6
新　疆	7.4	16.6	12.2	7.4	2.9

2-2-2-9　2015年分地区城镇居民家庭主要食品消费量

单位：公斤/人

地　区	粮食（原粮）	谷物	食用油	植物油	蔬菜	肉类	猪肉
全　国	**112.6**	**101.6**	**11.1**	**10.7**	**104.4**	**28.9**	**20.7**
北　京	88.5	79.2	11.0	11.0	102.1	26.4	14.0
天　津	118.4	109.0	10.7	10.7	116.7	26.1	16.0
河　北	115.8	105.7	9.7	9.6	94.7	22.8	13.6
山　西	110.7	98.2	8.2	8.1	85.2	16.7	10.6
内蒙古	146.5	133.2	9.8	9.6	104.9	37.2	16.4
辽　宁	128.2	112.6	11.8	11.7	125.0	28.7	18.7
吉　林	120.5	109.7	11.8	11.8	98.9	21.1	14.2
黑龙江	135.5	120.3	13.8	13.7	110.1	24.5	15.5
上　海	99.4	87.6	9.5	9.3	104.4	28.8	20.3
江　苏	107.6	95.6	12.3	12.1	110.2	28.0	20.6
浙　江	118.8	106.3	11.4	11.1	95.5	27.2	21.5
安　徽	106.7	94.7	9.6	9.1	94.0	24.6	18.8
福　建	105.8	96.1	9.2	8.6	89.5	32.2	25.3
江　西	117.1	106.7	14.4	13.9	114.3	30.9	24.0
山　东	114.1	104.0	9.4	9.3	99.9	24.9	14.9
河　南	120.4	108.9	9.6	9.6	98.5	20.5	13.5
湖　北	98.3	86.4	13.9	13.6	112.4	28.6	20.9
湖　南	103.1	94.2	13.3	11.3	99.9	33.1	26.7
广　东	97.8	89.9	9.1	8.8	97.6	36.7	28.7
广　西	106.3	97.8	9.3	8.7	100.1	36.7	30.3
海　南	90.1	84.3	8.5	8.0	100.7	33.1	28.2
重　庆	114.7	99.1	15.0	14.2	131.7	41.8	33.7
四　川	126.1	114.0	14.1	13.1	136.8	43.3	35.6
贵　州	106.8	95.6	11.5	10.1	88.5	31.7	26.6
云　南	110.7	99.8	10.1	8.6	112.7	30.0	23.2
西　藏	157.2	153.6	15.6	12.5	62.0	30.6	10.1
陕　西	115.7	103.4	11.1	10.9	90.8	17.1	11.5
甘　肃	126.2	116.1	11.9	11.8	102.7	21.4	12.7
青　海	94.0	87.7	8.2	8.2	73.1	25.0	10.6
宁　夏	114.2	106.3	8.8	8.8	99.3	19.1	7.4
新　疆	153.7	147.0	13.9	13.8	120.8	26.2	7.4

2-2-2-9 续表 单位：公斤/人

地　区	牛肉	羊肉	禽类	水产品	蛋类	奶类	干鲜瓜果类	食糖
全　国	**2.4**	**1.5**	**9.4**	**14.7**	**10.5**	**17.1**	**55.1**	**1.3**
北　京	3.6	3.1	6.3	10.3	14.0	28.9	71.5	0.8
天　津	3.0	3.2	5.2	17.6	17.1	18.5	74.0	1.3
河　北	2.1	1.9	5.2	7.5	13.7	21.2	63.4	1.0
山　西	1.0	1.7	2.7	4.9	11.4	20.6	60.1	0.8
内蒙古	5.2	10.6	5.9	6.5	10.8	28.7	65.6	1.3
辽　宁	3.0	1.8	5.8	18.0	13.9	19.5	74.9	1.5
吉　林	2.5	1.0	4.0	8.9	10.7	13.6	57.8	1.2
黑龙江	2.3	1.7	5.3	10.1	11.9	14.8	67.1	1.8
上　海	2.7	1.0	12.0	25.7	10.5	22.7	53.0	1.4
江　苏	2.0	0.9	11.0	19.6	10.6	19.3	47.1	1.1
浙　江	2.1	0.6	10.6	27.0	8.0	14.4	53.0	1.4
安　徽	2.1	1.0	10.9	12.4	10.9	14.2	43.2	1.8
福　建	2.0	0.8	9.5	30.0	8.8	13.5	43.2	1.5
江　西	2.6	0.4	10.2	16.9	8.7	17.3	47.9	1.1
山　东	1.7	1.4	6.5	15.6	17.2	24.3	74.5	1.0
河　南	1.9	1.5	6.7	5.4	14.4	18.8	60.7	1.3
湖　北	2.4	0.8	6.5	17.5	8.7	11.7	42.8	0.9
湖　南	2.4	0.7	10.4	14.7	7.2	9.1	59.9	1.4
广　东	2.2	0.7	18.0	23.6	7.3	11.0	42.0	1.2
广　西	2.6	0.8	20.0	14.2	6.5	10.4	49.4	1.7
海　南	2.1	0.8	21.2	31.6	5.7	7.0	39.9	1.1
重　庆	1.9	0.7	13.0	12.0	10.1	19.9	48.0	2.6
四　川	2.2	0.6	12.6	9.2	9.1	16.5	46.6	1.6
贵　州	1.9	0.3	7.7	3.9	5.8	11.7	40.4	1.2
云　南	3.0	0.4	8.2	5.9	6.1	10.9	42.8	1.5
西　藏	16.4	3.9	3.9	1.9	7.0	15.9	19.5	2.5
陕　西	1.0	1.5	3.3	3.4	9.1	19.0	56.3	1.1
甘　肃	2.7	3.1	4.7	3.9	9.5	24.3	70.8	1.7
青　海	5.1	6.8	3.9	3.6	6.2	25.0	39.9	1.1
宁　夏	3.9	6.1	6.2	3.9	7.2	22.4	76.9	1.3
新　疆	5.4	11.2	7.5	6.0	8.7	27.9	70.4	1.6

2-2-2-10　2015年分地区城镇居民年末主要耐用消费品拥有量

单位：平均每百户

地　区	家用汽车(辆)	摩托车(辆)	电动助力车(辆)	洗衣机(台)	电冰箱(柜)(台)	微波炉(台)	彩色电视机(台)
全　国	**30.0**	**22.7**	**45.8**	**92.3**	**94.0**	**53.8**	**122.3**
北　京	46.8	2.9	18.9	95.9	98.3	81.1	129.9
天　津	37.3	6.2	34.8	95.0	97.7	72.5	109.6
河　北	36.9	14.4	73.5	98.4	97.5	58.4	111.1
山　西	30.3	18.9	39.4	99.5	93.4	40.4	106.0
内蒙古	32.1	24.7	46.1	95.0	94.7	37.9	102.4
辽　宁	21.1	8.4	15.2	91.9	95.6	55.1	108.0
吉　林	20.9	17.0	7.0	95.3	94.0	44.7	105.4
黑龙江	11.8	10.5	8.4	92.5	91.9	36.1	102.0
上　海	25.6	4.1	50.5	91.6	97.4	86.8	177.4
江　苏	39.1	18.4	107.5	99.4	101.1	88.7	170.6
浙　江	47.9	13.7	70.8	88.0	96.4	59.1	173.8
安　徽	21.9	19.7	67.9	94.1	97.2	59.7	129.6
福　建	28.3	46.0	40.8	84.5	94.3	63.1	138.7
江　西	23.1	28.7	55.7	93.7	96.9	54.0	141.1
山　东	49.4	22.7	86.4	96.1	98.2	50.1	108.0
河　南	24.1	25.6	90.3	98.6	94.0	40.1	118.2
湖　北	17.7	30.4	24.3	91.0	95.2	47.6	116.9
湖　南	25.4	32.0	20.6	96.5	98.9	44.3	116.2
广　东	29.7	40.1	20.2	70.9	75.3	39.4	99.5
广　西	30.9	46.3	70.5	92.6	94.7	64.9	115.9
海　南	22.9	37.6	63.8	80.0	89.3	36.3	104.5
重　庆	20.9	17.6	4.5	95.4	99.8	62.9	129.8
四　川	23.8	21.0	22.8	96.7	96.8	45.1	124.2
贵　州	23.7	17.9	5.9	97.9	93.9	42.8	106.2
云　南	40.0	31.4	31.7	95.3	91.5	57.1	109.0
西　藏	32.5	11.8	15.8	89.3	92.6	40.3	133.7
陕　西	21.7	17.4	23.8	95.2	89.5	36.9	105.7
甘　肃	18.2	20.1	18.3	99.0	92.8	47.3	104.6
青　海	25.0	16.0	6.9	94.7	93.8	52.6	100.2
宁　夏	30.0	21.4	42.6	95.3	93.4	48.2	101.8
新　疆	26.5	13.9	24.8	97.3	96.0	39.4	100.2

2-2-2-10 续表 单位：平均每百户

地 区	空调（台）	热水器（台）	排油烟机（台）	移动电话（部）	计算机（台）	照相机（台）
全 国	**114.6**	**85.6**	**69.2**	**223.8**	**78.5**	**33.0**
北 京	160.8	92.6	86.3	219.9	106.6	65.0
天 津	131.3	92.2	82.6	219.5	73.5	35.2
河 北	117.9	88.5	78.2	220.5	76.6	34.7
山 西	38.1	65.1	70.2	219.2	76.6	24.5
内蒙古	12.1	56.4	61.9	216.9	58.4	24.0
辽 宁	30.5	72.0	76.7	198.8	65.7	32.9
吉 林	10.3	53.7	75.2	219.0	68.5	24.4
黑龙江	9.8	47.3	68.7	197.6	56.8	20.0
上 海	190.9	91.0	78.8	221.0	126.1	54.9
江 苏	194.3	104.5	81.5	234.9	91.4	38.2
浙 江	185.0	91.7	79.4	228.6	95.7	38.7
安 徽	144.4	96.6	66.8	216.7	74.0	27.5
福 建	157.2	97.5	64.2	240.1	88.7	29.8
江 西	128.1	93.9	65.9	224.0	77.5	26.4
山 东	109.4	93.9	80.6	220.4	79.3	43.8
河 南	135.7	82.8	61.3	225.3	74.4	25.0
湖 北	128.4	87.4	61.4	223.1	74.0	25.4
湖 南	140.5	90.1	66.9	237.4	77.0	28.7
广 东	144.3	83.5	57.5	221.5	84.5	37.1
广 西	121.1	95.5	61.2	249.9	88.2	33.4
海 南	97.6	87.6	59.5	235.0	67.0	16.6
重 庆	170.1	93.1	57.4	237.7	72.1	31.3
四 川	108.2	91.2	56.4	228.1	63.2	23.4
贵 州	27.8	82.3	46.4	236.5	64.4	18.9
云 南	3.6	92.1	68.2	234.1	62.2	33.1
西 藏	9.3	42.2	44.8	212.3	54.4	37.8
陕 西	88.4	72.6	64.2	225.0	67.3	29.1
甘 肃	10.5	71.5	72.2	224.5	64.7	29.8
青 海	2.2	48.9	70.7	210.9	60.2	23.3
宁 夏	13.1	87.4	74.5	237.3	65.6	21.6
新 疆	16.5	81.6	76.9	209.1	62.5	29.9

（三）2016年分地区城镇居民收支主要数据

2-2-3-1　2016年分地区城镇居民可支配收入

单位：元/人

地　区	可支配收入	一、工资性收入	二、经营净收入	三、财产净收入	四、转移净收入
全　国	**33616.2**	**20665.0**	**3770.1**	**3271.3**	**5909.8**
北　京	57275.3	35701.1	1291.9	9309.8	10972.5
天　津	37109.6	23206.8	2665.6	3721.2	7516.0
河　北	28249.4	18031.9	1983.3	2512.6	5721.6
山　西	27352.3	16954.4	2659.1	2003.5	5735.4
内蒙古	32974.9	20354.9	5465.9	1732.9	5421.2
辽　宁	32876.1	18315.8	3950.8	1832.6	8776.9
吉　林	26530.4	15837.8	2518.9	1388.1	6785.7
黑龙江	25736.4	15008.6	2670.7	1305.3	6751.8
上　海	57691.7	34338.7	1400.1	8487.0	13465.8
江　苏	40151.6	24213.9	4411.1	4151.2	7375.4
浙　江	47237.2	26655.9	7126.0	6381.1	7074.2
安　徽	29156.0	18277.9	4420.4	2079.9	4377.7
福　建	36014.3	22213.4	4919.4	4199.4	4682.1
江　西	28673.3	18135.9	2384.7	2619.3	5533.4
山　东	34012.1	21812.3	4778.4	2740.2	4681.2
河　南	27232.9	15829.0	3754.5	2411.8	5237.5
湖　北	29385.8	16517.5	4150.2	2299.3	6418.8
湖　南	31283.9	17274.9	4339.2	3009.6	6660.2
广　东	37684.3	27965.3	4203.9	4374.8	1140.3
广　西	28324.4	16492.8	4804.8	2229.2	4797.7
海　南	28453.5	18891.9	2914.6	2170.3	4476.7
重　庆	29610.0	17043.1	3347.8	2221.5	6997.7
四　川	28335.3	16219.1	3326.7	2363.5	6426.0
贵　州	26742.6	15351.4	4282.1	1940.7	5168.4
云　南	28610.6	15543.9	3490.5	4021.5	5554.8
西　藏	27802.4	22398.0	723.3	1706.0	2975.1
陕　西	28440.1	16876.8	2013.9	2056.5	7492.9
甘　肃	25693.5	16751.2	1960.6	2355.8	4625.9
青　海	26757.4	18740.9	2007.6	1451.0	4557.8
宁　夏	27153.0	18032.9	2824.4	1255.4	5040.3
新　疆	28463.4	19173.4	2940.5	1279.3	5070.3

2-2-3-2 2016年分地区城镇居民可支配收入构成

单位：%

地区	可支配收入	一、工资性收入	二、经营净收入	三、财产净收入	四、转移净收入
全国	**100.0**	**61.5**	**11.2**	**9.7**	**17.6**
北京	100.0	62.3	2.3	16.3	19.2
天津	100.0	62.5	7.2	10.0	20.3
河北	100.0	63.8	7.0	8.9	20.3
山西	100.0	62.0	9.7	7.3	21.0
内蒙古	100.0	61.7	16.6	5.3	16.4
辽宁	100.0	55.7	12.0	5.6	26.7
吉林	100.0	59.7	9.5	5.2	25.6
黑龙江	100.0	58.3	10.4	5.1	26.2
上海	100.0	59.5	2.4	14.7	23.3
江苏	100.0	60.3	11.0	10.3	18.4
浙江	100.0	56.4	15.1	13.5	15.0
安徽	100.0	62.7	15.2	7.1	15.0
福建	100.0	61.7	13.7	11.7	13.0
江西	100.0	63.3	8.3	9.1	19.3
山东	100.0	64.1	14.0	8.1	13.8
河南	100.0	58.1	13.8	8.9	19.2
湖北	100.0	56.2	14.1	7.8	21.8
湖南	100.0	55.2	13.9	9.6	21.3
广东	100.0	74.2	11.2	11.6	3.0
广西	100.0	58.2	17.0	7.9	16.9
海南	100.0	66.4	10.2	7.6	15.7
重庆	100.0	57.6	11.3	7.5	23.6
四川	100.0	57.2	11.7	8.3	22.7
贵州	100.0	57.4	16.0	7.3	19.3
云南	100.0	54.3	12.2	14.1	19.4
西藏	100.0	80.6	2.6	6.1	10.7
陕西	100.0	59.3	7.1	7.2	26.3
甘肃	100.0	65.2	7.6	9.2	18.0
青海	100.0	70.0	7.5	5.4	17.0
宁夏	100.0	66.4	10.4	4.6	18.6
新疆	100.0	67.4	10.3	4.5	17.8

2-2-3-3 2016年分地区城镇居民现金可支配收入

单位：元/人

地区	现金可支配收入	一、工资性收入	二、经营净收入	三、财产净收入	四、转移净收入
全国	**31270.0**	**20541.7**	**4032.3**	**1139.6**	**5556.4**
北京	48742.5	35521.8	1359.7	1631.5	10229.5
天津	33996.5	22956.3	2893.3	1118.5	7028.4
河北	26328.1	18001.9	2118.0	667.6	5540.6
山西	25729.6	16925.4	2774.8	734.1	5295.3
内蒙古	31852.7	20347.4	5723.5	644.4	5137.4
辽宁	30840.0	18021.6	4287.2	301.5	8229.6
吉林	25161.8	15692.9	2668.3	337.3	6463.3
黑龙江	24777.0	14971.5	2961.7	312.1	6531.7
上海	48461.0	34103.1	1480.2	790.9	12086.9
江苏	36963.5	24111.2	4683.2	1293.1	6875.0
浙江	43497.4	26412.6	7613.3	2870.3	6601.2
安徽	27722.6	18147.8	4914.7	588.4	4071.7
福建	32985.5	22097.1	5150.7	1350.9	4386.9
江西	26847.3	18100.9	2488.0	842.5	5415.8
山东	32380.0	21759.2	5205.1	936.5	4479.3
河南	25646.6	15796.3	3874.8	1037.2	4938.2
湖北	27293.2	16396.2	4415.1	507.5	5974.4
湖南	29975.2	17176.9	4666.7	1673.4	6458.1
广东	35058.8	27619.7	4559.2	1933.7	946.2
广西	27120.4	16436.7	5114.7	1005.3	4563.7
海南	26726.3	18856.6	3027.0	813.5	4029.2
重庆	27950.4	16958.4	3470.1	828.3	6693.6
四川	26952.1	16143.9	3521.8	1158.5	6127.8
贵州	25727.5	15318.2	4682.7	678.7	5047.9
云南	26962.9	15527.4	3629.2	2522.8	5283.5
西藏	26611.8	22397.4	746.9	546.3	2921.1
陕西	26962.2	16810.0	2067.0	1113.6	6971.6
甘肃	24268.4	16727.1	2247.7	918.0	4375.6
青海	25725.6	18708.7	2333.1	503.3	4180.5
宁夏	26027.7	17999.6	3127.6	262.5	4638.1
新疆	27215.5	19105.8	3204.6	189.5	4715.5

2-2-3-4　2016年分地区城镇居民现金可支配收入构成

单位：%

地　区	现金可支配收入	一、工资性收入	二、经营净收入	三、财产净收入	四、转移净收入
全　国	**100.0**	**65.7**	**12.9**	**3.6**	**17.8**
北　京	100.0	72.9	2.8	3.3	21.0
天　津	100.0	67.5	8.5	3.3	20.7
河　北	100.0	68.4	8.0	2.5	21.0
山　西	100.0	65.8	10.8	2.9	20.6
内蒙古	100.0	63.9	18.0	2.0	16.1
辽　宁	100.0	58.4	13.9	1.0	26.7
吉　林	100.0	62.4	10.6	1.3	25.7
黑龙江	100.0	60.4	12.0	1.3	26.4
上　海	100.0	70.4	3.1	1.6	24.9
江　苏	100.0	65.2	12.7	3.5	18.6
浙　江	100.0	60.7	17.5	6.6	15.2
安　徽	100.0	65.5	17.7	2.1	14.7
福　建	100.0	67.0	15.6	4.1	13.3
江　西	100.0	67.4	9.3	3.1	20.2
山　东	100.0	67.2	16.1	2.9	13.8
河　南	100.0	61.6	15.1	4.0	19.3
湖　北	100.0	60.1	16.2	1.9	21.9
湖　南	100.0	57.3	15.6	5.6	21.5
广　东	100.0	78.8	13.0	5.5	2.7
广　西	100.0	60.6	18.9	3.7	16.8
海　南	100.0	70.6	11.3	3.0	15.1
重　庆	100.0	60.7	12.4	3.0	23.9
四　川	100.0	59.9	13.1	4.3	22.7
贵　州	100.0	59.5	18.2	2.6	19.6
云　南	100.0	57.6	13.5	9.4	19.6
西　藏	100.0	84.2	2.8	2.1	11.0
陕　西	100.0	62.3	7.7	4.1	25.9
甘　肃	100.0	68.9	9.3	3.8	18.0
青　海	100.0	72.7	9.1	2.0	16.3
宁　夏	100.0	69.2	12.0	1.0	17.8
新　疆	100.0	70.2	11.8	0.7	17.3

2-2-3-5 2016年分地区城镇居民消费支出

单位：元/人

地区	消费支出	一、食品烟酒支出	二、衣着支出	三、居住支出
全　国	**23078.9**	**6762.4**	**1739.0**	**5113.7**
北　京	38255.5	8070.4	2643.0	12128.0
天　津	28344.6	8679.6	2114.0	6187.3
河　北	19105.9	4991.6	1614.4	4483.2
山　西	16992.8	3862.8	1603.0	3633.8
内蒙古	22744.5	6445.8	2543.3	4006.1
辽　宁	24995.9	6901.6	2321.3	4632.8
吉　林	19166.4	4975.7	1819.0	3612.0
黑龙江	18145.2	5019.3	1804.4	3352.4
上　海	39856.8	10014.8	1834.8	13216.0
江　苏	26432.9	7389.2	1809.5	6140.6
浙　江	30067.7	8467.3	1903.9	7385.4
安　徽	19606.2	6381.7	1491.0	3931.2
福　建	25005.5	8299.6	1443.5	6530.5
江　西	17695.6	5667.5	1472.2	3915.9
山　东	21495.3	5929.4	1977.7	4473.1
河　南	18087.8	5067.7	1746.6	3753.4
湖　北	20040.0	6294.3	1557.4	4176.7
湖　南	21420.0	6407.7	1666.4	3918.7
广　东	28613.3	9421.6	1583.4	6410.4
广　西	17268.5	5937.2	886.3	3784.3
海　南	19015.5	7419.7	859.6	3527.7
重　庆	21030.9	6883.9	1939.2	3801.1
四　川	20659.8	7118.4	1767.5	3756.5
贵　州	19201.7	6010.3	1525.4	3793.1
云　南	18622.4	5528.2	1195.5	3814.4
西　藏	19440.5	8727.8	1812.5	3614.5
陕　西	19368.9	5422.0	1542.2	3681.5
甘　肃	19539.2	5777.3	1776.9	3752.6
青　海	20853.2	5975.7	1963.5	3809.4
宁　夏	20364.2	4889.2	1726.7	3770.5
新　疆	21228.5	6179.4	1966.1	3543.9

2-2-3-5 续表

单位：元/人

地 区	四、生活用品及服务支出	五、交通通信支出	六、教育文化娱乐支出	七、医疗保健支出	八、其他用品及服务支出
全 国	**1426.8**	**3173.9**	**2637.6**	**1630.8**	**594.7**
北 京	2511.0	5077.9	4054.7	2629.8	1140.6
天 津	1663.8	3991.9	2643.6	2172.2	892.2
河 北	1351.1	2664.1	1991.3	1549.9	460.4
山 西	951.6	2401.0	2439.0	1651.6	450.1
内蒙古	1565.1	3045.2	2598.9	1840.2	699.9
辽 宁	1558.2	3447.0	3018.5	2313.6	802.8
吉 林	1107.1	2691.0	2367.5	2059.2	534.9
黑龙江	1018.9	2462.9	2011.5	2007.5	468.3
上 海	1868.2	4447.5	4533.5	2839.9	1102.1
江 苏	1616.2	3952.4	3163.9	1624.5	736.6
浙 江	1420.7	5100.9	3452.3	1691.9	645.3
安 徽	1118.4	2748.4	2233.3	1269.3	432.9
福 建	1393.4	3205.7	2461.5	1178.5	492.8
江 西	1028.6	2310.6	1963.9	887.4	449.6
山 东	1576.5	3002.5	2399.3	1610.0	526.9
河 南	1430.2	1993.8	2078.8	1524.5	492.8
湖 北	1163.8	2391.9	2228.4	1792.0	435.6
湖 南	1384.1	2837.1	3406.1	1362.6	437.4
广 东	1721.9	4198.1	3103.4	1304.5	870.1
广 西	1032.8	2259.8	2003.0	1065.9	299.3
海 南	954.0	2582.3	1931.3	1399.8	341.0
重 庆	1466.0	2573.9	2232.4	1700.0	434.4
四 川	1311.1	2697.6	2008.4	1423.4	577.1
贵 州	1270.2	2684.4	2493.5	1050.1	374.6
云 南	1135.1	2791.2	2217.0	1526.7	414.3
西 藏	983.0	2198.4	922.5	585.3	596.5
陕 西	1367.7	2455.7	2474.0	2016.7	409.0
甘 肃	1329.1	2517.9	2322.1	1583.4	479.9
青 海	1322.1	3064.3	2352.9	1750.4	614.9
宁 夏	1245.1	3896.5	2415.7	1874.0	546.6
新 疆	1543.8	3074.1	2404.9	1934.8	581.5

2-2-3-6　2016年分地区城镇居民消费支出构成

单位：%

地区	消费支出	一、食品烟酒支出	二、衣着支出	三、居住支出
全　国	**100.0**	**29.3**	**7.5**	**22.2**
北　京	100.0	21.1	6.9	31.7
天　津	100.0	30.6	7.5	21.8
河　北	100.0	26.1	8.4	23.5
山　西	100.0	22.7	9.4	21.4
内蒙古	100.0	28.3	11.2	17.6
辽　宁	100.0	27.6	9.3	18.5
吉　林	100.0	26.0	9.5	18.8
黑龙江	100.0	27.7	9.9	18.5
上　海	100.0	25.1	4.6	33.2
江　苏	100.0	28.0	6.8	23.2
浙　江	100.0	28.2	6.3	24.6
安　徽	100.0	32.5	7.6	20.1
福　建	100.0	33.2	5.8	26.1
江　西	100.0	32.0	8.3	22.1
山　东	100.0	27.6	9.2	20.8
河　南	100.0	28.0	9.7	20.8
湖　北	100.0	31.4	7.8	20.8
湖　南	100.0	29.9	7.8	18.3
广　东	100.0	32.9	5.5	22.4
广　西	100.0	34.4	5.1	21.9
海　南	100.0	39.0	4.5	18.6
重　庆	100.0	32.7	9.2	18.1
四　川	100.0	34.5	8.6	18.2
贵　州	100.0	31.3	7.9	19.8
云　南	100.0	29.7	6.4	20.5
西　藏	100.0	44.9	9.3	18.6
陕　西	100.0	28.0	8.0	19.0
甘　肃	100.0	29.6	9.1	19.2
青　海	100.0	28.7	9.4	18.3
宁　夏	100.0	24.0	8.5	18.5
新　疆	100.0	29.1	9.3	16.7

2-2-3-6 续表　　　　单位：%

地　区	四、生活用品及服务支出	五、交通通信支出	六、教育文化娱乐支出	七、医疗保健支出	八、其他用品及服务支出
全　国	**6.2**	**13.8**	**11.4**	**7.1**	**2.6**
北　京	6.6	13.3	10.6	6.9	3.0
天　津	5.9	14.1	9.3	7.7	3.1
河　北	7.1	13.9	10.4	8.1	2.4
山　西	5.6	14.1	14.4	9.7	2.6
内蒙古	6.9	13.4	11.4	8.1	3.1
辽　宁	6.2	13.8	12.1	9.3	3.2
吉　林	5.8	14.0	12.4	10.7	2.8
黑龙江	5.6	13.6	11.1	11.1	2.6
上　海	4.7	11.2	11.4	7.1	2.8
江　苏	6.1	15.0	12.0	6.1	2.8
浙　江	4.7	17.0	11.5	5.6	2.1
安　徽	5.7	14.0	11.4	6.5	2.2
福　建	5.6	12.8	9.8	4.7	2.0
江　西	5.8	13.1	11.1	5.0	2.5
山　东	7.3	14.0	11.2	7.5	2.5
河　南	7.9	11.0	11.5	8.4	2.7
湖　北	5.8	11.9	11.1	8.9	2.2
湖　南	6.5	13.2	15.9	6.4	2.0
广　东	6.0	14.7	10.8	4.6	3.0
广　西	6.0	13.1	11.6	6.2	1.7
海　南	5.0	13.6	10.2	7.4	1.8
重　庆	7.0	12.2	10.6	8.1	2.1
四　川	6.3	13.1	9.7	6.9	2.8
贵　州	6.6	14.0	13.0	5.5	2.0
云　南	6.1	15.0	11.9	8.2	2.2
西　藏	5.1	11.3	4.7	3.0	3.1
陕　西	7.1	12.7	12.8	10.4	2.1
甘　肃	6.8	12.9	11.9	8.1	2.5
青　海	6.3	14.7	11.3	8.4	2.9
宁　夏	6.1	19.1	11.9	9.2	2.7
新　疆	7.3	14.5	11.3	9.1	2.7

2-2-3-7 2016年分地区城镇居民现金消费支出

单位：元/人

地 区	现金消费支出	一、食品烟酒支出	二、衣着支出	三、居住支出
全 国	**19284.1**	**6627.7**	**1738.4**	**1810.4**
北 京	27871.8	7926.7	2642.6	2629.8
天 津	23644.8	8497.5	2113.5	2185.2
河 北	16047.4	4969.0	1613.5	1630.2
山 西	14485.7	3817.2	1602.7	1591.6
内蒙古	20412.9	6427.6	2543.2	1963.6
辽 宁	21571.3	6681.7	2320.8	1965.8
吉 林	16765.9	4852.0	1818.8	1684.4
黑龙江	16081.3	4981.9	1804.3	1545.9
上 海	27854.0	9807.9	1834.1	2824.0
江 苏	21475.1	7243.1	1808.9	1833.4
浙 江	24012.8	8224.3	1903.3	2055.1
安 徽	16704.8	6219.5	1490.4	1508.6
福 建	20336.1	8160.3	1443.1	2305.4
江 西	14909.8	5611.3	1472.2	1306.0
山 东	18329.7	5862.2	1976.9	1575.0
河 南	15567.2	5019.6	1746.1	1580.7
湖 北	16699.7	6145.1	1556.9	1432.1
湖 南	18795.6	6261.1	1665.2	1646.4
广 东	24209.2	9158.3	1582.3	2482.5
广 西	14654.2	5785.3	885.6	1554.7
海 南	16312.4	7314.1	859.6	1341.0
重 庆	18088.6	6713.6	1938.2	1333.2
四 川	17975.5	6927.2	1767.1	1557.4
贵 州	16892.3	5937.0	1524.3	1673.6
云 南	15626.8	5402.0	1195.4	1210.9
西 藏	17180.8	8727.0	1812.5	1409.4
陕 西	16962.9	5360.1	1541.4	1855.6
甘 肃	17022.2	5739.6	1776.8	1519.0
青 海	18686.0	5934.6	1963.5	2053.6
宁 夏	18028.1	4835.8	1726.7	1890.2
新 疆	18926.7	6115.6	1965.9	1664.8

2-2-3-7 续表

单位：元/人

地 区	四、生活用品及服务支出	五、交通通信支出	六、教育文化娱乐支出	七、医疗保健支出	八、其他用品及服务支出
全 国	**1417.8**	**3166.5**	**2636.3**	**1298.7**	**588.3**
北 京	2508.5	5076.6	4054.4	1896.9	1136.4
天 津	1661.8	3940.4	2641.3	1722.9	882.2
河 北	1347.9	2658.7	1990.0	1380.9	457.2
山 西	944.4	2400.9	2438.7	1242.3	447.9
内蒙古	1564.9	3045.2	2598.9	1570.6	698.9
辽 宁	1548.9	3427.4	3017.3	1825.2	784.2
吉 林	1101.8	2665.8	2366.9	1742.0	534.3
黑龙江	1018.7	2462.6	2010.7	1789.0	468.2
上 海	1866.0	4424.6	4532.6	1467.6	1097.2
江 苏	1597.8	3949.8	3163.5	1145.9	732.8
浙 江	1400.5	5097.8	3449.1	1247.9	634.8
安 徽	1112.7	2740.4	2233.2	972.3	427.6
福 建	1386.5	3202.2	2460.3	889.4	488.8
江 西	1028.2	2309.0	1963.8	773.9	445.3
山 东	1562.4	3000.4	2398.4	1432.1	522.5
河 南	1427.6	1992.8	2078.5	1230.8	491.2
湖 北	1157.1	2355.4	2228.2	1395.4	429.6
湖 南	1380.2	2833.8	3405.5	1168.1	435.3
广 东	1697.0	4188.1	3097.0	1153.1	851.1
广 西	1023.4	2250.4	2002.4	860.4	292.0
海 南	948.1	2581.4	1929.9	1000.6	337.7
重 庆	1456.7	2569.0	2231.6	1419.2	427.1
四 川	1304.4	2697.4	2007.8	1142.1	572.0
贵 州	1268.3	2681.5	2493.5	940.1	374.0
云 南	1128.5	2790.7	2216.8	1272.0	410.5
西 藏	983.0	2198.4	922.5	531.6	596.5
陕 西	1364.8	2454.6	2470.7	1511.3	404.4
甘 肃	1323.1	2517.7	2321.9	1352.0	472.1
青 海	1320.7	3063.2	2352.9	1377.9	614.6
宁 夏	1238.1	3895.3	2415.2	1483.9	542.9
新 疆	1541.5	3072.9	2404.3	1591.4	570.3

2-2-3-8　2016年分地区城镇居民现金消费支出构成

单位：%

地区	现金消费支出	一、食品烟酒支出	二、衣着支出	三、居住支出
全　国	**100.0**	**34.4**	**9.0**	**9.4**
北　京	100.0	28.4	9.5	9.4
天　津	100.0	35.9	8.9	9.2
河　北	100.0	31.0	10.1	10.2
山　西	100.0	26.4	11.1	11.0
内蒙古	100.0	31.5	12.5	9.6
辽　宁	100.0	31.0	10.8	9.1
吉　林	100.0	28.9	10.8	10.0
黑龙江	100.0	31.0	11.2	9.6
上　海	100.0	35.2	6.6	10.1
江　苏	100.0	33.7	8.4	8.5
浙　江	100.0	34.2	7.9	8.6
安　徽	100.0	37.2	8.9	9.0
福　建	100.0	40.1	7.1	11.3
江　西	100.0	37.6	9.9	8.3
山　东	100.0	32.0	10.8	8.6
河　南	100.0	32.2	11.2	10.2
湖　北	100.0	36.8	9.3	8.5
湖　南	100.0	33.3	8.9	8.3
广　东	100.0	37.8	6.5	10.3
广　西	100.0	39.5	6.0	10.5
海　南	100.0	44.8	5.3	8.2
重　庆	100.0	37.1	10.7	7.4
四　川	100.0	38.5	9.8	8.7
贵　州	100.0	35.1	9.0	9.9
云　南	100.0	34.6	7.6	7.7
西　藏	100.0	50.8	10.5	8.2
陕　西	100.0	31.6	9.1	10.9
甘　肃	100.0	33.7	10.4	8.9
青　海	100.0	31.8	10.5	11.0
宁　夏	100.0	26.8	9.6	10.5
新　疆	100.0	32.3	10.4	8.8

2-2-3-8 续表 单位：%

地　　区	四、生活用品及服务支出	五、交通通信支出	六、教育文化娱乐支出	七、医疗保健支出	八、其他用品及服务支出
全　　国	**7.4**	**16.4**	**13.7**	**6.7**	**3.1**
北　　京	9.0	18.2	14.5	6.8	4.1
天　　津	7.0	16.7	11.2	7.3	3.7
河　　北	8.4	16.6	12.4	8.6	2.8
山　　西	6.5	16.6	16.8	8.6	3.1
内 蒙 古	7.7	14.9	12.7	7.7	3.4
辽　　宁	7.2	15.9	14.0	8.5	3.6
吉　　林	6.6	15.9	14.1	10.4	3.2
黑 龙 江	6.3	15.3	12.5	11.1	2.9
上　　海	6.7	15.9	16.3	5.3	3.9
江　　苏	7.4	18.4	14.7	5.3	3.4
浙　　江	5.8	21.2	14.4	5.2	2.6
安　　徽	6.7	16.4	13.4	5.8	2.6
福　　建	6.8	15.7	12.1	4.4	2.4
江　　西	6.9	15.5	13.2	5.2	3.0
山　　东	8.5	16.4	13.1	7.8	2.9
河　　南	9.2	12.8	13.4	7.9	3.2
湖　　北	6.9	14.1	13.3	8.4	2.6
湖　　南	7.3	15.1	18.1	6.2	2.3
广　　东	7.0	17.3	12.8	4.8	3.5
广　　西	7.0	15.4	13.7	5.9	2.0
海　　南	5.8	15.8	11.8	6.1	2.1
重　　庆	8.1	14.2	12.3	7.8	2.4
四　　川	7.3	15.0	11.2	6.4	3.2
贵　　州	7.5	15.9	14.8	5.6	2.2
云　　南	7.2	17.9	14.2	8.1	2.6
西　　藏	5.7	12.8	5.4	3.1	3.5
陕　　西	8.0	14.5	14.6	8.9	2.4
甘　　肃	7.8	14.8	13.6	7.9	2.8
青　　海	7.1	16.4	12.6	7.4	3.3
宁　　夏	6.9	21.6	13.4	8.2	3.0
新　　疆	8.1	16.2	12.7	8.4	3.0

2-2-3-9 2016年分地区城镇居民家庭主要食品消费量

单位：公斤/人

地区	粮食(原粮)		食用油		蔬菜	肉类	
		谷物		植物油			猪肉
全国	**111.9**	**100.5**	**11.0**	**10.6**	**107.5**	**29.0**	**20.4**
北京	81.0	71.6	9.7	9.7	95.8	24.4	12.8
天津	117.3	107.1	10.6	10.6	123.2	27.4	16.5
河北	121.9	110.5	10.9	10.8	108.3	23.4	13.7
山西	109.0	96.3	8.0	7.9	87.6	16.2	10.1
内蒙古	146.3	132.5	10.0	9.8	111.2	38.2	16.3
辽宁	126.3	110.8	12.1	12.0	123.7	30.0	18.6
吉林	124.4	112.8	12.4	12.4	107.5	22.3	14.4
黑龙江	131.6	117.4	13.8	13.8	103.4	24.5	15.2
上海	102.4	90.3	8.9	8.7	105.1	28.9	19.8
江苏	107.4	95.1	12.3	12.2	111.9	28.0	20.1
浙江	121.5	108.9	11.9	11.6	97.2	26.6	20.8
安徽	109.1	96.6	9.8	9.3	100.8	25.6	19.2
福建	104.3	94.7	9.6	9.0	91.5	32.5	25.5
江西	118.5	107.7	14.0	13.6	114.4	30.1	23.1
山东	114.5	103.9	9.1	9.1	106.5	24.7	14.5
河南	122.8	110.5	9.4	9.3	102.8	20.5	13.0
湖北	97.0	84.0	12.9	12.6	116.8	28.1	20.3
湖南	101.3	92.6	13.0	11.0	102.7	33.3	26.6
广东	96.5	88.5	9.2	8.9	97.9	36.3	28.2
广西	102.2	93.3	8.5	7.9	100.1	36.3	29.0
海南	93.9	87.2	7.9	7.3	111.9	36.5	30.3
重庆	111.9	97.0	15.1	14.0	137.0	42.4	34.1
四川	120.0	106.8	13.7	12.7	139.2	43.0	35.2
贵州	105.4	93.3	11.1	9.7	94.4	33.4	27.7
云南	109.3	98.1	9.7	8.0	112.6	30.4	23.2
西藏	148.7	145.0	16.4	12.8	63.0	41.8	9.9
陕西	112.7	99.2	10.6	10.5	97.1	16.3	11.4
甘肃	124.5	113.1	11.0	10.9	108.9	21.0	11.8
青海	100.9	93.9	9.0	8.9	84.4	26.5	11.4
宁夏	103.4	95.3	8.3	8.2	101.3	18.0	6.8
新疆	138.4	131.5	14.3	14.3	123.8	26.0	6.8

2-2-3-9 续表 单位：公斤/人

地　区			禽类	水产品	蛋类	奶类	干鲜瓜果类	食糖
	牛肉	羊肉						
全　国	**2.5**	**1.8**	**10.2**	**14.8**	**10.7**	**16.5**	**58.1**	**1.3**
北　京	3.1	3.1	5.9	9.0	12.1	24.8	65.0	1.2
天　津	3.2	3.5	5.9	17.9	18.3	18.3	81.5	1.2
河　北	2.4	2.1	5.5	8.2	14.9	23.0	70.1	1.2
山　西	1.2	2.0	2.6	3.1	10.6	18.9	57.8	0.8
内蒙古	5.9	11.0	6.5	6.7	11.0	29.5	68.1	1.7
辽　宁	3.6	2.3	6.3	18.8	14.8	19.9	79.4	1.4
吉　林	3.1	1.4	4.8	9.4	11.2	13.8	62.3	1.3
黑龙江	2.5	2.1	5.8	10.3	11.8	13.8	68.4	1.9
上　海	3.0	1.1	13.2	26.1	11.2	22.0	56.6	1.4
江　苏	2.2	1.1	12.3	20.2	10.9	18.6	49.5	1.1
浙　江	2.2	0.7	11.3	26.0	8.3	13.6	54.2	1.4
安　徽	2.5	1.3	12.0	12.8	11.6	13.6	48.3	0.8
福　建	2.4	1.0	11.3	29.6	9.4	13.5	45.4	1.6
江　西	2.7	0.5	10.5	16.3	8.0	14.4	49.9	1.1
山　东	1.9	1.7	6.9	15.9	17.9	22.9	80.3	1.0
河　南	1.9	1.9	7.1	5.7	14.9	17.9	66.3	1.2
湖　北	2.3	1.0	7.4	18.8	8.6	10.6	47.2	0.9
湖　南	2.7	0.9	11.2	15.9	7.6	8.4	60.6	1.3
广　东	2.2	0.9	19.1	23.5	7.3	9.7	43.5	1.3
广　西	3.0	1.2	20.8	14.1	6.4	9.8	50.7	1.7
海　南	2.7	1.0	24.4	30.9	6.0	7.0	42.2	1.3
重　庆	2.0	1.0	14.1	12.0	9.7	22.5	49.9	2.5
四　川	2.3	0.9	12.9	9.4	8.7	16.3	49.0	1.9
贵　州	2.2	0.3	8.5	4.2	5.9	11.5	45.4	1.2
云　南	3.1	0.6	8.5	6.1	5.6	10.1	44.8	1.4
西　藏	28.0	3.5	3.4	1.7	6.6	16.7	21.7	2.8
陕　西	1.0	1.7	3.8	3.5	9.0	19.6	60.2	0.9
甘　肃	2.5	3.6	4.8	3.9	9.2	24.6	78.7	1.8
青　海	5.4	7.7	4.1	3.4	6.8	23.1	44.3	1.1
宁　夏	3.7	5.8	6.4	4.3	6.9	20.3	80.3	1.3
新　疆	5.3	11.6	8.0	6.6	8.6	28.7	74.1	1.6

2-2-3-10　2016年分地区城镇居民年末主要耐用消费品拥有量

单位：平均每百户

地　区	家用汽车（辆）	摩托车（辆）	电动助力车（辆）	洗衣机（台）	电冰箱(柜)（台）	微波炉（台）	彩色电视机（台）
全　国	**35.5**	**20.9**	**49.7**	**94.2**	**96.4**	**55.3**	**122.3**
北　京	48.6	2.4	19.3	95.1	97.2	80.5	126.8
天　津	42.5	3.4	36.5	96.6	99.5	73.3	110.9
河　北	40.6	13.0	75.8	98.9	99.1	59.7	110.0
山　西	35.3	16.8	43.2	98.9	95.4	42.3	104.8
内蒙古	38.5	19.3	49.7	95.6	97.2	37.1	101.5
辽　宁	27.9	8.9	15.0	94.6	98.7	59.5	108.5
吉　林	23.0	14.7	9.0	95.5	95.8	45.4	103.5
黑龙江	16.0	9.5	8.3	92.6	93.7	35.6	100.5
上　海	30.2	3.6	56.5	94.8	99.9	89.0	184.9
江　苏	45.8	14.7	110.7	100.4	103.0	89.8	173.9
浙　江	53.3	11.1	74.3	90.2	97.9	60.2	173.8
安　徽	26.6	14.9	71.0	95.5	98.2	62.7	129.2
福　建	33.2	45.3	48.5	87.6	97.4	63.8	140.8
江　西	29.5	30.7	59.9	94.9	97.4	55.5	137.1
山　东	55.6	18.1	89.3	97.1	100.1	51.5	106.7
河　南	30.3	19.6	105.7	100.2	98.0	44.3	121.3
湖　北	23.6	30.5	27.4	94.2	98.1	50.3	117.7
湖　南	32.0	34.4	22.6	99.2	101.4	45.1	117.2
广　东	34.7	41.4	24.0	75.3	79.2	41.5	99.6
广　西	36.1	43.8	81.0	96.5	98.0	65.4	112.9
海　南	27.0	34.7	82.5	85.4	93.0	36.9	105.6
重　庆	25.4	16.8	6.2	97.2	101.4	64.6	129.8
四　川	30.1	19.9	25.0	97.9	98.8	48.1	123.8
贵　州	33.6	14.8	8.0	98.4	97.1	46.0	107.2
云　南	45.7	34.5	33.7	97.4	95.0	55.5	108.6
西　藏	36.0	9.0	17.5	92.1	99.6	43.3	134.2
陕　西	26.3	12.8	26.1	96.2	92.2	36.6	103.5
甘　肃	23.6	18.8	20.7	100.0	96.6	50.1	105.7
青　海	30.3	12.5	6.9	96.1	94.7	53.8	100.9
宁　夏	35.7	16.2	48.3	98.2	96.6	52.0	102.4
新　疆	31.6	9.7	26.7	98.1	102.3	37.3	101.6

2-2-3-10 续表 单位：平均每百户

地 区	空调（台）	热水器（台）	排油烟机（台）	移动电话（部）	计算机（台）	照相机（台）
全 国	**123.7**	**88.7**	**71.5**	**231.4**	**80.0**	**28.5**
北 京	166.3	92.7	85.9	223.4	103.4	58.4
天 津	140.6	92.3	84.2	228.3	78.0	32.7
河 北	123.8	91.2	79.5	223.4	76.1	31.2
山 西	39.6	68.1	73.8	224.9	76.6	22.7
内 蒙 古	12.8	59.7	63.7	222.2	61.6	23.1
辽 宁	35.3	76.9	78.4	210.7	71.3	29.5
吉 林	11.6	56.4	71.8	223.3	66.2	19.9
黑 龙 江	10.2	50.1	69.4	204.3	59.9	17.2
上 海	205.2	94.6	82.4	230.2	140.5	52.1
江 苏	206.0	106.0	82.8	241.0	94.2	34.9
浙 江	199.0	94.7	81.2	234.8	93.0	32.9
安 徽	156.0	101.8	69.6	221.9	71.2	20.6
福 建	165.5	100.2	65.6	249.1	89.2	23.0
江 西	134.4	94.7	66.9	228.5	75.5	21.1
山 东	121.6	95.5	81.6	222.4	80.2	38.9
河 南	155.1	87.4	68.8	234.4	74.6	21.8
湖 北	139.6	92.7	63.7	233.5	74.4	18.8
湖 南	155.0	96.0	70.1	249.5	78.3	24.8
广 东	156.0	85.3	59.3	228.2	87.0	32.2
广 西	128.6	100.4	62.3	260.1	88.7	25.0
海 南	120.4	93.9	59.6	255.0	76.0	14.7
重 庆	181.1	95.1	62.5	251.9	75.9	27.1
四 川	122.7	93.5	61.9	241.3	66.9	20.1
贵 州	31.1	87.9	53.8	248.4	62.7	16.1
云 南	3.9	93.6	68.1	248.8	66.8	27.1
西 藏	9.4	41.6	51.1	223.2	59.9	30.4
陕 西	93.1	78.3	67.0	224.1	66.8	23.4
甘 肃	11.7	75.9	75.6	237.2	69.3	26.9
青 海	1.3	49.9	75.2	220.3	56.8	19.8
宁 夏	14.0	91.5	77.3	248.8	71.2	21.3
新 疆	24.2	86.1	79.4	215.4	64.6	26.8

(四)2017年分地区城镇居民收支主要数据

2-2-4-1　2017年分地区城镇居民可支配收入

单位：元/人

地　区	可支配收入	一、工资性收入	二、经营净收入	三、财产净收入	四、转移净收入
全　国	**36396.2**	**22200.9**	**4064.7**	**3606.9**	**6523.6**
北　京	62406.3	37883.2	1293.4	10519.7	12710.0
天　津	40277.5	25302.5	2771.9	4037.4	8165.8
河　北	30547.8	19496.0	2139.2	2724.1	6188.5
山　西	29131.8	17831.0	2443.4	2190.1	6667.3
内蒙古	35670.0	21707.4	6349.3	1824.0	5789.3
辽　宁	34993.4	19256.7	4405.8	1874.1	9456.8
吉　林	28318.7	16917.1	2494.0	1402.1	7505.5
黑龙江	27446.0	15782.6	2896.6	1314.4	7452.3
上　海	62595.7	35995.0	1551.1	9975.7	15074.0
江　苏	43621.8	26298.3	4655.4	4625.0	8043.0
浙　江	51260.7	28817.7	7668.7	6911.3	7863.1
安　徽	31640.3	19756.2	4720.7	2310.9	4852.5
福　建	39001.4	23886.0	5159.0	4579.5	5376.9
江　西	31198.1	19794.9	2605.5	2630.5	6167.2
山　东	36789.4	23431.0	5193.9	3033.5	5130.9
河　南	29557.9	16833.5	4356.8	2545.0	5822.6
湖　北	31889.4	17915.2	4497.7	2594.5	6882.1
湖　南	33947.9	18765.9	4605.8	3204.1	7372.2
广　东	40975.1	30087.3	4560.8	5077.2	1249.8
广　西	30502.1	17943.2	4904.2	2390.0	5264.7
海　南	30817.4	20395.7	3180.6	2375.4	4865.7
重　庆	32193.2	18335.8	3685.3	2375.6	7796.6
四　川	30726.9	17299.3	3586.2	2626.8	7214.6
贵　州	29079.8	16552.6	4721.8	2184.9	5620.6
云　南	30995.9	16923.2	3814.9	4346.4	5911.4
西　藏	30671.1	23897.6	763.9	2469.7	3540.0
陕　西	30810.3	18105.7	2029.1	2155.7	8519.8
甘　肃	27763.4	18459.6	2132.1	2378.7	4793.0
青　海	29168.9	20568.3	1899.2	1612.5	5088.8
宁　夏	29472.3	19568.7	3062.3	1269.8	5571.6
新　疆	30774.8	20716.3	3179.7	1351.8	5527.0

2-2-4-2 2017年分地区城镇居民可支配收入构成

单位： %

地　区	可支配收入	一、工资性收入	二、经营净收入	三、财产净收入	四、转移净收入
全　国	**100.0**	**61.0**	**11.2**	**9.9**	**17.9**
北　京	100.0	60.7	2.1	16.9	20.4
天　津	100.0	62.8	6.9	10.0	20.3
河　北	100.0	63.8	7.0	8.9	20.3
山　西	100.0	61.2	8.4	7.5	22.9
内蒙古	100.0	60.9	17.8	5.1	16.2
辽　宁	100.0	55.0	12.6	5.4	27.0
吉　林	100.0	59.7	8.8	5.0	26.5
黑龙江	100.0	57.5	10.6	4.8	27.2
上　海	100.0	57.5	2.5	15.9	24.1
江　苏	100.0	60.3	10.7	10.6	18.4
浙　江	100.0	56.2	15.0	13.5	15.3
安　徽	100.0	62.4	14.9	7.3	15.3
福　建	100.0	61.2	13.2	11.7	13.8
江　西	100.0	63.4	8.4	8.4	19.8
山　东	100.0	63.7	14.1	8.2	13.9
河　南	100.0	57.0	14.7	8.6	19.7
湖　北	100.0	56.2	14.1	8.1	21.6
湖　南	100.0	55.3	13.6	9.4	21.7
广　东	100.0	73.4	11.1	12.4	3.1
广　西	100.0	58.8	16.1	7.8	17.3
海　南	100.0	66.2	10.3	7.7	15.8
重　庆	100.0	57.0	11.4	7.4	24.2
四　川	100.0	56.3	11.7	8.5	23.5
贵　州	100.0	56.9	16.2	7.5	19.3
云　南	100.0	54.6	12.3	14.0	19.1
西　藏	100.0	77.9	2.5	8.1	11.5
陕　西	100.0	58.8	6.6	7.0	27.7
甘　肃	100.0	66.5	7.7	8.6	17.3
青　海	100.0	70.5	6.5	5.5	17.4
宁　夏	100.0	66.4	10.4	4.3	18.9
新　疆	100.0	67.3	10.3	4.4	18.0

2-2-4-3　2017年分地区城镇居民现金可支配收入

单位：元/人

地　区	现金可支配收入	一、工资性收入	二、经营净收入	三、财产净收入	四、转移净收入
全　国	**33757.3**	**22072.7**	**4321.9**	**1234.1**	**6128.5**
北　京	52458.0	37716.4	1354.2	1817.6	11569.8
天　津	36803.4	25054.4	3036.9	1128.9	7583.1
河　北	28335.3	19462.8	2282.0	594.1	5996.5
山　西	27437.8	17780.8	2534.6	885.9	6236.5
内蒙古	34520.8	21702.6	6574.8	682.2	5561.2
辽　宁	33004.4	18968.2	4713.8	341.0	8981.4
吉　林	26975.7	16784.9	2718.1	306.5	7166.3
黑龙江	26597.1	15716.7	3376.2	305.2	7198.9
上　海	52061.8	35779.2	1623.0	950.6	13708.9
江　苏	39983.9	26178.2	4895.4	1368.6	7541.6
浙　江	47256.7	28531.9	8141.2	3250.1	7333.6
安　徽	29699.6	19602.1	5085.6	573.1	4438.8
福　建	35775.8	23753.0	5476.2	1471.7	5075.0
江　西	29285.6	19750.2	2765.3	758.9	6011.2
山　东	34781.3	23371.7	5478.8	1029.2	4901.6
河　南	27756.2	16802.1	4480.6	1032.7	5440.8
湖　北	29604.0	17809.3	4853.1	539.7	6401.8
湖　南	32524.4	18666.1	4957.4	1795.2	7105.6
广　东	37790.6	29755.0	4908.8	2121.2	1005.7
广　西	29200.1	17868.9	5250.5	1157.7	4922.9
海　南	28984.8	20367.2	3286.5	929.6	4401.4
重　庆	30452.5	18237.5	3818.4	935.4	7461.2
四　川	29190.6	17209.8	3808.8	1261.3	6910.7
贵　州	28062.6	16523.8	5115.3	916.3	5507.1
云　南	29181.8	16900.9	3904.1	2826.5	5550.2
西　藏	28899.0	23878.3	792.3	786.8	3441.7
陕　西	29261.1	18047.6	2111.1	1177.3	7925.2
甘　肃	26200.5	18425.1	2333.0	926.0	4516.4
青　海	27927.3	20533.3	2156.0	613.3	4624.7
宁　夏	28188.2	19536.6	3270.9	284.6	5096.0
新　疆	29407.0	20648.8	3380.1	182.6	5195.5

2-2-4-4 2017年分地区城镇居民现金可支配收入构成

单位：%

地区	现金可支配收入	一、工资性收入	二、经营净收入	三、财产净收入	四、转移净收入
全国	**100.0**	**65.4**	**12.8**	**3.7**	**18.2**
北京	100.0	71.9	2.6	3.5	22.1
天津	100.0	68.1	8.3	3.1	20.6
河北	100.0	68.7	8.1	2.1	21.2
山西	100.0	64.8	9.2	3.2	22.7
内蒙古	100.0	62.9	19.0	2.0	16.1
辽宁	100.0	57.5	14.3	1.0	27.2
吉林	100.0	62.2	10.1	1.1	26.6
黑龙江	100.0	59.1	12.7	1.1	27.1
上海	100.0	68.7	3.1	1.8	26.3
江苏	100.0	65.5	12.2	3.4	18.9
浙江	100.0	60.4	17.2	6.9	15.5
安徽	100.0	66.0	17.1	1.9	14.9
福建	100.0	66.4	15.3	4.1	14.2
江西	100.0	67.4	9.4	2.6	20.5
山东	100.0	67.2	15.8	3.0	14.1
河南	100.0	60.5	16.1	3.7	19.6
湖北	100.0	60.2	16.4	1.8	21.6
湖南	100.0	57.4	15.2	5.5	21.8
广东	100.0	78.7	13.0	5.6	2.7
广西	100.0	61.2	18.0	4.0	16.9
海南	100.0	70.3	11.3	3.2	15.2
重庆	100.0	59.9	12.5	3.1	24.5
四川	100.0	59.0	13.0	4.3	23.7
贵州	100.0	58.9	18.2	3.3	19.6
云南	100.0	57.9	13.4	9.7	19.0
西藏	100.0	82.6	2.7	2.7	11.9
陕西	100.0	61.7	7.2	4.0	27.1
甘肃	100.0	70.3	8.9	3.5	17.2
青海	100.0	73.5	7.7	2.2	16.6
宁夏	100.0	69.3	11.6	1.0	18.1
新疆	100.0	70.2	11.5	0.6	17.7

2-2-4-5 2017年分地区城镇居民消费支出

单位：元/人

地区	消费支出	一、食品烟酒支出	二、衣着支出	三、居住支出
全国	**24445.0**	**7001.0**	**1757.9**	**5564.0**
北京	40346.3	8003.3	2428.7	13347.4
天津	30283.6	9456.2	2118.9	6469.9
河北	20600.3	5067.1	1688.8	5047.6
山西	18404.0	4244.2	1774.4	3866.6
内蒙古	23637.8	6468.8	2576.7	4108.0
辽宁	25379.4	6988.3	2167.9	4510.5
吉林	20051.2	5168.7	1954.1	3800.0
黑龙江	19269.8	5247.0	1920.8	3644.1
上海	42304.3	10456.5	1827.0	14749.0
江苏	27726.3	7616.2	1838.5	6773.5
浙江	31924.2	8906.1	1925.7	8413.5
安徽	20740.2	6665.3	1544.1	4234.6
福建	25980.5	8551.6	1438.0	6829.1
江西	19244.5	5994.0	1531.2	4588.8
山东	23072.1	6179.6	2033.6	4894.8
河南	19422.3	5187.8	1779.3	4226.6
湖北	21275.6	6542.5	1544.8	4669.4
湖南	23162.6	6585.0	1682.4	4353.2
广东	30197.9	9711.7	1587.1	7127.8
广西	18348.6	6098.5	908.1	3884.6
海南	20371.9	7575.3	895.7	3855.9
重庆	22759.2	7305.3	1950.9	3960.4
四川	21990.6	7329.3	1723.3	3906.2
贵州	20347.8	6242.6	1570.0	3819.8
云南	19559.7	5665.1	1144.2	3904.8
西藏	21087.5	9253.6	1973.3	4183.6
陕西	20388.2	5798.6	1627.0	3796.5
甘肃	20659.4	6032.6	1905.8	3828.3
青海	21473.0	6060.8	1901.1	3836.8
宁夏	20219.5	4952.2	1768.1	3680.3
新疆	22796.9	6359.6	2025.3	3954.7

2-2-4-5 续表 单位：元/人

地 区	四、生活用品及服务支出	五、交通通信支出	六、教育文化娱乐支出	七、医疗保健支出	八、其他用品及服务支出
全 国	**1525.0**	**3321.5**	**2846.6**	**1777.4**	**651.5**
北 京	2633.0	5395.5	4325.2	3088.0	1125.1
天 津	1773.8	3924.2	2979.0	2599.5	962.2
河 北	1485.1	2923.3	2172.7	1737.3	478.4
山 西	1093.8	2658.2	2559.4	1741.4	465.9
内蒙古	1670.2	3511.3	2636.7	1907.3	758.8
辽 宁	1536.8	3770.7	3164.3	2380.1	860.6
吉 林	1114.9	2785.2	2445.4	2164.0	619.0
黑龙江	1030.8	2563.9	2289.5	1966.7	606.9
上 海	1927.9	4253.5	5087.2	2734.7	1268.5
江 苏	1708.6	3971.6	3450.5	1573.7	793.6
浙 江	1617.4	4955.8	3521.1	1871.8	713.0
安 徽	1215.0	2914.3	2372.2	1274.5	520.1
福 建	1478.1	3353.0	2483.5	1235.1	612.1
江 西	1196.2	2156.9	2235.4	1044.3	497.7
山 东	1736.5	3284.4	2622.5	1780.6	540.2
河 南	1572.1	2269.6	2226.9	1611.5	548.5
湖 北	1287.2	2131.7	2420.9	2165.5	513.6
湖 南	1492.6	2904.6	3972.9	1693.0	478.9
广 东	1782.8	4285.5	3284.3	1503.6	915.1
广 西	1093.3	2607.3	2151.5	1254.2	351.0
海 南	1102.8	2811.5	2236.1	1505.1	389.5
重 庆	1592.1	2992.0	2528.5	1882.5	547.5
四 川	1403.8	3198.3	2221.9	1595.6	612.1
贵 州	1359.2	2889.0	2731.3	1244.0	491.9
云 南	1162.7	3113.6	2363.1	1786.6	419.5
西 藏	1161.8	2312.5	1044.0	639.7	519.0
陕 西	1486.6	2394.7	2617.9	2140.8	526.1
甘 肃	1358.0	2952.6	2341.9	1741.2	499.1
青 海	1398.8	3241.3	2528.3	1948.6	557.2
宁 夏	1257.1	3470.9	2629.7	1936.6	524.5
新 疆	1590.0	3545.2	2629.5	2065.6	627.1

2-2-4-6 2017年分地区城镇居民消费支出构成

单位：%

地区	消费支出	一、食品烟酒支出	二、衣着支出	三、居住支出
全国	**100.0**	**28.6**	**7.2**	**22.8**
北京	100.0	19.8	6.0	33.1
天津	100.0	31.2	7.0	21.4
河北	100.0	24.6	8.2	24.5
山西	100.0	23.1	9.6	21.0
内蒙古	100.0	27.4	10.9	17.4
辽宁	100.0	27.5	8.5	17.8
吉林	100.0	25.8	9.7	19.0
黑龙江	100.0	27.2	10.0	18.9
上海	100.0	24.7	4.3	34.9
江苏	100.0	27.5	6.6	24.4
浙江	100.0	27.9	6.0	26.4
安徽	100.0	32.1	7.4	20.4
福建	100.0	32.9	5.5	26.3
江西	100.0	31.1	8.0	23.8
山东	100.0	26.8	8.8	21.2
河南	100.0	26.7	9.2	21.3
湖北	100.0	30.8	7.3	21.9
湖南	100.0	28.4	7.3	18.3
广东	100.0	32.2	5.3	23.5
广西	100.0	33.2	4.9	21.2
海南	100.0	37.2	4.4	18.9
重庆	100.0	32.1	8.6	17.4
四川	100.0	33.3	7.8	17.8
贵州	100.0	30.7	7.7	18.8
云南	100.0	29.0	5.8	20.0
西藏	100.0	43.9	9.4	19.8
陕西	100.0	28.4	8.0	18.6
甘肃	100.0	29.2	9.2	18.5
青海	100.0	28.2	8.9	17.9
宁夏	100.0	24.5	8.7	18.2
新疆	100.0	27.9	8.9	17.3

2-2-4-6　续表　　　　单位：%

地　　区	四、生活用品及服务支出	五、交通通信支出	六、教育文化娱乐支出	七、医疗保健支出	八、其他用品及服务支出
全　　国	**6.2**	**13.6**	**11.6**	**7.3**	**2.7**
北　　京	6.5	13.4	10.7	7.7	2.8
天　　津	5.9	13.0	9.8	8.6	3.2
河　　北	7.2	14.2	10.5	8.4	2.3
山　　西	5.9	14.4	13.9	9.5	2.5
内 蒙 古	7.1	14.9	11.2	8.1	3.2
辽　　宁	6.1	14.9	12.5	9.4	3.4
吉　　林	5.6	13.9	12.2	10.8	3.1
黑 龙 江	5.3	13.3	11.9	10.2	3.1
上　　海	4.6	10.1	12.0	6.5	3.0
江　　苏	6.2	14.3	12.4	5.7	2.9
浙　　江	5.1	15.5	11.0	5.9	2.2
安　　徽	5.9	14.1	11.4	6.1	2.5
福　　建	5.7	12.9	9.6	4.8	2.4
江　　西	6.2	11.2	11.6	5.4	2.6
山　　东	7.5	14.2	11.4	7.7	2.3
河　　南	8.1	11.7	11.5	8.3	2.8
湖　　北	6.1	10.0	11.4	10.2	2.4
湖　　南	6.4	12.5	17.2	7.3	2.1
广　　东	5.9	14.2	10.9	5.0	3.0
广　　西	6.0	14.2	11.7	6.8	1.9
海　　南	5.4	13.8	11.0	7.4	1.9
重　　庆	7.0	13.1	11.1	8.3	2.4
四　　川	6.4	14.5	10.1	7.3	2.8
贵　　州	6.7	14.2	13.4	6.1	2.4
云　　南	5.9	15.9	12.1	9.1	2.1
西　　藏	5.5	11.0	5.0	3.0	2.5
陕　　西	7.3	11.7	12.8	10.5	2.6
甘　　肃	6.6	14.3	11.3	8.4	2.4
青　　海	6.5	15.1	11.8	9.1	2.6
宁　　夏	6.2	17.2	13.0	9.6	2.6
新　　疆	7.0	15.6	11.5	9.1	2.8

2-2-4-7　2017年分地区城镇居民现金消费支出

单位：元/人

地　区	现金消费支出	一、食品烟酒支出	二、衣着支出	三、居住支出
全　国	**20329.4**	**6861.2**	**1757.3**	**1986.8**
北　京	28481.6	7871.3	2428.2	2752.0
天　津	25211.8	9260.1	2118.5	2194.6
河　北	17233.1	5039.3	1688.8	1903.7
山　西	15825.9	4179.4	1773.9	1772.5
内蒙古	21271.0	6450.3	2576.6	1986.3
辽　宁	21975.8	6761.0	2167.0	1839.6
吉　林	17597.6	5034.8	1951.8	1824.0
黑龙江	17090.2	5181.7	1920.8	1775.5
上　海	28780.8	10268.5	1826.9	2809.5
江　苏	22349.1	7461.5	1838.1	2051.9
浙　江	25581.8	8618.0	1924.8	2905.0
安　徽	17440.5	6480.4	1543.3	1529.2
福　建	20969.3	8398.3	1437.7	2285.4
江　西	16277.3	5940.7	1531.1	1838.6
山　东	19655.8	6105.5	2033.5	1779.7
河　南	16641.0	5144.9	1779.1	1869.3
湖　北	17618.6	6399.0	1543.8	1634.5
湖　南	20385.8	6438.1	1682.0	1992.7
广　东	25221.1	9471.8	1586.2	2648.0
广　西	15559.7	5914.2	907.8	1614.7
海　南	17559.6	7490.0	895.7	1573.3
重　庆	19692.1	7103.5	1950.1	1432.7
四　川	19118.4	7126.8	1721.0	1534.1
贵　州	18016.9	6182.9	1569.9	1656.6
云　南	16364.2	5530.9	1144.2	1201.8
西　藏	18216.1	9219.8	1972.4	1429.0
陕　西	17853.7	5747.4	1626.6	1910.7
甘　肃	18078.3	5983.5	1905.3	1566.5
青　海	19145.3	6022.7	1901.1	2010.0
宁　夏	17763.9	4894.0	1768.1	1761.1
新　疆	20362.2	6286.4	2024.7	1922.4

2-2-4-7 续表　　　　　　　　　　　　　　　　　　　　　　　　　　　单位：元/人

地　区	四、生活用品及服务支出	五、交通通信支出	六、教育文化娱乐支出	七、医疗保健支出	八、其他用品及服务支出
全　国	**1514.5**	**3315.6**	**2845.4**	**1403.7**	**644.8**
北　京	2632.0	5394.7	4325.0	1954.0	1124.6
天　津	1772.0	3881.7	2977.4	2055.0	952.6
河　北	1482.6	2917.8	2172.5	1552.5	476.0
山　西	1091.0	2656.7	2559.4	1331.6	461.4
内蒙古	1670.1	3511.3	2636.7	1681.4	758.4
辽　宁	1525.4	3748.2	3164.0	1935.8	834.8
吉　林	1111.7	2772.8	2444.9	1839.1	618.4
黑龙江	1030.4	2563.5	2289.5	1722.6	606.1
上　海	1926.8	4237.0	5085.5	1374.3	1252.2
江　苏	1686.3	3970.2	3449.1	1104.3	787.8
浙　江	1602.3	4947.7	3515.0	1367.5	701.4
安　徽	1209.2	2912.2	2371.9	878.1	516.1
福　建	1469.1	3345.9	2481.5	941.2	610.2
江　西	1195.7	2153.2	2235.2	893.8	489.0
山　东	1711.2	3282.9	2622.2	1586.0	534.7
河　南	1570.0	2268.1	2226.9	1237.1	545.7
湖　北	1285.6	2124.2	2417.9	1707.2	506.4
湖　南	1489.0	2902.4	3972.3	1433.0	476.4
广　东	1760.2	4273.4	3281.5	1292.2	907.8
广　西	1075.7	2599.4	2150.8	956.1	341.1
海　南	1099.8	2810.2	2236.1	1065.1	389.2
重　庆	1576.3	2988.1	2527.7	1577.6	536.1
四　川	1394.2	3197.2	2220.3	1321.9	602.9
贵　州	1356.0	2887.3	2731.3	1145.8	487.1
云　南	1146.6	3113.6	2363.1	1450.6	413.6
西　藏	1161.3	2312.5	1040.8	563.7	516.4
陕　西	1467.0	2393.6	2617.1	1576.8	514.5
甘　肃	1348.8	2951.7	2341.2	1490.1	491.2
青　海	1396.5	3239.6	2528.3	1490.8	556.4
宁　夏	1252.2	3465.3	2629.7	1471.5	522.1
新　疆	1589.3	3543.1	2629.5	1742.2	624.6

2-2-4-8　2017年分地区城镇居民现金消费支出构成

单位：%

地　　区	现金消费支出	一、食品烟酒支出	二、衣着支出	三、居住支出
全　　国	**100.0**	**33.8**	**8.6**	**9.8**
北　　京	100.0	27.6	8.5	9.7
天　　津	100.0	36.7	8.4	8.7
河　　北	100.0	29.2	9.8	11.0
山　　西	100.0	26.4	11.2	11.2
内 蒙 古	100.0	30.3	12.1	9.3
辽　　宁	100.0	30.8	9.9	8.4
吉　　林	100.0	28.6	11.1	10.4
黑 龙 江	100.0	30.3	11.2	10.4
上　　海	100.0	35.7	6.3	9.3
江　　苏	100.0	33.4	8.2	9.2
浙　　江	100.0	33.7	7.5	11.4
安　　徽	100.0	37.2	8.8	8.8
福　　建	100.0	40.1	6.9	10.9
江　　西	100.0	36.5	9.4	11.3
山　　东	100.0	31.1	10.3	9.1
河　　南	100.0	30.9	10.7	11.2
湖　　北	100.0	36.3	8.8	9.3
湖　　南	100.0	31.6	8.3	9.8
广　　东	100.0	37.6	6.3	10.5
广　　西	100.0	38.0	5.8	10.4
海　　南	100.0	42.7	5.1	9.0
重　　庆	100.0	36.1	9.9	7.3
四　　川	100.0	37.3	9.0	8.0
贵　　州	100.0	34.3	8.7	9.2
云　　南	100.0	33.8	7.0	7.3
西　　藏	100.0	50.6	10.8	7.8
陕　　西	100.0	32.2	9.1	10.7
甘　　肃	100.0	33.1	10.5	8.7
青　　海	100.0	31.5	9.9	10.5
宁　　夏	100.0	27.6	10.0	9.9
新　　疆	100.0	30.9	9.9	9.4

2-2-4-8 续表

单位： %

地　区	四、生活用品及服务支出	五、交通通信支出	六、教育文化娱乐支出	七、医疗保健支出	八、其他用品及服务支出
全　国	**7.4**	**16.3**	**14.0**	**6.9**	**3.2**
北　京	9.2	18.9	15.2	6.9	3.9
天　津	7.0	15.4	11.8	8.2	3.8
河　北	8.6	16.9	12.6	9.0	2.8
山　西	6.9	16.8	16.2	8.4	2.9
内蒙古	7.9	16.5	12.4	7.9	3.6
辽　宁	6.9	17.1	14.4	8.8	3.8
吉　林	6.3	15.8	13.9	10.5	3.5
黑龙江	6.0	15.0	13.4	10.1	3.5
上　海	6.7	14.7	17.7	4.8	4.4
江　苏	7.5	17.8	15.4	4.9	3.5
浙　江	6.3	19.3	13.7	5.3	2.7
安　徽	6.9	16.7	13.6	5.0	3.0
福　建	7.0	16.0	11.8	4.5	2.9
江　西	7.3	13.2	13.7	5.5	3.0
山　东	8.7	16.7	13.3	8.1	2.7
河　南	9.4	13.6	13.4	7.4	3.3
湖　北	7.3	12.1	13.7	9.7	2.9
湖　南	7.3	14.2	19.5	7.0	2.3
广　东	7.0	16.9	13.0	5.1	3.6
广　西	6.9	16.7	13.8	6.1	2.2
海　南	6.3	16.0	12.7	6.1	2.2
重　庆	8.0	15.2	12.8	8.0	2.7
四　川	7.3	16.7	11.6	6.9	3.2
贵　州	7.5	16.0	15.2	6.4	2.7
云　南	7.0	19.0	14.4	8.9	2.5
西　藏	6.4	12.7	5.7	3.1	2.8
陕　西	8.2	13.4	14.7	8.8	2.9
甘　肃	7.5	16.3	13.0	8.2	2.7
青　海	7.3	16.9	13.2	7.8	2.9
宁　夏	7.0	19.5	14.8	8.3	2.9
新　疆	7.8	17.4	12.9	8.6	3.1

2-2-4-9 2017年分地区城镇居民家庭主要食品消费量

单位：公斤／人

地 区	粮食(原粮)	谷物	食用油	植物油	蔬菜	肉类	猪肉
全 国	**109.7**	**98.6**	**10.7**	**10.3**	**106.7**	**29.2**	**20.6**
北 京	72.4	64.0	8.2	8.2	92.4	23.1	12.4
天 津	112.9	102.6	10.5	10.4	120.0	27.5	16.2
河 北	114.8	104.0	9.1	9.1	100.4	23.0	13.7
山 西	114.3	100.8	8.3	8.3	88.7	16.8	10.5
内蒙古	140.8	127.6	9.6	9.4	99.8	35.3	15.5
辽 宁	119.9	105.2	11.7	11.6	122.7	29.9	18.5
吉 林	127.8	116.1	12.6	12.5	104.5	23.0	14.9
黑龙江	132.6	118.5	13.9	13.8	104.9	25.5	15.9
上 海	94.8	83.7	8.6	8.5	101.4	27.7	18.9
江 苏	103.9	92.0	12.2	12.1	113.8	28.4	20.5
浙 江	118.2	105.6	11.8	11.5	97.4	27.3	21.2
安 徽	107.0	94.9	9.8	9.4	103.5	26.1	19.7
福 建	99.7	90.7	8.9	8.3	88.8	32.3	25.5
江 西	112.4	102.1	14.4	14.2	115.9	31.9	23.9
山 东	111.2	101.4	8.6	8.6	102.8	24.5	14.5
河 南	119.7	107.9	9.3	9.2	99.2	20.5	12.9
湖 北	92.1	80.0	11.0	10.8	119.5	28.9	21.0
湖 南	103.5	94.6	13.2	11.2	106.7	35.0	27.9
广 东	93.8	85.9	9.0	8.7	100.8	36.6	28.2
广 西	97.7	89.1	8.8	8.1	99.1	36.6	29.3
海 南	89.9	84.0	9.7	9.0	108.4	33.8	27.6
重 庆	116.3	101.9	15.6	14.4	136.3	42.5	34.0
四 川	130.7	117.3	13.2	12.4	139.3	43.8	35.8
贵 州	100.8	89.1	10.7	9.4	91.2	33.7	28.2
云 南	105.7	93.9	9.5	7.9	106.5	31.0	23.6
西 藏	185.3	178.3	23.7	19.2	74.9	50.0	14.1
陕 西	122.4	107.1	10.9	10.7	107.4	17.4	11.8
甘 肃	119.6	108.1	10.6	10.5	104.3	20.9	12.1
青 海	95.4	88.5	9.3	9.2	79.6	25.4	11.6
宁 夏	95.9	89.2	7.6	7.6	96.6	17.1	6.6
新 疆	132.5	126.2	14.0	14.0	117.1	24.3	6.5

2-2-4-9 续表 单位：公斤/人

地　　区	牛肉	羊肉	禽类	水产品	蛋类	奶类	干鲜瓜果类	食糖
全　　国	**2.6**	**1.6**	**9.7**	**14.8**	**10.9**	**16.5**	**59.9**	**1.3**
北　　京	3.1	2.8	5.7	9.0	12.1	24.0	65.8	1.0
天　　津	3.5	3.3	6.0	17.8	18.6	18.4	86.1	1.4
河　　北	2.4	1.9	5.1	7.9	15.1	20.8	70.6	1.0
山　　西	1.3	1.7	2.9	3.4	11.5	19.9	64.0	0.9
内 蒙 古	5.3	9.6	5.9	6.2	10.4	28.4	69.4	1.6
辽　　宁	3.6	1.9	6.1	18.3	15.3	20.1	78.7	1.4
吉　　林	3.3	1.1	5.0	9.4	11.9	14.0	62.8	1.3
黑 龙 江	2.6	1.9	5.7	10.2	12.7	14.6	71.1	1.9
上　　海	3.1	0.9	12.7	25.5	10.7	21.8	57.7	1.3
江　　苏	2.3	0.9	11.3	20.3	11.3	18.1	51.6	1.1
浙　　江	2.3	0.7	11.5	26.4	8.8	13.4	56.3	1.4
安　　徽	2.6	1.1	10.3	12.4	12.0	14.1	53.4	0.9
福　　建	2.4	0.9	10.7	28.8	9.2	13.2	46.9	1.6
江　　西	3.1	0.6	10.2	17.0	8.2	15.7	51.2	1.2
山　　东	1.9	1.5	6.5	15.8	17.9	21.9	80.5	0.9
河　　南	1.8	1.8	6.5	5.4	15.9	18.3	68.1	1.2
湖　　北	2.4	0.8	6.5	18.5	7.9	9.5	49.8	0.8
湖　　南	3.0	0.9	10.5	15.0	8.1	8.9	62.1	1.4
广　　东	2.5	0.9	19.3	24.5	7.6	9.7	45.5	1.3
广　　西	3.2	1.2	20.1	14.3	6.4	9.6	51.6	1.6
海　　南	2.7	1.0	22.9	29.4	5.5	6.6	40.5	1.2
重　　庆	2.1	1.0	14.1	12.7	9.8	22.6	50.2	2.4
四　　川	2.7	0.7	11.9	9.5	8.9	16.9	51.2	1.8
贵　　州	2.1	0.3	7.4	4.2	5.6	11.1	46.5	1.2
云　　南	3.0	0.6	8.1	5.8	5.2	10.4	45.1	1.6
西　　藏	21.5	14.0	5.1	3.0	8.5	21.2	32.7	1.1
陕　　西	1.1	1.5	3.8	4.0	10.3	21.5	70.3	1.0
甘　　肃	2.6	3.0	5.2	4.2	9.3	24.5	78.0	1.9
青　　海	5.4	6.4	4.2	3.3	6.7	24.8	42.5	1.1
宁　　夏	3.9	5.1	6.1	3.8	6.8	18.7	77.9	1.4
新　　疆	5.5	10.0	7.7	6.1	9.0	30.4	71.8	1.5

2-2-4-10　2017年分地区城镇居民年末主要耐用消费品拥有量

单位：平均每百户

地　区	家用汽车(辆)	摩托车(辆)	电动助力车(辆)	洗衣机(台)	电冰箱(柜)(台)	微波炉(台)	彩色电视机(台)
全　国	**37.5**	**20.8**	**53.1**	**95.7**	**98.0**	**56.9**	**123.8**
北　京	49.2	2.5	20.6	96.1	97.8	81.2	127.8
天　津	43.1	2.6	38.3	97.5	100.3	74.5	111.1
河　北	42.6	13.0	78.9	99.4	99.1	60.2	110.2
山　西	36.1	16.6	43.7	99.9	96.0	43.9	105.2
内 蒙 古	41.0	18.8	51.3	96.4	98.6	38.3	101.7
辽　宁	29.2	8.8	16.0	95.7	99.9	60.0	109.2
吉　林	24.8	15.1	9.3	96.2	96.3	45.8	104.1
黑 龙 江	16.8	9.3	9.4	94.3	95.4	36.1	100.9
上　海	31.5	3.5	58.6	96.1	101.3	90.1	187.6
江　苏	47.5	14.1	115.3	101.2	104.1	91.5	176.5
浙　江	55.5	11.8	79.3	92.5	100.3	61.8	179.1
安　徽	28.6	14.7	77.8	97.3	100.2	65.9	133.8
福　建	36.3	44.6	52.9	89.7	98.6	65.5	142.5
江　西	33.2	29.8	64.7	95.8	98.4	58.1	138.3
山　东	59.2	17.4	93.5	98.0	101.5	53.4	106.8
河　南	31.6	18.9	110.3	101.6	99.2	46.1	121.6
湖　北	25.2	31.5	29.4	95.8	100.3	51.6	118.8
湖　南	34.3	35.3	25.6	100.8	102.5	46.5	119.1
广　东	36.7	42.6	28.1	78.1	83.2	43.7	102.0
广　西	38.5	41.8	87.2	98.8	99.8	66.4	113.9
海　南	30.1	34.0	86.0	87.6	94.7	38.3	107.2
重　庆	28.1	17.5	6.4	98.2	102.3	65.2	129.5
四　川	33.6	19.8	27.4	98.8	100.4	51.7	125.3
贵　州	35.0	14.0	10.1	99.6	98.6	46.9	108.4
云　南	46.9	34.3	37.5	99.2	96.4	57.6	109.3
西　藏	41.4	11.5	18.6	95.0	102.5	42.3	135.3
陕　西	26.9	13.1	28.6	98.0	94.4	38.3	105.1
甘　肃	26.9	17.5	20.5	101.2	97.3	50.4	106.0
青　海	31.8	12.7	7.4	96.5	96.2	55.8	100.6
宁　夏	37.6	14.5	52.5	99.1	97.0	54.6	103.5
新　疆	35.7	9.7	29.0	99.8	104.0	39.2	102.7

2-2-4-10 续表　　　　单位：平均每百户

地 区	空调（台）	热水器（台）	排油烟机（台）	移动电话（部）	计算机（台）	照相机（台）
全 国	**128.6**	**90.7**	**73.7**	**235.4**	**80.8**	**29.1**
北 京	169.8	93.5	86.6	226.1	104.8	59.4
天 津	145.3	93.9	86.1	229.2	79.2	33.8
河 北	126.2	91.7	79.9	226.5	76.4	32.0
山 西	41.9	68.7	74.8	228.6	77.9	22.3
内蒙古	13.9	61.0	65.1	224.3	62.2	22.9
辽 宁	39.3	78.9	81.5	212.8	72.3	30.4
吉 林	12.7	58.1	73.0	225.1	66.7	21.5
黑龙江	11.3	52.0	72.0	207.7	59.8	17.6
上 海	210.2	96.6	84.8	232.8	140.2	51.6
江 苏	211.1	107.8	85.5	243.5	96.8	38.3
浙 江	206.0	98.4	83.4	242.3	95.6	32.4
安 徽	164.6	103.9	72.3	229.8	71.2	20.3
福 建	171.1	102.5	68.7	252.0	89.2	23.1
江 西	141.9	96.9	70.4	234.6	77.3	20.5
山 东	128.1	96.6	83.3	226.0	81.1	41.3
河 南	161.4	89.3	69.8	236.5	73.1	20.3
湖 北	141.9	94.3	66.6	234.6	73.8	21.8
湖 南	159.8	98.2	74.2	254.0	79.6	24.4
广 东	164.9	88.8	61.9	234.8	88.3	32.0
广 西	133.8	103.3	64.4	267.7	88.3	23.5
海 南	126.5	95.2	63.6	263.3	76.8	14.6
重 庆	183.9	95.5	62.1	256.7	74.8	26.9
四 川	130.4	96.4	65.2	245.3	67.6	20.6
贵 州	34.5	90.7	55.0	256.7	64.4	16.6
云 南	4.5	95.9	70.0	253.9	67.0	27.6
西 藏	10.1	41.3	50.3	225.5	60.5	31.2
陕 西	98.1	80.3	68.6	223.3	71.0	26.7
甘 肃	12.7	77.9	77.8	240.1	70.8	26.5
青 海	1.4	53.3	76.5	222.7	57.5	18.2
宁 夏	14.9	93.6	80.7	253.5	72.7	20.0
新 疆	26.2	85.7	80.8	226.7	65.1	27.7

（五）2018年分地区城镇居民收支主要数据

2-2-5-1 2018年分地区城镇居民可支配收入

单位：元/人

地区	可支配收入	一、工资性收入	二、经营净收入	三、财产净收入	四、转移净收入
全国	**39250.8**	**23792.2**	**4442.6**	**4027.7**	**6988.3**
北京	67989.9	40489.3	1072.9	11982.4	14445.3
天津	42976.3	27557.0	2923.8	4149.8	8345.6
河北	32977.2	20988.0	2436.2	2966.0	6587.0
山西	31034.8	18572.4	2574.3	2286.1	7602.0
内蒙古	38304.7	23302.3	7127.6	2070.2	5804.5
辽宁	37341.9	20626.2	4638.9	1845.7	10231.1
吉林	30171.9	18978.2	2789.5	1603.7	6800.5
黑龙江	29191.3	16705.7	3301.8	1386.8	7797.1
上海	68033.6	39145.5	1828.6	10653.1	16406.4
江苏	47200.0	28136.3	5053.4	5317.4	8692.9
浙江	55574.3	31148.0	8316.1	7586.4	8523.9
安徽	34393.1	20974.0	5548.1	2708.3	5162.8
福建	42121.3	25890.9	5573.9	4983.2	5673.3
江西	33819.4	21451.1	2824.2	2950.5	6593.6
山东	39549.4	25040.7	5583.9	3337.0	5587.8
河南	31874.2	18049.3	4531.7	3161.6	6131.6
湖北	34454.6	18997.1	4796.6	2953.9	7707.1
湖南	36698.3	20021.5	5252.5	3715.3	7708.9
广东	44341.0	32180.1	4872.6	5816.6	1471.7
广西	32436.1	18083.9	5594.9	2889.6	5867.6
海南	33348.7	21506.3	3348.6	3244.3	5249.4
重庆	34889.3	20054.0	3973.1	2536.2	8326.1
四川	33215.9	19032.7	3899.5	2696.3	7587.4
贵州	31591.9	17392.1	5262.4	3066.0	5871.4
云南	33487.9	18743.9	3855.1	4518.4	6370.5
西藏	33797.4	25499.8	912.0	2989.0	4396.6
陕西	33319.3	19352.5	2581.9	2450.9	8933.9
甘肃	29957.0	19930.1	2333.8	2527.5	5165.6
青海	31514.5	21718.7	2089.2	1673.6	6033.1
宁夏	31895.2	21337.5	3354.2	1348.8	5854.7
新疆	32763.5	21953.0	3414.0	1433.6	5963.1

2-2-5-2 2018年分地区城镇居民可支配收入构成

单位：%

地区	可支配收入	一、工资性收入	二、经营净收入	三、财产净收入	四、转移净收入
全　国	**100.0**	**60.6**	**11.3**	**10.3**	**17.8**
北　京	100.0	59.6	1.6	17.6	21.2
天　津	100.0	64.1	6.8	9.7	19.4
河　北	100.0	63.6	7.4	9.0	20.0
山　西	100.0	59.8	8.3	7.4	24.5
内蒙古	100.0	60.8	18.6	5.4	15.2
辽　宁	100.0	55.2	12.4	4.9	27.4
吉　林	100.0	62.9	9.2	5.3	22.5
黑龙江	100.0	57.2	11.3	4.8	26.7
上　海	100.0	57.5	2.7	15.7	24.1
江　苏	100.0	59.6	10.7	11.3	18.4
浙　江	100.0	56.0	15.0	13.7	15.3
安　徽	100.0	61.0	16.1	7.9	15.0
福　建	100.0	61.5	13.2	11.8	13.5
江　西	100.0	63.4	8.4	8.7	19.5
山　东	100.0	63.3	14.1	8.4	14.1
河　南	100.0	56.6	14.2	9.9	19.2
湖　北	100.0	55.1	13.9	8.6	22.4
湖　南	100.0	54.6	14.3	10.1	21.0
广　东	100.0	72.6	11.0	13.1	3.3
广　西	100.0	55.8	17.2	8.9	18.1
海　南	100.0	64.5	10.0	9.7	15.7
重　庆	100.0	57.5	11.4	7.3	23.9
四　川	100.0	57.3	11.7	8.1	22.8
贵　州	100.0	55.1	16.7	9.7	18.6
云　南	100.0	56.0	11.5	13.5	19.0
西　藏	100.0	75.4	2.7	8.8	13.0
陕　西	100.0	58.1	7.7	7.4	26.8
甘　肃	100.0	66.5	7.8	8.4	17.2
青　海	100.0	68.9	6.6	5.3	19.1
宁　夏	100.0	66.9	10.5	4.2	18.4
新　疆	100.0	67.0	10.4	4.4	18.2

2-2-5-3　2018年分地区城镇居民现金可支配收入

单位：元/人

地　区	现金可支配收入	一、工资性收入	二、经营净收入	三、财产净收入	四、转移净收入
全　国	**36316.2**	**23670.9**	**4808.0**	**1311.6**	**6525.7**
北　京	56676.7	40408.1	1320.2	1900.2	13048.2
天　津	38931.2	27393.2	3144.8	874.9	7518.3
河　北	30261.1	20944.0	2666.2	266.4	6384.6
山　西	29400.3	18538.8	2710.3	975.4	7175.9
内蒙古	37133.5	23285.4	7483.1	909.3	5455.7
辽　宁	35484.8	20381.3	5032.1	427.8	9643.6
吉　林	28974.9	18925.7	3076.3	531.2	6441.7
黑龙江	28305.1	16648.5	3681.8	511.2	7463.5
上　海	57110.1	38951.9	1943.8	1371.3	14843.2
江　苏	42460.8	28004.8	5223.2	1242.2	7990.6
浙　江	51211.7	30981.2	8828.9	3493.4	7908.2
安　徽	32885.9	20847.7	6579.3	622.5	4836.3
福　建	38242.1	25619.9	5862.0	1410.1	5350.2
江　西	31789.8	21395.3	2935.3	1080.3	6379.0
山　东	37480.0	24963.0	6166.9	1067.3	5282.7
河　南	29474.2	17973.1	4731.5	1090.6	5679.0
湖　北	32094.9	18838.1	5483.0	645.7	7128.2
湖　南	34797.8	19864.9	5622.1	1986.8	7324.0
广　东	40758.5	31947.0	5379.2	2131.2	1301.1
广　西	30856.3	17973.6	5965.8	1501.7	5415.2
海　南	30870.1	21429.3	3472.6	1225.7	4742.5
重　庆	33081.8	19925.7	4183.8	1022.8	7949.4
四　川	31514.9	18936.0	4126.0	1217.9	7235.0
贵　州	30787.4	17353.1	5864.4	2043.4	5526.5
云　南	31424.6	18719.5	4117.6	2553.3	6034.2
西　藏	31697.5	25482.6	954.7	962.4	4297.7
陕　西	31867.2	19281.5	2752.7	1368.5	8464.6
甘　肃	27755.3	19887.3	2533.4	638.3	4696.2
青　海	30200.1	21649.9	2546.6	590.2	5413.3
宁　夏	30773.5	21287.7	3835.9	620.6	5029.4
新　疆	31402.4	21880.0	3741.6	290.7	5490.1

2-2-5-4 2018年分地区城镇居民现金可支配收入构成

单位：%

地区	现金可支配收入	一、工资性收入	二、经营净收入	三、财产净收入	四、转移净收入
全　国	**100.0**	**65.2**	**13.2**	**3.6**	**18.0**
北　京	100.0	71.3	2.3	3.4	23.0
天　津	100.0	70.4	8.1	2.2	19.3
河　北	100.0	69.2	8.8	0.9	21.1
山　西	100.0	63.1	9.2	3.3	24.4
内蒙古	100.0	62.7	20.2	2.4	14.7
辽　宁	100.0	57.4	14.2	1.2	27.2
吉　林	100.0	65.3	10.6	1.8	22.2
黑龙江	100.0	58.8	13.0	1.8	26.4
上　海	100.0	68.2	3.4	2.4	26.0
江　苏	100.0	66.0	12.3	2.9	18.8
浙　江	100.0	60.5	17.2	6.8	15.4
安　徽	100.0	63.4	20.0	1.9	14.7
福　建	100.0	67.0	15.3	3.7	14.0
江　西	100.0	67.3	9.2	3.4	20.1
山　东	100.0	66.6	16.5	2.8	14.1
河　南	100.0	61.0	16.1	3.7	19.3
湖　北	100.0	58.7	17.1	2.0	22.2
湖　南	100.0	57.1	16.2	5.7	21.0
广　东	100.0	78.4	13.2	5.2	3.2
广　西	100.0	58.2	19.3	4.9	17.5
海　南	100.0	69.4	11.2	4.0	15.4
重　庆	100.0	60.2	12.6	3.1	24.0
四　川	100.0	60.1	13.1	3.9	23.0
贵　州	100.0	56.4	19.0	6.6	18.0
云　南	100.0	59.6	13.1	8.1	19.2
西　藏	100.0	80.4	3.0	3.0	13.6
陕　西	100.0	60.5	8.6	4.3	26.6
甘　肃	100.0	71.7	9.1	2.3	16.9
青　海	100.0	71.7	8.4	2.0	17.9
宁　夏	100.0	69.2	12.5	2.0	16.3
新　疆	100.0	69.7	11.9	0.9	17.5

2-2-5-5 2018年分地区城镇居民消费支出

单位：元/人

地 区	消费支出	一、食品烟酒支出	二、衣着支出	三、居住支出
全 国	**26112.3**	**7239.0**	**1808.2**	**6255.0**
北 京	42925.6	8576.9	2346.1	15390.6
天 津	32655.1	9420.8	2200.7	7037.6
河 北	22127.4	5555.6	1799.0	5577.1
山 西	19789.8	4702.6	1821.5	4246.8
内 蒙 古	24437.1	6583.5	2455.8	4594.4
辽 宁	26447.9	7081.1	2121.7	5146.1
吉 林	22393.7	5563.8	2023.2	4417.2
黑 龙 江	21035.5	5630.1	1920.2	4089.2
上 海	46015.2	11103.9	2139.4	15376.6
江 苏	29461.9	7686.7	1925.8	8103.9
浙 江	34597.9	9370.7	2231.5	9154.0
安 徽	21522.7	6672.1	1661.1	4909.9
福 建	28145.1	9000.7	1554.1	7716.3
江 西	20760.0	6232.6	1628.8	4561.7
山 东	24798.4	6528.8	2008.4	5302.3
河 南	20989.2	5399.5	1705.0	5021.0
湖 北	23995.9	6737.5	1741.2	5392.0
湖 南	25064.2	6848.9	1823.5	5060.9
广 东	30924.3	9780.2	1415.3	8147.8
广 西	20159.4	6180.4	967.7	4235.9
海 南	22971.2	8184.7	938.4	5055.5
重 庆	24154.2	7597.5	2010.1	4325.4
四 川	23483.9	7571.0	1712.6	4390.7
贵 州	20787.9	5604.8	1588.2	3717.6
云 南	21626.4	5845.8	1392.1	4803.9
西 藏	23029.4	8975.0	2168.5	4726.5
陕 西	21966.4	5928.7	1728.2	4300.9
甘 肃	22606.0	6491.3	1906.3	5060.8
青 海	22997.5	6351.2	2004.0	4235.4
宁 夏	21976.7	5374.4	1952.9	4032.2
新 疆	24191.4	6899.7	2233.1	4287.2

2-2-5-5 续表 单位：元/人

地区	四、生活用品及服务支出	五、交通通信支出	六、教育文化娱乐支出	七、医疗保健支出	八、其他用品及服务支出
全国	**1629.4**	**3473.5**	**2974.1**	**2045.7**	**687.4**
北京	2496.2	5032.6	4401.6	3475.8	1205.9
天津	1915.7	4636.7	3598.1	2825.1	1020.4
河北	1508.0	2982.0	2305.0	1883.7	517.0
山西	1219.5	2497.4	2638.2	2138.4	525.4
内蒙古	1631.0	3736.4	2592.1	2105.7	738.2
辽宁	1610.2	3551.2	3410.2	2626.9	900.4
吉林	1301.7	3057.6	2830.8	2469.2	730.2
黑龙江	1173.2	2605.4	2472.9	2466.5	678.0
上海	2204.6	5107.8	5490.9	3221.8	1370.2
江苏	1785.8	3819.8	3129.0	2273.3	737.8
浙江	1967.1	5010.5	3684.2	2286.6	893.4
安徽	1321.3	2630.3	2372.4	1419.3	536.3
福建	1516.2	3630.7	2727.6	1374.8	624.7
江西	1493.7	2537.6	2490.5	1218.9	596.2
山东	1901.2	3604.7	2902.7	1966.3	584.0
河南	1489.4	2510.6	2429.9	1925.2	508.5
湖北	1572.9	3103.2	2694.6	2162.8	591.5
湖南	1635.6	3220.3	3924.5	2034.4	516.0
广东	1726.2	4107.3	3335.7	1591.3	820.5
广西	1254.1	2902.8	2466.9	1699.3	452.2
海南	1086.0	2592.9	2855.7	1669.8	588.2
重庆	1712.7	3248.3	2588.8	2054.5	616.9
四川	1562.0	3365.5	2383.8	1832.2	666.2
贵州	1344.7	3971.0	2413.5	1657.8	490.3
云南	1293.0	3227.9	2664.1	1875.0	524.6
西藏	1389.6	3123.9	1175.8	871.1	599.0
陕西	1740.5	2752.7	2729.7	2233.4	552.4
甘肃	1446.8	2448.9	2440.3	2207.4	604.2
青海	1385.6	3611.9	2393.6	2371.1	644.6
宁夏	1416.7	3528.6	2888.7	2152.0	631.1
新疆	1641.8	3425.2	2651.4	2272.6	780.3

2-2-5-6　2018年分地区城镇居民消费支出构成

单位：%

地　区	消费支出	一、食品烟酒支出	二、衣着支出	三、居住支出
全　国	**100.0**	**27.7**	**6.9**	**24.0**
北　京	100.0	20.0	5.5	35.9
天　津	100.0	28.8	6.7	21.6
河　北	100.0	25.1	8.1	25.2
山　西	100.0	23.8	9.2	21.5
内蒙古	100.0	26.9	10.0	18.8
辽　宁	100.0	26.8	8.0	19.5
吉　林	100.0	24.8	9.0	19.7
黑龙江	100.0	26.8	9.1	19.4
上　海	100.0	24.1	4.6	33.4
江　苏	100.0	26.1	6.5	27.5
浙　江	100.0	27.1	6.4	26.5
安　徽	100.0	31.0	7.7	22.8
福　建	100.0	32.0	5.5	27.4
江　西	100.0	30.0	7.8	22.0
山　东	100.0	26.3	8.1	21.4
河　南	100.0	25.7	8.1	23.9
湖　北	100.0	28.1	7.3	22.5
湖　南	100.0	27.3	7.3	20.2
广　东	100.0	31.6	4.6	26.3
广　西	100.0	30.7	4.8	21.0
海　南	100.0	35.6	4.1	22.0
重　庆	100.0	31.5	8.3	17.9
四　川	100.0	32.2	7.3	18.7
贵　州	100.0	27.0	7.6	17.9
云　南	100.0	27.0	6.4	22.2
西　藏	100.0	39.0	9.4	20.5
陕　西	100.0	27.0	7.9	19.6
甘　肃	100.0	28.7	8.4	22.4
青　海	100.0	27.6	8.7	18.4
宁　夏	100.0	24.5	8.9	18.3
新　疆	100.0	28.5	9.2	17.7

2-2-5-6 续表　　单位：%

地　区	四、生活用品及服务支出	五、交通通信支出	六、教育文化娱乐支出	七、医疗保健支出	八、其他用品及服务支出
全　国	**6.2**	**13.3**	**11.4**	**7.8**	**2.6**
北　京	5.8	11.7	10.3	8.1	2.8
天　津	5.9	14.2	11.0	8.7	3.1
河　北	6.8	13.5	10.4	8.5	2.3
山　西	6.2	12.6	13.3	10.8	2.7
内 蒙 古	6.7	15.3	10.6	8.6	3.0
辽　宁	6.1	13.4	12.9	9.9	3.4
吉　林	5.8	13.7	12.6	11.0	3.3
黑 龙 江	5.6	12.4	11.8	11.7	3.2
上　海	4.8	11.1	11.9	7.0	3.0
江　苏	6.1	13.0	10.6	7.7	2.5
浙　江	5.7	14.5	10.6	6.6	2.6
安　徽	6.1	12.2	11.0	6.6	2.5
福　建	5.4	12.9	9.7	4.9	2.2
江　西	7.2	12.2	12.0	5.9	2.9
山　东	7.7	14.5	11.7	7.9	2.4
河　南	7.1	12.0	11.6	9.2	2.4
湖　北	6.6	12.9	11.2	9.0	2.5
湖　南	6.5	12.8	15.7	8.1	2.1
广　东	5.6	13.3	10.8	5.1	2.7
广　西	6.2	14.4	12.2	8.4	2.2
海　南	4.7	11.3	12.4	7.3	2.6
重　庆	7.1	13.4	10.7	8.5	2.6
四　川	6.7	14.3	10.2	7.8	2.8
贵　州	6.5	19.1	11.6	8.0	2.4
云　南	6.0	14.9	12.3	8.7	2.4
西　藏	6.0	13.6	5.1	3.8	2.6
陕　西	7.9	12.5	12.4	10.2	2.5
甘　肃	6.4	10.8	10.8	9.8	2.7
青　海	6.0	15.7	10.4	10.3	2.8
宁　夏	6.4	16.1	13.1	9.8	2.9
新　疆	6.8	14.2	11.0	9.4	3.2

2-2-5-7　2018年分地区城镇居民现金消费支出

单位：元/人

地　区	现金消费支出	一、食品烟酒支出	二、衣着支出	三、居住支出
全　国	**21287.1**	**7099.2**	**1807.5**	**2045.2**
北　京	29028.3	8518.7	2343.9	2983.1
天　津	27068.7	9289.0	2200.3	2441.8
河　北	17844.7	5507.7	1798.8	1548.7
山　西	16992.7	4658.1	1820.9	1941.3
内蒙古	21466.0	6529.5	2455.1	2026.0
辽　宁	22495.5	6875.6	2121.4	2039.4
吉　林	19582.3	5499.4	2023.1	2033.5
黑龙江	18554.8	5570.9	1920.0	2016.5
上　海	32647.1	10926.3	2138.8	3762.3
江　苏	22667.1	7523.7	1925.2	2194.6
浙　江	27319.5	9180.3	2230.8	2703.3
安　徽	17578.5	6513.0	1660.6	1460.8
福　建	22161.1	8753.8	1552.7	2340.8
江　西	17302.1	6146.1	1628.7	1431.5
山　东	20615.0	6445.6	2007.9	1529.3
河　南	17251.3	5339.0	1704.4	1793.3
湖　北	19554.8	6573.1	1739.8	1699.3
湖　南	21528.6	6633.9	1822.3	2125.1
广　东	25221.1	9569.7	1413.0	2839.9
广　西	16966.2	5968.4	967.1	1729.2
海　南	19020.2	8087.7	938.2	1727.8
重　庆	20785.2	7401.6	2008.8	1531.5
四　川	20141.0	7353.7	1712.3	1609.8
贵　州	18225.4	5485.3	1588.0	1608.1
云　南	17700.9	5756.3	1392.1	1304.0
西　藏	19651.7	8951.4	2161.4	1475.2
陕　西	19129.2	5841.4	1727.5	2014.9
甘　肃	19181.5	6419.7	1906.1	2178.5
青　海	20155.8	6284.1	2003.8	2096.1
宁　夏	18916.1	5314.6	1952.3	1847.2
新　疆	21222.5	6789.2	2232.9	1904.9

2-2-5-7 续表

单位：元/人

地区	四、生活用品及服务支出	五、交通通信支出	六、教育文化娱乐支出	七、医疗保健支出	八、其他用品及服务支出
全国	**1617.5**	**3466.0**	**2972.1**	**1604.0**	**675.5**
北京	2491.1	5022.2	4399.9	2075.7	1193.8
天津	1866.5	4620.5	3597.9	2137.4	915.4
河北	1502.5	2977.4	2304.9	1688.5	516.2
山西	1216.9	2497.1	2638.2	1699.7	520.5
内蒙古	1630.5	3736.2	2592.0	1760.2	736.5
辽宁	1597.7	3537.9	3407.0	2043.6	873.0
吉林	1298.6	3051.5	2830.8	2115.6	729.8
黑龙江	1172.7	2603.6	2472.8	2122.4	676.0
上海	2198.6	5091.3	5486.5	1678.0	1365.1
江苏	1771.6	3814.3	3127.4	1577.1	733.2
浙江	1955.8	5004.5	3680.2	1679.0	885.5
安徽	1311.3	2606.4	2370.7	1129.5	526.1
福建	1509.9	3620.0	2725.0	1041.0	617.7
江西	1490.9	2536.8	2490.5	993.9	583.7
山东	1882.2	3602.1	2902.1	1686.7	559.2
河南	1486.9	2507.9	2427.6	1494.9	497.4
湖北	1571.3	3085.1	2694.5	1622.0	569.7
湖南	1631.0	3203.1	3922.8	1682.9	507.6
广东	1702.0	4102.0	3330.6	1455.9	807.9
广西	1211.4	2898.9	2465.2	1284.0	442.1
海南	1067.5	2591.9	2855.2	1164.3	587.6
重庆	1704.7	3245.6	2587.8	1697.5	607.7
四川	1543.4	3362.3	2379.7	1521.2	658.5
贵州	1337.8	3962.0	2413.2	1343.8	487.2
云南	1282.4	3227.6	2663.8	1552.4	522.2
西藏	1386.7	3118.6	1174.0	786.1	598.4
陕西	1723.5	2737.2	2727.6	1812.0	545.0
甘肃	1443.5	2435.2	2436.4	1766.7	595.4
青海	1381.8	3611.1	2393.4	1756.4	629.1
宁夏	1413.2	3526.5	2888.5	1343.6	630.3
新疆	1636.7	3423.8	2644.0	1835.0	756.0

2-2-5-8 2018年分地区城镇居民现金消费支出构成

单位：%

地区	现金消费支出	一、食品烟酒支出	二、衣着支出	三、居住支出
全国	**100.0**	**33.3**	**8.5**	**9.6**
北京	100.0	29.3	8.1	10.3
天津	100.0	34.3	8.1	9.0
河北	100.0	30.9	10.1	8.7
山西	100.0	27.4	10.7	11.4
内蒙古	100.0	30.4	11.4	9.4
辽宁	100.0	30.6	9.4	9.1
吉林	100.0	28.1	10.3	10.4
黑龙江	100.0	30.0	10.3	10.9
上海	100.0	33.5	6.6	11.5
江苏	100.0	33.2	8.5	9.7
浙江	100.0	33.6	8.2	9.9
安徽	100.0	37.1	9.4	8.3
福建	100.0	39.5	7.0	10.6
江西	100.0	35.5	9.4	8.3
山东	100.0	31.3	9.7	7.4
河南	100.0	30.9	9.9	10.4
湖北	100.0	33.6	8.9	8.7
湖南	100.0	30.8	8.5	9.9
广东	100.0	37.9	5.6	11.3
广西	100.0	35.2	5.7	10.2
海南	100.0	42.5	4.9	9.1
重庆	100.0	35.6	9.7	7.4
四川	100.0	36.5	8.5	8.0
贵州	100.0	30.1	8.7	8.8
云南	100.0	32.5	7.9	7.4
西藏	100.0	45.6	11.0	7.5
陕西	100.0	30.5	9.0	10.5
甘肃	100.0	33.5	9.9	11.4
青海	100.0	31.2	9.9	10.4
宁夏	100.0	28.1	10.3	9.8
新疆	100.0	32.0	10.5	9.0

2-2-5-8 续表

单位: %

地区	四、生活用品及服务支出	五、交通通信支出	六、教育文化娱乐支出	七、医疗保健支出	八、其他用品及服务支出
全　国	**7.6**	**16.3**	**14.0**	**7.5**	**3.2**
北　京	8.6	17.3	15.2	7.2	4.1
天　津	6.9	17.1	13.3	7.9	3.4
河　北	8.4	16.7	12.9	9.5	2.9
山　西	7.2	14.7	15.5	10.0	3.1
内蒙古	7.6	17.4	12.1	8.2	3.4
辽　宁	7.1	15.7	15.1	9.1	3.9
吉　林	6.6	15.6	14.5	10.8	3.7
黑龙江	6.3	14.0	13.3	11.4	3.6
上　海	6.7	15.6	16.8	5.1	4.2
江　苏	7.8	16.8	13.8	7.0	3.2
浙　江	7.2	18.3	13.5	6.1	3.2
安　徽	7.5	14.8	13.5	6.4	3.0
福　建	6.8	16.3	12.3	4.7	2.8
江　西	8.6	14.7	14.4	5.7	3.4
山　东	9.1	17.5	14.1	8.2	2.7
河　南	8.6	14.5	14.1	8.7	2.9
湖　北	8.0	15.8	13.8	8.3	2.9
湖　南	7.6	14.9	18.2	7.8	2.4
广　东	6.7	16.3	13.2	5.8	3.2
广　西	7.1	17.1	14.5	7.6	2.6
海　南	5.6	13.6	15.0	6.1	3.1
重　庆	8.2	15.6	12.5	8.2	2.9
四　川	7.7	16.7	11.8	7.6	3.3
贵　州	7.3	21.7	13.2	7.4	2.7
云　南	7.2	18.2	15.0	8.8	2.9
西　藏	7.1	15.9	6.0	4.0	3.0
陕　西	9.0	14.3	14.3	9.5	2.8
甘　肃	7.5	12.7	12.7	9.2	3.1
青　海	6.9	17.9	11.9	8.7	3.1
宁　夏	7.5	18.6	15.3	7.1	3.3
新　疆	7.7	16.1	12.5	8.6	3.6

2-2-5-9　2018年分地区城镇居民家庭主要食品消费量

单位：公斤/人

地　区	粮食（原粮）	谷物	食用油	植物油	蔬菜	肉类	猪肉
全　国	**110.0**	**98.8**	**9.4**	**8.9**	**103.1**	**31.2**	**22.7**
北　京	89.1	79.0	6.9	6.7	106.3	25.7	15.8
天　津	109.5	99.4	9.4	9.3	118.5	27.1	16.5
河　北	123.0	110.7	7.6	7.3	107.5	27.1	17.5
山　西	114.9	100.5	7.0	6.8	93.0	17.8	11.6
内蒙古	133.6	120.9	8.3	8.1	102.1	35.0	17.4
辽　宁	118.8	104.0	10.2	10.0	115.9	28.2	17.9
吉　林	116.5	103.8	10.7	10.6	96.9	24.5	16.3
黑龙江	124.7	111.7	12.0	11.9	107.2	27.3	17.6
上　海	106.2	93.6	7.8	7.2	104.0	30.5	21.4
江　苏	111.6	99.5	8.5	8.1	107.1	30.5	22.2
浙　江	119.2	106.9	11.1	10.5	91.2	29.6	22.7
安　徽	118.3	105.3	8.7	7.9	96.5	29.9	22.5
福　建	100.2	91.3	8.7	7.9	86.2	34.7	28.0
江　西	121.2	109.6	14.4	13.7	107.0	34.5	27.4
山　东	106.8	96.4	7.5	7.3	102.3	26.7	17.0
河　南	121.7	109.6	8.9	8.8	101.0	21.9	14.3
湖　北	90.8	80.3	9.1	8.7	109.4	29.6	22.5
湖　南	109.0	99.4	11.6	9.2	102.3	36.8	30.1
广　东	93.9	86.3	8.2	7.8	98.5	40.7	33.1
广　西	97.1	89.5	7.6	6.8	92.8	38.3	31.6
海　南	83.3	77.3	9.0	8.2	98.9	35.8	29.7
重　庆	100.8	88.2	13.6	12.4	123.4	43.8	37.0
四　川	108.8	96.1	12.2	11.3	129.3	45.7	36.1
贵　州	100.9	89.5	8.3	6.9	79.5	33.5	28.7
云　南	95.8	86.0	8.4	7.0	96.5	30.2	22.7
西　藏	207.3	192.0	19.9	15.3	86.8	54.0	12.4
陕　西	120.0	105.9	10.5	10.2	98.4	19.3	13.0
甘　肃	137.8	125.2	11.2	11.0	103.7	24.3	15.5
青　海	90.0	84.4	8.7	8.6	61.8	25.5	10.2
宁　夏	88.8	82.4	6.4	6.3	92.8	17.3	7.3
新　疆	140.0	134.9	14.8	14.6	107.5	26.8	6.5

2-2-5-9 续表 单位：公斤/人

地 区			禽类	水产品	蛋类	奶类	干鲜瓜果类	食糖
	牛肉	羊肉						
全 国	**2.7**	**1.5**	**9.8**	**14.3**	**10.8**	**16.5**	**62.0**	**1.3**
北 京	3.4	2.6	5.9	9.3	14.6	27.6	76.0	1.1
天 津	3.3	2.8	6.0	17.3	18.2	20.2	88.1	1.3
河 北	2.4	2.2	5.9	7.6	15.6	21.5	78.8	1.0
山 西	1.1	1.5	3.0	3.8	12.3	19.7	69.4	1.0
内蒙古	4.3	8.5	6.1	6.2	10.6	28.8	70.1	1.3
辽 宁	3.5	1.6	6.1	17.2	13.8	19.8	75.5	1.3
吉 林	3.4	1.0	4.9	10.0	10.8	14.1	67.1	1.3
黑龙江	2.9	1.6	5.5	11.0	12.5	14.3	73.6	1.7
上 海	3.1	1.1	12.1	24.5	11.9	21.7	64.2	1.5
江 苏	2.5	1.1	11.9	20.1	11.2	17.3	52.0	1.1
浙 江	2.9	0.7	11.4	25.2	8.7	15.1	59.0	1.4
安 徽	2.9	1.1	12.5	13.2	11.9	14.3	58.5	1.0
福 建	2.5	0.8	10.7	26.0	8.8	14.5	52.1	1.4
江 西	3.3	0.6	10.4	16.0	8.4	15.7	54.1	1.2
山 东	1.8	1.3	6.5	16.0	17.1	21.0	85.1	0.9
河 南	1.9	1.6	7.0	5.6	14.6	19.3	68.0	1.3
湖 北	2.7	0.8	6.3	17.2	7.4	8.9	51.3	0.8
湖 南	2.7	0.8	10.9	14.5	7.8	10.1	67.8	1.3
广 东	2.5	0.8	19.8	23.1	7.6	10.8	45.1	1.4
广 西	2.9	0.9	19.8	12.9	6.5	9.2	50.9	1.4
海 南	2.7	1.3	19.4	29.4	5.6	7.1	38.0	1.2
重 庆	2.0	0.7	11.4	11.3	9.5	15.9	50.5	2.3
四 川	2.6	0.6	11.6	9.4	8.5	17.4	52.2	1.7
贵 州	1.7	0.3	6.8	3.6	4.7	8.0	46.9	0.8
云 南	3.2	0.5	7.2	5.3	4.9	9.3	46.0	1.3
西 藏	35.2	5.5	4.6	1.8	8.4	21.0	12.8	3.5
陕 西	1.6	1.3	4.0	4.7	10.1	20.3	65.5	1.2
甘 肃	2.1	2.7	6.0	4.5	12.6	24.2	79.0	1.9
青 海	8.5	5.0	3.4	2.9	5.3	22.9	34.9	1.0
宁 夏	3.9	4.7	5.9	3.6	7.1	18.0	84.7	1.3
新 疆	6.5	11.1	6.6	5.5	8.1	30.2	65.4	1.3

2-2-5-10 2018年分地区城镇居民年末主要耐用消费品拥有量

单位：平均每百户

地区	家用汽车(辆)	摩托车(辆)	电动助力车(辆)	洗衣机(台)	电冰箱(柜)(台)	微波炉(台)	彩色电视机(台)
全国	**41.0**	**19.5**	**55.0**	**97.7**	**100.9**	**55.2**	**121.3**
北京	53.6	2.8	18.2	100.3	102.9	78.0	123.6
天津	55.0	1.9	32.7	99.4	103.2	76.1	109.6
河北	51.4	10.5	88.3	100.2	99.6	69.4	108.2
山西	38.3	11.9	47.8	99.5	96.7	42.2	102.2
内蒙古	48.1	15.2	40.8	99.2	104.1	44.1	102.8
辽宁	31.5	6.3	14.1	95.1	100.5	57.3	104.7
吉林	33.9	9.5	8.2	96.7	98.7	47.2	99.9
黑龙江	18.4	6.6	11.2	95.5	98.0	34.2	99.5
上海	37.9	2.8	60.8	94.4	100.1	86.5	174.7
江苏	46.0	12.5	116.4	102.3	107.3	87.0	171.3
浙江	52.4	7.8	77.1	93.9	103.2	58.3	171.9
安徽	32.0	15.2	89.5	97.8	101.2	61.6	132.9
福建	30.9	35.1	53.6	85.6	96.1	51.8	120.7
江西	38.7	29.8	71.9	94.8	99.2	50.7	133.0
山东	58.2	14.4	89.8	100.0	105.0	53.6	106.0
河南	37.9	14.2	107.3	100.6	99.4	43.3	115.4
湖北	36.3	36.1	37.6	97.6	104.8	46.6	122.8
湖南	33.1	36.9	26.4	103.7	104.1	42.6	119.8
广东	42.9	46.4	34.1	91.8	95.0	44.3	105.9
广西	40.3	32.7	89.4	98.6	102.8	65.0	110.3
海南	39.6	31.2	86.0	90.3	96.7	33.1	103.6
重庆	31.0	16.7	10.9	98.4	103.0	59.8	128.3
四川	33.8	19.4	28.2	99.7	100.9	46.3	121.0
贵州	39.9	25.5	14.8	101.6	101.2	39.9	106.6
云南	52.7	32.9	38.3	100.3	97.5	58.9	107.4
西藏	45.7	14.7	20.7	99.6	103.6	46.4	121.5
陕西	36.6	20.1	30.9	98.3	97.0	42.1	104.0
甘肃	30.0	12.6	24.9	99.8	97.6	49.8	102.2
青海	40.4	13.0	8.2	98.0	99.4	53.0	96.4
宁夏	42.8	14.2	51.1	100.4	99.6	53.2	101.6
新疆	38.3	10.0	30.0	99.6	103.0	41.2	100.2

2-2-5-10 续表 单位：平均每百户

地　区	空调（台）	热水器（台）	排油烟机（台）	移动电话（部）	计算机（台）	照相机（台）
全　国	**142.2**	**97.2**	**79.1**	**243.1**	**73.1**	**20.2**
北　京	188.7	98.6	92.9	225.6	95.0	46.1
天　津	156.6	97.2	92.4	233.0	77.4	24.0
河　北	126.3	94.8	70.6	229.3	87.6	26.1
山　西	49.3	81.1	80.0	234.9	64.3	16.5
内蒙古	20.7	78.1	81.2	227.6	62.9	18.3
辽　宁	48.7	86.6	86.9	205.2	57.6	22.2
吉　林	18.1	76.2	85.5	227.0	65.5	13.8
黑龙江	13.7	71.4	86.1	211.8	54.3	11.6
上　海	207.0	96.0	85.1	222.9	106.7	36.0
江　苏	219.7	111.6	85.0	248.9	77.6	19.9
浙　江	220.5	105.3	88.3	243.1	86.4	23.2
安　徽	175.4	104.8	77.3	246.0	66.2	14.8
福　建	175.9	108.7	64.0	245.1	76.4	16.0
江　西	151.8	99.8	75.0	259.4	68.8	13.4
山　东	145.3	102.4	90.6	233.1	80.0	30.2
河　南	176.7	93.9	76.0	247.4	65.6	13.6
湖　北	166.2	102.0	75.1	259.2	74.2	15.8
湖　南	180.0	103.3	77.6	272.7	74.9	17.9
广　东	202.4	101.7	72.5	258.9	83.7	20.5
广　西	158.5	103.4	65.2	269.1	79.7	20.5
海　南	152.0	96.9	64.2	274.3	65.3	13.7
重　庆	209.4	100.2	76.7	259.6	64.4	17.6
四　川	140.1	97.5	72.1	249.1	58.0	13.4
贵　州	34.5	94.3	56.1	282.3	54.6	9.3
云　南	7.2	99.5	76.1	253.1	64.0	15.5
西　藏	14.5	47.9	45.9	210.1	43.7	13.7
陕　西	115.1	86.1	72.0	236.6	55.9	19.0
甘　肃	13.8	82.6	84.2	246.1	59.6	20.5
青　海	1.7	73.6	79.0	234.9	51.9	13.7
宁　夏	20.0	98.0	89.0	249.7	67.0	13.8
新　疆	29.7	92.1	86.4	220.8	55.0	15.1

(六)2019年分地区城镇居民收支主要数据

2-2-6-1 2019年分地区城镇居民可支配收入

单位：元/人

地区	可支配收入	一、工资性收入	二、经营净收入	三、财产净收入	四、转移净收入
全国	**42358.8**	**25564.8**	**4840.4**	**4390.6**	**7563.0**
北京	73848.5	44327.0	1034.0	12689.6	15797.9
天津	46118.9	29588.2	2696.8	4514.7	9319.3
河北	35737.7	22792.8	2749.9	3225.4	6969.6
山西	33262.4	19697.2	2860.4	2252.9	8451.9
内蒙古	40782.5	24459.4	7945.4	2344.4	6033.3
辽宁	39777.2	22120.5	4461.3	2094.3	11101.1
吉林	32299.2	20570.5	2857.7	1636.2	7234.9
黑龙江	30944.6	17828.5	3422.3	1367.3	8326.5
上海	73615.3	42328.2	2192.0	11063.8	18031.3
江苏	51056.1	30415.7	5298.2	6201.6	9140.7
浙江	60182.3	33663.0	9115.4	8201.9	9202.0
安徽	37540.0	22547.6	5982.5	3192.4	5817.5
福建	45620.5	27992.2	6210.9	5512.0	5905.4
江西	36545.9	23167.6	3055.3	3187.9	7135.2
山东	42329.2	26610.9	6046.5	3574.7	6097.1
河南	34201.0	19146.4	5212.3	3188.3	6654.0
湖北	37601.4	20810.6	5340.9	3302.0	8147.9
湖南	39841.9	21534.1	5946.8	3950.9	8410.1
广东	48117.6	34151.9	5473.8	6686.2	1805.7
广西	34744.9	19343.9	5965.2	2932.3	6503.5
海南	36016.7	23059.3	3574.2	3455.9	5927.4
重庆	37938.6	22119.0	4361.2	2724.5	8733.9
四川	36153.7	20479.2	4392.8	2890.9	8390.9
贵州	34404.2	18959.7	5714.0	3432.5	6298.0
云南	36237.7	20346.9	4106.9	4959.4	6824.5
西藏	37410.0	27906.0	1095.2	3478.9	4929.9
陕西	36098.2	20982.9	2760.2	2644.3	9710.8
甘肃	32323.4	21707.5	2483.9	2539.2	5592.9
青海	33830.3	22872.3	2306.8	1878.1	6773.2
宁夏	34328.5	23406.1	3530.2	1421.2	5971.0
新疆	34663.7	23199.3	3624.4	1509.3	6330.6

2-2-6-2 2019年分地区城镇居民可支配收入构成

单位：%

地区	可支配收入	一、工资性收入	二、经营净收入	三、财产净收入	四、转移净收入
全国	**100.0**	**60.4**	**11.4**	**10.4**	**17.9**
北京	100.0	60.0	1.4	17.2	21.4
天津	100.0	64.2	5.8	9.8	20.2
河北	100.0	63.8	7.7	9.0	19.5
山西	100.0	59.2	8.6	6.8	25.4
内蒙古	100.0	60.0	19.5	5.7	14.8
辽宁	100.0	55.6	11.2	5.3	27.9
吉林	100.0	63.7	8.8	5.1	22.4
黑龙江	100.0	57.6	11.1	4.4	26.9
上海	100.0	57.5	3.0	15.0	24.5
江苏	100.0	59.6	10.4	12.1	17.9
浙江	100.0	55.9	15.1	13.6	15.3
安徽	100.0	60.1	15.9	8.5	15.5
福建	100.0	61.4	13.6	12.1	12.9
江西	100.0	63.4	8.4	8.7	19.5
山东	100.0	62.9	14.3	8.4	14.4
河南	100.0	56.0	15.2	9.3	19.5
湖北	100.0	55.3	14.2	8.8	21.7
湖南	100.0	54.0	14.9	9.9	21.1
广东	100.0	71.0	11.4	13.9	3.8
广西	100.0	55.7	17.2	8.4	18.7
海南	100.0	64.0	9.9	9.6	16.5
重庆	100.0	58.3	11.5	7.2	23.0
四川	100.0	56.6	12.2	8.0	23.2
贵州	100.0	55.1	16.6	10.0	18.3
云南	100.0	56.1	11.3	13.7	18.8
西藏	100.0	74.6	2.9	9.3	13.2
陕西	100.0	58.1	7.6	7.3	26.9
甘肃	100.0	67.2	7.7	7.9	17.3
青海	100.0	67.6	6.8	5.6	20.0
宁夏	100.0	68.2	10.3	4.1	17.4
新疆	100.0	66.9	10.5	4.4	18.3

2-2-6-3 2019年分地区城镇居民现金可支配收入

单位：元/人

地　区	现金可支配收入	一、工资性收入	二、经营净收入	三、财产净收入	四、转移净收入
全　国	**39147.6**	**25439.1**	**5180.9**	**1494.7**	**7032.9**
北　京	61461.2	44292.6	1118.7	2034.9	14015.0
天　津	41533.6	29371.5	2867.0	975.2	8319.9
河　北	32960.0	22752.3	2986.2	532.7	6688.8
山　西	31455.1	19639.3	3008.4	925.1	7882.3
内蒙古	39508.0	24429.2	8325.9	1050.3	5702.6
辽　宁	37598.3	21895.7	4724.4	520.1	10458.0
吉　林	31001.6	20526.0	3069.7	491.1	6914.9
黑龙江	29741.7	17753.9	3679.5	425.2	7883.0
上　海	62057.4	42154.5	2294.6	1123.0	16485.4
江　苏	46057.9	30278.8	5579.5	1795.3	8404.2
浙　江	55510.1	33483.8	9663.1	3780.6	8582.7
安　徽	35231.1	22415.7	6530.2	865.1	5420.1
福　建	41375.2	27734.3	6713.0	1419.6	5508.3
江　西	34375.1	23102.2	3202.5	1187.3	6883.1
山　东	40094.0	26519.9	6751.1	1060.2	5762.8
河　南	31701.6	19075.9	5401.6	1100.5	6123.7
湖　北	35082.4	20645.8	5896.0	879.6	7661.1
湖　南	37821.1	21377.1	6346.3	2115.7	7982.0
广　东	44233.9	33924.9	5901.0	2796.1	1611.9
广　西	32596.1	19187.6	6164.9	1527.9	5715.7
海　南	33363.1	22955.3	3707.0	1144.8	5556.0
重　庆	35930.2	21969.8	4597.6	1101.2	8261.6
四　川	34121.0	20367.5	4658.1	1287.7	7807.7
贵　州	33311.1	18880.0	6299.3	2317.1	5814.7
云　南	33828.5	20324.3	4220.3	2938.0	6345.9
西　藏	35225.9	27897.0	1228.9	1359.3	4740.8
陕　西	34373.6	20922.9	2857.9	1412.5	9180.2
甘　肃	29993.2	21683.2	2709.1	436.4	5164.5
青　海	32630.1	22798.2	2920.1	750.4	6161.3
宁　夏	33061.6	23328.3	3803.5	647.6	5282.2
新　疆	33281.8	23087.9	3998.1	400.3	5795.5

2-2-6-4 2019年分地区城镇居民现金可支配收入构成

单位：%

地区	现金可支配收入	一、工资性收入	二、经营净收入	三、财产净收入	四、转移净收入
全 国	**100.0**	**65.0**	**13.2**	**3.8**	**18.0**
北 京	100.0	72.1	1.8	3.3	22.8
天 津	100.0	70.7	6.9	2.3	20.0
河 北	100.0	69.0	9.1	1.6	20.3
山 西	100.0	62.4	9.6	2.9	25.1
内蒙古	100.0	61.8	21.1	2.7	14.4
辽 宁	100.0	58.2	12.6	1.4	27.8
吉 林	100.0	66.2	9.9	1.6	22.3
黑龙江	100.0	59.7	12.4	1.4	26.5
上 海	100.0	67.9	3.7	1.8	26.6
江 苏	100.0	65.7	12.1	3.9	18.2
浙 江	100.0	60.3	17.4	6.8	15.5
安 徽	100.0	63.6	18.5	2.5	15.4
福 建	100.0	67.0	16.2	3.4	13.3
江 西	100.0	67.2	9.3	3.5	20.0
山 东	100.0	66.1	16.8	2.6	14.4
河 南	100.0	60.2	17.0	3.5	19.3
湖 北	100.0	58.8	16.8	2.5	21.8
湖 南	100.0	56.5	16.8	5.6	21.1
广 东	100.0	76.7	13.3	6.3	3.6
广 西	100.0	58.9	18.9	4.7	17.5
海 南	100.0	68.8	11.1	3.4	16.7
重 庆	100.0	61.1	12.8	3.1	23.0
四 川	100.0	59.7	13.7	3.8	22.9
贵 州	100.0	56.7	18.9	7.0	17.5
云 南	100.0	60.1	12.5	8.7	18.8
西 藏	100.0	79.2	3.5	3.9	13.5
陕 西	100.0	60.9	8.3	4.1	26.7
甘 肃	100.0	72.3	9.0	1.5	17.2
青 海	100.0	69.9	8.9	2.3	18.9
宁 夏	100.0	70.6	11.5	2.0	16.0
新 疆	100.0	69.4	12.0	1.2	17.4

2-2-6-5　2019年分地区城镇居民消费支出

单位：元/人

地　区	消费支出	一、食品烟酒支出	二、衣着支出	三、居住支出
全　国	**28063.4**	**7732.6**	**1831.9**	**6780.2**
北　京	46358.2	8951.0	2391.0	17234.3
天　津	34810.7	9719.2	2194.8	7701.5
河　北	23483.1	6024.2	1805.8	5879.9
山　西	21159.0	5072.9	1801.4	4333.3
内蒙古	25382.5	6688.4	2457.9	4844.7
辽　宁	27355.0	7355.7	2029.8	5445.9
吉　林	23394.3	5841.4	1979.2	4571.2
黑龙江	22164.9	5814.0	1873.1	4319.3
上　海	48271.6	11272.5	2161.6	16253.1
江　苏	31329.1	7981.4	1930.6	8787.2
浙　江	37507.9	10161.6	2258.8	9977.2
安　徽	23781.5	7421.0	1763.5	5262.3
福　建	30945.5	9536.7	1659.4	8954.9
江　西	22714.3	6604.4	1568.9	5370.4
山　东	26731.5	6964.9	2042.4	5883.3
河　南	21971.6	5549.8	1706.5	5189.5
湖　北	26421.8	7334.3	1886.7	5929.4
湖　南	26924.0	7499.6	1843.7	5447.8
广　东	34424.1	10757.5	1480.8	8961.5
广　西	21590.9	6577.7	973.6	4468.2
海　南	25316.7	8690.5	968.8	5499.5
重　庆	25785.5	8035.1	2015.3	4734.2
四　川	25367.4	8279.4	1729.6	4741.6
贵　州	21402.4	6061.2	1610.6	3976.7
云　南	23454.9	6357.1	1415.7	5202.5
西　藏	25636.7	9682.1	2419.3	5226.1
陕　西	23514.3	6376.3	1816.1	4641.2
甘　肃	24453.9	6996.0	1920.1	5621.8
青　海	23799.2	6904.2	1941.0	4654.4
宁　夏	24161.0	5858.9	2104.5	4326.5
新　疆	25594.2	7421.6	2234.8	4559.0

2-2-6-5 续表 单位：元/人

地 区	四、生活用品及服务支出	五、交通通信支出	六、教育文化娱乐支出	七、医疗保健支出	八、其他用品及服务支出
全 国	**1689.3**	**3671.3**	**3328.0**	**2282.7**	**747.2**
北 京	2568.9	5229.2	4738.4	3973.9	1271.0
天 津	2051.1	4596.1	4062.0	3179.3	1306.8
河 北	1537.1	2992.4	2588.1	2056.3	599.3
山 西	1264.7	2776.4	2937.9	2383.4	588.8
内蒙古	1614.4	3797.1	2817.5	2348.6	813.9
辽 宁	1621.0	3394.5	3691.9	2827.8	988.4
吉 林	1358.4	3174.9	3147.7	2525.2	796.3
黑龙江	1092.6	2612.4	2925.7	2840.9	686.9
上 海	2215.2	5625.9	5966.4	3331.6	1445.2
江 苏	1711.2	4051.5	3605.6	2419.9	841.8
浙 江	2075.2	5368.0	4342.2	2300.3	1024.5
安 徽	1465.8	2870.5	2802.4	1658.2	537.8
福 建	1556.8	3715.1	3066.3	1691.5	764.7
江 西	1507.0	2771.5	2781.4	1559.3	551.3
山 东	2083.4	3762.2	3171.3	2183.8	640.1
河 南	1528.8	2691.3	2673.9	2081.1	550.7
湖 北	1869.0	3283.9	2967.0	2471.4	680.2
湖 南	1660.4	3425.2	4172.2	2305.2	569.8
广 东	1894.8	4597.1	3984.5	1883.0	864.9
广 西	1256.5	3176.0	2609.0	2071.0	459.1
海 南	1237.1	3605.5	3135.3	1597.3	582.7
重 庆	1746.2	3317.8	2893.9	2359.1	683.8
四 川	1525.4	3453.4	2667.6	2293.3	677.1
贵 州	1305.1	3413.0	2635.3	1850.8	549.6
云 南	1416.8	3517.9	2917.6	2048.2	579.0
西 藏	1758.3	3621.8	1265.8	965.8	697.4
陕 西	1610.7	2890.8	3036.8	2528.5	613.8
甘 肃	1455.0	3050.2	2554.8	2224.2	631.7
青 海	1368.9	3295.0	2436.4	2509.8	689.7
宁 夏	1529.1	4077.0	3188.2	2342.2	734.6
新 疆	1708.5	3667.7	2724.1	2495.5	783.1

2-2-6-6 2019年分地区城镇居民消费支出构成

单位：%

地区	消费支出	一、食品烟酒支出	二、衣着支出	三、居住支出
全国	**100.0**	**27.6**	**6.5**	**24.2**
北京	100.0	19.3	5.2	37.2
天津	100.0	27.9	6.3	22.1
河北	100.0	25.7	7.7	25.0
山西	100.0	24.0	8.5	20.5
内蒙古	100.0	26.4	9.7	19.1
辽宁	100.0	26.9	7.4	19.9
吉林	100.0	25.0	8.5	19.5
黑龙江	100.0	26.2	8.5	19.5
上海	100.0	23.4	4.5	33.7
江苏	100.0	25.5	6.2	28.0
浙江	100.0	27.1	6.0	26.6
安徽	100.0	31.2	7.4	22.1
福建	100.0	30.8	5.4	28.9
江西	100.0	29.1	6.9	23.6
山东	100.0	26.1	7.6	22.0
河南	100.0	25.3	7.8	23.6
湖北	100.0	27.8	7.1	22.4
湖南	100.0	27.9	6.8	20.2
广东	100.0	31.2	4.3	26.0
广西	100.0	30.5	4.5	20.7
海南	100.0	34.3	3.8	21.7
重庆	100.0	31.2	7.8	18.4
四川	100.0	32.6	6.8	18.7
贵州	100.0	28.3	7.5	18.5
云南	100.0	27.1	6.0	22.2
西藏	100.0	37.8	9.4	20.4
陕西	100.0	27.1	7.7	19.7
甘肃	100.0	28.6	7.9	23.0
青海	100.0	29.0	8.2	19.6
宁夏	100.0	24.2	8.7	17.9
新疆	100.0	29.0	8.7	17.8

2-2-6-6 续表

单位：%

地区	四、生活用品及服务支出	五、交通通信支出	六、教育文化娱乐支出	七、医疗保健支出	八、其他用品及服务支出
全国	**6.0**	**13.1**	**11.9**	**8.1**	**2.7**
北京	5.5	11.3	10.2	8.6	2.7
天津	5.9	13.2	11.7	9.1	3.8
河北	6.5	12.7	11.0	8.8	2.6
山西	6.0	13.1	13.9	11.3	2.8
内蒙古	6.4	15.0	11.1	9.3	3.2
辽宁	5.9	12.4	13.5	10.3	3.6
吉林	5.8	13.6	13.5	10.8	3.4
黑龙江	4.9	11.8	13.2	12.8	3.1
上海	4.6	11.7	12.4	6.9	3.0
江苏	5.5	12.9	11.5	7.7	2.7
浙江	5.5	14.3	11.6	6.1	2.7
安徽	6.2	12.1	11.8	7.0	2.3
福建	5.0	12.0	9.9	5.5	2.5
江西	6.6	12.2	12.2	6.9	2.4
山东	7.8	14.1	11.9	8.2	2.4
河南	7.0	12.2	12.2	9.5	2.5
湖北	7.1	12.4	11.2	9.4	2.6
湖南	6.2	12.7	15.5	8.6	2.1
广东	5.5	13.4	11.6	5.5	2.5
广西	5.8	14.7	12.1	9.6	2.1
海南	4.9	14.2	12.4	6.3	2.3
重庆	6.8	12.9	11.2	9.1	2.7
四川	6.0	13.6	10.5	9.0	2.7
贵州	6.1	15.9	12.3	8.6	2.6
云南	6.0	15.0	12.4	8.7	2.5
西藏	6.9	14.1	4.9	3.8	2.7
陕西	6.8	12.3	12.9	10.8	2.6
甘肃	6.0	12.5	10.4	9.1	2.6
青海	5.8	13.8	10.2	10.5	2.9
宁夏	6.3	16.9	13.2	9.7	3.0
新疆	6.7	14.3	10.6	9.8	3.1

2-2-6-7 2019年分地区城镇居民现金消费支出

单位：元/人

地区	现金消费支出	一、食品烟酒支出	二、衣着支出	三、居住支出
全国	**22798.0**	**7583.9**	**1831.3**	**2223.5**
北京	31006.1	8916.9	2391.0	3817.4
天津	28515.9	9535.3	2194.6	2615.6
河北	19041.0	5976.6	1805.6	1767.6
山西	17999.1	5008.2	1801.4	1915.9
内蒙古	22193.5	6625.0	2457.9	2051.1
辽宁	23100.9	7164.0	2029.4	2063.5
吉林	20431.2	5792.0	1979.1	1989.4
黑龙江	19389.9	5745.7	1873.0	2061.2
上海	33918.5	11112.6	2161.4	3613.1
江苏	23944.0	7807.8	1929.5	2353.0
浙江	29595.6	9950.2	2257.6	2915.1
安徽	19326.0	7261.3	1762.0	1481.2
福建	23965.4	9310.0	1659.1	2692.9
江西	18903.2	6490.6	1568.1	1959.6
山东	22136.1	6867.1	2041.9	1736.1
河南	18098.3	5490.3	1706.4	1921.9
湖北	21670.0	7140.5	1886.4	1873.0
湖南	23077.9	7282.9	1842.9	2286.6
广东	28238.2	10553.5	1479.6	3207.9
广西	17910.0	6304.6	973.5	1844.5
海南	21152.9	8557.4	968.6	1844.5
重庆	21971.9	7823.4	2014.1	1675.5
四川	21503.8	8055.2	1729.0	1680.7
贵州	18514.5	5922.2	1610.4	1707.8
云南	19144.4	6207.8	1415.5	1521.5
西藏	21879.1	9664.9	2416.6	1666.8
陕西	20336.7	6282.5	1815.0	2079.6
甘肃	20703.2	6944.8	1920.1	2347.9
青海	20668.3	6836.2	1940.3	2335.8
宁夏	21091.6	5779.7	2104.4	2036.6
新疆	22436.0	7263.2	2234.4	2074.8

2-2-6-7 续表

单位：元/人

地区	四、生活用品及服务支出	五、交通通信支出	六、教育文化娱乐支出	七、医疗保健支出	八、其他用品及服务支出
全国	**1676.2**	**3665.0**	**3326.0**	**1754.6**	**737.6**
北京	2565.0	5226.7	4738.2	2085.6	1265.4
天津	1994.7	4577.6	4061.0	2373.0	1164.0
河北	1534.3	2989.0	2588.1	1782.0	597.7
山西	1261.5	2775.7	2934.5	1716.6	585.3
内蒙古	1613.8	3796.9	2816.8	2020.8	811.2
辽宁	1605.5	3377.0	3691.1	2196.6	973.5
吉林	1352.6	3167.5	3147.6	2207.8	795.2
黑龙江	1091.8	2611.6	2925.6	2394.9	686.2
上海	2212.0	5619.3	5960.6	1799.9	1439.5
江苏	1699.3	4044.7	3604.3	1673.1	832.3
浙江	2059.5	5363.9	4338.1	1692.1	1019.1
安徽	1456.3	2853.1	2802.3	1180.1	529.7
福建	1553.0	3708.0	3064.1	1219.5	758.8
江西	1503.0	2768.9	2772.9	1295.0	545.1
山东	2054.1	3760.0	3169.8	1873.3	633.9
河南	1525.8	2688.2	2673.5	1552.2	540.0
湖北	1866.7	3265.7	2966.9	2001.9	669.0
湖南	1648.5	3404.4	4169.8	1879.1	563.6
广东	1873.1	4592.9	3979.1	1697.9	854.3
广西	1196.6	3173.0	2608.1	1360.5	449.2
海南	1236.5	3605.4	3135.3	1224.3	580.9
重庆	1737.5	3314.0	2893.7	1850.2	663.5
四川	1507.7	3449.5	2667.1	1744.7	670.0
贵州	1294.4	3406.6	2634.6	1391.6	546.9
云南	1405.0	3517.6	2917.6	1581.5	577.9
西藏	1752.1	3621.8	1265.2	794.6	697.1
陕西	1598.6	2886.3	3035.9	2032.3	606.6
甘肃	1450.9	3049.5	2545.6	1814.8	629.7
青海	1367.3	3290.7	2436.3	1783.3	678.5
宁夏	1524.3	4071.8	3187.3	1655.3	732.3
新疆	1700.8	3666.9	2718.5	2010.9	766.5

2-2-6-8　2019年分地区城镇居民现金消费支出构成

单位：%

地　区	现金消费支出	一、食品烟酒支出	二、衣着支出	三、居住支出
全　国	**100.0**	**33.3**	**8.0**	**9.8**
北　京	100.0	28.8	7.7	12.3
天　津	100.0	33.4	7.7	9.2
河　北	100.0	31.4	9.5	9.3
山　西	100.0	27.8	10.0	10.6
内蒙古	100.0	29.9	11.1	9.2
辽　宁	100.0	31.0	8.8	8.9
吉　林	100.0	28.3	9.7	9.7
黑龙江	100.0	29.6	9.7	10.6
上　海	100.0	32.8	6.4	10.7
江　苏	100.0	32.6	8.1	9.8
浙　江	100.0	33.6	7.6	9.8
安　徽	100.0	37.6	9.1	7.7
福　建	100.0	38.8	6.9	11.2
江　西	100.0	34.3	8.3	10.4
山　东	100.0	31.0	9.2	7.8
河　南	100.0	30.3	9.4	10.6
湖　北	100.0	33.0	8.7	8.6
湖　南	100.0	31.6	8.0	9.9
广　东	100.0	37.4	5.2	11.4
广　西	100.0	35.2	5.4	10.3
海　南	100.0	40.5	4.6	8.7
重　庆	100.0	35.6	9.2	7.6
四　川	100.0	37.5	8.0	7.8
贵　州	100.0	32.0	8.7	9.2
云　南	100.0	32.4	7.4	7.9
西　藏	100.0	44.2	11.0	7.6
陕　西	100.0	30.9	8.9	10.2
甘　肃	100.0	33.5	9.3	11.3
青　海	100.0	33.1	9.4	11.3
宁　夏	100.0	27.4	10.0	9.7
新　疆	100.0	32.4	10.0	9.2

2-2-6-8 续表　　单位：%

地　区	四、生活用品及服务支出	五、交通通信支出	六、教育文化娱乐支出	七、医疗保健支出	八、其他用品及服务支出
全　国	**7.4**	**16.1**	**14.6**	**7.7**	**3.2**
北　京	8.3	16.9	15.3	6.7	4.1
天　津	7.0	16.1	14.2	8.3	4.1
河　北	8.1	15.7	13.6	9.4	3.1
山　西	7.0	15.4	16.3	9.5	3.3
内蒙古	7.3	17.1	12.7	9.1	3.7
辽　宁	7.0	14.6	16.0	9.5	4.2
吉　林	6.6	15.5	15.4	10.8	3.9
黑龙江	5.6	13.5	15.1	12.4	3.5
上　海	6.5	16.6	17.6	5.3	4.2
江　苏	7.1	16.9	15.1	7.0	3.5
浙　江	7.0	18.1	14.7	5.7	3.4
安　徽	7.5	14.8	14.5	6.1	2.7
福　建	6.5	15.5	12.8	5.1	3.2
江　西	8.0	14.6	14.7	6.9	2.9
山　东	9.3	17.0	14.3	8.5	2.9
河　南	8.4	14.9	14.8	8.6	3.0
湖　北	8.6	15.1	13.7	9.2	3.1
湖　南	7.1	14.8	18.1	8.1	2.4
广　东	6.6	16.3	14.1	6.0	3.0
广　西	6.7	17.7	14.6	7.6	2.5
海　南	5.8	17.0	14.8	5.8	2.7
重　庆	7.9	15.1	13.2	8.4	3.0
四　川	7.0	16.0	12.4	8.1	3.1
贵　州	7.0	18.4	14.2	7.5	3.0
云　南	7.3	18.4	15.2	8.3	3.0
西　藏	8.0	16.6	5.8	3.6	3.2
陕　西	7.9	14.2	14.9	10.0	3.0
甘　肃	7.0	14.7	12.3	8.8	3.0
青　海	6.6	15.9	11.8	8.6	3.3
宁　夏	7.2	19.3	15.1	7.8	3.5
新　疆	7.6	16.3	12.1	9.0	3.4

2-2-6-9　2019年分地区城镇居民家庭主要食品消费量

单位：公斤/人

地　区	粮食(原粮)	谷物	食用油	植物油	蔬菜	肉类	猪肉
全　国	**110.6**	**98.5**	**9.2**	**8.7**	**105.8**	**28.7**	**20.3**
北　京	95.7	84.8	6.7	6.5	115.9	25.8	14.2
天　津	96.1	86.1	8.1	8.0	116.4	25.0	14.8
河　北	130.5	116.9	7.9	7.6	111.8	24.5	15.2
山　西	117.6	101.7	7.0	6.9	102.6	17.0	10.8
内蒙古	137.5	122.5	7.3	7.1	109.8	32.9	17.1
辽　宁	116.8	100.7	9.3	9.1	119.4	27.1	17.3
吉　林	118.3	103.7	9.9	9.8	104.2	24.0	15.4
黑龙江	113.7	100.7	11.1	11.0	101.4	23.2	14.7
上　海	100.1	87.5	8.2	7.9	102.9	28.2	18.9
江　苏	108.4	96.2	8.5	8.3	105.7	27.3	18.8
浙　江	118.0	104.8	10.8	10.3	95.4	28.5	21.4
安　徽	125.0	109.6	8.2	7.7	106.2	29.3	21.5
福　建	94.1	85.6	8.2	7.6	82.8	27.9	21.5
江　西	119.7	107.5	13.4	12.9	107.2	31.8	25.5
山　东	104.6	93.3	8.3	8.1	103.3	23.6	15.3
河　南	126.4	113.1	8.0	8.0	104.5	20.8	13.2
湖　北	94.9	83.1	10.2	9.7	94.2	27.6	20.1
湖　南	110.5	100.1	11.7	9.7	107.3	32.7	26.2
广　东	100.8	91.7	8.4	8.0	110.6	39.4	30.6
广　西	95.6	87.3	7.9	7.3	94.6	31.5	25.2
海　南	80.8	74.7	8.2	7.7	99.5	26.9	20.9
重　庆	106.2	92.8	14.4	13.2	125.7	39.0	32.1
四　川	109.7	96.4	11.3	10.5	131.2	40.6	32.0
贵　州	94.7	82.9	7.5	6.4	76.2	29.1	24.7
云　南	100.3	88.1	7.3	6.1	93.7	29.9	22.3
西　藏	181.8	171.4	26.1	23.8	97.0	56.7	13.3
陕　西	118.9	103.9	9.5	9.2	106.7	18.9	12.1
甘　肃	139.5	126.0	9.1	9.0	115.3	21.8	13.0
青　海	93.6	87.6	9.4	9.3	64.7	24.6	8.9
宁　夏	88.2	80.9	6.9	6.9	95.5	17.1	6.7
新　疆	124.2	118.8	12.1	12.1	103.2	24.6	5.3

2-2-6-9 续表 单位：公斤/人

地区	牛肉	羊肉	禽类	水产品	蛋类	奶类	干鲜瓜果类	食糖
全国	**2.9**	**1.4**	**11.4**	**16.7**	**11.5**	**16.7**	**66.8**	**1.2**
北京	3.8	2.6	6.7	10.3	14.4	31.1	87.1	1.1
天津	3.2	2.7	6.4	18.0	18.8	18.4	90.8	1.1
河北	2.4	1.9	6.5	10.0	17.1	20.5	88.6	1.0
山西	1.2	1.5	3.6	4.3	14.4	21.3	77.5	0.9
内蒙古	4.5	6.8	6.8	8.0	12.3	29.9	82.8	1.2
辽宁	3.5	1.5	6.6	19.3	14.9	21.3	81.7	1.2
吉林	3.6	0.9	5.9	12.1	12.2	14.9	79.3	1.2
黑龙江	2.7	1.5	6.0	12.2	13.4	13.6	76.4	1.5
上海	3.6	1.0	12.8	26.9	12.2	21.6	61.9	1.4
江苏	2.6	0.9	13.2	21.8	11.5	16.8	51.8	1.0
浙江	3.1	0.7	12.5	28.3	9.3	15.1	62.1	1.4
安徽	3.0	1.1	15.0	16.6	12.8	14.3	70.6	0.9
福建	2.8	0.8	11.7	26.7	9.0	12.3	48.5	1.2
江西	3.4	0.5	11.8	18.1	8.3	15.8	56.9	1.0
山东	1.6	1.2	6.8	18.3	18.0	21.8	87.6	0.7
河南	2.1	1.6	8.4	6.4	16.4	19.1	73.9	1.1
湖北	3.1	0.8	7.7	19.6	7.7	9.8	50.9	0.7
湖南	3.0	0.7	13.6	17.8	8.2	10.1	70.8	1.2
广东	3.5	0.8	23.9	29.5	8.7	10.8	53.9	1.4
广西	3.2	0.8	24.8	16.6	6.9	8.1	52.2	1.2
海南	3.1	1.2	24.0	32.8	5.4	6.6	39.6	0.8
重庆	2.4	0.6	12.9	13.9	10.4	17.0	52.8	1.9
四川	2.8	0.6	14.1	11.7	9.2	15.1	58.7	1.5
贵州	1.7	0.3	7.8	4.3	4.9	8.3	46.8	0.7
云南	3.5	0.4	8.6	6.5	5.0	10.1	50.1	1.3
西藏	35.0	5.1	5.3	2.2	7.2	20.3	19.9	4.0
陕西	1.9	1.7	4.7	5.3	10.6	20.8	71.3	0.9
甘肃	2.7	2.5	6.2	5.6	11.5	29.7	92.3	1.4
青海	9.2	4.9	4.1	3.3	5.7	23.0	38.0	1.0
宁夏	4.4	4.5	7.0	4.2	7.5	19.7	84.6	1.2
新疆	6.0	10.2	7.0	6.1	8.8	33.0	73.9	1.2

2-2-6-10 2019年分地区城镇居民年末主要耐用消费品拥有量

单位：平均每百户

地区	家用汽车(辆)	摩托车(辆)	电动助力车(辆)	洗衣机(台)	电冰箱(柜)(台)	微波炉(台)	彩色电视机(台)
全国	**43.2**	**18.7**	**59.4**	**99.2**	**102.5**	**55.7**	**122.8**
北京	54.6	3.0	19.3	100.9	103.4	79.0	125.1
天津	56.5	1.7	36.2	99.9	104.0	77.1	110.4
河北	52.5	11.0	90.1	101.9	101.6	52.3	111.1
山西	37.6	11.3	53.1	100.5	98.1	43.4	102.9
内蒙古	51.5	12.7	43.6	99.6	106.8	45.9	103.3
辽宁	32.0	5.6	15.4	96.0	101.3	58.7	105.2
吉林	35.6	8.9	9.8	97.7	99.7	49.3	100.7
黑龙江	24.6	6.1	10.7	97.6	99.8	35.2	99.8
上海	39.4	2.4	63.6	96.0	101.4	87.2	177.9
江苏	48.5	10.7	124.0	104.0	108.8	88.6	174.2
浙江	52.8	7.7	80.4	95.4	104.5	60.1	175.1
安徽	34.9	13.8	97.8	99.8	102.7	63.7	137.2
福建	33.9	35.5	63.8	91.0	101.1	55.5	128.6
江西	39.3	26.8	75.7	95.5	99.7	51.1	129.1
山东	60.7	12.2	96.3	100.4	105.8	54.1	106.3
河南	37.9	15.4	114.0	101.3	100.0	45.0	116.2
湖北	37.3	37.2	40.3	98.6	106.3	45.9	122.9
湖南	36.3	36.2	29.4	104.4	105.0	43.3	120.1
广东	47.6	45.6	39.3	93.8	97.9	46.1	107.6
广西	43.3	31.8	98.8	101.5	105.1	67.6	112.4
海南	43.5	25.6	101.2	92.7	98.4	30.5	103.3
重庆	34.4	14.7	13.2	98.8	103.0	62.7	129.9
四川	36.8	17.9	31.1	101.3	103.1	48.9	124.3
贵州	43.2	24.0	18.5	103.5	103.2	42.4	107.8
云南	55.6	35.3	44.8	104.8	100.8	62.3	108.9
西藏	50.5	15.5	21.6	99.7	101.4	42.4	118.8
陕西	37.4	18.4	33.1	99.8	97.9	41.4	104.4
甘肃	28.4	10.9	25.2	101.3	98.1	55.8	103.8
青海	42.8	11.9	8.7	100.3	102.1	57.0	98.0
宁夏	45.0	12.8	54.6	101.3	100.3	56.6	102.8
新疆	37.8	6.6	32.6	100.1	105.9	39.2	102.5

2-2-6-10 续表 单位：平均每百户

地 区	空调（台）	热水器（台）	排油烟机（台）	移动电话（部）	计算机（台）	照相机（台）
全 国	**148.3**	**98.2**	**81.7**	**247.4**	**72.2**	**19.5**
北 京	192.3	98.8	94.1	230.4	95.6	46.9
天 津	166.9	97.1	94.5	236.4	75.2	22.6
河 北	131.8	93.5	81.0	235.4	64.3	16.3
山 西	50.7	83.2	82.0	238.7	63.0	16.3
内 蒙 古	21.6	80.5	82.0	231.7	62.8	18.6
辽 宁	58.0	87.5	87.6	207.2	57.3	21.6
吉 林	22.7	78.7	87.5	229.1	65.2	14.3
黑 龙 江	14.0	74.9	87.9	222.7	53.6	11.7
上 海	213.4	97.8	86.8	227.0	112.5	37.1
江 苏	226.3	112.1	86.7	254.5	78.3	19.2
浙 江	220.6	107.2	90.4	242.8	85.2	23.7
安 徽	185.4	104.1	80.2	251.4	65.3	15.6
福 建	193.5	114.0	69.5	258.7	77.4	16.6
江 西	157.4	101.6	78.3	253.2	67.3	15.3
山 东	149.6	100.2	90.5	236.0	78.7	27.2
河 南	182.7	94.1	76.2	251.3	64.9	13.0
湖 北	168.4	103.2	77.6	261.3	72.4	15.7
湖 南	185.0	104.4	80.9	274.8	74.9	17.4
广 东	212.1	103.0	75.1	264.0	86.8	21.2
广 西	170.0	107.0	69.3	277.0	79.2	18.8
海 南	168.4	98.9	66.2	282.7	67.2	12.5
重 庆	218.5	101.8	78.7	262.2	64.1	16.8
四 川	154.2	99.9	77.5	254.5	59.0	13.7
贵 州	37.2	96.9	60.4	287.8	57.2	9.6
云 南	8.1	98.6	78.8	263.8	64.2	17.7
西 藏	12.9	49.4	41.8	213.7	47.3	13.9
陕 西	120.7	86.0	74.3	238.2	56.0	18.0
甘 肃	15.9	83.9	85.1	243.2	60.9	18.6
青 海	1.3	75.6	81.1	240.4	51.8	14.0
宁 夏	21.9	99.2	90.2	253.6	68.7	14.9
新 疆	32.2	91.9	87.8	224.5	54.6	15.7

三、农村居民数据

(一)2014年分地区农村居民收支主要数据

2-3-1-1 2014年分地区农村居民可支配收入

单位：元/人

地区	可支配收入	一、工资性收入	二、经营净收入	三、财产净收入	四、转移净收入
全国	**10488.9**	**4152.2**	**4237.4**	**222.1**	**1877.2**
北京	18867.3	14260.2	1854.3	817.8	1935.0
天津	17014.2	9941.1	4791.4	799.1	1482.6
河北	10186.1	5133.3	3435.5	204.0	1413.4
山西	8809.4	4569.6	2482.3	123.2	1634.4
内蒙古	9976.3	2070.8	5872.4	388.7	1644.4
辽宁	11191.5	4362.3	5252.4	234.7	1342.1
吉林	10780.1	1937.6	7445.6	181.8	1215.0
黑龙江	10453.2	2188.5	6596.7	512.2	1155.8
上海	21191.6	16177.0	1440.6	686.1	2887.9
江苏	14958.4	7170.3	5030.5	472.0	2285.6
浙江	19373.3	11772.5	5236.7	542.8	1821.2
安徽	9916.4	3554.9	3985.9	149.1	2226.6
福建	12650.2	5655.2	5093.6	201.3	1700.1
江西	10116.6	3937.4	4106.5	153.3	1919.3
山东	11882.3	4713.1	5431.0	287.2	1450.9
河南	9966.1	3260.2	4277.6	146.1	2282.1
湖北	10849.1	3298.6	5009.3	125.4	2415.7
湖南	10060.2	4088.1	3638.9	165.6	2167.5
广东	12245.6	6220.3	3272.4	295.5	2457.3
广西	8683.2	2335.4	4047.8	75.2	2224.9
海南	9912.6	3596.0	4753.5	176.7	1386.4
重庆	9489.8	3196.5	3401.9	252.4	2639.1
四川	9347.7	3156.5	3877.9	184.7	2128.5
贵州	6671.2	2521.5	2643.1	71.0	1435.7
云南	7456.1	1975.8	4242.4	134.7	1103.3
西藏	7359.2	1571.1	4361.8	129.8	1296.5
陕西	7932.2	3216.8	2750.7	120.1	1844.5
甘肃	6276.6	1755.8	2761.6	112.3	1646.9
青海	7282.7	2041.4	3021.4	287.8	1932.1
宁夏	8410.0	3391.0	3644.6	148.9	1225.4
新疆	8723.8	1848.0	5179.4	228.7	1467.7

2-3-1-2 2014年分地区农村居民可支配收入构成

单位：%

地 区	可支配收入	一、工资性收入	二、经营净收入	三、财产净收入	四、转移净收入
全 国	**100.0**	**39.6**	**40.4**	**2.1**	**17.9**
北 京	100.0	75.6	9.8	4.3	10.3
天 津	100.0	58.4	28.2	4.7	8.7
河 北	100.0	50.4	33.7	2.0	13.9
山 西	100.0	51.9	28.2	1.4	18.6
内蒙古	100.0	20.8	58.9	3.9	16.5
辽 宁	100.0	39.0	46.9	2.1	12.0
吉 林	100.0	18.0	69.1	1.7	11.3
黑龙江	100.0	20.9	63.1	4.9	11.1
上 海	100.0	76.3	6.8	3.2	13.6
江 苏	100.0	47.9	33.6	3.2	15.3
浙 江	100.0	60.8	27.0	2.8	9.4
安 徽	100.0	35.8	40.2	1.5	22.5
福 建	100.0	44.7	40.3	1.6	13.4
江 西	100.0	38.9	40.6	1.5	19.0
山 东	100.0	39.7	45.7	2.4	12.2
河 南	100.0	32.7	42.9	1.5	22.9
湖 北	100.0	30.4	46.2	1.2	22.3
湖 南	100.0	40.6	36.2	1.6	21.5
广 东	100.0	50.8	26.7	2.4	20.1
广 西	100.0	26.9	46.6	0.9	25.6
海 南	100.0	36.3	48.0	1.8	14.0
重 庆	100.0	33.7	35.8	2.7	27.8
四 川	100.0	33.8	41.5	2.0	22.8
贵 州	100.0	37.8	39.6	1.1	21.5
云 南	100.0	26.5	56.9	1.8	14.8
西 藏	100.0	21.3	59.3	1.8	17.6
陕 西	100.0	40.6	34.7	1.5	23.3
甘 肃	100.0	28.0	44.0	1.8	26.2
青 海	100.0	28.0	41.5	4.0	26.5
宁 夏	100.0	40.3	43.3	1.8	14.6
新 疆	100.0	21.2	59.4	2.6	16.8

2-3-1-3 2014年分地区农村居民现金可支配收入

单位：元/人

地 区	现金可支配收入	一、工资性收入	二、经营净收入	三、财产净收入	四、转移净收入
全 国	**9698.2**	**4137.5**	**3620.1**	**224.7**	**1715.9**
北 京	18911.2	14117.1	2261.5	824.7	1707.8
天 津	16802.3	9926.9	4750.1	801.8	1323.4
河 北	9855.5	5125.1	3237.9	212.3	1280.3
山 西	8349.2	4557.7	2343.6	130.6	1317.2
内蒙古	9909.8	2069.7	5946.2	389.1	1504.8
辽 宁	11142.2	4333.9	5375.0	239.0	1194.2
吉 林	9585.3	1935.2	6389.5	181.9	1078.8
黑龙江	9861.1	2188.3	6116.2	513.3	1043.2
上 海	20333.6	15903.1	1377.3	714.0	2339.2
江 苏	14373.9	7104.5	4696.0	473.6	2099.9
浙 江	19381.0	11737.7	5509.8	542.9	1590.6
安 徽	9279.0	3543.0	3562.0	156.4	2017.6
福 建	12087.7	5621.7	4688.3	203.4	1574.2
江 西	9125.7	3935.4	3208.6	153.4	1828.3
山 东	11286.2	4707.2	5014.6	287.5	1276.9
河 南	8832.7	3255.4	3278.8	146.8	2151.7
湖 北	9697.7	3282.6	4078.2	126.7	2210.4
湖 南	9036.6	4067.0	2775.5	169.4	2024.8
广 东	11280.3	6201.5	2456.8	294.9	2327.2
广 西	7364.6	2330.6	2930.5	76.2	2027.4
海 南	9584.6	3573.0	4591.9	196.4	1223.3
重 庆	8193.2	3188.7	2209.4	252.6	2542.5
四 川	8065.3	3143.9	2785.8	190.2	1945.4
贵 州	5717.7	2519.8	1789.0	73.9	1335.1
云 南	6657.4	1974.0	3580.0	134.8	968.6
西 藏	6383.1	1571.1	3420.6	134.4	1257.0
陕 西	7286.4	3209.3	2246.2	120.6	1710.3
甘 肃	5495.3	1753.8	2116.5	114.1	1511.0
青 海	6618.0	2037.1	2605.0	301.9	1674.0
宁 夏	7807.6	3387.7	3327.3	148.9	943.6
新 疆	8067.9	1844.0	4728.1	229.2	1266.6

2-3-1-4 2014年分地区农村居民现金可支配收入构成

单位：%

地　区	现金可支配收入	一、工资性收入	二、经营净收入	三、财产净收入	四、转移净收入
全　国	**100.0**	**42.7**	**37.3**	**2.3**	**17.7**
北　京	100.0	74.6	12.0	4.4	9.0
天　津	100.0	59.1	28.3	4.8	7.9
河　北	100.0	52.0	32.9	2.2	13.0
山　西	100.0	54.6	28.1	1.6	15.8
内蒙古	100.0	20.9	60.0	3.9	15.2
辽　宁	100.0	38.9	48.2	2.1	10.7
吉　林	100.0	20.2	66.7	1.9	11.3
黑龙江	100.0	22.2	62.0	5.2	10.6
上　海	100.0	78.2	6.8	3.5	11.5
江　苏	100.0	49.4	32.7	3.3	14.6
浙　江	100.0	60.6	28.4	2.8	8.2
安　徽	100.0	38.2	38.4	1.7	21.7
福　建	100.0	46.5	38.8	1.7	13.0
江　西	100.0	43.1	35.2	1.7	20.0
山　东	100.0	41.7	44.4	2.5	11.3
河　南	100.0	36.9	37.1	1.7	24.4
湖　北	100.0	33.8	42.1	1.3	22.8
湖　南	100.0	45.0	30.7	1.9	22.4
广　东	100.0	55.0	21.8	2.6	20.6
广　西	100.0	31.6	39.8	1.0	27.5
海　南	100.0	37.3	47.9	2.0	12.8
重　庆	100.0	38.9	27.0	3.1	31.0
四　川	100.0	39.0	34.5	2.4	24.1
贵　州	100.0	44.1	31.3	1.3	23.4
云　南	100.0	29.7	53.8	2.0	14.5
西　藏	100.0	24.6	53.6	2.1	19.7
陕　西	100.0	44.0	30.8	1.7	23.5
甘　肃	100.0	31.9	38.5	2.1	27.5
青　海	100.0	30.8	39.4	4.6	25.3
宁　夏	100.0	43.4	42.6	1.9	12.1
新　疆	100.0	22.9	58.6	2.8	15.7

2-3-1-5 2014年分地区农村居民消费支出

单位：元/人

地　区	消费支出	一、食品烟酒支出	二、衣着支出	三、居住支出
全　国	**8382.6**	**2814.0**	**510.4**	**1762.7**
北　京	14535.1	4048.0	917.8	4360.7
天　津	13738.6	4314.4	1013.1	3200.4
河　北	8248.0	2421.2	581.6	1858.5
山　西	6991.7	2054.3	539.7	1480.5
内蒙古	9972.2	3039.0	728.1	1675.7
辽　宁	7800.7	2210.9	531.7	1491.7
吉　林	8139.8	2411.2	552.6	1650.9
黑龙江	7830.0	2210.2	597.4	1602.1
上　海	14820.1	5332.7	860.4	3615.7
江　苏	11820.3	3711.9	758.9	2467.0
浙　江	14497.8	4618.5	881.8	3302.1
安　徽	7980.8	2842.3	474.0	1686.0
福　建	11055.9	4222.5	572.4	2607.8
江　西	7548.3	2755.1	380.6	1877.3
山　东	7962.2	2464.5	489.3	1547.1
河　南	7277.2	2153.8	600.7	1542.6
湖　北	8680.9	2724.1	495.7	1944.6
湖　南	9024.8	3095.2	468.0	1982.4
广　东	10043.2	3968.9	328.2	2238.8
广　西	6675.1	2462.9	208.6	1550.8
海　南	7029.0	3037.2	247.9	1328.5
重　庆	7982.6	3229.0	490.5	1294.2
四　川	8301.1	3299.3	548.1	1486.5
贵　州	5970.3	2223.5	341.6	1202.1
云　南	6030.3	2145.9	267.2	1147.8
西　藏	4822.1	2534.9	458.1	688.4
陕　西	7252.4	2112.2	457.3	1627.0
甘　肃	6147.8	2145.7	411.2	1079.8
青　海	8235.1	2626.0	615.5	1416.3
宁　夏	7676.5	2296.0	602.0	1388.1
新　疆	7365.3	2540.2	650.7	1412.8

2-3-1-5 续表 单位：元/人

地区	四、生活用品及服务支出	五、交通通信支出	六、教育文化娱乐支出	七、医疗保健支出	八、其他用品及服务支出
全 国	**506.5**	**1012.6**	**859.5**	**753.9**	**163.0**
北 京	994.6	1813.0	1097.3	1088.6	215.1
天 津	891.0	1979.4	1041.4	979.7	319.2
河 北	508.0	1146.5	758.7	788.7	184.7
山 西	343.9	706.5	928.5	770.2	168.2
内蒙古	427.9	1467.5	1318.0	1114.4	201.5
辽 宁	331.7	1049.7	1014.5	1026.4	144.2
吉 林	355.7	931.2	1042.2	1008.0	188.0
黑龙江	348.0	966.2	984.2	992.1	129.7
上 海	689.5	1830.3	782.7	1330.3	378.3
江 苏	719.0	1788.5	1215.5	845.3	314.3
浙 江	746.6	2256.8	1355.3	1068.3	268.4
安 徽	498.7	811.7	735.1	778.8	154.1
福 建	642.7	1097.7	940.7	735.9	236.2
江 西	406.8	759.4	711.9	525.2	132.0
山 东	523.9	1225.8	801.4	776.4	133.8
河 南	505.9	859.6	757.8	731.4	125.4
湖 北	574.3	816.4	1010.2	907.3	208.3
湖 南	541.9	871.9	1112.1	771.4	181.9
广 东	599.7	1068.7	918.2	686.9	233.8
广 西	394.8	709.7	682.5	553.5	112.4
海 南	392.8	661.8	760.3	454.1	146.4
重 庆	569.4	780.4	805.1	677.0	137.1
四 川	629.8	884.9	599.8	723.7	129.1
贵 州	355.1	636.5	746.4	373.0	92.1
云 南	359.6	856.8	664.9	514.0	74.1
西 藏	252.9	517.0	129.1	91.6	149.9
陕 西	444.2	690.5	900.6	883.7	136.8
甘 肃	383.4	730.4	753.4	546.2	97.7
青 海	487.5	1392.3	610.6	944.5	142.5
宁 夏	496.1	961.4	866.6	856.9	209.2
新 疆	340.8	1010.4	600.7	717.2	92.4

2-3-1-6 2014年分地区农村居民消费支出构成

单位：%

地区	消费支出	一、食品烟酒支出	二、衣着支出	三、居住支出
全国	**100.0**	**33.6**	**6.1**	**21.0**
北京	100.0	27.8	6.3	30.0
天津	100.0	31.4	7.4	23.3
河北	100.0	29.4	7.1	22.5
山西	100.0	29.4	7.7	21.2
内蒙古	100.0	30.5	7.3	16.8
辽宁	100.0	28.3	6.8	19.1
吉林	100.0	29.6	6.8	20.3
黑龙江	100.0	28.2	7.6	20.5
上海	100.0	36.0	5.8	24.4
江苏	100.0	31.4	6.4	20.9
浙江	100.0	31.9	6.1	22.8
安徽	100.0	35.6	5.9	21.1
福建	100.0	38.2	5.2	23.6
江西	100.0	36.5	5.0	24.9
山东	100.0	31.0	6.1	19.4
河南	100.0	29.6	8.3	21.2
湖北	100.0	31.4	5.7	22.4
湖南	100.0	34.3	5.2	22.0
广东	100.0	39.5	3.3	22.3
广西	100.0	36.9	3.1	23.2
海南	100.0	43.2	3.5	18.9
重庆	100.0	40.5	6.1	16.2
四川	100.0	39.7	6.6	17.9
贵州	100.0	37.2	5.7	20.1
云南	100.0	35.6	4.4	19.0
西藏	100.0	52.6	9.5	14.3
陕西	100.0	29.1	6.3	22.4
甘肃	100.0	34.9	6.7	17.6
青海	100.0	31.9	7.5	17.2
宁夏	100.0	29.9	7.8	18.1
新疆	100.0	34.5	8.8	19.2

2-3-1-6 续表

单位：%

地　区	四、生活用品及服务支出	五、交通通信支出	六、教育文化娱乐支出	七、医疗保健支出	八、其他用品及服务支出
全　国	**6.0**	**12.1**	**10.3**	**9.0**	**1.9**
北　京	6.8	12.5	7.5	7.5	1.5
天　津	6.5	14.4	7.6	7.1	2.3
河　北	6.2	13.9	9.2	9.6	2.2
山　西	4.9	10.1	13.3	11.0	2.4
内蒙古	4.3	14.7	13.2	11.2	2.0
辽　宁	4.3	13.5	13.0	13.2	1.8
吉　林	4.4	11.4	12.8	12.4	2.3
黑龙江	4.4	12.3	12.6	12.7	1.7
上　海	4.7	12.4	5.3	9.0	2.6
江　苏	6.1	15.1	10.3	7.2	2.7
浙　江	5.1	15.6	9.3	7.4	1.9
安　徽	6.2	10.2	9.2	9.8	1.9
福　建	5.8	9.9	8.5	6.7	2.1
江　西	5.4	10.1	9.4	7.0	1.7
山　东	6.6	15.4	10.1	9.8	1.7
河　南	7.0	11.8	10.4	10.1	1.7
湖　北	6.6	9.4	11.6	10.5	2.4
湖　南	6.0	9.7	12.3	8.5	2.0
广　东	6.0	10.6	9.1	6.8	2.3
广　西	5.9	10.6	10.2	8.3	1.7
海　南	5.6	9.4	10.8	6.5	2.1
重　庆	7.1	9.8	10.1	8.5	1.7
四　川	7.6	10.7	7.2	8.7	1.6
贵　州	5.9	10.7	12.5	6.2	1.5
云　南	6.0	14.2	11.0	8.5	1.2
西　藏	5.2	10.7	2.7	1.9	3.1
陕　西	6.1	9.5	12.4	12.2	1.9
甘　肃	6.2	11.9	12.3	8.9	1.6
青　海	5.9	16.9	7.4	11.5	1.7
宁　夏	6.5	12.5	11.3	11.2	2.7
新　疆	4.6	13.7	8.2	9.7	1.3

2-3-1-7 2014年分地区农村居民现金消费支出

单位：元/人

地　区	现金消费支出	一、食品烟酒支出	二、衣着支出	三、居住支出
全　国	**6716.7**	**2301.3**	**509.7**	**758.5**
北　京	11721.9	3894.2	917.4	1893.7
天　津	11850.0	4176.8	1012.7	1603.6
河　北	7091.3	2238.1	580.7	1014.7
山　西	5670.7	1748.4	536.0	699.4
内蒙古	8598.0	2476.7	727.1	991.8
辽　宁	6671.1	1942.2	531.7	763.3
吉　林	6750.5	2133.9	552.6	673.7
黑龙江	6719.9	2095.7	595.0	717.1
上　海	11741.7	4897.9	860.0	1531.1
江　苏	9836.4	3285.2	758.3	1081.9
浙　江	11797.8	4309.8	881.4	1135.4
安　徽	6380.7	2481.8	471.7	634.5
福　建	8626.9	3630.5	572.3	892.2
江　西	5547.8	2082.3	380.0	640.9
山　东	6822.2	2265.3	488.4	775.3
河　南	6113.7	1986.0	600.5	675.0
湖　北	6738.2	2036.1	494.0	874.8
湖　南	6943.5	2285.3	467.7	855.7
广　东	7983.1	3262.7	328.0	1008.1
广　西	4715.1	1645.7	208.4	566.0
海　南	5721.1	2687.6	247.7	452.8
重　庆	5974.3	2255.4	490.2	359.3
四　川	6151.3	2294.5	547.7	511.8
贵　州	4231.8	1330.8	341.5	458.7
云　南	4476.5	1435.2	267.2	430.1
西　藏	2908.4	1176.2	457.0	176.5
陕　西	5897.9	1798.5	457.1	713.6
甘　肃	4988.2	1597.1	411.1	570.1
青　海	6636.4	1788.6	615.5	887.0
宁　夏	6531.7	1894.4	602.0	886.6
新　疆	6098.6	1996.7	647.8	855.6

2-3-1-7 续表 单位：元/人

地区	四、生活用品及服务支出	五、交通通信支出	六、教育文化娱乐支出	七、医疗保健支出	八、其他用品及服务支出
全　国	**500.1**	**1012.5**	**859.2**	**614.9**	**160.5**
北　京	985.7	1812.7	1096.9	914.6	206.8
天　津	888.8	1979.4	1041.1	831.1	316.6
河　北	504.9	1146.5	758.4	664.2	183.8
山　西	334.2	706.5	927.8	563.6	154.8
内蒙古	427.8	1467.5	1318.0	996.1	192.9
辽　宁	324.2	1049.7	1013.7	903.8	142.5
吉　林	351.6	930.7	1042.0	878.1	187.9
黑龙江	346.9	966.2	984.2	885.1	129.7
上　海	680.6	1825.6	782.7	793.4	370.5
江　苏	706.4	1788.1	1215.2	688.8	312.3
浙　江	735.0	2256.0	1354.2	860.2	265.7
安　徽	496.1	811.7	735.0	597.2	152.8
福　建	633.8	1097.6	939.8	625.5	235.1
江　西	406.7	759.4	711.9	435.0	131.7
山　东	518.5	1225.7	801.3	615.6	132.0
河　南	505.7	859.5	757.8	603.7	125.4
湖　北	571.5	816.4	1009.8	728.2	207.3
湖　南	538.3	871.4	1112.0	634.9	178.2
广　东	593.4	1068.4	917.1	573.7	231.7
广　西	385.4	709.7	682.5	407.6	109.7
海　南	367.1	661.8	759.9	399.2	145.0
重　庆	564.5	780.4	805.0	583.7	135.8
四　川	615.3	884.8	599.5	572.9	124.9
贵　州	327.0	636.4	746.1	301.1	90.1
云　南	352.7	856.8	664.9	397.5	72.3
西　藏	251.2	517.0	129.1	51.5	149.9
陕　西	443.3	690.4	900.5	758.9	135.6
甘　肃	381.0	730.2	753.3	450.5	94.8
青　海	484.2	1392.3	610.6	717.3	141.0
宁　夏	476.5	961.4	866.3	675.2	169.2
新　疆	340.0	1010.4	599.0	556.4	91.6

2-3-1-8　2014年分地区农村居民现金消费支出构成

单位：%

地　区	现金消费支出	一、食品烟酒支出	二、衣着支出	三、居住支出
全　国	**100.0**	**34.3**	**7.6**	**11.3**
北　京	100.0	33.2	7.8	16.2
天　津	100.0	35.2	8.5	13.5
河　北	100.0	31.6	8.2	14.3
山　西	100.0	30.8	9.5	12.3
内蒙古	100.0	28.8	8.5	11.5
辽　宁	100.0	29.1	8.0	11.4
吉　林	100.0	31.6	8.2	10.0
黑龙江	100.0	31.2	8.9	10.7
上　海	100.0	41.7	7.3	13.0
江　苏	100.0	33.4	7.7	11.0
浙　江	100.0	36.5	7.5	9.6
安　徽	100.0	38.9	7.4	9.9
福　建	100.0	42.1	6.6	10.3
江　西	100.0	37.5	6.9	11.6
山　东	100.0	33.2	7.2	11.4
河　南	100.0	32.5	9.8	11.0
湖　北	100.0	30.2	7.3	13.0
湖　南	100.0	32.9	6.7	12.3
广　东	100.0	40.9	4.1	12.6
广　西	100.0	34.9	4.4	12.0
海　南	100.0	47.0	4.3	7.9
重　庆	100.0	37.8	8.2	6.0
四　川	100.0	37.3	8.9	8.3
贵　州	100.0	31.4	8.1	10.8
云　南	100.0	32.1	6.0	9.6
西　藏	100.0	40.4	15.7	6.1
陕　西	100.0	30.5	7.7	12.1
甘　肃	100.0	32.0	8.2	11.4
青　海	100.0	27.0	9.3	13.4
宁　夏	100.0	29.0	9.2	13.6
新　疆	100.0	32.7	10.6	14.0

2-3-1-8 续表

单位：%

地 区	四、生活用品及服务支出	五、交通通信支出	六、教育文化娱乐支出	七、医疗保健支出	八、其他用品及服务支出
全 国	**7.4**	**15.1**	**12.8**	**9.2**	**2.4**
北 京	8.4	15.5	9.4	7.8	1.8
天 津	7.5	16.7	8.8	7.0	2.7
河 北	7.1	16.2	10.7	9.4	2.6
山 西	5.9	12.5	16.4	9.9	2.7
内蒙古	5.0	17.1	15.3	11.6	2.2
辽 宁	4.9	15.7	15.2	13.5	2.1
吉 林	5.2	13.8	15.4	13.0	2.8
黑龙江	5.2	14.4	14.6	13.2	1.9
上 海	5.8	15.5	6.7	6.8	3.2
江 苏	7.2	18.2	12.4	7.0	3.2
浙 江	6.2	19.1	11.5	7.3	2.3
安 徽	7.8	12.7	11.5	9.4	2.4
福 建	7.3	12.7	10.9	7.3	2.7
江 西	7.3	13.7	12.8	7.8	2.4
山 东	7.6	18.0	11.7	9.0	1.9
河 南	8.3	14.1	12.4	9.9	2.1
湖 北	8.5	12.1	15.0	10.8	3.1
湖 南	7.8	12.6	16.0	9.1	2.6
广 东	7.4	13.4	11.5	7.2	2.9
广 西	8.2	15.1	14.5	8.6	2.3
海 南	6.4	11.6	13.3	7.0	2.5
重 庆	9.4	13.1	13.5	9.8	2.3
四 川	10.0	14.4	9.7	9.3	2.0
贵 州	7.7	15.0	17.6	7.1	2.1
云 南	7.9	19.1	14.9	8.9	1.6
西 藏	8.6	17.8	4.4	1.8	5.2
陕 西	7.5	11.7	15.3	12.9	2.3
甘 肃	7.6	14.6	15.1	9.0	1.9
青 海	7.3	21.0	9.2	10.8	2.1
宁 夏	7.3	14.7	13.3	10.3	2.6
新 疆	5.6	16.6	9.8	9.1	1.5

(二)2015年分地区农村居民收支主要数据

2-3-2-1 2015年分地区农村居民可支配收入

单位：元/人

地区	可支配收入	一、工资性收入	二、经营净收入	三、财产净收入	四、转移净收入
全国	**11421.7**	**4600.3**	**4503.6**	**251.5**	**2066.3**
北京	20568.7	15491.1	1958.5	1203.8	1915.3
天津	18481.6	11031.4	4949.4	775.0	1725.8
河北	11050.5	5811.9	3682.7	235.9	1320.0
山西	9453.9	4921.8	2624.4	141.8	1766.0
内蒙古	10775.9	2249.7	6185.4	425.3	1915.5
辽宁	12056.9	4730.1	5573.7	231.7	1521.3
吉林	11326.2	2097.4	7878.1	198.6	1152.1
黑龙江	11095.2	2247.0	7049.8	524.9	1273.5
上海	23205.2	17482.5	1462.3	775.2	3485.1
江苏	16256.7	8014.9	5045.6	545.2	2651.0
浙江	21125.0	13086.9	5364.3	607.9	2065.9
安徽	10820.7	3983.1	4214.4	161.8	2461.4
福建	13792.7	6187.0	5455.6	232.5	1917.7
江西	11139.1	4393.0	4431.3	184.6	2130.2
山东	12930.4	5139.5	5856.4	326.3	1608.1
河南	10852.9	3728.4	4462.2	157.0	2505.3
湖北	11843.9	3682.9	5281.4	160.8	2718.8
湖南	10992.5	4515.2	3911.7	174.1	2391.5
广东	13360.4	6724.0	3590.1	337.0	2709.3
广西	9466.6	2549.1	4359.4	116.0	2442.1
海南	10857.6	4251.1	5013.2	194.8	1398.5
重庆	10504.7	3583.4	3774.7	278.1	2868.6
四川	10247.4	3463.5	4197.3	223.6	2363.0
贵州	7386.9	2897.1	2878.7	83.7	1527.3
云南	8242.1	2315.5	4600.8	147.9	1177.9
西藏	8243.7	1872.9	4937.7	146.9	1286.3
陕西	8688.9	3548.3	2908.6	152.4	2079.5
甘肃	6936.2	1974.9	3025.2	128.0	1808.1
青海	7933.4	2234.7	3058.5	325.7	2314.6
宁夏	9118.7	3614.3	3837.0	189.9	1477.5
新疆	9425.1	2131.4	5397.5	209.5	1686.7

2-3-2-2　2015年分地区农村居民可支配收入构成

单位：%

地　区	可支配收入	一、工资性收入	二、经营净收入	三、财产净收入	四、转移净收入
全　国	**100.0**	**40.3**	**39.4**	**2.2**	**18.1**
北　京	100.0	75.3	9.5	5.9	9.3
天　津	100.0	59.7	26.8	4.2	9.3
河　北	100.0	52.6	33.3	2.1	11.9
山　西	100.0	52.1	27.8	1.5	18.7
内蒙古	100.0	20.9	57.4	3.9	17.8
辽　宁	100.0	39.2	46.2	1.9	12.6
吉　林	100.0	18.5	69.6	1.8	10.2
黑龙江	100.0	20.3	63.5	4.7	11.5
上　海	100.0	75.3	6.3	3.3	15.0
江　苏	100.0	49.3	31.0	3.4	16.3
浙　江	100.0	62.0	25.4	2.9	9.8
安　徽	100.0	36.8	38.9	1.5	22.7
福　建	100.0	44.9	39.6	1.7	13.9
江　西	100.0	39.4	39.8	1.7	19.1
山　东	100.0	39.7	45.3	2.5	12.4
河　南	100.0	34.4	41.1	1.4	23.1
湖　北	100.0	31.1	44.6	1.4	23.0
湖　南	100.0	41.1	35.6	1.6	21.8
广　东	100.0	50.3	26.9	2.5	20.3
广　西	100.0	26.9	46.1	1.2	25.8
海　南	100.0	39.2	46.2	1.8	12.9
重　庆	100.0	34.1	35.9	2.6	27.3
四　川	100.0	33.8	41.0	2.2	23.1
贵　州	100.0	39.2	39.0	1.1	20.7
云　南	100.0	28.1	55.8	1.8	14.3
西　藏	100.0	22.7	59.9	1.8	15.6
陕　西	100.0	40.8	33.5	1.8	23.9
甘　肃	100.0	28.5	43.6	1.8	26.1
青　海	100.0	28.2	38.6	4.1	29.2
宁　夏	100.0	39.6	42.1	2.1	16.2
新　疆	100.0	22.6	57.3	2.2	17.9

2-3-2-3 2015年分地区农村居民现金可支配收入

单位：元/人

地区	现金可支配收入	一、工资性收入	二、经营净收入	三、财产净收入	四、转移净收入
全国	**10577.8**	**4583.9**	**3861.3**	**251.5**	**1881.2**
北京	20392.5	15326.7	2208.6	1203.8	1653.4
天津	18383.4	11004.5	5032.5	775.0	1571.4
河北	10446.0	5802.5	3255.8	235.9	1151.8
山西	8869.8	4910.8	2268.9	141.8	1548.3
内蒙古	10697.7	2247.1	6336.7	425.3	1688.5
辽宁	11800.6	4698.9	5549.6	231.7	1320.4
吉林	9672.3	2093.7	6399.2	198.6	980.8
黑龙江	10974.8	2246.8	7023.3	524.9	1179.8
上海	22395.9	17211.5	1510.3	775.2	2898.9
江苏	15458.1	7942.5	4563.2	545.2	2407.2
浙江	20971.9	13030.0	5570.9	607.9	1763.1
安徽	9952.0	3963.8	3544.3	161.8	2282.2
福建	13307.0	6167.9	5115.4	232.5	1791.3
江西	10030.9	4390.4	3424.7	184.6	2031.2
山东	12291.1	5129.5	5478.4	326.3	1356.9
河南	9795.2	3724.6	3555.8	157.0	2357.9
湖北	10408.5	3664.0	4114.1	160.8	2469.6
湖南	10020.3	4499.9	3100.9	174.1	2245.4
广东	12391.7	6705.9	2785.9	337.0	2562.9
广西	8329.7	2538.8	3438.6	116.0	2236.3
海南	10582.2	4240.7	4931.4	194.8	1215.4
重庆	9362.2	3571.7	2745.9	278.1	2766.5
四川	8955.8	3447.7	3152.8	223.6	2131.7
贵州	6490.6	2895.3	2107.8	83.7	1403.8
云南	7257.3	2312.5	3785.0	147.9	1012.0
西藏	7036.0	1872.9	3773.8	146.9	1242.4
陕西	8124.4	3544.2	2499.4	152.4	1928.3
甘肃	6242.7	1972.1	2511.1	127.4	1632.1
青海	7263.2	2233.0	2709.7	325.7	1994.8
宁夏	8655.5	3602.9	3704.1	189.9	1158.5
新疆	8695.1	2129.5	4819.5	209.5	1536.6

2-3-2-4 2015年分地区农村居民现金可支配收入构成

单位：%

地 区	现金可支配收入	一、工资性收入	二、经营净收入	三、财产净收入	四、转移净收入
全 国	**100.0**	**43.3**	**36.5**	**2.4**	**17.8**
北 京	100.0	75.2	10.8	5.9	8.1
天 津	100.0	59.9	27.4	4.2	8.5
河 北	100.0	55.5	31.2	2.3	11.0
山 西	100.0	55.4	25.6	1.6	17.5
内蒙古	100.0	21.0	59.2	4.0	15.8
辽 宁	100.0	39.8	47.0	2.0	11.2
吉 林	100.0	21.6	66.2	2.1	10.1
黑龙江	100.0	20.5	64.0	4.8	10.7
上 海	100.0	76.9	6.7	3.5	12.9
江 苏	100.0	51.4	29.5	3.5	15.6
浙 江	100.0	62.1	26.6	2.9	8.4
安 徽	100.0	39.8	35.6	1.6	22.9
福 建	100.0	46.4	38.4	1.7	13.5
江 西	100.0	43.8	34.1	1.8	20.2
山 东	100.0	41.7	44.6	2.7	11.0
河 南	100.0	38.0	36.3	1.6	24.1
湖 北	100.0	35.2	39.5	1.5	23.7
湖 南	100.0	44.9	30.9	1.7	22.4
广 东	100.0	54.1	22.5	2.7	20.7
广 西	100.0	30.5	41.3	1.4	26.8
海 南	100.0	40.1	46.6	1.8	11.5
重 庆	100.0	38.1	29.3	3.0	29.5
四 川	100.0	38.5	35.2	2.5	23.8
贵 州	100.0	44.6	32.5	1.3	21.6
云 南	100.0	31.9	52.2	2.0	13.9
西 藏	100.0	26.6	53.6	2.1	17.7
陕 西	100.0	43.6	30.8	1.9	23.7
甘 肃	100.0	31.6	40.2	2.0	26.1
青 海	100.0	30.7	37.3	4.5	27.5
宁 夏	100.0	41.6	42.8	2.2	13.4
新 疆	100.0	24.5	55.4	2.4	17.7

2-3-2-5 2015年分地区农村居民消费支出

单位：元/人

地　　区	消费支出	一、食品烟酒支出	二、衣着支出	三、居住支出
全　　国	**9222.6**	**3048.0**	**550.5**	**1926.2**
北　　京	15811.2	4372.1	996.1	4636.0
天　　津	14739.4	4346.3	1060.5	3278.8
河　　北	9022.8	2578.1	625.3	2014.2
山　　西	7421.2	2150.2	558.5	1536.8
内 蒙 古	10637.4	3123.0	765.1	1817.1
辽　　宁	8872.8	2498.8	598.6	1666.4
吉　　林	8783.3	2550.8	594.6	1698.3
黑 龙 江	8391.5	2306.7	639.9	1554.8
上　　海	16152.3	5660.0	857.1	4161.3
江　　苏	12882.5	4078.3	777.9	2649.9
浙　　江	16107.7	5008.4	950.8	3732.3
安　　徽	8975.2	3212.0	503.4	1899.8
福　　建	11960.8	4493.8	610.6	2907.6
江　　西	8485.6	3071.8	431.9	2026.3
山　　东	8747.6	2661.6	540.0	1626.6
河　　南	7887.4	2301.3	655.2	1643.3
湖　　北	9803.1	2952.7	549.1	2150.3
湖　　南	9690.6	3188.9	494.5	2191.0
广　　东	11103.0	4511.3	367.1	2494.8
广　　西	7582.0	2680.6	237.1	1729.9
海　　南	8210.3	3506.3	281.7	1470.0
重　　庆	8937.7	3571.1	530.2	1481.8
四　　川	9250.6	3618.4	580.4	1675.4
贵　　州	6644.9	2270.2	355.4	1442.0
云　　南	6830.1	2486.7	304.9	1228.6
西　　藏	5579.7	2912.0	506.9	701.9
陕　　西	7900.7	2199.5	496.3	1785.5
甘　　肃	6829.8	2244.1	466.3	1221.1
青　　海	8566.5	2564.2	626.9	1461.7
宁　　夏	8414.9	2452.7	664.0	1561.2
新　　疆	7697.9	2622.5	691.3	1486.5

2-3-2-5 续表　　单位：元/人

地　区	四、生活用品及服务支出	五、交通通信支出	六、教育文化娱乐支出	七、医疗保健支出	八、其他用品及服务支出
全　国	**545.6**	**1163.1**	**969.3**	**846.0**	**174.0**
北　京	992.9	2140.0	1144.9	1336.0	193.2
天　津	1153.7	2196.2	1245.3	1159.9	298.7
河　北	527.5	1298.5	870.4	920.5	188.4
山　西	382.4	820.3	1017.1	794.3	161.5
内蒙古	475.0	1646.8	1457.7	1117.7	235.1
辽　宁	396.5	1351.2	1122.0	1064.5	174.8
吉　林	353.5	1203.6	1117.7	1058.1	206.8
黑龙江	357.5	1162.2	1097.9	1112.8	159.8
上　海	722.5	2046.1	893.3	1464.3	347.6
江　苏	754.0	1879.9	1319.9	1088.2	334.5
浙　江	804.8	2565.7	1486.4	1246.3	313.0
安　徽	498.5	1056.3	834.4	808.2	162.6
福　建	620.6	1248.6	1003.9	826.9	248.9
江　西	491.5	865.7	882.9	569.7	145.8
山　东	553.5	1393.0	912.1	919.2	141.8
河　南	560.6	970.3	851.4	769.0	136.4
湖　北	599.9	1218.4	1118.1	985.1	229.5
湖　南	604.7	920.2	1276.4	844.1	170.7
广　东	654.6	1160.4	952.4	723.1	239.1
广　西	455.5	821.8	841.7	709.7	105.7
海　南	404.6	836.0	904.1	634.5	173.0
重　庆	651.7	888.2	923.5	745.9	145.4
四　川	659.9	1019.8	699.4	839.8	157.5
贵　州	379.8	784.2	872.7	449.5	91.2
云　南	383.1	987.0	782.3	577.6	79.9
西　藏	290.2	718.5	179.3	136.4	134.5
陕　西	491.2	793.2	1036.6	958.2	140.2
甘　肃	445.0	811.7	853.7	669.8	118.1
青　海	444.6	1278.1	806.6	1190.9	193.6
宁　夏	571.8	1070.9	995.4	926.0	172.9
新　疆	396.0	1031.6	632.0	731.8	106.1

2-3-2-6　2015年分地区农村居民消费支出构成

单位：%

地　区	消费支出	一、食品烟酒支出	二、衣着支出	三、居住支出
全　国	**100.0**	**33.0**	**6.0**	**20.9**
北　京	100.0	27.7	6.3	29.3
天　津	100.0	29.5	7.2	22.2
河　北	100.0	28.6	6.9	22.3
山　西	100.0	29.0	7.5	20.7
内蒙古	100.0	29.4	7.2	17.1
辽　宁	100.0	28.2	6.7	18.8
吉　林	100.0	29.0	6.8	19.3
黑龙江	100.0	27.5	7.6	18.5
上　海	100.0	35.0	5.3	25.8
江　苏	100.0	31.7	6.0	20.6
浙　江	100.0	31.1	5.9	23.2
安　徽	100.0	35.8	5.6	21.2
福　建	100.0	37.6	5.1	24.3
江　西	100.0	36.2	5.1	23.9
山　东	100.0	30.4	6.2	18.6
河　南	100.0	29.2	8.3	20.8
湖　北	100.0	30.1	5.6	21.9
湖　南	100.0	32.9	5.1	22.6
广　东	100.0	40.6	3.3	22.5
广　西	100.0	35.4	3.1	22.8
海　南	100.0	42.7	3.4	17.9
重　庆	100.0	40.0	5.9	16.6
四　川	100.0	39.1	6.3	18.1
贵　州	100.0	34.2	5.3	21.7
云　南	100.0	36.4	4.5	18.0
西　藏	100.0	52.2	9.1	12.5
陕　西	100.0	27.8	6.3	22.5
甘　肃	100.0	32.9	6.8	17.9
青　海	100.0	29.9	7.3	17.1
宁　夏	100.0	29.1	7.9	18.5
新　疆	100.0	34.1	9.0	19.3

2-3-2-6 续表

单位： %

地　　区	四、生活用品及服务支出	五、交通通信支出	六、教育文化娱乐支出	七、医疗保健支出	八、其他用品及服务支出
全　　国	**5.9**	**12.6**	**10.5**	**9.2**	**1.9**
北　　京	6.3	13.5	7.2	8.4	1.2
天　　津	7.8	14.9	8.4	7.9	2.0
河　　北	5.8	14.4	9.6	10.2	2.1
山　　西	5.2	11.1	13.7	10.7	2.2
内 蒙 古	4.5	15.5	13.7	10.5	2.2
辽　　宁	4.5	15.2	12.6	12.0	2.0
吉　　林	4.0	13.7	12.7	12.0	2.4
黑 龙 江	4.3	13.8	13.1	13.3	1.9
上　　海	4.5	12.7	5.5	9.1	2.2
江　　苏	5.9	14.6	10.2	8.4	2.6
浙　　江	5.0	15.9	9.2	7.7	1.9
安　　徽	5.6	11.8	9.3	9.0	1.8
福　　建	5.2	10.4	8.4	6.9	2.1
江　　西	5.8	10.2	10.4	6.7	1.7
山　　东	6.3	15.9	10.4	10.5	1.6
河　　南	7.1	12.3	10.8	9.7	1.7
湖　　北	6.1	12.4	11.4	10.0	2.3
湖　　南	6.2	9.5	13.2	8.7	1.8
广　　东	5.9	10.5	8.6	6.5	2.2
广　　西	6.0	10.8	11.1	9.4	1.4
海　　南	4.9	10.2	11.0	7.7	2.1
重　　庆	7.3	9.9	10.3	8.3	1.6
四　　川	7.1	11.0	7.6	9.1	1.7
贵　　州	5.7	11.8	13.1	6.8	1.4
云　　南	5.6	14.5	11.5	8.5	1.2
西　　藏	5.2	12.9	3.2	2.4	2.4
陕　　西	6.2	10.0	13.1	12.1	1.8
甘　　肃	6.5	11.9	12.5	9.8	1.7
青　　海	5.2	14.9	9.4	13.9	2.3
宁　　夏	6.8	12.7	11.8	11.0	2.1
新　　疆	5.1	13.4	8.2	9.5	1.4

2-3-2-7 2015年分地区农村居民现金消费支出

单位：元/人

地区	现金消费支出	一、食品烟酒支出	二、衣着支出	三、居住支出
全国	**7392.1**	**2540.0**	**549.9**	**779.0**
北京	12581.5	4186.8	996.1	1807.7
天津	12786.2	4225.7	1060.5	1599.6
河北	7703.8	2415.8	624.0	1024.1
山西	6106.6	1833.9	558.1	715.1
内蒙古	9198.2	2635.0	765.0	1016.4
辽宁	7491.8	2192.0	598.4	775.3
吉林	7292.2	2252.3	594.6	676.8
黑龙江	7331.8	2178.5	639.9	716.3
上海	12769.6	5341.8	857.0	1680.8
江苏	10626.0	3693.2	777.3	1016.3
浙江	13020.6	4672.0	948.9	1276.6
安徽	7213.5	2833.1	502.1	683.4
福建	9320.1	3976.1	610.4	920.2
江西	6359.4	2394.9	431.6	676.1
山东	7446.4	2477.2	539.0	759.3
河南	6635.1	2135.6	655.2	701.5
湖北	7612.8	2276.9	548.4	881.6
湖南	7492.2	2415.3	493.9	915.4
广东	8665.6	3830.9	367.0	882.5
广西	5577.4	1931.5	236.9	634.5
海南	6681.6	3152.5	280.3	452.3
重庆	6836.0	2578.2	530.2	473.3
四川	6795.2	2488.5	580.1	570.4
贵州	4848.1	1486.4	355.1	533.1
云南	5111.3	1691.3	304.8	465.7
西藏	3575.1	1507.0	506.1	149.0
陕西	6483.0	1956.5	496.0	756.8
甘肃	5554.0	1726.6	466.1	606.4
青海	7058.6	1973.9	626.8	808.2
宁夏	7167.9	2111.0	664.0	957.6
新疆	6332.4	2029.1	688.4	857.0

2-3-2-7 续表　　　　单位：元/人

地 区	四、生活用品及服务支出	五、交通通信支出	六、教育文化娱乐支出	七、医疗保健支出	八、其他用品及服务支出
全 国	**538.3**	**1162.6**	**969.0**	**681.4**	**172.0**
北 京	988.3	2140.0	1144.8	1132.0	185.9
天 津	1147.8	2190.8	1241.8	1026.9	293.1
河 北	525.0	1297.1	869.7	761.2	187.1
山 西	377.6	819.1	1017.1	629.6	156.2
内蒙古	474.9	1646.8	1456.5	973.4	230.1
辽 宁	387.4	1350.8	1119.8	893.8	174.4
吉 林	349.8	1203.5	1117.7	890.7	206.8
黑龙江	356.8	1162.2	1097.9	1020.3	159.8
上 海	717.8	2044.1	892.9	891.2	344.2
江 苏	740.6	1878.7	1318.6	868.1	333.2
浙 江	789.9	2564.1	1486.0	972.4	310.6
安 徽	494.6	1056.1	834.2	648.6	161.4
福 建	615.0	1247.7	1003.9	698.3	248.7
江 西	491.2	865.7	882.9	471.4	145.6
山 东	541.9	1393.0	911.8	685.7	138.6
河 南	560.4	970.3	851.4	624.3	136.4
湖 北	598.1	1218.2	1118.0	745.3	226.4
湖 南	600.8	920.1	1276.2	703.0	167.5
广 东	648.2	1160.0	952.3	585.8	238.9
广 西	445.9	819.0	841.7	563.4	104.5
海 南	383.9	835.8	903.7	500.5	172.6
重 庆	647.5	888.2	923.4	651.2	144.1
四 川	630.3	1019.4	698.8	653.3	154.4
贵 州	373.5	784.2	872.7	354.5	88.6
云 南	378.4	986.8	782.3	423.6	78.5
西 藏	287.9	718.5	179.3	93.2	134.1
陕 西	489.0	793.1	1036.4	816.4	138.8
甘 肃	433.1	811.7	853.6	543.6	112.9
青 海	442.1	1278.1	806.6	930.5	192.5
宁 夏	554.9	1066.5	995.3	678.2	140.5
新 疆	394.5	1031.6	632.0	594.4	105.3

2-3-2-8 2015年分地区农村居民现金消费支出构成

单位：%

地区	现金消费支出	一、食品烟酒支出	二、衣着支出	三、居住支出
全国	**100.0**	**34.4**	**7.4**	**10.5**
北京	100.0	33.3	7.9	14.4
天津	100.0	33.0	8.3	12.5
河北	100.0	31.4	8.1	13.3
山西	100.0	30.0	9.1	11.7
内蒙古	100.0	28.6	8.3	11.0
辽宁	100.0	29.3	8.0	10.3
吉林	100.0	30.9	8.2	9.3
黑龙江	100.0	29.7	8.7	9.8
上海	100.0	41.8	6.7	13.2
江苏	100.0	34.8	7.3	9.6
浙江	100.0	35.9	7.3	9.8
安徽	100.0	39.3	7.0	9.5
福建	100.0	42.7	6.5	9.9
江西	100.0	37.7	6.8	10.6
山东	100.0	33.3	7.2	10.2
河南	100.0	32.2	9.9	10.6
湖北	100.0	29.9	7.2	11.6
湖南	100.0	32.2	6.6	12.2
广东	100.0	44.2	4.2	10.2
广西	100.0	34.6	4.2	11.4
海南	100.0	47.2	4.2	6.3
重庆	100.0	37.7	7.8	6.9
四川	100.0	36.6	8.5	8.4
贵州	100.0	30.7	7.3	11.0
云南	100.0	33.1	6.0	9.1
西藏	100.0	42.2	14.2	4.2
陕西	100.0	30.2	7.7	11.7
甘肃	100.0	31.1	8.4	10.9
青海	100.0	28.0	8.9	11.4
宁夏	100.0	29.5	9.3	13.4
新疆	100.0	32.0	10.9	13.5

2-3-2-8 续表

单位：%

地 区	四、生活用品及服务支出	五、交通通信支出	六、教育文化娱乐支出	七、医疗保健支出	八、其他用品及服务支出
全 国	**7.3**	**15.7**	**13.1**	**9.2**	**2.3**
北 京	7.9	17.0	9.1	9.0	1.5
天 津	9.0	17.1	9.7	8.0	2.3
河 北	6.8	16.8	11.3	9.9	2.4
山 西	6.2	13.4	16.7	10.3	2.6
内蒙古	5.2	17.9	15.8	10.6	2.5
辽 宁	5.2	18.0	14.9	11.9	2.3
吉 林	4.8	16.5	15.3	12.2	2.8
黑龙江	4.9	15.9	15.0	13.9	2.2
上 海	5.6	16.0	7.0	7.0	2.7
江 苏	7.0	17.7	12.4	8.2	3.1
浙 江	6.1	19.7	11.4	7.5	2.4
安 徽	6.9	14.6	11.6	9.0	2.2
福 建	6.6	13.4	10.8	7.5	2.7
江 西	7.7	13.6	13.9	7.4	2.3
山 东	7.3	18.7	12.2	9.2	1.9
河 南	8.4	14.6	12.8	9.4	2.1
湖 北	7.9	16.0	14.7	9.8	3.0
湖 南	8.0	12.3	17.0	9.4	2.2
广 东	7.5	13.4	11.0	6.8	2.8
广 西	8.0	14.7	15.1	10.1	1.9
海 南	5.7	12.5	13.5	7.5	2.6
重 庆	9.5	13.0	13.5	9.5	2.1
四 川	9.3	15.0	10.3	9.6	2.3
贵 州	7.7	16.2	18.0	7.3	1.8
云 南	7.4	19.3	15.3	8.3	1.5
西 藏	8.1	20.1	5.0	2.6	3.8
陕 西	7.5	12.2	16.0	12.6	2.1
甘 肃	7.8	14.6	15.4	9.8	2.0
青 海	6.3	18.1	11.4	13.2	2.7
宁 夏	7.7	14.9	13.9	9.5	2.0
新 疆	6.2	16.3	10.0	9.4	1.7

2-3-2-9　2015年分地区农村居民家庭主要食品消费量

单位：公斤/人

地　区	粮食(原粮)	谷物	食用油	植物油	蔬菜	肉类	猪肉
全　国	**159.5**	**150.2**	**10.1**	**9.2**	**90.3**	**23.1**	**19.5**
北　京	105.6	95.9	9.4	9.4	91.0	23.0	15.3
天　津	168.2	158.7	12.5	12.5	107.8	20.9	14.7
河　北	145.4	137.6	9.7	9.6	82.4	15.7	11.3
山　西	153.6	138.4	7.6	7.5	66.2	10.5	8.3
内蒙古	170.4	159.6	5.7	5.4	69.4	26.7	17.5
辽　宁	150.4	139.8	10.5	10.2	120.1	19.7	16.9
吉　林	140.4	130.7	10.4	10.3	89.8	17.9	15.6
黑龙江	142.7	132.7	13.5	13.4	66.4	14.8	11.8
上　海	131.3	120.4	11.5	11.2	89.0	30.0	23.3
江　苏	147.2	135.7	13.0	12.8	93.4	22.7	17.9
浙　江	151.5	137.6	11.2	10.5	85.3	26.4	22.5
安　徽	173.2	160.0	10.3	9.4	92.9	21.0	17.4
福　建	157.5	148.4	9.4	7.6	87.4	29.9	25.8
江　西	181.5	174.5	11.7	11.0	103.8	20.1	17.6
山　东	142.2	133.9	8.4	8.4	76.7	15.1	10.7
河　南	132.5	125.5	7.6	7.5	67.7	12.8	9.7
湖　北	152.1	141.8	16.0	15.2	123.1	26.9	24.1
湖　南	187.9	179.6	11.7	7.9	103.9	27.2	25.1
广　东	161.4	153.8	9.0	8.3	101.7	36.0	31.7
广　西	172.2	167.0	7.4	5.3	87.4	27.7	26.1
海　南	112.8	110.0	6.7	4.7	74.7	24.2	21.9
重　庆	197.1	181.8	13.4	12.0	134.7	36.0	33.6
四　川	187.6	177.3	12.2	10.9	125.0	36.2	34.4
贵　州	152.7	141.7	7.1	5.3	92.3	33.0	31.6
云　南	149.4	140.5	5.9	4.0	89.7	29.3	27.6
西　藏	313.3	304.8	15.1	9.2	13.4	41.7	5.7
陕　西	149.1	141.3	10.8	10.6	64.9	11.1	9.4
甘　肃	181.3	169.3	8.5	8.4	55.4	15.8	12.5
青　海	138.9	130.8	10.7	9.9	53.3	21.7	10.1
宁　夏	148.7	142.4	8.6	8.5	75.4	15.0	6.8
新　疆	204.1	203.0	13.9	13.8	90.0	20.7	1.6

2-3-2-9 续表

单位：公斤/人

地区	牛肉	羊肉	禽类	水产品	蛋类	奶类	干鲜瓜果类	食糖
全国	**0.8**	**0.9**	**7.1**	**7.2**	**8.3**	**6.3**	**32.3**	**1.3**
北京	1.5	2.6	4.2	5.6	11.7	13.9	52.1	1.0
天津	0.9	2.1	3.4	12.3	15.1	11.0	66.7	1.6
河北	0.4	0.8	2.9	3.4	11.5	7.5	45.3	1.1
山西	0.2	0.6	1.4	1.0	9.1	8.4	33.1	1.0
内蒙古	2.0	6.0	3.9	2.6	7.3	12.5	32.5	1.2
辽宁	0.5	0.5	2.7	6.0	9.2	4.8	32.9	0.9
吉林	0.6	0.3	3.7	4.9	8.5	4.6	34.4	1.0
黑龙江	0.5	0.4	3.5	4.9	6.5	4.5	37.6	1.4
上海	1.3	0.9	12.9	20.4	10.0	12.3	34.4	1.6
江苏	1.0	0.7	8.1	13.7	9.5	11.5	28.9	1.1
浙江	1.1	0.4	8.3	19.6	6.8	9.0	34.0	1.5
安徽	1.0	0.5	10.8	9.4	10.2	7.6	33.9	1.1
福建	0.8	0.4	12.2	20.1	7.3	6.9	28.8	1.8
江西	0.7	0.1	6.1	7.9	6.3	5.8	24.7	1.2
山东	0.2	0.5	5.2	6.4	14.1	11.6	45.6	0.8
河南	0.7	0.5	3.9	2.5	10.7	5.0	39.1	1.1
湖北	0.8	0.4	4.3	11.7	8.3	3.6	22.4	0.8
湖南	0.7	0.3	9.1	8.7	7.3	2.9	42.3	2.1
广东	0.8	0.2	20.0	18.7	6.2	2.6	23.3	1.9
广西	0.4	0.2	17.6	7.0	5.2	2.0	27.9	1.2
海南	0.8	0.3	16.3	21.5	3.8	1.3	14.3	1.0
重庆	0.4	0.3	6.4	7.1	10.3	7.6	28.3	3.4
四川	0.4	0.2	9.2	4.9	8.4	6.2	23.8	1.9
贵州	0.8	0.3	3.6	1.1	3.5	1.5	20.5	1.0
云南	0.7	0.5	6.8	2.3	4.4	2.0	16.8	1.1
西藏	29.4	6.4	0.0	0.0	1.9	23.1	2.0	3.5
陕西	0.2	0.6	1.4	0.8	6.2	6.5	24.6	0.7
甘肃	0.6	2.0	3.5	0.8	6.4	6.5	35.1	1.7
青海	4.1	7.0	2.7	0.7	2.5	10.5	17.0	1.5
宁夏	3.0	4.7	5.8	1.2	4.8	8.2	52.4	1.2
新疆	4.0	14.8	3.4	0.9	5.4	12.9	48.5	0.8

2-3-2-10　2015年分地区农村居民年末主要耐用消费品拥有量

单位：平均每百户

地　区	家用汽车(辆)	摩托车(辆)	电动助力车(辆)	洗衣机(台)	电冰箱(柜)(台)	微波炉(台)	彩色电视机(台)
全　国	**13.3**	**67.5**	**50.1**	**78.8**	**82.6**	**15.0**	**116.9**
北　京	32.0	11.6	64.4	90.3	94.7	50.5	131.0
天　津	39.9	41.5	91.7	101.7	100.1	32.6	121.6
河　北	23.6	66.4	91.1	96.7	90.1	15.8	120.8
山　西	10.1	57.5	34.8	82.0	57.9	5.7	104.7
内蒙古	23.1	75.2	31.8	85.7	89.6	6.0	104.6
辽　宁	11.6	63.9	33.3	80.1	86.0	8.7	111.0
吉　林	16.9	74.1	12.7	89.4	89.1	6.5	111.7
黑龙江	9.0	58.9	11.9	86.7	86.3	6.0	105.4
上　海	13.8	11.4	121.0	70.2	84.0	64.8	148.5
江　苏	18.0	43.7	119.5	91.9	95.2	61.5	146.8
浙　江	25.4	31.3	78.7	74.7	94.5	32.3	161.3
安　徽	8.5	47.0	79.4	73.6	90.6	15.4	121.3
福　建	12.9	91.5	25.7	73.2	93.8	33.5	139.3
江　西	10.0	77.1	52.9	42.1	84.0	8.0	126.1
山　东	23.6	68.9	103.3	86.8	90.8	12.3	109.5
河　南	12.0	65.2	87.6	92.9	79.1	9.0	112.6
湖　北	7.2	77.9	23.5	65.0	84.8	9.2	118.5
湖　南	8.1	75.0	11.4	71.9	87.4	6.9	112.6
广　东	10.7	117.0	30.8	64.8	78.3	19.1	117.2
广　西	6.8	100.5	31.3	54.7	79.6	15.4	111.1
海　南	6.2	102.3	41.1	23.6	55.8	12.3	104.9
重　庆	8.0	40.2	8.4	74.8	90.3	16.3	111.3
四　川	8.6	51.5	19.7	82.1	82.7	9.5	112.4
贵　州	9.2	54.9	6.0	85.5	69.2	8.3	101.8
云　南	11.8	76.1	11.8	68.1	52.3	10.7	101.7
西　藏	15.9	80.3	8.4	45.4	45.3	1.3	103.9
陕　西	9.1	66.2	36.7	88.0	68.8	6.0	113.2
甘　肃	10.0	88.6	28.0	86.0	55.3	6.1	109.0
青　海	23.5	90.5	13.4	97.1	95.0	6.5	111.1
宁　夏	18.4	83.0	54.5	98.2	85.2	9.0	117.5
新　疆	12.6	87.9	43.0	87.8	85.6	5.9	99.9

2-3-2-10 续表

单位：平均每百户

地　　区	空调（台）	热水器（台）	排油烟机（台）	移动电话（部）	计算机（台）	照相机（台）
全　　国	**38.8**	**52.5**	**15.3**	**226.1**	**25.7**	**4.1**
北　　京	118.4	92.6	66.6	230.0	69.4	20.8
天　　津	85.4	95.2	44.1	219.6	38.2	8.2
河　　北	55.3	56.4	17.2	226.2	37.8	4.5
山　　西	9.6	18.1	7.1	195.5	28.7	2.1
内 蒙 古	0.8	16.7	12.1	220.6	20.8	4.5
辽　　宁	2.1	16.3	12.5	191.2	28.9	4.1
吉　　林	0.3	9.5	8.3	240.6	31.8	2.9
黑 龙 江	0.5	6.5	10.4	202.8	24.4	3.2
上　　海	100.7	66.2	37.7	187.3	46.5	12.1
江　　苏	107.7	87.7	31.6	217.6	42.3	9.5
浙　　江	100.2	80.1	55.1	216.4	45.5	8.1
安　　徽	58.4	66.4	10.9	205.3	19.4	3.5
福　　建	54.3	81.6	27.4	246.4	34.9	6.3
江　　西	38.6	54.7	13.3	232.7	22.3	3.4
山　　东	38.8	72.1	22.8	207.8	34.8	5.1
河　　南	54.8	48.3	6.3	221.0	26.6	3.1
湖　　北	43.5	61.7	14.9	232.2	26.2	3.8
湖　　南	36.2	44.6	14.6	242.1	19.8	4.3
广　　东	62.2	77.7	29.5	267.2	33.9	4.5
广　　西	16.9	50.5	6.3	262.0	17.3	1.8
海　　南	23.7	41.4	6.6	235.7	11.6	2.1
重　　庆	42.8	54.4	8.6	225.0	18.9	2.9
四　　川	22.4	50.0	6.2	216.5	13.2	2.6
贵　　州	2.5	29.0	3.9	245.4	9.7	1.5
云　　南	0.3	57.0	3.3	235.9	6.2	1.4
西　　藏	0.1	1.5	0.2	172.1	0.3	0.9
陕　　西	23.1	41.5	6.9	251.3	22.0	3.8
甘　　肃	0.7	20.3	5.8	244.6	14.2	2.5
青　　海	0.3	23.8	9.0	262.3	11.9	2.4
宁　　夏	0.8	54.3	9.8	281.5	22.0	2.5
新　　疆	1.1	21.5	9.0	174.4	14.3	2.6

(三)2016年分地区农村居民收支主要数据

2-3-3-1 2016年分地区农村居民可支配收入

单位：元/人

地　区	可支配收入	一、工资性收入	二、经营净收入	三、财产净收入	四、转移净收入
全　国	**12363.4**	**5021.8**	**4741.3**	**272.1**	**2328.2**
北　京	22309.5	16637.5	2061.9	1350.1	2260.0
天　津	20075.6	12048.1	5309.4	893.7	1824.4
河　北	11919.4	6263.2	3970.0	257.5	1428.6
山　西	10082.5	5204.4	2729.9	149.0	1999.1
内蒙古	11609.0	2448.9	6215.7	452.6	2491.7
辽　宁	12880.7	5071.2	5635.5	257.6	1916.4
吉　林	12122.9	2363.1	7558.9	231.8	1969.1
黑龙江	11831.9	2430.5	6425.9	572.7	2402.6
上　海	25520.4	18947.9	1387.9	859.6	4325.0
江　苏	17605.6	8731.7	5283.1	606.0	2984.8
浙　江	22866.1	14204.3	5621.9	661.8	2378.1
安　徽	11720.5	4291.4	4596.1	186.7	2646.2
福　建	14999.2	6785.2	5821.5	255.7	2136.9
江　西	12137.7	4954.7	4692.3	204.4	2286.4
山　东	13954.1	5569.1	6266.6	358.7	1759.7
河　南	11696.7	4228.0	4643.2	168.0	2657.6
湖　北	12725.0	4023.0	5534.0	158.6	3009.3
湖　南	11930.4	4946.2	4138.6	143.1	2702.5
广　东	14512.2	7255.3	3883.6	365.8	3007.5
广　西	10359.5	2848.1	4759.2	149.2	2603.0
海　南	11842.9	4764.9	5315.7	139.1	1623.1
重　庆	11548.8	3965.6	4150.1	295.8	3137.3
四　川	11203.1	3737.6	4525.2	268.5	2671.8
贵　州	8090.3	3211.0	3115.8	67.1	1696.3
云　南	9019.8	2553.9	5043.7	152.2	1270.1
西　藏	9093.8	2204.9	5237.9	148.7	1502.3
陕　西	9396.4	3916.0	3057.9	159.0	2263.6
甘　肃	7456.9	2125.0	3261.4	128.4	1942.0
青　海	8664.4	2464.3	3197.0	325.2	2677.8
宁　夏	9851.6	3906.1	3937.5	291.8	1716.3
新　疆	10183.2	2527.1	5642.0	222.8	1791.3

2-3-3-2　2016年分地区农村居民可支配收入构成

单位：%

地　区	可支配收入	一、工资性收入	二、经营净收入	三、财产净收入	四、转移净收入
全　国	**100.0**	**40.6**	**38.3**	**2.2**	**18.8**
北　京	100.0	74.6	9.2	6.1	10.1
天　津	100.0	60.0	26.4	4.5	9.1
河　北	100.0	52.5	33.3	2.2	12.0
山　西	100.0	51.6	27.1	1.5	19.8
内蒙古	100.0	21.1	53.5	3.9	21.5
辽　宁	100.0	39.4	43.8	2.0	14.9
吉　林	100.0	19.5	62.4	1.9	16.2
黑龙江	100.0	20.5	54.3	4.8	20.3
上　海	100.0	74.2	5.4	3.4	16.9
江　苏	100.0	49.6	30.0	3.4	17.0
浙　江	100.0	62.1	24.6	2.9	10.4
安　徽	100.0	36.6	39.2	1.6	22.6
福　建	100.0	45.2	38.8	1.7	14.2
江　西	100.0	40.8	38.7	1.7	18.8
山　东	100.0	39.9	44.9	2.6	12.6
河　南	100.0	36.1	39.7	1.4	22.7
湖　北	100.0	31.6	43.5	1.2	23.6
湖　南	100.0	41.5	34.7	1.2	22.7
广　东	100.0	50.0	26.8	2.5	20.7
广　西	100.0	27.5	45.9	1.4	25.1
海　南	100.0	40.2	44.9	1.2	13.7
重　庆	100.0	34.3	35.9	2.6	27.2
四　川	100.0	33.4	40.4	2.4	23.8
贵　州	100.0	39.7	38.5	0.8	21.0
云　南	100.0	28.3	55.9	1.7	14.1
西　藏	100.0	24.2	57.6	1.6	16.5
陕　西	100.0	41.7	32.5	1.7	24.1
甘　肃	100.0	28.5	43.7	1.7	26.0
青　海	100.0	28.4	36.9	3.8	30.9
宁　夏	100.0	39.6	40.0	3.0	17.4
新　疆	100.0	24.8	55.4	2.2	17.6

2-3-3-3　2016年分地区农村居民现金可支配收入

单位：元/人

地　区	现金可支配收入	一、工资性收入	二、经营净收入	三、财产净收入	四、转移净收入
全　国	**11600.6**	**5000.8**	**4203.9**	**272.1**	**2123.8**
北　京	22200.1	16499.3	2412.5	1350.1	1938.2
天　津	20114.5	12003.7	5545.8	893.7	1671.3
河　北	11774.2	6257.7	3980.9	257.5	1278.1
山　西	9587.9	5174.9	2475.2	149.0	1788.7
内蒙古	11108.8	2444.9	6150.4	452.6	2060.8
辽　宁	12612.3	5020.1	5602.9	257.6	1731.7
吉　林	11166.1	2354.3	6796.8	231.8	1783.2
黑龙江	11654.9	2430.2	6362.3	572.7	2289.6
上　海	24647.6	18768.7	1326.3	859.6	3693.0
江　苏	16900.3	8662.2	4906.1	606.0	2725.9
浙　江	22581.0	14134.2	5652.0	661.8	2132.9
安　徽	10578.5	4261.1	3646.8	186.7	2483.8
福　建	14578.9	6753.0	5611.9	255.7	1958.3
江　西	11191.0	4947.1	3876.9	204.4	2162.7
山　东	13520.1	5557.0	6126.3	358.7	1478.1
河　南	10752.1	4223.6	3849.2	168.0	2511.3
湖　北	11481.0	4000.5	4631.9	158.6	2690.0
湖　南	10998.5	4926.9	3386.6	143.1	2541.8
广　东	13589.9	7223.6	3160.5	365.8	2840.0
广　西	9378.4	2834.1	4015.4	149.2	2379.8
海　南	11545.0	4753.7	5194.8	139.1	1457.4
重　庆	10232.0	3953.4	2982.9	295.8	2999.9
四　川	9973.5	3709.3	3604.1	268.5	2391.6
贵　州	7374.2	3207.4	2534.7	67.1	1565.0
云　南	7946.2	2551.3	4136.8	152.2	1105.9
西　藏	7866.4	2204.9	4060.8	148.7	1451.9
陕　西	8833.3	3905.7	2683.7	159.0	2084.9
甘　肃	6892.9	2118.4	2944.7	128.4	1701.4
青　海	7991.5	2463.4	2911.1	325.2	2291.8
宁　夏	9816.1	3891.0	4294.9	291.8	1338.4
新　疆	9399.8	2523.5	5066.0	222.8	1587.5

2-3-3-4　2016年分地区农村居民现金可支配收入构成

单位：%

地　区	现金可支配收入	一、工资性收入	二、经营净收入	三、财产净收入	四、转移净收入
全　国	**100.0**	**43.1**	**36.2**	**2.3**	**18.3**
北　京	100.0	74.3	10.9	6.1	8.7
天　津	100.0	59.7	27.6	4.4	8.3
河　北	100.0	53.1	33.8	2.2	10.9
山　西	100.0	54.0	25.8	1.6	18.7
内蒙古	100.0	22.0	55.4	4.1	18.6
辽　宁	100.0	39.8	44.4	2.0	13.7
吉　林	100.0	21.1	60.9	2.1	16.0
黑龙江	100.0	20.9	54.6	4.9	19.6
上　海	100.0	76.1	5.4	3.5	15.0
江　苏	100.0	51.3	29.0	3.6	16.1
浙　江	100.0	62.6	25.0	2.9	9.4
安　徽	100.0	40.3	34.5	1.8	23.5
福　建	100.0	46.3	38.5	1.8	13.4
江　西	100.0	44.2	34.6	1.8	19.3
山　东	100.0	41.1	45.3	2.7	10.9
河　南	100.0	39.3	35.8	1.6	23.4
湖　北	100.0	34.8	40.3	1.4	23.4
湖　南	100.0	44.8	30.8	1.3	23.1
广　东	100.0	53.2	23.3	2.7	20.9
广　西	100.0	30.2	42.8	1.6	25.4
海　南	100.0	41.2	45.0	1.2	12.6
重　庆	100.0	38.6	29.2	2.9	29.3
四　川	100.0	37.2	36.1	2.7	24.0
贵　州	100.0	43.5	34.4	0.9	21.2
云　南	100.0	32.1	52.1	1.9	13.9
西　藏	100.0	28.0	51.6	1.9	18.5
陕　西	100.0	44.2	30.4	1.8	23.6
甘　肃	100.0	30.7	42.7	1.9	24.7
青　海	100.0	30.8	36.4	4.1	28.7
宁　夏	100.0	39.6	43.8	3.0	13.6
新　疆	100.0	26.8	53.9	2.4	16.9

2-3-3-5　2016年分地区农村居民消费支出

单位：元/人

地　区	消费支出	一、食品烟酒支出	二、衣着支出	三、居住支出
全　国	**10129.8**	**3266.1**	**575.4**	**2147.1**
北　京	17329.0	4667.1	1095.0	5198.8
天　津	15912.1	4980.9	1088.4	3198.3
河　北	9798.3	2745.4	650.2	2206.9
山　西	8028.8	2272.4	565.3	1798.3
内蒙古	11462.6	3362.9	814.0	1995.9
辽　宁	9953.1	2678.6	636.7	1906.5
吉　林	9521.4	2721.9	606.2	1817.1
黑龙江	9423.8	2609.1	647.5	1618.4
上　海	17070.8	5731.9	877.1	4170.7
江　苏	14428.2	4254.7	815.7	3257.7
浙　江	17358.9	5520.2	952.8	3881.8
安　徽	10287.3	3523.0	538.8	2248.3
福　建	12910.8	4818.3	567.5	3203.9
江　西	9128.3	3221.7	453.7	2319.5
山　东	9518.9	2832.8	576.4	1766.8
河　南	8586.6	2447.3	677.4	1767.8
湖　北	10938.3	3295.3	568.7	2407.9
湖　南	10629.9	3370.7	508.3	2369.4
广　东	12414.8	5010.5	412.0	2761.9
广　西	8351.2	2880.4	252.0	1903.8
海　南	8921.2	3854.3	299.4	1652.3
重　庆	9954.4	3850.7	591.1	1660.2
四　川	10191.6	3886.6	640.6	1918.5
贵　州	7533.3	2316.5	378.2	1746.9
云　南	7330.5	2586.0	302.6	1396.1
西　藏	6070.3	3183.3	642.6	851.5
陕　西	8567.7	2307.0	510.9	2026.5
甘　肃	7487.0	2342.6	482.5	1341.1
青　海	9222.2	2715.4	635.6	1486.6
宁　夏	9138.4	2419.1	672.9	1631.4
新　疆	8277.0	2624.2	710.3	1643.4

2-3-3-5 续表

单位：元/人

地 区	四、生活用品及服务支出	五、交通通信支出	六、教育文化娱乐支出	七、医疗保健支出	八、其他用品及服务支出
全 国	**595.7**	**1359.9**	**1070.3**	**929.2**	**186.0**
北 京	1156.5	2305.9	1341.7	1347.0	217.0
天 津	1091.0	2646.6	1298.9	1334.5	273.5
河 北	597.2	1511.1	952.8	928.2	206.5
山 西	385.9	961.8	1132.3	769.6	143.2
内蒙古	506.8	1790.3	1553.0	1187.7	252.1
辽 宁	459.2	1663.9	1274.2	1139.2	194.9
吉 林	375.6	1334.5	1231.7	1230.5	203.9
黑龙江	386.7	1468.1	1249.4	1269.9	174.7
上 海	794.9	2366.6	1123.1	1707.1	299.5
江 苏	910.2	2333.6	1352.2	1148.0	356.0
浙 江	870.3	3076.0	1610.8	1173.2	273.9
安 徽	643.2	1276.3	949.1	931.9	176.8
福 建	687.9	1452.1	1071.3	866.9	242.8
江 西	519.7	893.9	922.2	650.0	147.5
山 东	604.4	1545.1	1012.9	1027.3	153.3
河 南	588.1	1210.9	948.8	797.8	148.5
湖 北	669.0	1381.4	1156.6	1213.5	245.9
湖 南	639.9	1083.1	1477.3	986.5	194.6
广 东	718.6	1370.5	1057.8	803.9	279.8
广 西	455.8	972.0	1000.8	781.8	104.7
海 南	422.2	835.7	1108.5	593.0	155.7
重 庆	702.5	1066.6	1072.5	852.3	158.5
四 川	692.7	1174.0	707.2	972.5	199.5
贵 州	437.4	961.0	1063.4	527.8	102.1
云 南	388.7	1032.2	920.0	620.1	85.0
西 藏	346.0	602.1	192.9	152.6	99.4
陕 西	542.9	879.8	1102.9	1044.1	153.5
甘 肃	458.7	954.6	965.5	821.3	120.9
青 海	464.4	1577.0	851.4	1278.8	212.9
宁 夏	578.6	1509.6	1077.5	1040.6	208.7
新 疆	400.6	1226.5	716.4	846.8	108.8

2-3-3-6　2016年分地区农村居民消费支出构成

单位：%

地区	消费支出	一、食品烟酒支出	二、衣着支出	三、居住支出
全　国	**100.0**	**32.2**	**5.7**	**21.2**
北　京	100.0	26.9	6.3	30.0
天　津	100.0	31.3	6.8	20.1
河　北	100.0	28.0	6.6	22.5
山　西	100.0	28.3	7.0	22.4
内蒙古	100.0	29.3	7.1	17.4
辽　宁	100.0	26.9	6.4	19.2
吉　林	100.0	28.6	6.4	19.1
黑龙江	100.0	27.7	6.9	17.2
上　海	100.0	33.6	5.1	24.4
江　苏	100.0	29.5	5.7	22.6
浙　江	100.0	31.8	5.5	22.4
安　徽	100.0	34.2	5.2	21.9
福　建	100.0	37.3	4.4	24.8
江　西	100.0	35.3	5.0	25.4
山　东	100.0	29.8	6.1	18.6
河　南	100.0	28.5	7.9	20.6
湖　北	100.0	30.1	5.2	22.0
湖　南	100.0	31.7	4.8	22.3
广　东	100.0	40.4	3.3	22.2
广　西	100.0	34.5	3.0	22.8
海　南	100.0	43.2	3.4	18.5
重　庆	100.0	38.7	5.9	16.7
四　川	100.0	38.1	6.3	18.8
贵　州	100.0	30.8	5.0	23.2
云　南	100.0	35.3	4.1	19.0
西　藏	100.0	52.4	10.6	14.0
陕　西	100.0	26.9	6.0	23.7
甘　肃	100.0	31.3	6.4	17.9
青　海	100.0	29.4	6.9	15.1
宁　夏	100.0	26.5	7.4	17.9
新　疆	100.0	31.7	8.6	19.9

2-3-3-6 续表

单位： %

地　区	四、生活用品及服务支出	五、交通通信支出	六、教育文化娱乐支出	七、医疗保健支出	八、其他用品及服务支出
全　国	**5.9**	**13.4**	**10.6**	**9.2**	**1.8**
北　京	6.7	13.3	7.7	7.8	1.3
天　津	6.9	16.6	8.2	8.4	1.7
河　北	6.1	15.4	9.7	9.5	2.1
山　西	4.8	12.0	14.1	9.6	1.8
内蒙古	4.4	15.6	13.5	10.4	2.2
辽　宁	4.6	16.7	12.8	11.4	2.0
吉　林	3.9	14.0	12.9	12.9	2.1
黑龙江	4.1	15.6	13.3	13.5	1.9
上　海	4.7	13.9	6.6	10.0	1.8
江　苏	6.3	16.2	9.4	8.0	2.5
浙　江	5.0	17.7	9.3	6.8	1.6
安　徽	6.3	12.4	9.2	9.1	1.7
福　建	5.3	11.2	8.3	6.7	1.9
江　西	5.7	9.8	10.1	7.1	1.6
山　东	6.3	16.2	10.6	10.8	1.6
河　南	6.8	14.1	11.0	9.3	1.7
湖　北	6.1	12.6	10.6	11.1	2.2
湖　南	6.0	10.2	13.9	9.3	1.8
广　东	5.8	11.0	8.5	6.5	2.3
广　西	5.5	11.6	12.0	9.4	1.3
海　南	4.7	9.4	12.4	6.6	1.7
重　庆	7.1	10.7	10.8	8.6	1.6
四　川	6.8	11.5	6.9	9.5	2.0
贵　州	5.8	12.8	14.1	7.0	1.4
云　南	5.3	14.1	12.5	8.5	1.2
西　藏	5.7	9.9	3.2	2.5	1.6
陕　西	6.3	10.3	12.9	12.2	1.8
甘　肃	6.1	12.8	12.9	11.0	1.6
青　海	5.0	17.1	9.2	13.9	2.3
宁　夏	6.3	16.5	11.8	11.4	2.3
新　疆	4.8	14.8	8.7	10.2	1.3

2-3-3-7 2016年分地区农村居民现金消费支出

单位：元/人

地区	现金消费支出	一、食品烟酒支出	二、衣着支出	三、居住支出
全国	**8127.3**	**2763.4**	**575.0**	**832.8**
北京	13379.0	4497.6	1094.9	1697.3
天津	13879.9	4877.5	1088.3	1417.7
河北	8426.8	2636.4	649.5	1091.5
山西	6562.3	1942.9	565.0	796.0
内蒙古	9666.2	2802.5	813.8	939.6
辽宁	8539.1	2384.1	636.6	937.9
吉林	7867.7	2428.2	606.2	641.9
黑龙江	8351.4	2474.3	647.5	792.6
上海	13510.1	5406.9	876.4	1570.1
江苏	11919.2	3913.1	815.6	1336.9
浙江	14011.0	5048.3	952.4	1252.7
安徽	8299.6	3164.4	537.9	765.1
福建	9949.5	4279.1	567.4	972.3
江西	6732.3	2583.8	453.5	685.0
山东	8134.5	2673.2	575.0	819.5
河南	7167.2	2296.0	677.3	645.2
湖北	8364.8	2547.7	568.0	888.8
湖南	8271.4	2612.5	507.8	929.3
广东	9835.6	4380.5	411.8	977.7
广西	6277.2	2150.5	251.9	737.7
海南	7354.4	3510.0	299.4	526.8
重庆	7669.9	2833.8	591.0	528.9
四川	7474.8	2693.6	640.1	638.2
贵州	5648.7	1648.5	376.7	633.1
云南	5460.6	1781.6	302.5	482.2
西藏	4165.6	1893.2	642.3	288.5
陕西	6983.2	2089.2	510.6	828.3
甘肃	6065.7	1834.6	482.4	628.6
青海	7594.5	2011.7	635.6	849.9
宁夏	7764.9	2118.1	672.7	894.7
新疆	6855.6	2084.8	707.4	929.9

2-3-3-7 续表 单位：元/人

地　区	四、生活用品及服务支出	五、交通通信支出	六、教育文化娱乐支出	七、医疗保健支出	八、其他用品及服务支出
全　国	**589.7**	**1357.8**	**1069.9**	**755.8**	**183.0**
北　京	1150.3	2304.2	1341.7	1081.6	211.4
天　津	1087.1	2644.7	1298.7	1197.0	268.8
河　北	591.4	1511.0	952.8	788.2	206.0
山　西	378.0	961.7	1131.5	649.5	137.6
内蒙古	506.7	1790.3	1553.0	1009.4	251.0
辽　宁	453.1	1662.9	1267.8	1006.9	189.8
吉　林	371.8	1334.4	1231.7	1049.8	203.7
黑龙江	386.6	1468.1	1249.4	1158.2	174.7
上　海	789.5	2365.5	1122.8	1088.6	290.4
江　苏	897.5	2332.5	1351.5	918.6	353.5
浙　江	857.0	3073.3	1609.5	948.8	268.9
安　徽	639.9	1275.4	949.0	792.0	175.9
福　建	678.8	1451.9	1071.3	690.0	238.8
江　西	518.5	893.9	922.2	528.5	146.7
山　东	592.3	1544.2	1012.7	765.6	152.0
河　南	587.1	1210.4	948.7	654.2	148.4
湖　北	665.2	1350.2	1156.5	944.3	244.2
湖　南	638.3	1083.1	1477.2	830.7	192.6
广　东	713.5	1369.8	1056.9	646.2	279.1
广　西	448.6	964.8	1000.5	622.5	100.7
海　南	415.2	835.0	1108.2	507.6	152.2
重　庆	695.7	1066.5	1072.5	725.6	155.9
四　川	681.6	1173.3	706.9	749.4	191.8
贵　州	431.5	960.9	1063.4	438.7	96.1
云　南	382.6	1032.1	919.6	479.3	80.7
西　藏	345.4	602.1	192.9	102.3	98.9
陕　西	538.8	879.5	1102.5	882.9	151.3
甘　肃	453.9	954.5	964.9	627.7	119.1
青　海	460.5	1577.0	851.4	995.8	212.7
宁　夏	563.4	1509.1	1077.4	768.5	160.9
新　疆	398.5	1226.5	716.4	696.9	95.2

2-3-3-8　2016年分地区农村居民现金消费支出构成

单位：%

地区	现金消费支出	一、食品烟酒支出	二、衣着支出	三、居住支出
全国	**100.0**	**34.0**	**7.1**	**10.2**
北京	100.0	33.6	8.2	12.7
天津	100.0	35.1	7.8	10.2
河北	100.0	31.3	7.7	13.0
山西	100.0	29.6	8.6	12.1
内蒙古	100.0	29.0	8.4	9.7
辽宁	100.0	27.9	7.5	11.0
吉林	100.0	30.9	7.7	8.2
黑龙江	100.0	29.6	7.8	9.5
上海	100.0	40.0	6.5	11.6
江苏	100.0	32.8	6.8	11.2
浙江	100.0	36.0	6.8	8.9
安徽	100.0	38.1	6.5	9.2
福建	100.0	43.0	5.7	9.8
江西	100.0	38.4	6.7	10.2
山东	100.0	32.9	7.1	10.1
河南	100.0	32.0	9.4	9.0
湖北	100.0	30.5	6.8	10.6
湖南	100.0	31.6	6.1	11.2
广东	100.0	44.5	4.2	9.9
广西	100.0	34.3	4.0	11.8
海南	100.0	47.7	4.1	7.2
重庆	100.0	36.9	7.7	6.9
四川	100.0	36.0	8.6	8.5
贵州	100.0	29.2	6.7	11.2
云南	100.0	32.6	5.5	8.8
西藏	100.0	45.4	15.4	6.9
陕西	100.0	29.9	7.3	11.9
甘肃	100.0	30.2	8.0	10.4
青海	100.0	26.5	8.4	11.2
宁夏	100.0	27.3	8.7	11.5
新疆	100.0	30.4	10.3	13.6

2-3-3-8 续表 单位: %

地　区	四、生活用品及服务支出	五、交通通信支出	六、教育文化娱乐支出	七、医疗保健支出	八、其他用品及服务支出
全　国	**7.3**	**16.7**	**13.2**	**9.3**	**2.3**
北　京	8.6	17.2	10.0	8.1	1.6
天　津	7.8	19.1	9.4	8.6	1.9
河　北	7.0	17.9	11.3	9.4	2.4
山　西	5.8	14.7	17.2	9.9	2.1
内蒙古	5.2	18.5	16.1	10.4	2.6
辽　宁	5.3	19.5	14.8	11.8	2.2
吉　林	4.7	17.0	15.7	13.3	2.6
黑龙江	4.6	17.6	15.0	13.9	2.1
上　海	5.8	17.5	8.3	8.1	2.1
江　苏	7.5	19.6	11.3	7.7	3.0
浙　江	6.1	21.9	11.5	6.8	1.9
安　徽	7.7	15.4	11.4	9.5	2.1
福　建	6.8	14.6	10.8	6.9	2.4
江　西	7.7	13.3	13.7	7.8	2.2
山　东	7.3	19.0	12.4	9.4	1.9
河　南	8.2	16.9	13.2	9.1	2.1
湖　北	8.0	16.1	13.8	11.3	2.9
湖　南	7.7	13.1	17.9	10.0	2.3
广　东	7.3	13.9	10.7	6.6	2.8
广　西	7.1	15.4	15.9	9.9	1.6
海　南	5.6	11.4	15.1	6.9	2.1
重　庆	9.1	13.9	14.0	9.5	2.0
四　川	9.1	15.7	9.5	10.0	2.6
贵　州	7.6	17.0	18.8	7.8	1.7
云　南	7.0	18.9	16.8	8.8	1.5
西　藏	8.3	14.5	4.6	2.5	2.4
陕　西	7.7	12.6	15.8	12.6	2.2
甘　肃	7.5	15.7	15.9	10.3	2.0
青　海	6.1	20.8	11.2	13.1	2.8
宁　夏	7.3	19.4	13.9	9.9	2.1
新　疆	5.8	17.9	10.4	10.2	1.4

2-3-3-9 2016年分地区农村居民家庭主要食品消费量

单位：公斤/人

地区	粮食（原粮）	谷物	食用油	植物油	蔬菜	肉类	猪肉
全国	**157.2**	**147.1**	**10.2**	**9.3**	**91.5**	**22.7**	**18.7**
北京	102.1	91.9	9.7	9.7	92.7	22.9	14.9
天津	171.1	155.2	12.8	12.6	147.2	21.6	14.0
河北	138.5	130.3	9.5	9.3	81.7	15.4	10.7
山西	162.2	145.4	7.8	7.8	68.5	10.4	7.8
内蒙古	169.9	157.9	8.8	8.5	83.8	28.6	16.8
辽宁	150.9	137.4	11.2	10.9	110.9	21.4	17.8
吉林	153.3	142.1	11.1	11.0	93.8	16.8	13.9
黑龙江	157.4	142.6	14.9	14.9	71.1	16.8	12.8
上海	130.8	119.3	10.1	9.9	83.9	30.4	23.6
江苏	133.9	121.9	11.8	11.6	92.0	22.3	17.2
浙江	160.9	146.3	12.1	11.3	90.9	26.6	22.6
安徽	169.8	157.5	10.0	9.1	94.7	20.5	16.6
福建	164.5	154.7	10.1	8.2	92.1	30.5	26.3
江西	172.0	164.4	12.3	11.5	110.1	19.9	17.0
山东	138.6	129.5	8.3	8.2	80.5	16.0	10.8
河南	126.9	118.9	7.5	7.4	73.7	12.4	9.0
湖北	137.2	126.4	15.5	14.9	123.2	24.5	21.4
湖南	183.3	175.2	10.9	7.7	100.3	26.0	23.7
广东	164.3	155.8	10.3	9.7	100.4	35.8	31.0
广西	168.3	162.6	6.8	4.9	80.0	27.4	25.5
海南	105.5	102.4	6.6	4.7	76.6	25.7	23.2
重庆	205.3	190.0	13.1	11.3	142.2	35.9	32.8
四川	184.4	171.9	12.2	10.7	122.6	33.2	31.3
贵州	144.1	132.8	7.1	5.4	86.1	29.4	28.1
云南	151.8	142.9	7.0	4.4	89.5	29.9	28.1
西藏	326.5	319.2	20.6	14.7	16.0	41.0	9.1
陕西	149.3	139.9	10.5	10.4	66.8	10.3	8.6
甘肃	179.0	166.2	7.8	7.7	60.0	15.6	11.9
青海	144.8	133.5	9.6	8.9	47.7	26.7	13.2
宁夏	144.3	136.8	8.3	8.3	76.7	15.2	6.5
新疆	192.0	190.8	14.8	14.7	90.5	20.6	1.4

2-3-3-9 续表 单位：公斤/人

地区	牛肉	羊肉	禽类	水产品	蛋类	奶类	干鲜瓜果类	食糖
全国	**0.9**	**1.1**	**7.9**	**7.5**	**8.5**	**6.6**	**36.8**	**1.4**
北京	1.6	3.1	4.4	5.7	11.8	13.3	51.5	1.3
天津	0.8	2.4	4.3	12.6	15.5	10.9	78.0	1.8
河北	0.4	0.9	3.4	3.9	11.8	8.0	49.3	1.2
山西	0.2	0.9	1.7	1.2	9.3	8.9	35.7	1.1
内蒙古	2.0	8.4	4.9	3.0	6.8	13.1	37.2	1.3
辽宁	0.7	0.8	3.4	7.1	10.2	5.1	39.3	1.1
吉林	0.8	0.5	4.7	5.1	9.2	4.3	36.9	1.1
黑龙江	0.8	0.8	5.1	5.4	7.2	4.4	42.3	1.8
上海	1.5	1.0	14.1	22.2	10.2	11.8	40.0	1.7
江苏	1.1	0.8	9.1	14.0	9.2	10.8	33.2	1.1
浙江	1.2	0.5	9.2	18.5	7.6	9.1	38.3	1.7
安徽	1.1	0.7	11.8	9.7	11.0	7.8	39.2	1.1
福建	1.1	0.5	13.6	21.9	8.0	7.3	32.2	1.9
江西	0.9	0.1	6.7	8.3	5.7	6.0	27.2	0.9
山东	0.3	0.8	5.6	6.8	15.5	11.8	54.4	1.0
河南	0.7	0.5	4.5	2.8	11.3	5.8	46.4	1.3
湖北	0.8	0.5	4.6	12.2	8.1	4.1	26.3	0.9
湖南	0.9	0.4	10.3	9.0	7.6	2.7	44.5	1.4
广东	0.9	0.4	22.0	18.8	6.4	2.9	26.7	2.1
广西	0.5	0.4	18.4	7.6	4.5	2.2	31.0	1.1
海南	0.9	0.4	18.2	22.0	3.8	1.5	16.2	1.0
重庆	0.4	0.5	7.4	7.2	10.1	8.5	29.9	3.2
四川	0.5	0.4	10.0	5.6	8.6	6.9	28.5	1.9
贵州	0.6	0.2	3.6	1.2	3.3	1.9	22.9	0.9
云南	0.9	0.5	7.6	2.5	4.3	2.2	18.9	1.3
西藏	19.8	11.5	0.1	0.0	1.7	21.6	2.1	3.7
陕西	0.2	0.7	1.7	0.8	5.1	7.3	29.7	0.8
甘肃	0.6	2.2	3.7	0.9	5.7	6.7	41.1	1.8
青海	4.6	8.3	2.5	0.7	2.6	13.8	18.8	1.5
宁夏	3.2	4.9	5.7	1.2	4.0	8.1	63.0	1.4
新疆	4.3	14.4	4.1	1.0	5.0	13.8	55.1	0.9

2-3-3-10 2016年分地区农村居民年末主要耐用消费品拥有量

单位：平均每百户

地　区	家用汽车（辆）	摩托车（辆）	电动助力车（辆）	洗衣机（台）	电冰箱(柜)（台）	微波炉（台）	彩色电视机（台）
全　国	**17.4**	**65.1**	**57.7**	**84.0**	**89.5**	**16.1**	**118.8**
北　京	37.8	9.7	73.7	93.9	100.7	55.0	138.2
天　津	46.4	34.1	94.7	102.3	104.3	31.3	125.6
河　北	29.4	58.7	100.0	97.8	94.8	17.0	120.3
山　西	13.2	50.9	43.6	87.3	67.8	5.9	104.8
内蒙古	27.3	73.0	39.2	90.7	97.2	5.8	105.9
辽　宁	16.6	63.2	41.2	85.9	97.3	11.7	112.0
吉　林	19.1	70.0	14.5	92.2	93.7	7.0	108.3
黑龙江	11.5	56.1	14.0	89.0	91.4	5.2	106.0
上　海	21.0	9.6	138.9	81.3	90.9	73.3	166.3
江　苏	23.7	42.1	131.8	96.2	101.5	67.7	154.5
浙　江	30.2	30.7	90.6	79.3	100.7	33.5	170.4
安　徽	11.2	41.2	91.0	79.1	94.8	19.5	124.6
福　建	16.2	91.8	32.4	79.3	100.1	35.3	141.1
江　西	13.2	75.5	61.1	48.4	89.5	8.5	129.1
山　东	29.4	59.7	113.5	91.7	96.2	13.2	109.1
河　南	18.1	58.1	101.6	95.1	87.6	8.7	115.1
湖　北	10.2	78.5	29.9	73.1	93.0	10.1	120.1
湖　南	11.2	77.8	13.8	77.0	91.6	7.6	114.3
广　东	14.6	122.3	36.0	74.4	84.9	21.1	119.5
广　西	10.0	101.8	39.9	65.4	86.2	16.6	112.3
海　南	7.1	98.6	55.7	31.8	67.2	11.7	106.7
重　庆	11.8	38.3	11.8	78.1	93.6	17.5	112.8
四　川	12.5	49.5	26.7	87.5	92.4	11.3	114.6
贵　州	12.4	55.7	7.8	89.8	77.6	7.9	103.1
云　南	15.5	81.5	15.2	75.4	62.4	10.6	102.8
西　藏	16.7	80.2	9.6	61.3	54.4	1.3	108.5
陕　西	12.6	63.5	41.6	92.3	78.5	5.1	114.3
甘　肃	13.5	83.8	33.6	91.4	67.8	5.9	109.6
青　海	30.7	86.9	14.3	98.6	100.8	5.3	107.3
宁　夏	22.4	79.2	60.0	100.0	91.6	9.2	115.0
新　疆	17.9	79.9	54.3	94.4	94.5	5.4	101.2

2-3-3-10 续表　　　　　　　　　　　　　　　　单位：平均每百户

地　区	空调（台）	热水器（台）	排油烟机（台）	移动电话（部）	计算机（台）	照相机（台）
全　国	**47.6**	**59.7**	**18.4**	**240.7**	**27.9**	**3.4**
北　京	135.4	98.5	72.9	243.1	73.7	19.6
天　津	99.9	92.4	49.5	241.0	47.0	4.9
河　北	65.9	62.7	21.7	236.3	39.2	4.2
山　西	11.7	20.3	8.9	208.3	31.1	1.5
内蒙古	1.3	21.5	13.7	232.0	22.9	3.8
辽　宁	3.5	21.1	16.6	208.8	34.5	3.9
吉　林	0.9	9.2	8.4	241.6	33.7	2.3
黑龙江	0.4	7.3	11.6	212.8	25.6	2.7
上　海	128.6	76.3	44.0	208.3	51.4	12.3
江　苏	125.2	92.7	36.2	236.2	45.0	8.3
浙　江	113.6	86.9	57.8	230.0	49.3	7.0
安　徽	72.3	74.7	14.2	221.6	20.3	2.8
福　建	62.3	88.9	32.9	250.1	34.5	4.9
江　西	44.0	63.5	16.6	240.6	20.5	1.7
山　东	51.8	80.1	27.1	218.6	37.5	5.2
河　南	70.4	57.9	10.4	242.1	31.1	2.3
湖　北	56.5	68.6	14.9	236.3	27.0	3.0
湖　南	42.4	54.5	18.7	260.0	20.7	2.8
广　东	81.2	84.9	34.3	279.9	37.7	4.1
广　西	24.4	62.3	8.6	274.1	20.2	1.2
海　南	34.6	53.3	7.5	254.0	11.8	1.1
重　庆	45.2	57.9	9.6	237.8	21.5	3.1
四　川	33.3	60.8	9.6	238.2	16.2	2.5
贵　州	4.3	37.4	5.6	274.3	13.0	1.2
云　南	0.6	66.9	4.4	257.1	7.0	1.3
西　藏	0.0	1.7	0.2	187.2	0.3	0.6
陕　西	29.8	49.1	8.8	266.6	24.7	3.1
甘　肃	0.8	24.4	7.9	263.8	15.9	1.8
青　海	1.5	28.2	14.8	281.2	14.1	2.3
宁　夏	1.2	70.0	14.7	288.1	20.5	1.3
新　疆	1.7	28.8	12.8	188.6	17.0	1.9

(四)2017年分地区农村居民收支主要数据

2-3-4-1 2017年分地区农村居民可支配收入

单位：元/人

地区	可支配收入	一、工资性收入	二、经营净收入	三、财产净收入	四、转移净收入
全国	**13432.4**	**5498.4**	**5027.8**	**303.0**	**2603.2**
北京	24240.5	18222.8	2140.4	1570.5	2306.8
天津	21753.7	13138.7	5561.9	1007.6	2045.4
河北	12880.9	6840.9	4227.9	274.2	1537.9
山西	10787.5	5462.4	2824.0	163.9	2337.2
内蒙古	12584.3	2649.3	6384.6	514.8	3035.5
辽宁	13746.8	5423.1	5819.1	296.9	2207.7
吉林	12950.4	3018.3	7399.8	289.1	2243.2
黑龙江	12664.8	2840.3	6692.8	553.0	2578.6
上海	27825.0	20289.2	1372.8	862.4	5300.7
江苏	19158.0	9513.0	5619.4	680.3	3345.3
浙江	24955.8	15457.1	6112.2	717.8	2668.6
安徽	12758.2	4624.0	5026.2	218.9	2889.1
福建	16334.8	7415.9	6275.8	290.0	2353.0
江西	13241.8	5609.2	4868.8	214.2	2549.6
山东	15117.5	6068.9	6729.7	390.8	1928.2
河南	12719.2	4770.4	4747.2	199.5	3002.1
湖北	13812.1	4389.6	5963.9	165.8	3292.8
湖南	12935.8	5340.8	4368.9	148.2	3077.9
广东	15779.7	7854.6	4118.6	414.8	3391.7
广西	11325.5	3242.4	5103.1	185.1	2794.9
海南	12901.8	5167.5	5576.3	185.9	1972.0
重庆	12637.9	4394.5	4491.4	308.0	3444.0
四川	12226.9	4016.1	4821.4	322.5	3066.9
贵州	8869.1	3635.7	3285.2	92.0	1856.2
云南	9862.2	2794.9	5412.5	176.5	1478.2
西藏	10330.2	2428.1	5735.4	175.0	1991.6
陕西	10264.5	4271.5	3241.5	185.1	2566.3
甘肃	8076.1	2275.4	3556.2	142.3	2102.2
青海	9462.3	2704.1	3763.6	326.4	2668.2
宁夏	10737.9	4224.0	4252.0	323.8	1938.0
新疆	11045.3	2796.5	6037.0	232.9	1979.0

2-3-4-2　2017年分地区农村居民可支配收入构成

单位：%

地　区	可支配收入	一、工资性收入	二、经营净收入	三、财产净收入	四、转移净收入
全　国	**100.0**	**40.9**	**37.4**	**2.3**	**19.4**
北　京	100.0	75.2	8.8	6.5	9.5
天　津	100.0	60.4	25.6	4.6	9.4
河　北	100.0	53.1	32.8	2.1	11.9
山　西	100.0	50.6	26.2	1.5	21.7
内蒙古	100.0	21.1	50.7	4.1	24.1
辽　宁	100.0	39.4	42.3	2.2	16.1
吉　林	100.0	23.3	57.1	2.2	17.3
黑龙江	100.0	22.4	52.8	4.4	20.4
上　海	100.0	72.9	4.9	3.1	19.1
江　苏	100.0	49.7	29.3	3.6	17.5
浙　江	100.0	61.9	24.5	2.9	10.7
安　徽	100.0	36.2	39.4	1.7	22.6
福　建	100.0	45.4	38.4	1.8	14.4
江　西	100.0	42.4	36.8	1.6	19.3
山　东	100.0	40.1	44.5	2.6	12.8
河　南	100.0	37.5	37.3	1.6	23.6
湖　北	100.0	31.8	43.2	1.2	23.8
湖　南	100.0	41.3	33.8	1.1	23.8
广　东	100.0	49.8	26.1	2.6	21.5
广　西	100.0	28.6	45.1	1.6	24.7
海　南	100.0	40.1	43.2	1.4	15.3
重　庆	100.0	34.8	35.5	2.4	27.3
四　川	100.0	32.8	39.4	2.6	25.1
贵　州	100.0	41.0	37.0	1.0	20.9
云　南	100.0	28.3	54.9	1.8	15.0
西　藏	100.0	23.5	55.5	1.7	19.3
陕　西	100.0	41.6	31.6	1.8	25.0
甘　肃	100.0	28.2	44.0	1.8	26.0
青　海	100.0	28.6	39.8	3.5	28.2
宁　夏	100.0	39.3	39.6	3.0	18.0
新　疆	100.0	25.3	54.7	2.1	17.9

2-3-4-3 2017年分地区农村居民现金可支配收入

单位：元/人

地 区	现金可支配收入	一、工资性收入	二、经营净收入	三、财产净收入	四、转移净收入
全 国	**12703.9**	**5470.9**	**4547.0**	**303.0**	**2383.0**
北 京	24182.4	18050.5	2532.0	1570.5	2029.4
天 津	21567.2	13078.2	5586.8	1007.6	1894.6
河 北	12701.4	6833.6	4239.9	274.2	1353.6
山 西	10258.2	5428.4	2581.7	163.9	2084.2
内蒙古	12325.8	2647.7	6339.4	514.8	2823.9
辽 宁	13605.5	5361.7	5916.3	296.9	2030.6
吉 林	12604.9	3013.2	7302.4	289.1	2000.2
黑龙江	13068.1	2839.3	7221.3	553.0	2454.4
上 海	26913.4	20099.6	1339.3	862.4	4612.1
江 苏	18725.4	9400.1	5553.9	680.3	3091.1
浙 江	24644.3	15385.2	6182.1	717.8	2359.3
安 徽	12163.4	4591.2	4655.1	218.9	2698.2
福 建	15897.9	7370.4	6031.2	290.0	2206.4
江 西	12462.9	5597.5	4200.5	214.2	2450.7
山 东	14298.5	6047.6	6183.4	390.8	1676.7
河 南	11609.6	4762.6	3804.9	199.5	2842.6
湖 北	12544.6	4370.5	5087.6	165.8	2920.7
湖 南	11761.3	5314.9	3413.3	148.0	2885.1
广 东	14896.2	7805.7	3513.5	414.8	3162.3
广 西	10320.7	3219.2	4397.4	185.1	2519.1
海 南	12627.4	5152.7	5476.9	185.9	1811.8
重 庆	11130.2	4372.9	3157.5	308.0	3291.8
四 川	10989.9	3981.5	3928.5	322.5	2757.5
贵 州	8208.1	3629.6	2796.5	92.0	1689.9
云 南	8991.2	2792.7	4699.6	176.5	1322.4
西 藏	8931.6	2428.1	4647.5	175.0	1680.9
陕 西	9863.9	4264.7	3060.3	185.1	2353.8
甘 肃	7496.7	2267.1	3264.1	142.3	1823.2
青 海	8963.0	2703.1	3534.3	326.4	2399.1
宁 夏	10637.3	4209.7	4483.8	323.8	1619.9
新 疆	10309.7	2790.6	5495.0	232.9	1791.2

2-3-4-4　2017年分地区农村居民现金可支配收入构成

单位：%

地　区	现金可支配收入	一、工资性收入	二、经营净收入	三、财产净收入	四、转移净收入
全　国	**100.0**	**43.1**	**35.8**	**2.4**	**18.8**
北　京	100.0	74.6	10.5	6.5	8.4
天　津	100.0	60.6	25.9	4.7	8.8
河　北	100.0	53.8	33.4	2.2	10.7
山　西	100.0	52.9	25.2	1.6	20.3
内蒙古	100.0	21.5	51.4	4.2	22.9
辽　宁	100.0	39.4	43.5	2.2	14.9
吉　林	100.0	23.9	57.9	2.3	15.9
黑龙江	100.0	21.7	55.3	4.2	18.8
上　海	100.0	74.7	5.0	3.2	17.1
江　苏	100.0	50.2	29.7	3.6	16.5
浙　江	100.0	62.4	25.1	2.9	9.6
安　徽	100.0	37.7	38.3	1.8	22.2
福　建	100.0	46.4	37.9	1.8	13.9
江　西	100.0	44.9	33.7	1.7	19.7
山　东	100.0	42.3	43.2	2.7	11.7
河　南	100.0	41.0	32.8	1.7	24.5
湖　北	100.0	34.8	40.6	1.3	23.3
湖　南	100.0	45.2	29.0	1.3	24.5
广　东	100.0	52.4	23.6	2.8	21.2
广　西	100.0	31.2	42.6	1.8	24.4
海　南	100.0	40.8	43.4	1.5	14.3
重　庆	100.0	39.3	28.4	2.8	29.6
四　川	100.0	36.2	35.7	2.9	25.1
贵　州	100.0	44.2	34.1	1.1	20.6
云　南	100.0	31.1	52.3	2.0	14.7
西　藏	100.0	27.2	52.0	2.0	18.8
陕　西	100.0	43.2	31.0	1.9	23.9
甘　肃	100.0	30.2	43.5	1.9	24.3
青　海	100.0	30.2	39.4	3.6	26.8
宁　夏	100.0	39.6	42.2	3.0	15.2
新　疆	100.0	27.1	53.3	2.3	17.4

2-3-4-5　2017年分地区农村居民消费支出

单位：元/人

地　区	消费支出	一、食品烟酒支出	二、衣着支出	三、居住支出
全　国	**10954.5**	**3415.4**	**611.6**	**2353.5**
北　京	18810.5	4653.2	1024.6	5587.8
天　津	16385.9	4851.5	1128.2	3354.4
河　北	10535.9	2817.2	684.4	2380.8
山　西	8424.0	2308.3	577.5	1901.9
内蒙古	12184.4	3384.7	842.3	2194.3
辽　宁	10787.3	2883.4	694.7	2200.9
吉　林	10279.4	2903.2	682.5	1837.3
黑龙江	10523.9	2788.3	776.6	1722.7
上　海	18089.8	6114.1	925.3	4722.9
江　苏	15611.5	4510.7	892.0	3395.2
浙　江	18093.4	5608.2	955.8	4358.4
安　徽	11106.1	3726.0	565.6	2618.2
福　建	14003.4	5162.2	630.8	3547.9
江　西	9870.4	3314.4	502.0	2558.2
山　东	10342.1	2960.4	585.2	1973.5
河　南	9211.5	2495.9	712.4	2005.5
湖　北	11632.5	3332.4	626.4	2512.3
湖　南	11533.6	3521.2	527.2	2562.5
广　东	13199.6	5303.9	459.5	2902.4
广　西	9436.6	3042.8	286.7	2119.8
海　南	9599.4	4021.3	321.9	1839.2
重　庆	10936.1	3993.1	598.2	1967.3
四　川	11396.7	4235.2	682.9	2157.1
贵　州	8299.0	2505.2	416.1	1942.6
云　南	8027.3	2612.8	320.6	1509.1
西　藏	6691.5	3283.9	735.7	947.5
陕　西	9305.6	2417.3	530.6	2144.9
甘　肃	8029.7	2438.2	507.9	1561.5
青　海	9902.7	2944.7	670.0	1739.1
宁　夏	9982.1	2522.2	718.6	1958.7
新　疆	8712.6	2667.3	710.3	1659.8

2-3-4-5 续表 单位：元/人

地区	四、生活用品及服务支出	五、交通通信支出	六、教育文化娱乐支出	七、医疗保健支出	八、其他用品及服务支出
全国	**634.0**	**1509.1**	**1171.3**	**1058.7**	**200.9**
北京	1596.1	2729.9	1313.7	1699.3	205.8
天津	1100.5	2902.0	1343.2	1407.2	298.9
河北	668.5	1689.4	1014.1	1072.6	208.9
山西	393.0	1028.0	1127.2	937.5	150.6
内蒙古	522.1	2055.6	1638.6	1288.4	258.4
辽宁	512.6	1745.5	1295.0	1251.4	203.8
吉林	409.3	1531.0	1302.5	1399.6	214.1
黑龙江	428.1	1667.7	1362.1	1551.2	227.2
上海	935.2	2365.9	1219.8	1456.4	350.2
江苏	954.3	2619.5	1450.5	1395.0	394.4
浙江	842.1	3102.5	1590.9	1370.2	265.3
安徽	589.0	1346.0	1075.0	1006.8	179.5
福建	721.0	1555.0	1174.6	906.5	305.4
江西	537.4	1067.4	1004.1	718.2	168.6
山东	690.2	1710.4	1140.9	1129.3	152.1
河南	647.2	1245.4	1030.3	909.0	166.0
湖北	706.2	1384.7	1330.7	1438.3	301.6
湖南	642.8	1234.5	1710.2	1171.8	163.4
广东	722.8	1423.6	1186.0	921.7	279.7
广西	495.2	1288.5	1127.9	931.0	144.8
海南	379.3	1041.5	1197.0	629.5	169.7
重庆	749.0	1334.1	1226.2	883.9	184.2
四川	782.3	1378.2	847.7	1093.6	219.6
贵州	449.9	1080.6	1183.3	602.5	118.9
云南	459.6	1308.6	1044.0	681.5	91.1
西藏	433.6	794.2	238.6	147.5	110.6
陕西	577.1	1114.4	1082.8	1260.4	178.0
甘肃	484.9	1016.0	993.7	890.6	136.8
青海	488.3	1629.3	897.1	1270.4	263.8
宁夏	574.4	1675.2	1212.4	1131.2	189.3
新疆	408.5	1421.4	747.5	970.7	127.1

2-3-4-6 2017年分地区农村居民消费支出构成

单位：%

地区	消费支出	一、食品烟酒支出	二、衣着支出	三、居住支出
全国	**100.0**	**31.2**	**5.6**	**21.5**
北京	100.0	24.7	5.4	29.7
天津	100.0	29.6	6.9	20.5
河北	100.0	26.7	6.5	22.6
山西	100.0	27.4	6.9	22.6
内蒙古	100.0	27.8	6.9	18.0
辽宁	100.0	26.7	6.4	20.4
吉林	100.0	28.2	6.6	17.9
黑龙江	100.0	26.5	7.4	16.4
上海	100.0	33.8	5.1	26.1
江苏	100.0	28.9	5.7	21.7
浙江	100.0	31.0	5.3	24.1
安徽	100.0	33.5	5.1	23.6
福建	100.0	36.9	4.5	25.3
江西	100.0	33.6	5.1	25.9
山东	100.0	28.6	5.7	19.1
河南	100.0	27.1	7.7	21.8
湖北	100.0	28.6	5.4	21.6
湖南	100.0	30.5	4.6	22.2
广东	100.0	40.2	3.5	22.0
广西	100.0	32.2	3.0	22.5
海南	100.0	41.9	3.4	19.2
重庆	100.0	36.5	5.5	18.0
四川	100.0	37.2	6.0	18.9
贵州	100.0	30.2	5.0	23.4
云南	100.0	32.5	4.0	18.8
西藏	100.0	49.1	11.0	14.2
陕西	100.0	26.0	5.7	23.0
甘肃	100.0	30.4	6.3	19.4
青海	100.0	29.7	6.8	17.6
宁夏	100.0	25.3	7.2	19.6
新疆	100.0	30.6	8.2	19.1

2-3-4-6 续表 单位: %

地 区	四、生活用品及服务支出	五、交通通信支出	六、教育文化娱乐支出	七、医疗保健支出	八、其他用品及服务支出
全 国	**5.8**	**13.8**	**10.7**	**9.7**	**1.8**
北 京	8.5	14.5	7.0	9.0	1.1
天 津	6.7	17.7	8.2	8.6	1.8
河 北	6.3	16.0	9.6	10.2	2.0
山 西	4.7	12.2	13.4	11.1	1.8
内蒙古	4.3	16.9	13.4	10.6	2.1
辽 宁	4.8	16.2	12.0	11.6	1.9
吉 林	4.0	14.9	12.7	13.6	2.1
黑龙江	4.1	15.8	12.9	14.7	2.2
上 海	5.2	13.1	6.7	8.1	1.9
江 苏	6.1	16.8	9.3	8.9	2.5
浙 江	4.7	17.1	8.8	7.6	1.5
安 徽	5.3	12.1	9.7	9.1	1.6
福 建	5.1	11.1	8.4	6.5	2.2
江 西	5.4	10.8	10.2	7.3	1.7
山 东	6.7	16.5	11.0	10.9	1.5
河 南	7.0	13.5	11.2	9.9	1.8
湖 北	6.1	11.9	11.4	12.4	2.6
湖 南	5.6	10.7	14.8	10.2	1.4
广 东	5.5	10.8	9.0	7.0	2.1
广 西	5.2	13.7	12.0	9.9	1.5
海 南	4.0	10.8	12.5	6.6	1.8
重 庆	6.8	12.2	11.2	8.1	1.7
四 川	6.9	12.1	7.4	9.6	1.9
贵 州	5.4	13.0	14.3	7.3	1.4
云 南	5.7	16.3	13.0	8.5	1.1
西 藏	6.5	11.9	3.6	2.2	1.7
陕 西	6.2	12.0	11.6	13.5	1.9
甘 肃	6.0	12.7	12.4	11.1	1.7
青 海	4.9	16.5	9.1	12.8	2.7
宁 夏	5.8	16.8	12.1	11.3	1.9
新 疆	4.7	16.3	8.6	11.1	1.5

2-3-4-7　2017年分地区农村居民现金消费支出

单位：元/人

地区	现金消费支出	一、食品烟酒支出	二、衣着支出	三、居住支出
全　国	**8856.5**	**2921.2**	**610.9**	**956.0**
北　京	14442.5	4469.1	1024.5	1649.6
天　津	14173.8	4755.5	1128.2	1378.2
河　北	9121.0	2714.9	683.7	1247.1
山　西	6926.1	1992.4	577.2	930.3
内蒙古	10513.5	2822.4	842.3	1282.9
辽　宁	9261.7	2606.6	694.6	1115.3
吉　林	8543.0	2525.4	681.6	716.7
黑龙江	9360.9	2645.6	776.5	825.6
上　海	14325.8	5815.0	924.8	1947.1
江　苏	13045.6	4137.6	891.6	1444.0
浙　江	14476.3	5159.2	954.8	1488.6
安　徽	8936.3	3399.2	565.1	953.8
福　建	10796.9	4551.4	630.5	1121.5
江　西	7473.0	2719.1	501.9	856.3
山　东	8927.1	2815.8	584.5	951.1
河　南	7762.6	2349.1	712.2	863.3
湖　北	9026.6	2700.7	625.1	909.7
湖　南	8997.0	2710.9	526.7	1028.9
广　东	10466.1	4670.8	459.2	1015.3
广　西	7118.9	2247.8	285.0	834.0
海　南	7951.1	3702.1	321.7	620.3
重　庆	8445.8	2912.2	598.2	716.3
四　川	8595.0	3084.6	679.4	776.1
贵　州	6234.1	1844.2	416.0	679.1
云　南	6070.2	1834.2	320.5	481.7
西　藏	4767.4	1990.1	735.2	374.2
陕　西	7697.0	2241.5	530.0	900.5
甘　肃	6513.2	1973.0	507.7	746.9
青　海	8448.7	2443.7	669.8	1050.4
宁　夏	8558.2	2228.4	718.5	1109.4
新　疆	7337.0	2160.3	709.8	955.9

2-3-4-7 续表 单位：元/人

地 区	四、生活用品及服务支出	五、交通通信支出	六、教育文化娱乐支出	七、医疗保健支出	八、其他用品及服务支出
全 国	**624.9**	**1508.1**	**1170.7**	**868.2**	**196.3**
北 京	1589.5	2725.7	1312.8	1467.5	203.8
天 津	1099.6	2897.3	1343.0	1280.2	291.9
河 北	665.9	1688.4	1014.1	899.7	207.1
山 西	383.1	1028.0	1126.5	742.9	145.7
内蒙古	522.0	2055.6	1638.6	1091.6	258.2
辽 宁	504.6	1744.3	1294.9	1099.6	201.7
吉 林	405.3	1531.0	1302.5	1166.6	213.9
黑龙江	427.2	1667.7	1362.1	1429.0	227.1
上 海	930.6	2365.9	1219.7	775.9	346.9
江 苏	939.9	2619.1	1450.5	1170.9	392.1
浙 江	834.4	3099.7	1590.2	1089.0	260.5
安 徽	584.2	1345.6	1074.7	835.7	178.1
福 建	710.9	1554.8	1174.6	753.2	299.9
江 西	536.8	1067.3	1004.1	621.9	165.7
山 东	663.8	1709.4	1140.8	911.0	150.6
河 南	646.9	1245.3	1030.2	749.7	165.8
湖 北	704.0	1380.1	1330.4	1082.6	294.0
湖 南	641.0	1233.6	1709.9	984.9	161.2
广 东	714.4	1421.8	1185.0	720.9	278.6
广 西	462.8	1284.0	1127.3	748.0	129.9
海 南	374.8	1041.5	1196.9	524.2	169.6
重 庆	730.4	1334.1	1226.1	748.0	180.7
四 川	769.1	1377.5	847.3	855.7	205.3
贵 州	439.5	1079.4	1183.3	482.1	110.5
云 南	446.5	1308.5	1043.9	553.4	81.5
西 藏	430.5	794.1	238.5	94.9	109.9
陕 西	568.4	1114.4	1079.0	1086.9	176.3
甘 肃	475.1	1015.9	992.2	672.8	129.5
青 海	486.3	1629.0	897.1	1008.9	263.8
宁 夏	560.7	1675.2	1212.4	872.7	180.8
新 疆	407.5	1421.3	736.2	835.5	110.6

2-3-4-8　2017年分地区农村居民现金消费支出构成

单位：%

地　区	现金消费支出	一、食品烟酒支出	二、衣着支出	三、居住支出
全　国	**100.0**	**33.0**	**6.9**	**10.8**
北　京	100.0	30.9	7.1	11.4
天　津	100.0	33.6	8.0	9.7
河　北	100.0	29.8	7.5	13.7
山　西	100.0	28.8	8.3	13.4
内蒙古	100.0	26.8	8.0	12.2
辽　宁	100.0	28.1	7.5	12.0
吉　林	100.0	29.6	8.0	8.4
黑龙江	100.0	28.3	8.3	8.8
上　海	100.0	40.6	6.5	13.6
江　苏	100.0	31.7	6.8	11.1
浙　江	100.0	35.6	6.6	10.3
安　徽	100.0	38.0	6.3	10.7
福　建	100.0	42.2	5.8	10.4
江　西	100.0	36.4	6.7	11.5
山　东	100.0	31.5	6.5	10.7
河　南	100.0	30.3	9.2	11.1
湖　北	100.0	29.9	6.9	10.1
湖　南	100.0	30.1	5.9	11.4
广　东	100.0	44.6	4.4	9.7
广　西	100.0	31.6	4.0	11.7
海　南	100.0	46.6	4.0	7.8
重　庆	100.0	34.5	7.1	8.5
四　川	100.0	35.9	7.9	9.0
贵　州	100.0	29.6	6.7	10.9
云　南	100.0	30.2	5.3	7.9
西　藏	100.0	41.7	15.4	7.8
陕　西	100.0	29.1	6.9	11.7
甘　肃	100.0	30.3	7.8	11.5
青　海	100.0	28.9	7.9	12.4
宁　夏	100.0	26.0	8.4	13.0
新　疆	100.0	29.4	9.7	13.0

2-3-4-8 续表 单位：%

地区	四、生活用品及服务支出	五、交通通信支出	六、教育文化娱乐支出	七、医疗保健支出	八、其他用品及服务支出
全 国	**7.1**	**17.0**	**13.2**	**9.8**	**2.2**
北 京	11.0	18.9	9.1	10.2	1.4
天 津	7.8	20.4	9.5	9.0	2.1
河 北	7.3	18.5	11.1	9.9	2.3
山 西	5.5	14.8	16.3	10.7	2.1
内蒙古	5.0	19.6	15.6	10.4	2.5
辽 宁	5.4	18.8	14.0	11.9	2.2
吉 林	4.7	17.9	15.2	13.7	2.5
黑龙江	4.6	17.8	14.6	15.3	2.4
上 海	6.5	16.5	8.5	5.4	2.4
江 苏	7.2	20.1	11.1	9.0	3.0
浙 江	5.8	21.4	11.0	7.5	1.8
安 徽	6.5	15.1	12.0	9.4	2.0
福 建	6.6	14.4	10.9	7.0	2.8
江 西	7.2	14.3	13.4	8.3	2.2
山 东	7.4	19.1	12.8	10.2	1.7
河 南	8.3	16.0	13.3	9.7	2.1
湖 北	7.8	15.3	14.7	12.0	3.3
湖 南	7.1	13.7	19.0	10.9	1.8
广 东	6.8	13.6	11.3	6.9	2.7
广 西	6.5	18.0	15.8	10.5	1.8
海 南	4.7	13.1	15.1	6.6	2.1
重 庆	8.6	15.8	14.5	8.9	2.1
四 川	8.9	16.0	9.9	10.0	2.4
贵 州	7.1	17.3	19.0	7.7	1.8
云 南	7.4	21.6	17.2	9.1	1.3
西 藏	9.0	16.7	5.0	2.0	2.3
陕 西	7.4	14.5	14.0	14.1	2.3
甘 肃	7.3	15.6	15.2	10.3	2.0
青 海	5.8	19.3	10.6	11.9	3.1
宁 夏	6.6	19.6	14.2	10.2	2.1
新 疆	5.6	19.4	10.0	11.4	1.5

2-3-4-9　2017年分地区农村居民家庭主要食品消费量

单位：公斤/人

地　区	粮食(原粮)	谷物	食用油	植物油	蔬菜	肉类	猪肉
全　国	**154.6**	**144.8**	**10.1**	**9.2**	**90.2**	**23.6**	**19.5**
北　京	96.7	86.9	9.0	9.0	88.7	22.2	14.4
天　津	153.9	142.9	12.8	12.7	99.0	22.0	14.4
河　北	134.3	125.8	9.5	9.3	75.1	15.9	10.9
山　西	159.4	142.5	7.8	7.7	64.9	10.6	8.2
内蒙古	168.8	157.5	6.5	6.1	69.8	31.6	19.2
辽　宁	145.6	132.0	11.3	10.9	96.4	22.3	18.4
吉　林	159.6	148.0	11.7	11.6	115.4	19.5	16.7
黑龙江	152.9	140.0	15.1	15.1	75.6	19.1	14.9
上　海	126.0	115.6	10.1	9.9	86.4	31.1	24.1
江　苏	134.9	123.5	12.1	12.0	97.8	23.1	17.7
浙　江	163.8	148.7	12.8	12.2	94.8	27.2	23.1
安　徽	165.5	154.1	10.2	9.4	96.3	21.3	17.2
福　建	156.2	147.1	9.5	7.7	90.6	30.9	26.6
江　西	167.3	159.9	12.0	11.4	104.3	21.1	17.4
山　东	136.6	127.6	7.5	7.4	82.7	16.4	11.3
河　南	128.3	120.7	7.5	7.5	72.6	12.7	9.2
湖　北	136.9	127.4	14.1	13.5	113.0	23.5	20.3
湖　南	187.0	178.9	11.6	8.3	103.2	28.8	26.3
广　东	166.6	158.5	9.8	9.1	100.7	36.3	31.0
广　西	163.3	157.5	8.0	5.9	78.1	28.4	26.3
海　南	103.1	100.2	7.8	5.5	75.1	24.0	21.8
重　庆	204.4	189.1	13.8	10.8	152.2	36.1	33.6
四　川	184.5	172.1	12.4	10.9	126.8	38.9	36.5
贵　州	134.0	123.1	6.6	5.1	81.3	28.4	27.1
云　南	141.0	132.3	6.6	4.7	79.7	30.8	29.0
西　藏	318.0	310.7	20.0	13.0	17.7	23.0	5.4
陕　西	142.6	133.0	11.0	10.8	64.4	10.8	8.6
甘　肃	172.2	159.7	7.1	7.0	55.2	14.7	11.0
青　海	136.9	126.7	9.5	9.1	45.1	24.9	11.2
宁　夏	128.1	121.2	7.7	7.7	76.9	14.1	6.0
新　疆	181.1	179.8	14.3	14.2	82.6	19.3	1.8

2-3-4-9　续表　　　　单位：公斤/人

地　区			禽类	水产品	蛋类	奶类	干鲜瓜果类	食糖
	牛肉	羊肉						
全　国	**0.9**	**1.0**	**7.9**	**7.4**	**8.9**	**6.9**	**38.4**	**1.4**
北　京	1.7	3.0	4.0	5.6	11.8	12.9	51.7	1.2
天　津	0.9	2.3	4.1	12.6	16.7	12.0	81.8	1.7
河　北	0.5	0.9	3.2	3.7	13.0	8.3	51.5	1.2
山　西	0.2	0.9	1.7	1.2	10.2	9.6	37.1	1.2
内蒙古	2.8	8.0	4.4	3.0	7.2	14.6	37.3	1.3
辽　宁	0.7	0.6	3.4	7.0	10.3	4.9	38.5	1.1
吉　林	0.9	0.4	5.0	4.7	9.8	4.3	36.4	1.1
黑龙江	0.8	0.7	5.9	5.5	8.9	4.8	45.2	1.7
上　海	1.7	1.0	13.4	22.3	10.0	12.0	44.0	1.5
江　苏	1.1	0.7	8.5	14.2	9.6	11.1	36.2	1.1
浙　江	1.3	0.5	9.0	18.6	8.1	9.4	40.2	1.8
安　徽	1.2	0.7	10.1	9.3	11.2	8.1	43.3	1.2
福　建	1.1	0.6	13.6	21.3	8.0	7.1	32.6	2.1
江　西	1.1	0.2	6.7	8.4	5.8	6.6	28.0	0.9
山　东	0.3	0.7	5.1	6.5	16.3	11.7	56.9	1.0
河　南	0.7	0.6	4.2	2.5	13.0	6.1	49.2	1.2
湖　北	0.9	0.4	4.0	11.1	7.3	3.7	28.7	0.9
湖　南	1.0	0.5	10.9	8.9	7.9	2.8	44.4	1.3
广　东	1.1	0.4	23.5	19.2	6.8	3.3	28.6	2.1
广　西	0.6	0.4	19.2	7.7	4.9	2.4	31.1	1.1
海　南	0.9	0.4	17.5	21.2	3.4	1.3	16.3	0.8
重　庆	0.4	0.5	7.9	7.3	9.9	9.5	31.8	3.2
四　川	0.6	0.4	10.1	6.1	8.9	8.5	32.0	2.1
贵　州	0.5	0.3	3.4	1.2	3.2	1.8	23.2	0.9
云　南	0.9	0.4	7.2	2.4	3.9	1.9	18.9	1.3
西　藏	11.3	5.8	0.1	0.0	2.0	22.9	2.5	1.0
陕　西	0.2	0.8	1.7	1.0	5.7	7.6	32.0	0.9
甘　肃	0.6	2.0	3.8	0.9	5.9	6.6	39.3	1.9
青　海	5.2	7.8	2.8	0.8	2.9	11.4	18.2	1.5
宁　夏	3.3	4.2	5.9	1.3	4.1	7.5	63.9	1.2
新　疆	3.8	13.1	4.5	1.0	4.5	13.2	49.7	1.0

2-3-4-10 2017年分地区农村居民年末主要耐用消费品拥有量

单位：平均每百户

地　区	家用汽车(辆)	摩托车(辆)	电动助力车(辆)	洗衣机(台)	电冰箱(柜)(台)	微波炉(台)	彩色电视机(台)
全　国	**19.3**	**64.1**	**61.1**	**86.3**	**91.7**	**17.3**	**120.0**
北　京	39.3	9.4	76.7	95.4	101.7	56.0	138.1
天　津	48.6	27.7	102.3	102.0	104.9	35.1	128.8
河　北	31.3	57.7	102.7	99.0	95.8	17.9	121.1
山　西	13.1	50.3	45.7	87.1	67.5	6.3	105.1
内蒙古	28.5	70.6	41.6	91.4	98.1	5.9	106.2
辽　宁	17.5	62.1	45.2	87.9	99.2	12.5	112.4
吉　林	20.9	70.3	16.9	93.4	94.5	7.4	107.4
黑龙江	13.9	52.8	16.5	89.7	93.0	5.1	105.5
上　海	24.5	7.6	139.7	82.6	93.2	72.8	169.2
江　苏	26.6	39.7	138.0	97.9	104.1	70.1	158.7
浙　江	33.3	29.0	93.3	82.0	102.7	36.0	176.4
安　徽	14.6	40.0	97.2	83.5	97.9	23.0	127.4
福　建	17.8	90.4	36.7	82.1	100.6	35.6	140.1
江　西	15.6	75.7	65.4	54.2	91.2	9.8	130.5
山　东	32.4	58.1	119.5	93.6	97.6	17.0	110.2
河　南	19.3	55.3	104.8	95.9	88.2	8.8	116.3
湖　北	11.3	80.2	32.2	75.5	95.8	11.0	121.7
湖　南	12.5	76.4	15.8	80.2	93.7	7.9	115.4
广　东	17.6	123.6	38.5	78.5	87.9	22.9	120.5
广　西	12.2	100.5	46.2	68.1	88.8	18.8	113.3
海　南	6.3	95.9	61.4	34.9	69.5	10.3	107.2
重　庆	12.0	36.5	11.9	79.8	94.8	17.3	113.8
四　川	13.4	49.5	28.5	89.9	96.2	12.6	117.1
贵　州	15.2	54.2	10.0	92.0	82.3	7.9	104.0
云　南	18.0	82.4	17.0	79.8	67.6	11.0	103.7
西　藏	17.7	87.7	10.9	61.7	56.9	1.3	110.7
陕　西	13.9	61.6	44.0	93.0	80.2	5.1	114.6
甘　肃	14.0	79.7	36.7	92.1	71.1	6.2	109.0
青　海	36.2	85.9	16.3	100.0	102.4	8.4	105.6
宁　夏	27.8	72.2	66.2	101.6	95.2	9.7	112.9
新　疆	20.1	78.9	62.6	95.7	97.6	5.6	102.6

2-3-4-10 续表 单位：平均每百户

地区	空调（台）	热水器（台）	排油烟机（台）	移动电话（部）	计算机（台）	照相机（台）
全国	**52.6**	**62.5**	**20.4**	**246.1**	**29.2**	**3.9**
北京	141.4	100.7	75.5	245.4	74.7	19.5
天津	109.0	93.0	55.5	246.0	46.1	6.2
河北	70.4	64.5	24.0	240.5	40.3	4.5
山西	12.5	20.3	9.6	211.4	31.4	1.3
内蒙古	1.4	23.2	15.5	236.9	24.2	4.1
辽宁	4.6	23.0	19.3	213.4	36.2	3.7
吉林	1.4	9.8	10.0	243.8	33.2	3.9
黑龙江	0.7	8.5	13.2	213.0	27.6	4.8
上海	136.2	78.6	46.4	209.6	52.6	13.6
江苏	134.7	94.7	39.0	241.8	45.4	10.7
浙江	118.8	89.3	60.0	235.2	52.2	6.9
安徽	79.8	79.0	18.0	230.1	22.3	3.9
福建	65.3	90.4	34.4	252.6	34.0	4.3
江西	52.0	66.7	18.5	248.7	22.9	1.7
山东	63.7	82.1	31.7	225.3	39.8	6.6
河南	74.8	59.5	11.6	244.9	31.2	2.6
湖北	62.7	71.2	17.3	238.7	27.9	3.7
湖南	45.9	59.0	20.9	267.2	22.2	3.1
广东	91.3	88.5	37.3	287.1	41.6	4.2
广西	28.9	68.3	10.4	284.3	21.8	1.2
海南	37.0	56.2	7.9	261.2	12.3	1.1
重庆	50.3	59.2	9.5	241.8	20.0	1.9
四川	40.3	65.8	11.2	242.0	17.7	2.9
贵州	5.9	45.4	7.0	288.9	15.7	1.3
云南	1.3	71.3	5.2	264.1	7.3	1.5
西藏	0.0	2.3	0.2	191.9	0.2	0.7
陕西	33.7	50.2	10.3	270.1	25.2	3.3
甘肃	0.9	26.4	9.0	268.7	16.8	1.4
青海	1.4	31.5	17.3	291.6	14.5	2.9
宁夏	1.7	82.8	17.6	290.8	23.3	1.6
新疆	1.8	30.1	13.1	187.1	16.6	1.7

(五)2018年分地区农村居民收支主要数据

2-3-5-1 2018年分地区农村居民可支配收入

单位：元/人

地　区	可支配收入	一、工资性收入	二、经营净收入	三、财产净收入	四、转移净收入
全　国	**14617.0**	**5996.1**	**5358.4**	**342.1**	**2920.5**
北　京	26490.3	19826.7	2021.7	1876.8	2765.0
天　津	23065.2	13568.1	5334.6	921.6	3241.0
河　北	14030.9	7454.1	4611.5	298.7	1666.5
山　西	11750.0	5735.8	3075.2	192.9	2746.1
内蒙古	13802.6	2896.6	7180.7	520.4	3204.8
辽　宁	14656.3	5644.8	6263.8	334.5	2413.2
吉　林	13748.2	3521.5	7756.2	256.5	2213.9
黑龙江	13803.7	3009.1	7053.3	679.0	3062.2
上　海	30374.7	19503.5	1753.2	1003.2	8114.8
江　苏	20845.1	10221.6	6016.6	767.5	3839.3
浙　江	27302.4	16898.4	6677.0	784.1	2942.9
安　徽	13996.0	5058.0	5411.5	256.0	3270.5
福　建	17821.2	8214.7	6705.6	322.5	2578.4
江　西	14459.9	6121.0	5271.9	235.5	2831.6
山　东	16297.0	6550.0	7193.6	429.0	2124.4
河　南	13830.7	5335.6	4790.7	221.4	3483.0
湖　北	14977.8	4886.8	6270.8	185.9	3634.2
湖　南	14092.5	5769.3	4785.7	179.3	3358.2
广　东	17167.7	8510.7	4432.7	448.9	3775.5
广　西	12434.8	3691.4	5393.4	241.4	3108.6
海　南	13988.9	5611.4	5806.1	253.7	2317.8
重　庆	13781.2	4847.8	4812.9	334.8	3785.8
四　川	13331.4	4311.0	5117.2	379.5	3523.7
贵　州	9716.1	4276.2	3226.7	126.2	2086.9
云　南	10767.9	3259.9	5599.0	187.2	1721.8
西　藏	11449.8	3037.2	5888.9	427.2	2096.6
陕　西	11212.8	4620.8	3508.0	196.6	2887.5
甘　肃	8804.1	2534.7	3823.7	211.5	2234.1
青　海	10393.3	3047.3	3904.6	463.1	2978.4
宁　夏	11707.6	4547.8	4638.5	362.8	2158.5
新　疆	11974.5	2945.2	6623.9	235.1	2170.3

2-3-5-2 2018年分地区农村居民可支配收入构成

单位：%

地 区	可支配收入	一、工资性收入	二、经营净收入	三、财产净收入	四、转移净收入
全 国	**100.0**	**41.0**	**36.7**	**2.3**	**20.0**
北 京	100.0	74.8	7.6	7.1	10.4
天 津	100.0	58.8	23.1	4.0	14.1
河 北	100.0	53.1	32.9	2.1	11.9
山 西	100.0	48.8	26.2	1.6	23.4
内蒙古	100.0	21.0	52.0	3.8	23.2
辽 宁	100.0	38.5	42.7	2.3	16.5
吉 林	100.0	25.6	56.4	1.9	16.1
黑龙江	100.0	21.8	51.1	4.9	22.2
上 海	100.0	64.2	5.8	3.3	26.7
江 苏	100.0	49.0	28.9	3.7	18.4
浙 江	100.0	61.9	24.5	2.9	10.8
安 徽	100.0	36.1	38.7	1.8	23.4
福 建	100.0	46.1	37.6	1.8	14.5
江 西	100.0	42.3	36.5	1.6	19.6
山 东	100.0	40.2	44.1	2.6	13.0
河 南	100.0	38.6	34.6	1.6	25.2
湖 北	100.0	32.6	41.9	1.2	24.3
湖 南	100.0	40.9	34.0	1.3	23.8
广 东	100.0	49.6	25.8	2.6	22.0
广 西	100.0	29.7	43.4	1.9	25.0
海 南	100.0	40.1	41.5	1.8	16.6
重 庆	100.0	35.2	34.9	2.4	27.5
四 川	100.0	32.3	38.4	2.8	26.4
贵 州	100.0	44.0	33.2	1.3	21.5
云 南	100.0	30.3	52.0	1.7	16.0
西 藏	100.0	26.5	51.4	3.7	18.3
陕 西	100.0	41.2	31.3	1.8	25.8
甘 肃	100.0	28.8	43.4	2.4	25.4
青 海	100.0	29.3	37.6	4.5	28.7
宁 夏	100.0	38.8	39.6	3.1	18.4
新 疆	100.0	24.6	55.3	2.0	18.1

2-3-5-3　2018年分地区农村居民现金可支配收入

单位：元/人

地　区	现金可支配收入	一、工资性收入	二、经营净收入	三、财产净收入	四、转移净收入
全　国	**13912.8**	**5961.3**	**4969.5**	**342.1**	**2639.9**
北　京	25922.3	19787.3	2231.7	1876.8	2026.4
天　津	22994.6	13441.0	5940.9	921.6	2691.1
河　北	13924.7	7446.5	4723.4	298.7	1456.0
山　西	11351.4	5715.8	2933.8	192.9	2508.9
内蒙古	13450.1	2892.9	7114.2	520.4	2922.6
辽　宁	14581.4	5591.0	6453.4	334.5	2202.6
吉　林	12204.0	3506.2	6428.2	256.5	2013.1
黑龙江	11149.5	3001.8	4640.1	679.0	2828.5
上　海	29213.1	19303.8	1692.7	1003.2	7213.4
江　苏	19985.2	10166.5	5549.9	767.5	3501.2
浙　江	27068.5	16831.4	6789.6	784.1	2663.3
安　徽	13595.2	5000.4	5263.2	256.0	3075.7
福　建	17141.2	8146.4	6289.0	322.5	2383.4
江　西	13892.3	6114.2	4856.5	235.5	2686.1
山　东	16346.1	6522.3	7554.0	429.0	1840.9
河　南	12988.6	5330.8	4214.4	221.4	3222.0
湖　北	14221.6	4866.9	5941.4	185.9	3227.4
湖　南	13258.1	5729.6	4263.4	179.3	3085.7
广　东	16209.1	8358.5	4014.4	448.9	3387.3
广　西	11534.1	3674.3	4953.7	241.4	2664.8
海　南	13698.3	5583.2	5741.6	253.7	2119.8
重　庆	12498.9	4831.0	3716.2	334.8	3616.8
四　川	12126.0	4263.5	4316.9	379.5	3166.2
贵　州	9212.5	4256.9	2940.1	126.2	1889.4
云　南	10064.7	3252.7	5123.8	187.2	1501.0
西　藏	10561.5	3036.2	5166.7	427.2	1931.4
陕　西	10625.5	4597.9	3183.1	196.6	2647.8
甘　肃	7967.8	2526.2	3315.3	211.5	1914.8
青　海	10268.2	3042.2	4111.9	463.1	2651.0
宁　夏	11637.4	4534.0	4918.7	362.8	1822.0
新　疆	10737.3	2934.7	5681.1	235.1	1886.4

2-3-5-4 2018年分地区农村居民现金可支配收入构成

单位：%

地区	现金可支配收入	一、工资性收入	二、经营净收入	三、财产净收入	四、转移净收入
全国	**100.0**	**42.8**	**35.7**	**2.5**	**19.0**
北京	100.0	76.3	8.6	7.2	7.8
天津	100.0	58.5	25.8	4.0	11.7
河北	100.0	53.5	33.9	2.1	10.5
山西	100.0	50.4	25.8	1.7	22.1
内蒙古	100.0	21.5	52.9	3.9	21.7
辽宁	100.0	38.3	44.3	2.3	15.1
吉林	100.0	28.7	52.7	2.1	16.5
黑龙江	100.0	26.9	41.6	6.1	25.4
上海	100.0	66.1	5.8	3.4	24.7
江苏	100.0	50.9	27.8	3.8	17.5
浙江	100.0	62.2	25.1	2.9	9.8
安徽	100.0	36.8	38.7	1.9	22.6
福建	100.0	47.5	36.7	1.9	13.9
江西	100.0	44.0	35.0	1.7	19.3
山东	100.0	39.9	46.2	2.6	11.3
河南	100.0	41.0	32.4	1.7	24.8
湖北	100.0	34.2	41.8	1.3	22.7
湖南	100.0	43.2	32.2	1.4	23.3
广东	100.0	51.6	24.8	2.8	20.9
广西	100.0	31.9	42.9	2.1	23.1
海南	100.0	40.8	41.9	1.9	15.5
重庆	100.0	38.7	29.7	2.7	28.9
四川	100.0	35.2	35.6	3.1	26.1
贵州	100.0	46.2	31.9	1.4	20.5
云南	100.0	32.3	50.9	1.9	14.9
西藏	100.0	28.7	48.9	4.0	18.3
陕西	100.0	43.3	30.0	1.9	24.9
甘肃	100.0	31.7	41.6	2.7	24.0
青海	100.0	29.6	40.0	4.5	25.8
宁夏	100.0	39.0	42.3	3.1	15.7
新疆	100.0	27.3	52.9	2.2	17.6

2-3-5-5　2018年分地区农村居民消费支出

单位：元/人

地　　区	消费支出	一、食品烟酒支出	二、衣着支出	三、居住支出
全　　国	**12124.3**	**3645.6**	**647.7**	**2660.6**
北　　京	20195.3	4802.4	1088.3	5950.9
天　　津	16863.3	4983.7	991.5	3415.4
河　　北	11382.8	3002.7	722.5	2542.3
山　　西	9172.2	2539.8	626.4	2075.7
内 蒙 古	12661.5	3476.2	717.1	2337.8
辽　　宁	11455.0	3063.0	656.2	2246.3
吉　　林	10826.2	3010.2	628.4	1917.2
黑 龙 江	11416.8	3114.7	695.1	1916.5
上　　海	19964.7	7429.8	1135.9	3953.8
江　　苏	16567.0	4337.7	811.9	4130.2
浙　　江	19706.8	5965.6	1017.6	4992.7
安　　徽	12748.1	4208.3	635.0	3013.3
福　　建	14942.8	5339.8	677.1	3649.1
江　　西	10885.2	3403.0	526.1	3038.2
山　　东	11270.1	3162.0	622.4	2214.3
河　　南	10392.0	2778.3	736.1	2273.7
湖　　北	13946.3	3928.2	783.1	2954.3
湖　　南	12720.5	3713.9	624.1	2920.6
广　　东	15411.3	5641.2	523.6	3355.8
广　　西	10617.0	3194.8	326.7	2469.1
海　　南	10955.8	4580.7	314.7	2160.4
重　　庆	11976.8	4180.0	631.0	2273.5
四　　川	12723.2	4551.7	716.4	2500.0
贵　　州	9170.2	2593.3	502.1	2127.2
云　　南	9122.9	2688.9	370.0	1883.7
西　　藏	7452.1	2688.7	973.0	1175.1
陕　　西	10070.8	2576.9	525.5	2431.2
甘　　肃	9064.6	2694.5	557.9	1725.8
青　　海	10352.4	3053.3	721.0	1790.1
宁　　夏	10789.6	2949.9	752.2	1867.8
新　　疆	9421.3	2824.0	798.7	1716.3

2-3-5-5 续表

单位：元/人

地　区	四、生活用品及服务支出	五、交通通信支出	六、教育文化娱乐支出	七、医疗保健支出	八、其他用品及服务支出
全　国	**720.5**	**1690.0**	**1301.6**	**1240.1**	**218.3**
北　京	1580.3	3077.7	1436.2	1991.9	267.5
天　津	1357.4	2595.2	1236.8	1974.9	308.5
河　北	773.9	1736.5	1170.9	1201.6	232.4
山　西	443.7	1106.9	1149.6	1065.2	165.0
内蒙古	578.9	2102.5	1736.5	1468.5	244.0
辽　宁	568.5	1820.1	1325.2	1529.1	246.5
吉　林	405.6	1770.5	1411.0	1450.9	232.4
黑龙江	490.8	1632.5	1419.4	1916.2	231.6
上　海	1137.2	2892.2	1173.3	1739.5	502.9
江　苏	939.3	2959.9	1547.3	1529.6	311.1
浙　江	1053.2	2952.9	1787.9	1626.9	310.0
安　徽	772.5	1556.1	1271.1	1036.7	255.2
福　建	764.8	1817.1	1359.4	1015.8	319.8
江　西	607.2	1214.7	1143.7	783.8	168.5
山　东	761.9	1873.0	1265.6	1205.0	166.0
河　南	697.5	1286.0	1226.8	1226.6	167.0
湖　北	852.2	1933.1	1551.4	1588.0	356.0
湖　南	756.8	1449.7	1678.6	1385.5	191.4
广　东	817.0	1930.4	1473.0	1366.7	303.6
广　西	604.1	1528.1	1246.9	1088.0	159.4
海　南	513.2	1105.3	1376.0	712.4	193.0
重　庆	784.8	1502.5	1345.2	1075.1	184.7
四　川	859.8	1578.3	934.2	1344.8	237.9
贵　州	569.2	1373.1	1161.2	703.2	140.9
云　南	558.9	1507.3	1153.1	845.6	115.5
西　藏	351.1	1396.6	409.0	314.9	143.7
陕　西	634.7	1222.5	1252.9	1241.8	185.3
甘　肃	513.9	1077.9	1201.9	1132.6	160.1
青　海	495.0	1765.2	944.6	1332.3	250.8
宁　夏	673.5	1818.7	1295.8	1248.6	183.1
新　疆	610.0	1301.1	1010.7	1017.5	142.8

2-3-5-6 2018年分地区农村居民消费支出构成

单位：%

地 区	消费支出	一、食品烟酒支出	二、衣着支出	三、居住支出
全 国	**100.0**	**30.1**	**5.3**	**21.9**
北 京	100.0	23.8	5.4	29.5
天 津	100.0	29.6	5.9	20.3
河 北	100.0	26.4	6.3	22.3
山 西	100.0	27.7	6.8	22.6
内蒙古	100.0	27.5	5.7	18.5
辽 宁	100.0	26.7	5.7	19.6
吉 林	100.0	27.8	5.8	17.7
黑龙江	100.0	27.3	6.1	16.8
上 海	100.0	37.2	5.7	19.8
江 苏	100.0	26.2	4.9	24.9
浙 江	100.0	30.3	5.2	25.3
安 徽	100.0	33.0	5.0	23.6
福 建	100.0	35.7	4.5	24.4
江 西	100.0	31.3	4.8	27.9
山 东	100.0	28.1	5.5	19.6
河 南	100.0	26.7	7.1	21.9
湖 北	100.0	28.2	5.6	21.2
湖 南	100.0	29.2	4.9	23.0
广 东	100.0	36.6	3.4	21.8
广 西	100.0	30.1	3.1	23.3
海 南	100.0	41.8	2.9	19.7
重 庆	100.0	34.9	5.3	19.0
四 川	100.0	35.8	5.6	19.6
贵 州	100.0	28.3	5.5	23.2
云 南	100.0	29.5	4.1	20.6
西 藏	100.0	36.1	13.1	15.8
陕 西	100.0	25.6	5.2	24.1
甘 肃	100.0	29.7	6.2	19.0
青 海	100.0	29.5	7.0	17.3
宁 夏	100.0	27.3	7.0	17.3
新 疆	100.0	30.0	8.5	18.2

2-3-5-6 续表 单位：%

地　区	四、生活用品及服务支出	五、交通通信支出	六、教育文化娱乐支出	七、医疗保健支出	八、其他用品及服务支出
全　国	**5.9**	**13.9**	**10.7**	**10.2**	**1.8**
北　京	7.8	15.2	7.1	9.9	1.3
天　津	8.0	15.4	7.3	11.7	1.8
河　北	6.8	15.3	10.3	10.6	2.0
山　西	4.8	12.1	12.5	11.6	1.8
内蒙古	4.6	16.6	13.7	11.6	1.9
辽　宁	5.0	15.9	11.6	13.3	2.2
吉　林	3.7	16.4	13.0	13.4	2.1
黑龙江	4.3	14.3	12.4	16.8	2.0
上　海	5.7	14.5	5.9	8.7	2.5
江　苏	5.7	17.9	9.3	9.2	1.9
浙　江	5.3	15.0	9.1	8.3	1.6
安　徽	6.1	12.2	10.0	8.1	2.0
福　建	5.1	12.2	9.1	6.8	2.1
江　西	5.6	11.2	10.5	7.2	1.5
山　东	6.8	16.6	11.2	10.7	1.5
河　南	6.7	12.4	11.8	11.8	1.6
湖　北	6.1	13.9	11.1	11.4	2.6
湖　南	5.9	11.4	13.2	10.9	1.5
广　东	5.3	12.5	9.6	8.9	2.0
广　西	5.7	14.4	11.7	10.2	1.5
海　南	4.7	10.1	12.6	6.5	1.8
重　庆	6.6	12.5	11.2	9.0	1.5
四　川	6.8	12.4	7.3	10.6	1.9
贵　州	6.2	15.0	12.7	7.7	1.5
云　南	6.1	16.5	12.6	9.3	1.3
西　藏	4.7	18.7	5.5	4.2	1.9
陕　西	6.3	12.1	12.4	12.3	1.8
甘　肃	5.7	11.9	13.3	12.5	1.8
青　海	4.8	17.1	9.1	12.9	2.4
宁　夏	6.2	16.9	12.0	11.6	1.7
新　疆	6.5	13.8	10.7	10.8	1.5

2-3-5-7　2018年分地区农村居民现金消费支出

单位：元/人

地　区	现金消费支出	一、食品烟酒支出	二、衣着支出	三、居住支出
全　国	**9862.0**	**3226.3**	**647.2**	**1084.0**
北　京	15628.8	4710.1	1087.5	2128.6
天　津	14607.4	4838.7	991.1	1841.7
河　北	9873.7	2881.2	722.3	1363.4
山　西	7734.6	2305.2	625.9	1079.4
内蒙古	11010.3	3010.5	717.1	1411.2
辽　宁	9824.3	2775.8	656.0	1097.1
吉　林	9188.6	2671.0	628.3	815.8
黑龙江	10088.3	2952.2	695.0	983.1
上　海	16765.0	7086.8	1134.1	1979.6
江　苏	13703.2	4050.5	811.7	1894.6
浙　江	15423.5	5478.2	1017.5	1478.4
安　徽	10193.6	3941.1	634.3	918.9
福　建	11995.4	4828.3	676.7	1408.8
江　西	8235.5	3046.0	526.0	892.4
山　东	9711.4	3040.8	621.2	1063.7
河　南	8632.1	2688.4	736.0	850.6
湖　北	11300.6	3436.7	782.6	1200.0
湖　南	9992.5	3067.7	622.8	1108.4
广　东	12313.4	5051.3	523.0	1235.0
广　西	8201.0	2579.3	325.8	1021.3
海　南	9060.1	4263.6	314.6	763.7
重　庆	9467.7	3277.9	630.0	850.5
四　川	9848.0	3549.0	715.8	948.1
贵　州	7160.3	2006.9	501.9	872.3
云　南	6883.9	2010.9	369.8	534.7
西　藏	5708.4	2081.6	970.2	216.7
陕　西	8264.0	2357.3	525.0	1076.7
甘　肃	7516.0	2266.5	557.8	871.3
青　海	8858.1	2630.3	720.7	1039.2
宁　夏	9412.0	2660.9	751.8	1088.9
新　疆	7959.3	2296.3	796.4	1011.3

2-3-5-7 续表

单位：元/人

地　区	四、生活用品及服务支出	五、交通通信支出	六、教育文化娱乐支出	七、医疗保健支出	八、其他用品及服务支出
全　国	**709.0**	**1685.0**	**1300.5**	**997.4**	**212.7**
北　京	1569.2	3077.3	1435.7	1357.5	262.9
天　津	1114.3	2593.5	1236.7	1706.2	285.2
河　北	770.2	1735.1	1170.9	998.7	231.9
山　西	441.9	1106.8	1149.5	875.3	150.5
内蒙古	578.8	2102.5	1736.1	1210.1	244.0
辽　宁	562.3	1819.2	1325.2	1344.4	244.2
吉　林	403.1	1770.5	1411.0	1256.5	232.3
黑龙江	490.3	1632.5	1419.2	1685.6	230.3
上　海	1117.9	2872.0	1172.9	909.4	492.4
江　苏	931.7	2942.6	1547.2	1216.3	308.6
浙　江	1044.4	2951.8	1787.6	1363.7	302.0
安　徽	765.5	1527.8	1270.9	882.3	252.9
福　建	755.6	1810.9	1359.4	837.2	318.6
江　西	603.7	1214.7	1143.7	641.2	167.9
山　东	734.9	1869.5	1265.5	954.9	160.9
河　南	695.9	1285.9	1226.4	982.7	166.2
湖　北	850.4	1928.1	1551.4	1211.1	340.4
湖　南	753.9	1438.8	1678.2	1133.4	189.2
广　东	803.4	1925.3	1469.8	1013.3	292.4
广　西	555.0	1526.4	1246.3	802.0	145.1
海　南	494.2	1105.3	1376.0	556.5	186.3
重　庆	765.5	1501.9	1344.8	914.4	182.8
四　川	836.3	1577.7	931.9	1058.7	230.6
贵　州	563.2	1360.7	1161.1	557.3	136.8
云　南	554.4	1507.2	1152.8	641.0	113.1
西　藏	340.6	1396.3	409.0	150.5	143.4
陕　西	625.0	1212.7	1251.8	1032.1	183.5
甘　肃	510.4	1075.6	1191.3	884.4	158.8
青　海	494.3	1765.2	944.0	1017.6	246.8
宁　夏	658.9	1817.1	1295.5	970.6	168.2
新　疆	603.6	1300.2	996.8	861.6	93.3

2-3-5-8　2018年分地区农村居民现金消费支出构成

单位：%

地　区	现金消费支出	一、食品烟酒支出	二、衣着支出	三、居住支出
全　国	**100.0**	**32.7**	**6.6**	**11.0**
北　京	100.0	30.1	7.0	13.6
天　津	100.0	33.1	6.8	12.6
河　北	100.0	29.2	7.3	13.8
山　西	100.0	29.8	8.1	14.0
内蒙古	100.0	27.3	6.5	12.8
辽　宁	100.0	28.3	6.7	11.2
吉　林	100.0	29.1	6.8	8.9
黑龙江	100.0	29.3	6.9	9.7
上　海	100.0	42.3	6.8	11.8
江　苏	100.0	29.6	5.9	13.8
浙　江	100.0	35.5	6.6	9.6
安　徽	100.0	38.7	6.2	9.0
福　建	100.0	40.3	5.6	11.7
江　西	100.0	37.0	6.4	10.8
山　东	100.0	31.3	6.4	11.0
河　南	100.0	31.1	8.5	9.9
湖　北	100.0	30.4	6.9	10.6
湖　南	100.0	30.7	6.2	11.1
广　东	100.0	41.0	4.2	10.0
广　西	100.0	31.5	4.0	12.5
海　南	100.0	47.1	3.5	8.4
重　庆	100.0	34.6	6.7	9.0
四　川	100.0	36.0	7.3	9.6
贵　州	100.0	28.0	7.0	12.2
云　南	100.0	29.2	5.4	7.8
西　藏	100.0	36.5	17.0	3.8
陕　西	100.0	28.5	6.4	13.0
甘　肃	100.0	30.2	7.4	11.6
青　海	100.0	29.7	8.1	11.7
宁　夏	100.0	28.3	8.0	11.6
新　疆	100.0	28.9	10.0	12.7

2-3-5-8 续表

单位： %

地 区	四、生活用品及服务支出	五、交通通信支出	六、教育文化娱乐支出	七、医疗保健支出	八、其他用品及服务支出
全 国	**7.2**	**17.1**	**13.2**	**10.1**	**2.2**
北 京	10.0	19.7	9.2	8.7	1.7
天 津	7.6	17.8	8.5	11.7	2.0
河 北	7.8	17.6	11.9	10.1	2.3
山 西	5.7	14.3	14.9	11.3	1.9
内蒙古	5.3	19.1	15.8	11.0	2.2
辽 宁	5.7	18.5	13.5	13.7	2.5
吉 林	4.4	19.3	15.4	13.7	2.5
黑龙江	4.9	16.2	14.1	16.7	2.3
上 海	6.7	17.1	7.0	5.4	2.9
江 苏	6.8	21.5	11.3	8.9	2.3
浙 江	6.8	19.1	11.6	8.8	2.0
安 徽	7.5	15.0	12.5	8.7	2.5
福 建	6.3	15.1	11.3	7.0	2.7
江 西	7.3	14.7	13.9	7.8	2.0
山 东	7.6	19.3	13.0	9.8	1.7
河 南	8.1	14.9	14.2	11.4	1.9
湖 北	7.5	17.1	13.7	10.7	3.0
湖 南	7.5	14.4	16.8	11.3	1.9
广 东	6.5	15.6	11.9	8.2	2.4
广 西	6.8	18.6	15.2	9.8	1.8
海 南	5.5	12.2	15.2	6.1	2.1
重 庆	8.1	15.9	14.2	9.7	1.9
四 川	8.5	16.0	9.5	10.8	2.3
贵 州	7.9	19.0	16.2	7.8	1.9
云 南	8.1	21.9	16.7	9.3	1.6
西 藏	6.0	24.5	7.2	2.6	2.5
陕 西	7.6	14.7	15.1	12.5	2.2
甘 肃	6.8	14.3	15.9	11.8	2.1
青 海	5.6	19.9	10.7	11.5	2.8
宁 夏	7.0	19.3	13.8	10.3	1.8
新 疆	7.6	16.3	12.5	10.8	1.2

2-3-5-9 2018年分地区农村居民家庭主要食品消费量

单位：公斤/人

地 区	粮食(原粮)	谷物	食用油	植物油	蔬菜	肉类	猪肉
全 国	**148.5**	**137.9**	**9.9**	**9.0**	**87.5**	**27.5**	**23.0**
北 京	110.2	98.8	9.5	9.3	106.6	27.7	19.1
天 津	159.7	148.4	12.2	11.9	108.7	25.8	18.2
河 北	138.6	128.5	7.7	7.4	83.7	19.0	14.2
山 西	163.4	144.9	8.0	7.7	73.1	12.4	9.9
内蒙古	181.4	168.1	6.6	6.3	82.2	33.4	23.8
辽 宁	145.6	131.7	10.4	10.1	91.7	24.6	21.0
吉 林	152.4	137.6	10.9	10.7	86.6	25.1	22.0
黑龙江	160.8	146.8	14.0	13.9	80.0	23.5	19.7
上 海	148.5	137.2	10.4	9.8	99.9	39.2	30.8
江 苏	141.4	126.8	10.4	10.1	86.9	25.0	19.5
浙 江	158.9	143.8	12.5	11.7	92.8	30.0	25.4
安 徽	159.7	146.0	10.2	9.1	94.0	26.8	21.7
福 建	164.1	154.4	9.9	7.7	98.1	34.8	30.9
江 西	147.6	140.1	12.8	12.1	87.1	26.7	23.5
山 东	130.2	120.5	7.7	7.6	80.9	20.4	14.6
河 南	124.8	115.9	7.9	7.9	71.4	15.7	11.7
湖 北	136.1	125.3	12.3	11.9	113.8	26.8	23.4
湖 南	165.5	156.7	11.9	8.8	86.6	32.3	29.5
广 东	141.0	133.4	11.3	10.4	105.0	41.6	36.1
广 西	154.0	148.4	8.4	6.6	78.8	33.6	31.0
海 南	108.8	105.0	8.6	6.4	80.8	31.7	28.7
重 庆	187.5	170.1	14.1	10.7	144.8	44.0	41.4
四 川	178.6	166.5	12.0	10.4	113.5	45.2	41.2
贵 州	118.1	107.2	5.6	4.0	72.4	30.6	29.3
云 南	132.2	124.3	6.2	4.3	75.1	33.1	30.9
西 藏	209.5	205.1	14.5	8.0	27.1	20.8	4.7
陕 西	143.9	132.6	10.8	10.6	68.0	13.0	10.6
甘 肃	161.6	149.1	8.2	8.0	63.4	17.3	13.4
青 海	135.5	130.4	9.8	9.2	43.2	28.4	9.5
宁 夏	138.3	131.3	8.2	8.0	81.6	15.0	6.6
新 疆	169.9	168.6	13.4	13.2	78.5	22.3	1.4

2-3-5-9 续表 单位：公斤/人

地区			禽类	水产品	蛋类	奶类	干鲜瓜果类	食糖
	牛肉	羊肉						
全国	**1.1**	**1.0**	**8.0**	**7.8**	**8.4**	**6.9**	**39.9**	**1.3**
北京	2.2	3.1	5.3	7.0	14.4	16.0	66.0	1.2
天津	1.0	2.2	4.7	13.9	15.3	11.0	77.3	1.7
河北	0.5	0.7	3.9	4.2	11.8	7.5	55.0	1.1
山西	0.2	0.7	1.7	1.3	10.1	11.0	40.7	1.1
内蒙古	1.8	6.0	4.9	3.8	7.2	12.5	40.2	1.4
辽宁	0.9	0.6	3.1	6.8	8.7	5.2	34.9	1.0
吉林	0.9	0.3	4.9	5.5	9.2	5.0	37.7	1.3
黑龙江	0.8	0.5	5.1	6.3	8.6	4.9	51.6	1.8
上海	1.9	1.0	14.8	24.8	12.6	12.8	57.5	1.8
江苏	1.4	0.7	8.5	13.5	9.2	11.0	31.9	1.1
浙江	1.6	0.6	9.4	18.5	8.0	9.5	40.4	1.8
安徽	1.5	0.8	11.6	10.9	10.8	9.2	46.9	1.1
福建	1.1	0.5	12.8	20.7	8.4	7.5	39.5	2.1
江西	1.2	0.2	7.1	9.5	6.0	5.9	29.2	1.0
山东	0.5	0.6	5.5	7.2	14.6	10.7	60.6	0.9
河南	0.7	0.6	5.2	2.7	11.3	7.0	46.2	1.2
湖北	1.0	0.4	4.7	13.1	6.6	4.2	34.0	0.7
湖南	1.1	0.5	10.7	9.3	7.7	3.3	47.5	1.3
广东	1.4	0.4	23.9	19.8	7.0	4.0	27.0	1.9
广西	1.0	0.5	17.5	7.3	4.6	2.6	29.1	1.0
海南	1.3	0.6	18.0	24.1	3.9	1.7	16.7	0.9
重庆	0.4	0.4	7.9	7.8	10.2	7.8	33.5	3.5
四川	1.0	0.4	9.5	5.4	8.4	8.3	30.7	2.1
贵州	0.6	0.2	3.2	1.3	2.5	2.0	24.1	0.8
云南	1.2	0.4	6.4	2.3	3.9	2.2	18.3	1.0
西藏	11.7	4.1	0.4	0.0	2.0	12.0	3.6	4.6
陕西	0.3	1.0	1.7	0.8	5.4	6.9	26.9	0.9
甘肃	0.6	2.1	4.0	1.0	5.9	6.3	73.2	1.9
青海	10.2	8.2	2.5	0.6	2.2	12.5	15.1	1.9
宁夏	4.4	3.5	7.7	1.4	4.6	8.5	72.0	1.6
新疆	3.8	16.5	3.4	0.7	3.5	11.1	41.1	1.1

2-3-5-10　2018年分地区农村居民年末主要耐用消费品拥有量

单位：平均每百户

地　区	家用汽车（辆）	摩托车（辆）	电动助力车（辆）	洗衣机（台）	电冰箱(柜)（台）	微波炉（台）	彩色电视机（台）
全　国	**22.3**	**57.4**	**64.9**	**88.5**	**95.9**	**17.7**	**116.6**
北　京	49.8	9.4	73.7	100.0	111.2	63.7	135.6
天　津	42.5	17.7	112.9	100.8	104.2	31.9	121.1
河　北	37.6	48.8	103.7	99.4	98.6	18.5	115.2
山　西	17.0	44.6	57.9	85.3	75.1	6.0	102.4
内蒙古	26.6	60.8	50.7	93.3	103.0	6.7	105.7
辽　宁	18.3	58.3	49.3	89.2	99.0	12.4	108.8
吉　林	23.3	59.5	19.9	91.6	95.4	7.7	104.3
黑龙江	13.9	45.9	23.7	89.6	94.2	5.8	102.8
上　海	28.1	6.5	128.5	82.6	101.1	74.8	162.1
江　苏	23.3	27.2	133.0	96.9	110.4	62.5	149.9
浙　江	28.8	22.2	94.2	84.2	105.6	34.2	175.7
安　徽	22.8	35.0	111.5	86.2	101.1	25.7	129.1
福　建	15.1	76.2	42.1	84.1	101.5	30.2	133.7
江　西	20.1	67.2	66.5	61.3	94.0	12.8	125.6
山　东	31.5	45.9	118.1	95.4	99.5	17.3	107.2
河　南	22.3	44.2	114.7	97.3	94.0	11.4	113.2
湖　北	21.6	82.2	39.8	84.5	102.1	12.7	121.0
湖　南	12.5	78.4	17.4	86.5	99.7	8.9	113.4
广　东	22.7	116.7	35.8	84.7	92.9	27.0	116.5
广　西	15.5	91.3	54.1	73.1	94.6	20.9	104.0
海　南	9.8	93.1	66.3	43.1	76.8	12.5	102.4
重　庆	13.2	38.5	16.5	82.2	100.6	17.7	114.4
四　川	17.8	49.0	30.7	90.1	95.8	10.4	112.8
贵　州	19.6	53.1	13.1	93.6	86.4	6.4	100.0
云　南	25.3	76.4	18.5	83.2	79.7	11.5	102.6
西　藏	32.1	90.9	19.5	77.0	71.7	2.7	104.9
陕　西	17.4	58.2	43.4	89.7	81.7	7.1	104.7
甘　肃	20.9	60.0	48.8	96.9	84.4	7.3	111.6
青　海	36.9	74.5	14.0	91.9	95.7	9.8	94.2
宁　夏	32.0	63.7	68.2	102.8	97.7	10.8	108.6
新　疆	19.4	60.3	77.0	94.9	101.8	7.6	101.0

2-3-5-10 续表 单位：平均每百户

地 区	空调（台）	热水器（台）	排油烟机（台）	移动电话（部）	计算机（台）	照相机（台）
全 国	**65.2**	**68.7**	**26.0**	**257.0**	**26.9**	**2.5**
北 京	173.1	108.6	80.2	247.8	65.6	12.5
天 津	121.6	92.4	59.1	233.4	35.9	3.7
河 北	81.0	65.3	27.7	244.5	37.5	4.0
山 西	18.7	27.0	14.2	212.0	26.6	0.9
内蒙古	2.7	23.2	15.5	236.8	21.2	1.4
辽 宁	8.3	26.9	24.3	216.6	25.6	2.2
吉 林	0.9	11.7	11.9	245.9	28.7	1.1
黑龙江	0.5	7.8	11.2	221.6	20.6	0.8
上 海	142.0	85.4	48.8	196.7	37.1	7.1
江 苏	142.8	95.7	38.6	244.3	34.5	4.2
浙 江	139.6	95.4	66.5	244.5	45.5	5.8
安 徽	108.9	91.4	30.8	265.6	25.6	2.9
福 建	78.4	97.2	43.3	249.5	31.9	3.0
江 西	62.6	76.1	28.0	272.6	23.6	1.6
山 东	83.3	86.1	40.2	229.1	37.7	3.6
河 南	94.3	70.1	16.6	262.7	29.2	1.3
湖 北	86.2	84.7	30.4	268.1	31.9	2.6
湖 南	65.8	73.7	28.3	285.6	27.4	2.2
广 东	113.5	94.0	49.1	290.4	35.3	4.9
广 西	37.4	73.9	11.4	294.4	20.0	0.9
海 南	56.1	65.2	9.6	276.3	10.0	1.0
重 庆	65.5	69.7	18.0	264.0	17.8	2.3
四 川	49.4	69.3	14.5	255.3	17.0	2.4
贵 州	5.0	52.8	7.7	287.5	11.1	0.8
云 南	1.7	71.3	8.6	278.8	10.0	1.5
西 藏	0.5	8.4	0.7	250.4	3.4	1.4
陕 西	41.0	51.0	11.7	258.9	14.9	1.0
甘 肃	1.9	35.3	13.3	300.8	21.2	1.8
青 海	0.6	33.5	17.8	279.7	14.5	2.1
宁 夏	2.2	98.6	21.9	288.0	23.2	1.7
新 疆	3.0	44.1	14.1	202.7	13.6	0.9

(六)2019年分地区农村居民收支主要数据

2-3-6-1 2019年分地区农村居民可支配收入

单位：元/人

地区	可支配收入	一、工资性收入	二、经营净收入	三、财产净收入	四、转移净收入
全国	**16020.7**	**6583.5**	**5762.2**	**377.3**	**3297.8**
北京	28928.4	21376.0	2262.2	2127.4	3162.8
天津	24804.1	14750.5	4984.6	1033.8	4035.3
河北	15373.1	8120.0	5099.1	323.0	1831.0
山西	12902.4	6098.1	3396.0	210.3	3197.9
内蒙古	15282.8	3173.8	8067.1	522.9	3519.1
辽宁	16108.3	6223.6	7012.7	284.5	2587.5
吉林	14936.0	3933.2	8264.3	307.2	2431.4
黑龙江	14982.1	3329.7	7196.1	758.7	3697.6
上海	33195.2	20019.8	2355.8	1295.4	9524.2
江苏	22675.4	11076.7	6291.5	825.0	4482.2
浙江	29875.8	18479.6	7296.5	851.8	3248.0
安徽	15416.0	5462.5	5952.6	283.0	3717.9
福建	19568.4	8949.3	7178.6	344.6	3095.8
江西	15796.3	6699.2	5701.2	257.4	3138.5
山东	17775.5	7165.2	7799.3	456.4	2354.5
河南	15163.7	5866.6	5076.8	231.3	3989.0
湖北	16390.9	5352.9	6807.7	210.7	4019.6
湖南	15394.8	6224.0	5268.3	208.8	3693.6
广东	18818.4	9698.7	4446.9	541.0	4131.7
广西	13675.7	4258.5	5619.1	340.3	3457.8
海南	15113.1	6316.6	5865.4	282.8	2648.4
重庆	15133.3	5316.7	5209.5	367.4	4239.6
四川	14670.1	4662.1	5641.1	456.5	3910.5
贵州	10756.3	4774.1	3427.5	121.0	2433.7
云南	11902.4	3600.6	6214.2	188.5	1899.0
西藏	12951.0	3907.0	6364.5	436.5	2243.1
陕西	12325.7	5024.6	3791.5	214.4	3295.1
甘肃	9628.9	2769.2	4322.0	129.5	2408.3
青海	11499.4	3617.3	4296.7	409.9	3175.5
宁夏	12858.4	4962.7	4976.1	388.1	2531.6
新疆	13121.7	3409.2	6762.4	259.8	2690.3

2-3-6-2 2019年分地区农村居民可支配收入构成

单位：%

地区	可支配收入	一、工资性收入	二、经营净收入	三、财产净收入	四、转移净收入
全国	**100.0**	**41.1**	**36.0**	**2.4**	**20.6**
北京	100.0	73.9	7.8	7.4	10.9
天津	100.0	59.5	20.1	4.2	16.3
河北	100.0	52.8	33.2	2.1	11.9
山西	100.0	47.3	26.3	1.6	24.8
内蒙古	100.0	20.8	52.8	3.4	23.0
辽宁	100.0	38.6	43.5	1.8	16.1
吉林	100.0	26.3	55.3	2.1	16.3
黑龙江	100.0	22.2	48.0	5.1	24.7
上海	100.0	60.3	7.1	3.9	28.7
江苏	100.0	48.8	27.7	3.6	19.8
浙江	100.0	61.9	24.4	2.9	10.9
安徽	100.0	35.4	38.6	1.8	24.1
福建	100.0	45.7	36.7	1.8	15.8
江西	100.0	42.4	36.1	1.6	19.9
山东	100.0	40.3	43.9	2.6	13.2
河南	100.0	38.7	33.5	1.5	26.3
湖北	100.0	32.7	41.5	1.3	24.5
湖南	100.0	40.4	34.2	1.4	24.0
广东	100.0	51.5	23.6	2.9	22.0
广西	100.0	31.1	41.1	2.5	25.3
海南	100.0	41.8	38.8	1.9	17.5
重庆	100.0	35.1	34.4	2.4	28.0
四川	100.0	31.8	38.5	3.1	26.7
贵州	100.0	44.4	31.9	1.1	22.6
云南	100.0	30.3	52.2	1.6	16.0
西藏	100.0	30.2	49.1	3.4	17.3
陕西	100.0	40.8	30.8	1.7	26.7
甘肃	100.0	28.8	44.9	1.3	25.0
青海	100.0	31.5	37.4	3.6	27.6
宁夏	100.0	38.6	38.7	3.0	19.7
新疆	100.0	26.0	51.5	2.0	20.5

2-3-6-3 2019年分地区农村居民现金可支配收入

单位：元/人

地区	现金可支配收入	一、工资性收入	二、经营净收入	三、财产净收入	四、转移净收入
全国	**15279.8**	**6540.2**	**5382.2**	**377.3**	**2980.2**
北京	28435.9	21338.4	2433.3	2127.4	2536.8
天津	23769.5	14521.8	5387.1	1033.8	2826.9
河北	15229.7	8106.0	5168.0	323.0	1632.6
山西	12558.8	6064.1	3342.2	210.3	2942.3
内蒙古	15687.5	3169.7	8696.4	522.9	3298.6
辽宁	15911.3	6164.6	7087.0	284.5	2375.2
吉林	13210.8	3928.4	6753.6	307.2	2221.6
黑龙江	14146.7	3317.2	6621.6	758.7	3449.1
上海	31192.9	19771.5	2407.8	1295.4	7718.2
江苏	21861.3	11003.4	5895.3	825.0	4137.5
浙江	29423.3	18406.0	7304.1	851.8	2861.4
安徽	14576.2	5400.0	5408.1	283.0	3485.1
福建	18980.5	8859.1	6919.0	344.6	2857.9
江西	15835.1	6687.5	5960.4	257.4	2929.8
山东	17686.1	7134.6	8070.1	456.4	2025.0
河南	14404.9	5860.1	4588.5	231.3	3725.0
湖北	15493.4	5328.8	6371.0	210.7	3582.9
湖南	14309.5	6177.8	4570.7	208.8	3352.3
广东	17833.4	9549.3	4063.8	541.0	3679.4
广西	12449.1	4207.0	4904.3	340.3	2997.4
海南	14621.0	6288.6	5692.6	282.8	2357.0
重庆	13572.4	5293.5	3862.9	367.4	4048.6
四川	13384.0	4589.4	4803.9	456.5	3534.3
贵州	10096.3	4746.9	3070.4	121.0	2158.0
云南	10645.7	3587.6	5232.7	188.5	1636.8
西藏	12755.6	3906.8	6491.3	436.5	1921.0
陕西	11566.4	5003.3	3344.7	214.4	3003.9
甘肃	9128.6	2762.1	4095.6	129.5	2141.5
青海	10927.2	3600.7	4140.3	409.9	2776.2
宁夏	12644.2	4942.3	5199.9	388.1	2113.9
新疆	11628.0	3384.2	5620.6	259.8	2363.4

2-3-6-4 2019年分地区农村居民现金可支配收入构成

单位：%

地区	现金可支配收入	一、工资性收入	二、经营净收入	三、财产净收入	四、转移净收入
全国	**100.0**	**42.8**	**35.2**	**2.5**	**19.5**
北京	100.0	75.0	8.6	7.5	8.9
天津	100.0	61.1	22.7	4.3	11.9
河北	100.0	53.2	33.9	2.1	10.7
山西	100.0	48.3	26.6	1.7	23.4
内蒙古	100.0	20.2	55.4	3.3	21.0
辽宁	100.0	38.7	44.5	1.8	14.9
吉林	100.0	29.7	51.1	2.3	16.8
黑龙江	100.0	23.4	46.8	5.4	24.4
上海	100.0	63.4	7.7	4.2	24.7
江苏	100.0	50.3	27.0	3.8	18.9
浙江	100.0	62.6	24.8	2.9	9.7
安徽	100.0	37.0	37.1	1.9	23.9
福建	100.0	46.7	36.5	1.8	15.1
江西	100.0	42.2	37.6	1.6	18.5
山东	100.0	40.3	45.6	2.6	11.4
河南	100.0	40.7	31.9	1.6	25.9
湖北	100.0	34.4	41.1	1.4	23.1
湖南	100.0	43.2	31.9	1.5	23.4
广东	100.0	53.5	22.8	3.0	20.6
广西	100.0	33.8	39.4	2.7	24.1
海南	100.0	43.0	38.9	1.9	16.1
重庆	100.0	39.0	28.5	2.7	29.8
四川	100.0	34.3	35.9	3.4	26.4
贵州	100.0	47.0	30.4	1.2	21.4
云南	100.0	33.7	49.2	1.8	15.4
西藏	100.0	30.6	50.9	3.4	15.1
陕西	100.0	43.3	28.9	1.9	26.0
甘肃	100.0	30.3	44.9	1.4	23.5
青海	100.0	33.0	37.9	3.8	25.4
宁夏	100.0	39.1	41.1	3.1	16.7
新疆	100.0	29.1	48.3	2.2	20.3

2-3-6-5　2019年分地区农村居民消费支出

单位：元/人

地　区	消费支出	一、食品烟酒支出	二、衣着支出	三、居住支出
全　国	**13327.7**	**3998.2**	**713.3**	**2871.3**
北　京	21881.0	5541.6	1200.2	6298.2
天　津	17843.3	5499.3	1074.4	3366.6
河　北	12372.0	3298.0	793.0	2689.0
山　西	9728.4	2751.4	697.4	2171.5
内蒙古	13816.0	3768.5	731.1	2598.4
辽　宁	12030.2	3194.1	710.0	2385.5
吉　林	11456.6	3224.5	694.5	1833.7
黑龙江	12494.9	3349.7	834.2	1921.6
上　海	22448.9	8174.6	1292.2	4566.8
江　苏	17715.9	4647.4	880.9	4261.3
浙　江	21351.7	6528.6	1133.9	5338.5
安　徽	14545.8	4755.8	842.9	3311.5
福　建	16281.4	5784.0	774.5	3798.9
江　西	12496.7	3801.2	577.7	3410.0
山　东	12308.9	3423.1	671.4	2421.3
河　南	11546.0	3030.2	819.2	2478.8
湖　北	15328.0	4163.7	825.7	3277.9
湖　南	13968.8	4024.9	674.9	3152.9
广　东	16949.4	6289.3	552.0	3707.4
广　西	12045.0	3723.6	372.8	2668.9
海　南	12417.5	5179.7	361.8	2389.8
重　庆	13112.1	4574.6	691.6	2501.2
四　川	14055.6	4878.6	760.4	2747.5
贵　州	10221.7	2767.2	552.8	2229.3
云　南	10260.2	3264.8	396.2	2053.1
西　藏	8417.9	3004.1	1090.3	1257.9
陕　西	10934.7	2832.1	592.1	2528.6
甘　肃	9694.0	2827.0	551.9	1866.9
青　海	11343.1	3372.6	783.4	1965.1
宁　夏	11464.6	3144.6	745.0	1985.2
新　疆	10318.4	2988.8	813.6	2158.7

2-3-6-5 续表

单位：元/人

地　区	四、生活用品及服务支出	五、交通通信支出	六、教育文化娱乐支出	七、医疗保健支出	八、其他用品及服务支出
全　国	**763.9**	**1836.8**	**1481.8**	**1420.8**	**241.5**
北　京	1230.2	3384.5	1587.1	2246.9	392.3
天　津	1509.7	2532.1	1321.8	2104.3	435.2
河　北	795.7	1826.6	1367.0	1334.0	268.7
山　西	500.6	1057.0	1207.7	1169.1	173.8
内蒙古	545.7	2354.4	1795.7	1748.8	273.4
辽　宁	592.7	1770.3	1423.5	1657.1	297.1
吉　林	438.1	1700.7	1551.7	1736.9	276.4
黑龙江	501.4	1908.6	1778.7	1925.2	275.4
上　海	1320.4	3008.8	1401.9	2104.0	580.2
江　苏	1079.8	3112.9	1668.4	1675.2	390.1
浙　江	1016.4	2965.4	2225.6	1776.6	366.7
安　徽	846.3	1709.4	1470.7	1323.5	285.9
福　建	809.1	1903.4	1615.0	1210.4	386.1
江　西	743.4	1425.3	1394.7	964.4	180.0
山　东	837.8	1999.0	1428.7	1343.4	184.2
河　南	738.9	1369.0	1459.3	1461.8	188.8
湖　北	839.6	2228.8	1807.6	1921.8	262.8
湖　南	787.7	1642.9	1851.0	1614.5	220.1
广　东	817.9	2139.8	1602.7	1520.7	319.8
广　西	680.0	1715.6	1498.1	1231.2	154.8
海　南	555.5	1305.5	1519.1	918.4	187.7
重　庆	851.7	1585.6	1422.8	1262.3	222.3
四　川	917.3	1808.0	1065.1	1620.8	258.0
贵　州	576.9	1712.2	1335.8	878.3	169.2
云　南	574.1	1663.0	1254.1	936.3	118.6
西　藏	514.6	1427.6	479.8	355.9	287.7
陕　西	655.0	1360.3	1387.0	1382.6	197.0
甘　肃	577.6	1195.5	1330.5	1183.0	161.5
青　海	541.0	1886.3	1033.2	1485.8	275.8
宁　夏	696.3	1784.4	1378.8	1448.3	281.9
新　疆	685.5	1320.6	1143.8	1060.5	147.0

2-3-6-6　2019年分地区农村居民消费支出构成

单位：%

地　区	消费支出	一、食品烟酒支出	二、衣着支出	三、居住支出
全　国	**100.0**	**30.0**	**5.4**	**21.5**
北　京	100.0	25.3	5.5	28.8
天　津	100.0	30.8	6.0	18.9
河　北	100.0	26.7	6.4	21.7
山　西	100.0	28.3	7.2	22.3
内蒙古	100.0	27.3	5.3	18.8
辽　宁	100.0	26.6	5.9	19.8
吉　林	100.0	28.1	6.1	16.0
黑龙江	100.0	26.8	6.7	15.4
上　海	100.0	36.4	5.8	20.3
江　苏	100.0	26.2	5.0	24.1
浙　江	100.0	30.6	5.3	25.0
安　徽	100.0	32.7	5.8	22.8
福　建	100.0	35.5	4.8	23.3
江　西	100.0	30.4	4.6	27.3
山　东	100.0	27.8	5.5	19.7
河　南	100.0	26.2	7.1	21.5
湖　北	100.0	27.2	5.4	21.4
湖　南	100.0	28.8	4.8	22.6
广　东	100.0	37.1	3.3	21.9
广　西	100.0	30.9	3.1	22.2
海　南	100.0	41.7	2.9	19.2
重　庆	100.0	34.9	5.3	19.1
四　川	100.0	34.7	5.4	19.5
贵　州	100.0	27.1	5.4	21.8
云　南	100.0	31.8	3.9	20.0
西　藏	100.0	35.7	13.0	14.9
陕　西	100.0	25.9	5.4	23.1
甘　肃	100.0	29.2	5.7	19.3
青　海	100.0	29.7	6.9	17.3
宁　夏	100.0	27.4	6.5	17.3
新　疆	100.0	29.0	7.9	20.9

2-3-6-6 续表 单位：%

地 区	四、生活用品及服务支出	五、交通通信支出	六、教育文化娱乐支出	七、医疗保健支出	八、其他用品及服务支出
全 国	**5.7**	**13.8**	**11.1**	**10.7**	**1.8**
北 京	5.6	15.5	7.3	10.3	1.8
天 津	8.5	14.2	7.4	11.8	2.4
河 北	6.4	14.8	11.0	10.8	2.2
山 西	5.1	10.9	12.4	12.0	1.8
内蒙古	4.0	17.0	13.0	12.7	2.0
辽 宁	4.9	14.7	11.8	13.8	2.5
吉 林	3.8	14.8	13.5	15.2	2.4
黑龙江	4.0	15.3	14.2	15.4	2.2
上 海	5.9	13.4	6.2	9.4	2.6
江 苏	6.1	17.6	9.4	9.5	2.2
浙 江	4.8	13.9	10.4	8.3	1.7
安 徽	5.8	11.8	10.1	9.1	2.0
福 建	5.0	11.7	9.9	7.4	2.4
江 西	5.9	11.4	11.2	7.7	1.4
山 东	6.8	16.2	11.6	10.9	1.5
河 南	6.4	11.9	12.6	12.7	1.6
湖 北	5.5	14.5	11.8	12.5	1.7
湖 南	5.6	11.8	13.3	11.6	1.6
广 东	4.8	12.6	9.5	9.0	1.9
广 西	5.6	14.2	12.4	10.2	1.3
海 南	4.5	10.5	12.2	7.4	1.5
重 庆	6.5	12.1	10.9	9.6	1.7
四 川	6.5	12.9	7.6	11.5	1.8
贵 州	5.6	16.8	13.1	8.6	1.7
云 南	5.6	16.2	12.2	9.1	1.2
西 藏	6.1	17.0	5.7	4.2	3.4
陕 西	6.0	12.4	12.7	12.6	1.8
甘 肃	6.0	12.3	13.7	12.2	1.7
青 海	4.8	16.6	9.1	13.1	2.4
宁 夏	6.1	15.6	12.0	12.6	2.5
新 疆	6.6	12.8	11.1	10.3	1.4

2-3-6-7 2019年分地区农村居民现金消费支出

单位：元/人

地区	现金消费支出	一、食品烟酒支出	二、衣着支出	三、居住支出
全国	**10854.5**	**3538.2**	**712.9**	**1163.8**
北京	17263.9	5460.6	1200.1	2365.8
天津	14876.1	5284.1	1073.5	1615.1
河北	10755.3	3140.5	792.7	1429.1
山西	8204.8	2499.6	696.9	1114.7
内蒙古	11958.7	3123.9	731.1	1603.9
辽宁	10269.6	2904.8	709.4	1131.3
吉林	9825.0	2861.3	694.4	773.9
黑龙江	11040.3	3102.2	834.2	961.5
上海	17841.2	7789.9	1291.3	2180.4
江苏	14672.1	4298.6	880.8	1919.1
浙江	16780.3	6041.5	1133.3	1642.0
安徽	11716.0	4454.9	842.4	1025.9
福建	13132.8	5199.9	773.7	1476.1
江西	9611.0	3421.0	577.4	1127.2
山东	10575.3	3305.7	670.9	1138.6
河南	9628.4	2920.5	819.2	933.4
湖北	12431.5	3580.6	824.4	1398.3
湖南	10999.6	3347.4	674.1	1199.8
广东	13512.8	5765.5	551.6	1224.0
广西	9297.1	2964.4	372.5	1080.8
海南	10171.7	4717.5	361.8	847.1
重庆	10270.2	3543.8	691.3	882.0
四川	11033.0	3862.0	760.0	1091.4
贵州	8153.1	2283.3	552.3	894.6
云南	7518.2	2279.4	396.0	536.6
西藏	6741.2	2580.8	1090.1	327.3
陕西	9006.6	2572.7	592.0	1130.3
甘肃	8083.1	2429.0	551.7	890.2
青海	9687.6	2894.5	783.3	1150.9
宁夏	9944.2	2832.0	744.9	1142.6
新疆	8721.2	2470.9	811.8	1325.1

2-3-6-7 续表 单位：元/人

地区	四、生活用品及服务支出	五、交通通信支出	六、教育文化娱乐支出	七、医疗保健支出	八、其他用品及服务支出
全　国	**748.9**	**1835.5**	**1481.3**	**1137.9**	**236.0**
北　京	1223.8	3383.8	1587.1	1657.4	385.3
天　津	955.8	2518.5	1321.6	1720.3	387.3
河　北	792.9	1824.3	1367.0	1141.1	267.7
山　西	485.9	1056.6	1207.7	974.7	168.7
内蒙古	544.9	2354.4	1795.7	1531.6	273.3
辽　宁	588.1	1763.8	1423.5	1452.4	296.2
吉　林	435.3	1700.7	1551.6	1531.6	276.1
黑龙江	501.3	1908.4	1778.7	1679.5	274.4
上　海	1316.6	3008.8	1400.8	283.4	570.1
江　苏	1071.4	3108.5	1668.3	1341.3	384.1
浙　江	1006.7	2964.6	2225.5	1406.5	360.2
安　徽	837.8	1705.8	1469.8	1095.0	284.5
福　建	806.1	1903.1	1614.4	973.5	386.0
江　西	736.4	1424.7	1394.5	750.5	179.3
山　东	798.7	1997.6	1426.5	1055.4	181.9
河　南	733.3	1369.0	1459.3	1206.0	187.8
湖　北	838.9	2228.4	1807.5	1497.5	255.3
湖　南	779.6	1641.5	1850.8	1288.9	217.5
广　东	808.3	2139.0	1601.6	1106.6	316.3
广　西	605.3	1713.1	1497.4	920.4	143.1
海　南	553.9	1305.5	1519.0	680.9	185.9
重　庆	841.6	1585.3	1422.7	1084.4	219.1
四　川	899.0	1807.3	1064.6	1301.0	247.8
贵　州	570.3	1710.8	1335.6	643.4	162.8
云　南	567.8	1663.0	1254.0	703.8	117.6
西　藏	513.1	1427.6	478.6	212.3	111.5
陕　西	639.4	1358.7	1385.4	1138.0	190.1
甘　肃	574.0	1195.3	1328.8	956.1	158.0
青　海	540.0	1886.2	1033.2	1129.4	270.2
宁　夏	693.1	1784.1	1378.8	1102.3	266.4
新　疆	677.6	1317.8	1138.6	871.3	108.2

2-3-6-8　2019年分地区农村居民现金消费支出构成

单位：%

地　区	现金消费支出	一、食品烟酒支出	二、衣着支出	三、居住支出
全　国	**100.0**	**32.6**	**6.6**	**10.7**
北　京	100.0	31.6	7.0	13.7
天　津	100.0	35.5	7.2	10.9
河　北	100.0	29.2	7.4	13.3
山　西	100.0	30.5	8.5	13.6
内蒙古	100.0	26.1	6.1	13.4
辽　宁	100.0	28.3	6.9	11.0
吉　林	100.0	29.1	7.1	7.9
黑龙江	100.0	28.1	7.6	8.7
上　海	100.0	43.7	7.2	12.2
江　苏	100.0	29.3	6.0	13.1
浙　江	100.0	36.0	6.8	9.8
安　徽	100.0	38.0	7.2	8.8
福　建	100.0	39.6	5.9	11.2
江　西	100.0	35.6	6.0	11.7
山　东	100.0	31.3	6.3	10.8
河　南	100.0	30.3	8.5	9.7
湖　北	100.0	28.8	6.6	11.3
湖　南	100.0	30.4	6.1	10.9
广　东	100.0	42.7	4.1	9.1
广　西	100.0	31.9	4.0	11.6
海　南	100.0	46.4	3.6	8.3
重　庆	100.0	34.5	6.7	8.5
四　川	100.0	35.0	6.9	9.9
贵　州	100.0	28.0	6.8	11.0
云　南	100.0	30.3	5.3	7.1
西　藏	100.0	38.3	16.2	4.9
陕　西	100.0	28.6	6.6	12.5
甘　肃	100.0	30.0	6.8	11.0
青　海	100.0	29.9	8.1	11.9
宁　夏	100.0	28.5	7.5	11.5
新　疆	100.0	28.3	9.3	15.2

2-3-6-8 续表 单位：%

地　区	四、生活用品及服务支出	五、交通通信支出	六、教育文化娱乐支出	七、医疗保健支出	八、其他用品及服务支出
全　国	**6.9**	**16.9**	**13.6**	**10.5**	**2.2**
北　京	7.1	19.6	9.2	9.6	2.2
天　津	6.4	16.9	8.9	11.6	2.6
河　北	7.4	17.0	12.7	10.6	2.5
山　西	5.9	12.9	14.7	11.9	2.1
内蒙古	4.6	19.7	15.0	12.8	2.3
辽　宁	5.7	17.2	13.9	14.1	2.9
吉　林	4.4	17.3	15.8	15.6	2.8
黑龙江	4.5	17.3	16.1	15.2	2.5
上　海	7.4	16.9	7.9	1.6	3.2
江　苏	7.3	21.2	11.4	9.1	2.6
浙　江	6.0	17.7	13.3	8.4	2.1
安　徽	7.2	14.6	12.5	9.3	2.4
福　建	6.1	14.5	12.3	7.4	2.9
江　西	7.7	14.8	14.5	7.8	1.9
山　东	7.6	18.9	13.5	10.0	1.7
河　南	7.6	14.2	15.2	12.5	2.0
湖　北	6.7	17.9	14.5	12.0	2.1
湖　南	7.1	14.9	16.8	11.7	2.0
广　东	6.0	15.8	11.9	8.2	2.3
广　西	6.5	18.4	16.1	9.9	1.5
海　南	5.4	12.8	14.9	6.7	1.8
重　庆	8.2	15.4	13.9	10.6	2.1
四　川	8.1	16.4	9.6	11.8	2.2
贵　州	7.0	21.0	16.4	7.9	2.0
云　南	7.6	22.1	16.7	9.4	1.6
西　藏	7.6	21.2	7.1	3.1	1.7
陕　西	7.1	15.1	15.4	12.6	2.1
甘　肃	7.1	14.8	16.4	11.8	2.0
青　海	5.6	19.5	10.7	11.7	2.8
宁　夏	7.0	17.9	13.9	11.1	2.7
新　疆	7.8	15.1	13.1	10.0	1.2

2-3-6-9 2019年分地区农村居民家庭主要食品消费量

单位：公斤/人

地区	粮食(原粮)	谷物	食用油	植物油	蔬菜	肉类	猪肉
全国	**154.8**	**142.6**	**9.8**	**9.0**	**89.5**	**24.7**	**20.2**
北京	107.2	95.0	8.1	7.9	108.9	25.4	16.7
天津	148.2	135.2	11.6	11.4	103.5	23.2	16.1
河北	157.6	144.4	7.4	7.1	83.3	16.8	12.2
山西	164.6	145.1	7.8	7.6	83.2	12.0	9.4
内蒙古	217.9	199.3	5.9	5.4	86.2	32.5	23.1
辽宁	149.7	134.9	10.2	10.0	92.2	22.8	19.2
吉林	168.3	149.7	10.9	10.6	85.5	21.9	18.4
黑龙江	173.7	156.6	14.4	14.3	88.7	19.1	15.6
上海	151.0	139.0	11.2	10.7	98.1	35.5	27.2
江苏	143.3	127.5	10.6	10.4	93.2	21.5	16.0
浙江	162.1	146.7	12.2	11.6	95.3	28.1	23.2
安徽	169.2	153.2	9.4	8.4	99.3	24.9	19.8
福建	162.1	151.2	9.9	8.4	92.2	27.5	23.6
江西	148.4	138.9	12.5	12.0	85.4	24.5	21.4
山东	134.2	123.4	8.0	8.0	82.5	19.1	13.8
河南	137.1	126.0	7.7	7.6	76.3	14.8	10.9
湖北	147.0	135.4	14.1	13.6	118.6	24.3	20.9
湖南	178.0	168.6	11.6	9.2	88.3	28.0	25.2
广东	149.4	139.9	10.4	9.6	106.8	37.1	31.1
广西	165.7	158.9	8.7	7.2	79.0	27.5	24.8
海南	123.7	110.1	8.7	7.3	91.5	22.6	19.5
重庆	186.8	170.9	15.2	12.1	142.6	38.8	36.1
四川	171.6	158.1	11.4	10.1	115.2	38.3	34.6
贵州	118.7	107.4	6.0	4.6	71.8	28.2	27.0
云南	141.0	131.5	6.0	4.0	74.4	33.9	31.6
西藏	189.8	186.8	12.4	7.8	36.1	17.3	2.9
陕西	146.6	133.3	11.3	10.9	70.4	12.2	9.6
甘肃	171.3	158.6	8.0	7.9	60.4	17.7	14.1
青海	122.6	116.6	10.0	9.1	44.8	24.0	8.5
宁夏	128.3	121.5	8.3	8.2	80.9	15.5	5.9
新疆	141.8	140.3	13.0	12.8	75.3	20.4	1.3

2-3-6-9 续表 单位：公斤/人

地 区			禽类	水产品	蛋类	奶类	干鲜瓜果类	食糖
	牛肉	羊肉						
全 国	**1.2**	**1.0**	**10.0**	**9.6**	**9.6**	**7.3**	**43.3**	**1.4**
北 京	2.3	2.7	5.8	8.7	15.2	14.6	75.3	1.2
天 津	1.0	1.8	5.1	15.0	17.1	10.2	86.8	1.6
河 北	0.5	0.8	4.3	4.8	14.3	8.4	63.6	1.3
山 西	0.2	0.6	2.0	1.6	12.2	11.7	44.9	1.2
内 蒙 古	2.1	5.6	6.1	4.9	9.1	15.2	48.7	1.6
辽 宁	1.0	0.5	3.7	7.7	9.6	5.7	39.1	1.1
吉 林	1.1	0.4	5.3	7.1	9.8	5.7	44.2	1.5
黑 龙 江	0.8	0.5	6.0	7.5	10.5	4.6	54.6	1.9
上 海	2.5	0.9	16.3	29.7	12.9	13.8	54.0	1.8
江 苏	1.5	0.6	10.8	15.2	10.9	10.6	33.8	1.1
浙 江	1.8	0.6	10.8	21.2	9.1	10.4	42.8	1.9
安 徽	1.6	0.7	14.5	13.8	12.1	9.7	56.9	1.1
福 建	1.3	0.5	15.2	23.0	9.2	8.1	38.8	2.2
江 西	1.5	0.2	9.3	12.8	7.1	6.1	34.7	1.0
山 东	0.5	0.7	6.2	8.1	16.8	10.7	65.9	0.8
河 南	0.8	0.5	5.7	3.3	13.0	8.0	52.8	1.4
湖 北	1.2	0.3	6.0	14.9	7.4	4.3	32.9	0.7
湖 南	1.3	0.4	13.7	11.7	9.2	3.7	50.3	1.3
广 东	2.1	0.4	30.5	26.6	7.7	4.5	32.5	1.9
广 西	1.1	0.4	24.9	10.6	5.7	2.3	30.8	1.1
海 南	1.6	0.6	25.6	30.3	4.2	2.0	20.2	1.0
重 庆	0.7	0.4	10.3	9.3	10.1	7.8	35.5	3.7
四 川	1.0	0.3	12.5	7.4	8.8	8.5	34.9	2.1
贵 州	0.5	0.2	4.0	1.8	2.8	2.0	27.0	0.7
云 南	1.1	0.4	7.5	3.0	4.2	2.6	22.7	1.1
西 藏	11.1	3.2	0.4	0.0	1.7	8.4	4.7	5.6
陕 西	0.4	1.0	2.1	1.2	7.0	7.7	30.0	1.1
甘 肃	0.6	2.0	5.2	1.3	5.7	5.9	37.5	2.0
青 海	8.9	6.2	2.7	0.7	2.6	14.6	18.1	2.0
宁 夏	5.4	3.7	8.4	1.5	4.7	8.7	72.8	1.6
新 疆	4.1	14.0	3.8	0.7	4.4	10.8	44.0	2.3

2-3-6-10 2019年分地区农村居民年末主要耐用消费品拥有量

单位：平均每百户

地　区	家用汽车（辆）	摩托车（辆）	电动助力车（辆）	洗衣机（台）	电冰箱(柜)（台）	微波炉（台）	彩色电视机（台）
全　国	**24.7**	**55.1**	**70.1**	**91.6**	**98.6**	**18.9**	**117.6**
北　京	49.6	8.5	82.8	102.3	111.8	65.7	136.4
天　津	44.5	16.0	121.8	102.3	106.5	32.7	120.4
河　北	38.5	39.9	112.3	100.3	97.2	16.8	112.1
山　西	15.9	39.8	60.0	88.2	77.8	6.2	103.4
内蒙古	27.4	57.5	55.4	94.6	106.0	6.5	106.6
辽　宁	20.4	55.9	53.1	90.1	100.3	12.9	108.7
吉　林	25.0	57.2	23.1	92.2	96.6	8.5	104.7
黑龙江	18.3	41.7	26.6	92.5	97.5	6.2	102.4
上　海	32.3	6.6	129.6	85.9	103.7	77.2	170.0
江　苏	23.8	22.6	144.9	97.9	109.4	65.9	149.9
浙　江	28.9	19.6	102.7	87.9	107.7	37.4	176.3
安　徽	24.7	30.5	117.2	89.7	103.5	26.2	133.6
福　建	16.7	78.7	51.8	89.6	104.0	35.5	136.0
江　西	22.4	63.8	70.2	66.5	97.3	15.5	127.5
山　东	39.4	43.2	124.3	96.0	101.5	18.6	107.7
河　南	24.3	39.6	121.2	98.5	96.2	13.7	114.4
湖　北	23.2	83.2	40.3	86.5	104.9	13.2	121.3
湖　南	14.6	78.5	21.0	89.8	102.7	9.3	115.0
广　东	26.0	116.6	40.5	90.0	97.0	29.1	116.5
广　西	19.8	92.3	63.1	82.3	100.3	26.7	107.9
海　南	10.3	82.9	91.1	50.8	84.7	9.4	104.0
重　庆	16.2	36.7	19.3	87.8	105.4	18.9	117.3
四　川	20.6	49.1	33.9	94.9	101.0	11.6	115.6
贵　州	22.8	54.3	17.7	96.8	91.9	6.5	102.5
云　南	26.7	78.9	20.8	88.2	86.1	11.6	102.6
西　藏	32.3	92.3	21.5	78.8	77.8	2.8	111.2
陕　西	18.5	55.5	46.7	92.9	84.5	7.2	105.0
甘　肃	21.6	63.8	39.7	93.3	84.0	5.7	109.2
青　海	47.0	68.2	17.4	96.1	103.8	13.8	100.5
宁　夏	32.2	56.0	71.8	104.7	100.8	16.3	108.8
新　疆	22.8	48.4	97.1	98.5	107.6	6.9	105.0

2-3-6-10 续表 单位：平均每百户

地 区	空调（台）	热水器（台）	排油烟机（台）	移动电话（部）	计算机（台）	照相机（台）
全 国	**71.3**	**71.7**	**29.0**	**261.2**	**27.5**	**2.3**
北 京	185.2	108.2	85.2	249.2	65.4	12.1
天 津	131.2	91.0	65.9	232.4	35.2	2.6
河 北	83.0	67.6	31.7	246.4	39.1	2.0
山 西	21.2	29.4	17.0	216.6	26.0	1.0
内蒙古	3.0	23.0	16.9	238.5	20.2	1.3
辽 宁	13.9	30.6	25.1	220.9	25.5	2.2
吉 林	1.3	13.0	13.6	247.4	27.4	1.2
黑龙江	0.9	9.4	10.6	236.1	20.3	0.8
上 海	155.6	89.9	54.8	203.5	40.0	8.5
江 苏	148.7	94.3	39.9	244.7	31.9	3.4
浙 江	145.4	97.5	68.4	249.6	46.1	5.1
安 徽	118.3	90.6	34.3	271.7	25.3	2.4
福 建	91.6	103.8	47.9	261.5	33.8	3.0
江 西	69.0	82.6	35.8	274.1	25.5	1.9
山 东	92.8	84.8	44.2	231.4	41.7	3.4
河 南	103.1	72.4	20.1	269.7	30.1	1.6
湖 北	88.1	87.2	32.2	270.8	33.6	2.6
湖 南	71.8	77.9	32.1	286.0	27.2	2.2
广 东	129.6	98.0	52.1	286.3	38.4	4.4
广 西	50.5	83.7	15.8	289.5	21.5	0.9
海 南	74.8	73.1	13.1	290.7	12.8	0.6
重 庆	76.5	75.4	22.1	269.3	20.1	2.8
四 川	59.3	76.1	17.4	260.5	17.7	2.7
贵 州	6.0	61.9	10.6	298.7	13.5	0.8
云 南	1.6	77.3	10.4	289.8	8.8	1.0
西 藏	0.6	8.8	1.4	258.0	4.6	1.0
陕 西	41.5	49.5	12.0	260.6	15.2	1.1
甘 肃	2.3	34.5	10.0	302.5	17.9	1.8
青 海	0.7	38.3	22.1	288.9	15.6	2.0
宁 夏	1.8	100.8	28.1	295.5	26.1	1.2
新 疆	3.4	64.0	28.7	226.1	9.7	0.9

3

历年全国及分地区居民收支与生活状况主要数据

一、1978-2019年全国居民收支增长情况

3-1-1　1978-2019年全体居民人均可支配收入增长情况

年　份	人均可支配收入（元）	比上年名义增长（%）	比上年实际增长（%）	指数 1978年=100
1978	171.2	—	—	100.0
1979	206.6	20.7	18.4	118.4
1980	246.8	19.5	11.1	131.6
1981	279.3	13.1	10.4	145.3
1982	326.1	16.8	14.5	166.4
1983	364.9	11.9	9.7	182.5
1984	423.6	16.1	13.1	206.3
1985	478.6	13.0	3.4	213.2
1986	540.8	13.0	6.1	226.2
1987	599.2	10.8	3.3	233.6
1988	708.9	18.3	-0.4	232.6
1989	804.0	13.4	-3.9	223.6
1990	903.9	12.4	9.1	243.8
1991	975.8	8.0	4.4	254.6
1992	1125.2	15.3	8.4	275.9
1993	1385.1	23.1	7.3	296.1
1994	1869.6	35.0	8.8	322.1
1995	2363.3	26.4	7.9	347.6
1996	2813.9	19.1	9.9	382.2
1997	3069.8	9.1	6.1	405.6
1998	3254.1	6.0	6.9	433.4
1999	3484.6	7.1	8.6	470.7
2000	3721.3	6.8	6.4	500.7
2001	4070.4	9.4	8.6	543.8
2002	4531.6	11.3	12.2	610.4
2003	5006.7	10.5	9.2	666.3
2004	5660.9	13.1	8.8	725.1
2005	6384.7	12.8	10.8	803.4
2006	7228.8	13.2	11.5	896.2
2007	8583.5	18.7	13.3	1015.4
2008	9956.5	16.0	9.5	1112.2
2009	10977.5	10.3	11.0	1234.8
2010	12519.5	14.0	10.4	1363.3
2011	14550.7	16.2	10.3	1503.3
2012	16509.5	13.5	10.6	1662.5
2013	18310.8	10.9	8.1	1797.1
2014	20167.1	10.1	8.0	1940.5
2015	21966.2	8.9	7.4	2084.4
2016	23821.0	8.4	6.3	2216.1
2017	25973.8	9.0	7.3	2378.4
2018	28228.0	8.7	6.5	2532.1
2019	30732.8	8.9	5.8	2679.7

注：①表3-1-1、表3-1-2、表3-1-3中2013-2019年人均可支配收入来源于住户收支与生活状况调查，1978-2012年数据根据历史数据按照新口径推算获得。
②可支配收入绝对数按当年价格计算，指数按可比价计算。

3-1-2 1978-2019年城镇居民人均可支配收入增长情况

年 份	人均可支配收入（元）	比上年名义增长（%）	比上年实际增长（%）	指数 1978年=100
1978	343.4	—	—	100.0
1979	405.0	17.9	15.7	115.7
1980	477.6	17.9	9.7	127.0
1981	500.4	4.8	2.2	129.9
1982	535.3	7.0	4.9	136.3
1983	564.6	5.5	3.9	141.5
1984	652.1	15.5	12.2	158.7
1985	739.1	13.3	1.1	160.4
1986	900.9	21.9	13.9	182.7
1987	1002.1	11.2	2.2	186.8
1988	1180.2	17.8	-2.4	182.3
1989	1373.9	16.4	0.1	182.5
1990	1510.2	9.9	8.5	198.1
1991	1700.6	12.6	7.1	212.4
1992	2026.6	19.2	9.7	232.9
1993	2577.4	27.2	9.5	255.1
1994	3496.2	35.6	8.5	276.8
1995	4283.0	22.5	4.9	290.3
1996	4838.9	13.0	3.8	301.6
1997	5160.3	6.6	3.4	311.9
1998	5418.2	5.0	5.6	329.4
1999	5838.9	7.8	9.2	359.7
2000	6255.7	7.1	6.3	382.3
2001	6824.0	9.1	8.3	414.1
2002	7652.4	12.1	13.3	469.1
2003	8405.5	9.8	8.9	510.6
2004	9334.8	11.1	7.5	549.0
2005	10382.3	11.2	9.5	600.9
2006	11619.7	11.9	10.3	662.5
2007	13602.5	17.1	12.0	742.2
2008	15549.4	14.3	8.2	803.5
2009	16900.5	8.7	9.7	881.0
2010	18779.1	11.1	7.7	948.5
2011	21426.9	14.1	8.4	1028.1
2012	24126.7	12.6	9.6	1126.8
2013	26467.0	9.7	7.0	1205.4
2014	28843.9	9.0	6.8	1287.1
2015	31194.8	8.2	6.6	1371.5
2016	33616.2	7.8	5.6	1448.0
2017	36396.2	8.3	6.5	1541.6
2018	39250.8	7.8	5.6	1627.6
2019	42358.8	7.9	5.0	1708.4

3-1-3 1978-2019年农村居民人均可支配收入增长情况

年 份	人均可支配收入（元）	比上年名义增长（%）	比上年实际增长（%）	指数 1978年=100
1978	133.6	—	—	100.0
1979	160.2	19.9	19.2	119.2
1980	191.3	19.5	16.6	139.0
1981	223.4	16.8	15.4	160.4
1982	270.1	20.9	19.9	192.3
1983	309.8	14.7	14.2	219.6
1984	355.3	14.7	13.6	249.5
1985	397.6	11.9	7.8	268.9
1986	423.8	6.6	3.2	277.6
1987	462.6	9.2	5.2	292.0
1988	544.9	17.8	6.4	310.7
1989	601.5	10.4	-1.6	305.7
1990	686.3	14.1	1.8	311.2
1991	708.6	3.2	2.0	317.4
1992	784.0	10.6	5.9	336.2
1993	921.6	17.6	3.2	346.9
1994	1221.0	32.5	5.0	364.3
1995	1577.7	29.2	5.3	383.6
1996	1926.1	22.1	9.0	418.1
1997	2090.1	8.5	4.6	437.3
1998	2171.2	3.9	4.7	458.1
1999	2229.1	2.7	4.2	477.5
2000	2282.1	2.4	2.5	489.6
2001	2406.9	5.5	4.7	512.3
2002	2528.9	5.1	5.3	539.2
2003	2690.3	6.4	4.8	564.9
2004	3026.6	12.5	7.3	606.1
2005	3370.2	11.4	6.7	646.6
2006	3731.0	10.7	7.9	697.6
2007	4327.0	16.0	10.0	767.7
2008	4998.8	15.5	8.5	833.1
2009	5435.1	8.7	9.0	908.3
2010	6272.4	15.4	11.4	1012.1
2011	7393.9	17.9	11.4	1127.4
2012	8389.3	13.5	10.7	1248.1
2013	9429.6	12.4	9.3	1364.5
2014	10488.9	11.2	9.2	1490.5
2015	11421.7	8.9	7.5	1602.3
2016	12363.4	8.2	6.2	1702.1
2017	13432.4	8.6	7.3	1825.5
2018	14617.0	8.8	6.6	1945.3
2019	16020.7	9.6	6.2	2066.0

3-1-4 1998-2019年全体居民可支配收入

单位：元/人

年 份	可支配收入	一、工资性收入	二、经营净收入	三、财产净收入	四、转移净收入
1998	3254.1	1739.7	1030.0	67.5	416.9
1999	3484.6	1901.3	1011.5	71.3	500.6
2000	3721.3	2039.8	1019.0	84.2	578.4
2001	4070.4	2254.6	1038.3	94.1	683.4
2002	4531.6	2697.6	1067.2	83.8	683.0
2003	5006.7	3060.9	1122.4	118.6	704.8
2004	5660.9	3451.8	1277.0	150.9	781.2
2005	6384.7	3859.3	1410.1	192.7	922.6
2006	7228.8	4426.1	1511.2	259.7	1031.8
2007	8583.5	5222.4	1710.9	402.0	1248.3
2008	9956.5	5840.6	2081.7	484.4	1549.8
2009	10977.5	6480.6	2154.1	588.9	1753.8
2010	12519.5	7319.9	2402.2	778.4	2019.0
2011	14550.7	8313.1	2845.8	1047.4	2344.5
2012	16509.5	9378.9	3172.2	1231.0	2727.4
2013	18310.8	10410.8	3434.7	1423.3	3042.1
2014	20167.1	11420.6	3732.0	1587.8	3426.8
2015	21966.2	12459.0	3955.6	1739.6	3811.9
2016	23821.0	13455.2	4217.7	1889.0	4259.1
2017	25973.8	14620.3	4501.8	2107.4	4744.3
2018	28228.0	15829.0	4852.4	2378.5	5168.1
2019	30732.8	17186.2	5247.3	2619.1	5680.3

注：表3-1-4、表3-1-5、表3-1-6中2013-2019年可支配收入及分项数据来源于住户收支与生活状况调查，1998-2012年数据根据历史数据按照新口径推算获得。

3-1-5 1998-2019年城镇居民可支配收入

单位：元/人

年 份	可支配收入	一、工资性收入	二、经营净收入	三、财产净收入	四、转移净收入
1998	5418.2	4074.5	144.1	143.2	1056.3
1999	5838.9	4293.5	165.4	148.5	1231.5
2000	6255.7	4404.7	254.7	158.9	1437.3
2001	6824.0	4722.7	283.4	179.4	1638.5
2002	7652.4	5610.0	345.6	144.3	1552.4
2003	8405.5	6224.3	422.8	209.0	1549.3
2004	9334.8	6899.6	520.4	271.0	1643.8
2005	10382.3	7456.3	719.3	351.7	1855.1
2006	11619.7	8305.1	859.8	484.2	1970.5
2007	13602.5	9560.8	998.2	757.9	2285.7
2008	15549.4	10437.7	1546.6	904.8	2660.3
2009	16900.5	11333.1	1631.2	1087.8	2848.5
2010	18779.1	12372.2	1825.6	1414.2	3167.0
2011	21426.9	13673.4	2344.9	1902.7	3506.0
2012	24126.7	15246.8	2715.0	2231.0	3934.0
2013	26467.0	16617.4	2975.3	2551.5	4322.8
2014	28843.9	17936.8	3279.0	2812.1	4815.9
2015	31194.8	19337.1	3476.1	3041.9	5339.7
2016	33616.2	20665.0	3770.1	3271.3	5909.8
2017	36396.2	22200.9	4064.7	3606.9	6523.6
2018	39250.8	23792.2	4442.6	4027.7	6988.3
2019	42358.8	25564.8	4840.4	4390.6	7563.0

3-1-6 1998-2019年农村居民可支配收入

单位：元/人

年 份	可支配收入	一、工资性收入	二、经营净收入	三、财产净收入	四、转移净收入
1998	2171.2	571.5	1473.3	29.6	96.9
1999	2229.1	625.6	1462.6	30.0	110.8
2000	2282.1	696.7	1453.0	41.7	90.7
2001	2406.9	763.5	1494.4	42.6	106.4
2002	2528.9	828.6	1530.3	45.0	125.0
2003	2690.3	904.9	1599.2	56.9	129.3
2004	3026.6	979.7	1819.6	64.7	162.6
2005	3370.2	1147.0	1930.9	72.8	219.5
2006	3731.0	1336.1	2030.1	80.8	284.1
2007	4327.0	1543.0	2315.3	100.1	368.5
2008	4998.8	1765.6	2556.1	111.7	565.4
2009	5435.1	1940.0	2643.5	122.1	729.5
2010	6272.4	2277.6	2977.6	144.0	873.3
2011	7393.9	2734.1	3367.2	157.1	1135.5
2012	8389.3	3123.5	3659.6	165.0	1441.2
2013	9429.6	3652.5	3934.9	194.7	1647.5
2014	10488.9	4152.2	4237.4	222.1	1877.2
2015	11421.7	4600.3	4503.6	251.5	2066.3
2016	12363.4	5021.8	4741.3	272.1	2328.2
2017	13432.4	5498.4	5027.8	303.0	2603.2
2018	14617.0	5996.1	5358.4	342.1	2920.5
2019	16020.7	6583.5	5762.2	377.3	3297.8

3-1-7 不同时期城乡居民人均可支配收入增速

报告期	城镇居民收入年均实际增速(%)	农村居民收入年均实际增速(%)
五年规划期		
“六五”时期	4.8	14.1
“七五”时期	4.3	3.0
“八五”时期	7.9	4.3
“九五”时期	5.7	5.0
“十五”时期	9.5	5.7
“十一五”时期	9.6	9.4
“十二五”时期	7.7	9.6
十年规划期		
1981-1990	4.5	8.4
1991-2000	6.8	4.6
2001-2010	9.5	7.5
近年		
1979-2019	7.2	7.7
1991-2019	7.7	6.7
2001-2019	8.2	7.9
2011-2019	6.8	8.3

注：2013-2019年人均可支配收入来源于住户收支与生活状况调查，1978-2012年数据根据历史数据按照新口径推算获得。

3-1-8 1978-2019年全体居民人均消费支出增长情况

年　份	人均消费支出(元)	比上年名义增长(%)	比上年实际增长(%)	指数 1978年=100
1978	151.0	—	—	100.0
1980	210.7	—	—	127.4
1981	244.4	16.0	13.2	144.2
1982	273.2	11.8	9.6	158.0
1983	304.0	11.3	9.1	172.4
1984	339.5	11.7	8.8	187.5
1985	401.8	18.3	8.3	203.0
1986	465.3	15.8	8.7	220.7
1987	521.4	12.0	4.4	230.5
1988	638.6	22.5	3.1	237.6
1989	712.4	11.6	-5.5	224.7
1990	768.0	7.8	4.6	234.9
1991	844.5	10.0	6.3	249.8
1992	937.1	11.0	4.3	260.5
1993	1145.0	22.2	6.5	277.5
1994	1539.8	34.5	8.4	300.7
1995	1957.1	27.1	8.5	326.4
1996	2287.6	16.9	7.9	352.3
1997	2436.8	6.5	3.6	365.1
1998	2516.2	3.3	4.1	380.0
1999	2657.9	5.6	7.1	407.1
2000	2914.0	9.6	9.2	444.6
2001	3138.8	7.7	7.0	475.5
2002	3547.7	13.0	13.9	541.8
2003	3888.6	9.6	8.3	586.8
2004	4395.3	13.0	8.8	638.4
2005	5035.4	14.6	12.5	718.4
2006	5634.4	11.9	10.2	792.0
2007	6591.9	17.0	11.6	884.1
2008	7547.7	14.5	8.1	955.9
2009	8376.6	11.0	11.8	1068.4
2010	9378.3	12.0	8.4	1158.0
2011	10819.6	15.4	9.5	1267.5
2012	12053.7	11.4	8.6	1376.3
2013	13220.4	9.7	6.9	1471.2
2014	14491.4	9.6	7.5	1581.0
2015	15712.4	8.4	6.9	1690.6
2016	17110.7	8.9	6.8	1804.9
2017	18322.1	7.1	5.4	1902.3
2018	19853.1	8.4	6.2	2019.7
2019	21558.9	8.6	5.5	2131.6

注：①表3-1-8、表3-1-9、表3-1-10中2013-2019年人均消费支出来源于住户收支与生活状况调查，1978-2012年数据根据历史数据按照新口径推算获得。
②消费支出绝对数按当年价格计算，指数按可比价计算。

3-1-9　1978-2019年城镇居民人均消费支出增长情况

年　份	人均消费支出（元）	比上年名义增长（%）	比上年实际增长（%）	指数 1978年=100
1978	311.2	—	—	100.0
1980	412.4	—	—	121.0
1981	456.8	10.8	8.2	130.9
1982	471.0	3.1	1.1	132.3
1983	505.9	7.4	5.3	139.3
1984	559.4	10.6	7.7	150.0
1985	673.2	20.3	7.5	161.2
1986	799.0	18.7	10.9	178.8
1987	884.4	10.7	1.7	182.0
1988	1104.0	24.8	3.4	188.1
1989	1211.0	9.7	-5.7	177.5
1990	1278.9	5.6	4.3	185.1
1991	1453.8	13.7	8.2	200.3
1992	1671.7	15.0	5.9	212.0
1993	2110.8	26.3	8.8	230.6
1994	2851.3	35.1	8.1	249.1
1995	3537.6	24.1	6.2	264.6
1996	3919.5	10.8	1.8	269.5
1997	4185.6	6.8	3.6	279.1
1998	4339.7	3.7	4.3	291.1
1999	4633.4	6.8	8.2	315.0
2000	5026.7	8.5	7.6	333.9
2001	5349.7	6.4	5.7	353.3
2002	6088.5	13.8	14.9	411.8
2003	6587.1	8.2	7.2	441.5
2004	7280.5	10.5	7.0	472.4
2005	8067.7	10.8	9.1	515.5
2006	8850.7	9.7	8.1	557.3
2007	10195.7	15.2	10.2	614.3
2008	11489.0	12.7	6.7	655.6
2009	12557.7	9.3	10.3	723.2
2010	13820.7	10.1	6.6	771.0
2011	15554.0	12.5	6.8	823.4
2012	17106.6	10.0	7.1	881.9
2013	18487.5	8.1	5.3	928.9
2014	19968.1	8.0	5.8	982.7
2015	21392.4	7.1	5.5	1037.2
2016	23078.9	7.9	5.7	1096.0
2017	24445.0	5.9	4.1	1141.4
2018	26112.3	6.8	4.6	1194.0
2019	28063.4	7.5	4.6	1248.6

3-1-10 1978-2019年农村居民人均消费支出增长情况

年 份	人均消费支出（元）	比上年名义增长（%）	比上年实际增长（%）	指数 1978年=100
1978	116.1	—	—	100.0
1979	134.5	15.9	13.6	113.6
1980	162.2	20.6	15.5	131.2
1981	190.8	17.6	15.2	151.2
1982	220.2	15.4	13.6	171.7
1983	248.3	12.7	11.4	191.3
1984	273.8	10.3	7.1	204.9
1985	317.4	15.9	7.7	220.6
1986	357.0	12.5	6.0	233.9
1987	398.3	11.6	5.1	245.8
1988	476.7	19.7	1.9	250.5
1989	535.4	12.3	-5.9	235.7
1990	584.6	9.2	4.5	246.3
1991	619.8	6.0	3.6	255.2
1992	659.0	6.3	1.6	259.3
1993	769.7	16.8	2.7	266.3
1994	1016.8	32.1	7.1	285.2
1995	1310.4	28.9	9.7	312.8
1996	1572.1	20.0	11.2	347.9
1997	1617.2	2.9	0.4	349.2
1998	1603.8	-0.8	0.1	349.7
1999	1604.4	0.0	1.6	355.2
2000	1714.3	6.8	7.0	380.0
2001	1803.2	5.2	4.3	396.4
2002	1917.1	6.3	6.8	423.2
2003	2049.6	6.9	5.3	445.5
2004	2326.5	13.5	8.3	482.6
2005	2748.8	18.2	12.6	543.6
2006	3072.3	11.8	10.1	598.7
2007	3535.5	15.1	9.2	653.6
2008	4054.0	14.7	7.6	703.6
2009	4464.2	10.1	10.5	777.1
2010	4944.8	10.8	6.9	830.7
2011	5892.0	19.2	12.6	935.4
2012	6667.1	13.2	10.4	1032.7
2013	7485.1	12.3	9.2	1127.8
2014	8382.6	12.0	10.0	1240.7
2015	9222.6	10.0	8.6	1347.5
2016	10129.8	9.8	7.8	1452.5
2017	10954.5	8.1	6.8	1550.6
2018	12124.3	10.7	8.4	1681.2
2019	13327.7	9.9	6.5	1790.4

3-1-11　1998-2019年全体居民消费支出

单位：元/人

年　份	消费支出	一、食品烟酒支出	二、衣着支出	三、居住支出
1998	2516.2	1208.0	224.7	307.1
1999	2657.9	1210.0	225.4	334.7
2000	2914.0	1231.2	238.0	419.2
2001	3138.8	1270.1	256.5	448.1
2002	3547.7	1390.9	285.4	527.3
2003	3888.6	1482.8	310.1	605.9
2004	4395.3	1703.8	339.3	674.2
2005	5035.4	1876.7	404.1	796.2
2006	5634.4	2002.4	459.4	980.3
2007	6591.9	2346.1	538.6	1176.3
2008	7547.7	2740.7	600.7	1453.7
2009	8376.6	2874.9	666.4	1698.0
2010	9378.3	3136.8	759.1	1927.9
2011	10819.6	3632.6	902.6	2198.7
2012	12053.7	3982.6	991.7	2479.9
2013	13220.4	4126.7	1027.1	2998.5
2014	14491.4	4493.9	1099.3	3200.5
2015	15712.4	4814.0	1164.1	3419.2
2016	17110.7	5151.0	1202.7	3746.4
2017	18322.1	5373.6	1237.6	4106.9
2018	19853.1	5631.1	1288.9	4646.6
2019	21558.9	6084.2	1338.1	5054.8

注：表3-1-11、表3-1-12、表3-1-13中2013-2019年消费支出及分项数据来源于住户收支与生活状况调查，1998-2012年数据根据历史数据按照新口径推算获得。

3-1-11 续表 单位：元/人

年份	四、生活用品及服务支出	五、交通通信支出	六、教育文化娱乐支出	七、医疗保健支出	八、其他用品及服务支出
1998	174.0	108.7	194.7	212.9	86.2
1999	191.8	129.6	223.0	244.9	98.5
2000	184.3	210.9	365.8	173.2	91.4
2001	214.3	237.3	387.0	193.2	132.4
2002	202.1	315.4	487.1	236.5	103.0
2003	215.5	377.5	527.5	267.8	101.6
2004	223.6	449.6	585.9	305.2	113.8
2005	257.7	547.4	657.2	365.7	130.6
2006	293.2	640.0	717.9	394.8	146.4
2007	359.3	761.7	787.4	451.9	170.5
2008	418.1	808.3	814.3	519.2	192.6
2009	486.2	953.5	895.6	585.5	216.5
2010	569.0	1129.6	999.9	625.2	230.8
2011	674.6	1258.8	1136.2	743.7	272.4
2012	741.0	1450.8	1261.8	838.4	307.5
2013	806.5	1627.1	1397.7	912.1	324.7
2014	889.7	1869.3	1535.9	1044.8	358.0
2015	951.4	2086.9	1723.1	1164.5	389.2
2016	1043.7	2337.8	1915.3	1307.5	406.3
2017	1120.7	2498.9	2086.2	1451.2	447.0
2018	1222.7	2675.4	2225.7	1685.2	477.5
2019	1280.9	2861.6	2513.1	1902.3	524.0

3-1-12 1998-2019年城镇居民消费支出

单位：元/人

年 份	消费支出	一、食品烟酒支出	二、衣着支出	三、居住支出
1998	4339.7	1918.4	477.0	434.0
1999	4633.4	1914.1	474.1	511.8
2000	5026.7	1940.1	486.3	679.6
2001	5349.7	1979.5	515.3	696.4
2002	6088.5	2216.2	563.6	841.6
2003	6587.1	2337.3	600.0	997.1
2004	7280.5	2608.9	640.5	1107.5
2005	8067.7	2786.4	737.0	1292.5
2006	8850.7	2948.0	818.2	1527.7
2007	10195.7	3422.7	936.8	1761.8
2008	11489.0	3963.4	1029.1	2168.7
2009	12557.7	4136.4	1119.4	2458.4
2010	13820.7	4402.0	1242.2	2815.6
2011	15554.0	5022.7	1426.5	3146.0
2012	17106.6	5472.1	1535.0	3511.0
2013	18487.5	5570.7	1553.7	4301.4
2014	19968.1	6000.0	1627.2	4489.6
2015	21392.4	6359.7	1701.1	4726.0
2016	23078.9	6762.4	1739.0	5113.7
2017	24445.0	7001.0	1757.9	5564.0
2018	26112.3	7239.0	1808.2	6255.0
2019	28063.4	7732.6	1831.9	6780.2

3-1-12 续表　　　　单位：元/人

年份	四、生活用品及服务支出	五、交通通信支出	六、教育文化娱乐支出	七、医疗保健支出	八、其他用品及服务支出
1998	356.1	203.7	255.7	501.3	193.3
1999	393.8	241.9	306.7	571.1	219.9
2000	371.7	414.5	650.9	320.7	162.8
2001	436.1	442.3	669.6	348.6	262.0
2002	385.0	599.0	867.5	437.5	178.2
2003	404.2	682.5	890.4	484.2	191.3
2004	401.1	793.3	979.6	539.9	209.7
2005	438.0	928.3	1033.3	615.3	237.1
2006	485.9	1056.2	1121.6	635.1	257.9
2007	586.2	1242.4	1234.0	719.3	292.5
2008	667.0	1278.4	1244.6	805.4	332.3
2009	755.3	1502.7	1338.7	878.4	368.4
2010	867.0	1753.0	1466.7	894.7	379.5
2011	976.1	1889.2	1660.6	999.4	433.4
2012	1060.9	2138.8	1810.2	1099.2	479.4
2013	1129.2	2317.8	1988.3	1136.1	490.4
2014	1233.2	2637.3	2142.3	1305.6	532.9
2015	1306.5	2895.4	2382.8	1443.4	577.5
2016	1426.8	3173.9	2637.6	1630.8	594.7
2017	1525.0	3321.5	2846.6	1777.4	651.5
2018	1629.4	3473.5	2974.1	2045.7	687.4
2019	1689.3	3671.3	3328.0	2282.7	747.2

3-1-13 1998-2019年农村居民消费支出

单位：元/人

年 份	消费支出	一、食品烟酒支出	二、衣着支出	三、居住支出
1998	1603.8	852.5	98.4	243.6
1999	1604.4	834.5	92.7	240.2
2000	1714.3	828.6	97.0	271.3
2001	1803.2	841.5	100.2	298.0
2002	1917.1	861.2	106.9	325.6
2003	2049.6	900.5	112.5	339.3
2004	2326.5	1054.8	123.3	363.5
2005	2748.8	1190.7	153.0	421.9
2006	3072.3	1249.2	173.5	544.3
2007	3535.5	1433.1	200.9	679.8
2008	4054.0	1656.9	221.0	819.9
2009	4464.2	1694.5	242.6	986.5
2010	4944.8	1874.2	277.1	1041.9
2011	5892.0	2185.8	357.3	1212.7
2012	6667.1	2394.7	412.5	1380.7
2013	7485.1	2554.4	453.8	1579.8
2014	8382.6	2814.0	510.4	1762.7
2015	9222.6	3048.0	550.5	1926.2
2016	10129.8	3266.1	575.4	2147.1
2017	10954.5	3415.4	611.6	2353.5
2018	12124.3	3645.6	647.7	2660.6
2019	13327.7	3998.2	713.3	2871.3

3-1-13 续表 单位：元/人

年 份	四、生活用品及服务支出	五、交通通信支出	六、教育文化娱乐支出	七、医疗保健支出	八、其他用品及服务支出
1998	82.8	61.1	164.2	68.6	32.6
1999	84.1	69.8	178.4	71.0	33.7
2000	77.9	95.3	203.9	89.4	50.8
2001	80.3	113.4	216.4	99.3	54.1
2002	84.7	133.4	243.0	107.5	54.7
2003	86.9	169.7	280.1	120.3	40.5
2004	96.3	203.1	303.6	136.9	45.1
2005	121.7	260.1	373.7	177.5	50.3
2006	139.7	308.5	396.3	203.3	57.5
2007	166.9	354.1	408.7	225.1	67.0
2008	197.4	391.6	433.0	265.6	68.7
2009	234.4	439.5	480.9	311.5	74.3
2010	271.5	507.5	534.0	356.2	82.4
2011	360.8	602.5	590.3	477.7	104.8
2012	399.9	717.4	677.2	560.5	124.2
2013	455.1	874.9	754.6	668.2	144.2
2014	506.5	1012.6	859.5	753.9	163.0
2015	545.6	1163.1	969.3	846.0	174.0
2016	595.7	1359.9	1070.3	929.2	186.0
2017	634.0	1509.1	1171.3	1058.7	200.9
2018	720.5	1690.0	1301.6	1240.1	218.3
2019	763.9	1836.8	1481.8	1420.8	241.5

二、1978-2019年分地区居民收支主要数据

3-2-1 北京居民收支主要数据

年 份	人均可支配收入(元/人)			人均消费支出(元/人)		
	全体居民	城镇居民	农村居民	全体居民	城镇居民	农村居民
1978		365.4	224.8		359.9	
1979		415.0			408.7	
1980		501.4	290.5		490.4	252.7
1981		555.2	350.7		511.4	313.0
1982		561.1	432.6		534.8	362.4
1983		590.5	519.5		574.1	384.4
1984		693.7	664.2		666.8	435.0
1985		907.7	775.1		923.3	510.0
1986		1067.5	823.2		1067.4	644.2
1987		1181.9	916.4		1147.6	705.6
1988		1437.0	1062.6		1455.6	883.2
1989		1597.1	1230.6		1520.4	976.2
1990	1741.0	1901.6	1297.1	1469.3	1646.1	980.7
1991		2170.3	1422.4		1747.6	1100.2
1992		2556.1	1571.6		2134.8	1148.6
1993		3546.8	1882.6		2939.6	1255.2
1994		5084.7	2400.7		4134.0	1583.9
1995		6235.0	3223.7		5019.8	2335.6
1996		7332.0	3561.9		5729.5	2564.5
1997		7813.2	3661.7		6531.8	2692.6
1998		8536.1	3931.6		7068.9	2873.4
1999		9322.3	4182.7		7711.9	3122.5
2000	9229.6	10589.6	4532.7	7644.4	8865.7	3426.3
2001		11938.7	4920.9		9442.8	3552.9
2002		12949.1	5258.6		11049.6	3732.8
2003		14535.2	5429.0		12121.7	4148.8
2004		16501.7	5948.2		13487.1	4618.9
2005	16852.9	18775.0	7041.0	13289.2	14850.6	5318.3
2006	19295.5	21415.2	7888.3	15123.2	16869.1	5727.6
2007	21457.6	23752.2	8948.2	15933.4	17681.5	6403.1
2008	24370.8	26917.6	10051.5	17446.9	19253.4	7289.5
2009	26570.9	29329.0	10942.2	19380.9	21229.7	8904.1
2010	29228.1	32132.2	12368.2	21833.6	23999.0	9262.1
2011	33175.5	36365.4	13742.3	24298.2	26466.9	11086.4
2012	36817.1	40306.3	15364.9	26562.0	28948.7	11888.3
2013	40830.0	44563.9	17101.2	29175.6	31632.2	13563.9
2014	44488.6	48531.8	18867.3	31102.9	33717.5	14535.1
2015	48458.0	52859.2	20568.7	33802.8	36642.0	15811.2
2016	52530.4	57275.3	22309.5	35415.7	38255.5	17329.0
2017	57229.8	62406.3	24240.5	37425.3	40346.3	18810.5
2018	62361.2	67989.9	26490.3	39842.7	42925.6	20195.3
2019	67755.9	73848.5	28928.4	43038.3	46358.2	21881.0

注：表3-2-1到表3-2-31中1978-2012年数据根据历史数据按照新口径推算获得。

3-2-2 天津居民收支主要数据

年 份	人均可支配收入(元/人)			人均消费支出(元/人)		
	全体居民	城镇居民	农村居民	全体居民	城镇居民	农村居民
1978		388.0	153.0		345.0	132.0
1979		425.0	179.0		385.0	135.0
1980		527.0	277.9		475.0	208.4
1981		540.0	297.8		486.0	249.2
1982		577.0	326.1		497.0	266.7
1983		604.0	411.7		521.0	336.5
1984		728.0	504.6		600.0	371.1
1985		876.0	564.6		771.0	426.1
1986		1070.0	635.2		949.1	480.3
1987		1187.0	749.4		1071.1	538.9
1988		1330.0	891.2		1278.8	713.9
1989		1478.0	1020.3		1291.1	781.4
1990	1465.5	1639.0	1069.0	1225.1	1440.5	732.9
1991		1845.0	1168.5		1586.0	795.7
1992		2238.4	1309.0		1907.2	846.7
1993		2769.3	1473.1		2322.2	938.0
1994		3982.1	1835.7		3301.4	1160.8
1995		4929.5	2406.4		4064.1	1548.4
1996		5967.0	2999.7		4679.6	1957.4
1997		6609.0	3243.7		5204.2	1882.3
1998		7053.2	3387.9		5481.9	2007.6
1999		7526.9	3395.7		5875.1	1962.7
2000	6727.7	7945.7	3597.6	5017.8	6158.0	2087.9
2001		8672.2	3911.3		7044.6	2178.6
2002		8968.2	4229.1		7265.2	2334.3
2003		9823.0	4502.4		7964.2	2542.6
2004		10831.3	4937.6		8929.6	2945.3
2005	10255.2	11839.1	5475.4	8227.4	9813.1	3442.3
2006	11526.1	13266.2	6096.3	9071.7	10745.0	3850.3
2007	13115.7	15062.4	6844.9	10352.1	12280.0	4141.9
2008	15444.0	17725.6	7705.2	11641.1	13731.8	4550.1
2009	16967.4	19370.7	8441.3	12973.7	15174.2	5167.2
2010	19265.8	21799.9	9764.2	14711.2	17015.1	6072.4
2011	21714.1	24158.4	11941.3	16796.4	18928.4	8272.6
2012	24029.6	26586.3	13593.0	18542.1	20572.4	10254.3
2013	26359.2	28979.8	15352.6	20418.7	22306.2	12491.1
2014	28832.3	31506.0	17014.2	22343.0	24289.6	13738.6
2015	31291.4	34101.3	18481.6	24162.5	26229.5	14739.4
2016	34074.5	37109.6	20075.6	26129.3	28344.6	15912.1
2017	37022.3	40277.5	21753.7	27841.4	30283.6	16385.9
2018	39506.1	42976.3	23065.2	29902.9	32655.1	16863.3
2019	42404.1	46118.9	24804.1	31853.6	34810.7	17843.3

3-2-3 河北居民收支主要数据

年 份	人均可支配收入(元/人)			人均消费支出(元/人)		
	全体居民	城镇居民	农村居民	全体居民	城镇居民	农村居民
1978		276.2	114.1		402.0	95.0
1979		313.2	136.1		423.0	116.4
1980		400.6	175.8		460.0	142.0
1981		402.5	204.4		401.2	164.7
1982		432.8	238.7		401.0	175.4
1983		448.7	298.1		419.9	224.7
1984		519.2	345.0		475.8	243.2
1985		630.7	385.2		605.5	297.7
1986		766.4	407.6		717.7	333.0
1987		855.0	444.4		799.7	365.4
1988		1080.5	546.6		1118.8	445.7
1989		1256.9	589.4		1188.1	495.2
1990	770.7	1397.4	621.7	637.9	1278.0	485.7
1991		1489.3	657.4		1336.1	558.2
1992		1763.4	682.5		1612.3	579.4
1993		2201.0	803.8		1983.7	696.5
1994		3007.7	1107.3		2613.2	779.0
1995		3674.2	1668.7		3256.8	1104.3
1996		4429.7	2055.0		3424.4	1398.9
1997		4958.7	2286.0		4003.7	1394.8
1998		5078.9	2407.0		3858.9	1314.5
1999		5352.7	2444.9		4080.4	1373.2
2000	3315.5	5641.5	2484.0	2214.6	4438.6	1419.6
2001		5957.1	2610.8		4604.0	1507.3
2002		6640.5	2694.5		5249.2	1577.7
2003		7188.0	2865.3		5673.2	1734.3
2004		7885.6	3186.7		6112.2	2018.9
2005	5581.5	9020.4	3501.3	4180.5	7091.0	2420.0
2006	6294.9	10193.7	3826.2	4768.7	7829.3	2830.7
2007	7232.7	11550.2	4324.2	5477.0	8845.4	3207.9
2008	8365.4	13262.9	4833.5	6241.0	9832.1	3651.2
2009	9266.9	14505.3	5194.2	6845.9	10547.1	3968.4
2010	10427.5	16008.8	6014.2	7582.6	11324.0	4624.1
2011	12058.6	18005.8	7186.8	8851.7	12740.8	5665.8
2012	13646.7	20221.7	8157.6	9773.2	13752.4	6451.1
2013	15189.6	22226.7	9187.7	10872.2	14970.0	7377.1
2014	16647.4	24141.3	10186.1	11931.5	16203.8	8248.0
2015	18118.1	26152.2	11050.5	13030.7	17586.6	9022.8
2016	19725.4	28249.4	11919.4	14247.5	19105.9	9798.3
2017	21484.1	30547.8	12880.9	15437.0	20600.3	10535.9
2018	23445.7	32977.2	14030.9	16722.0	22127.4	11382.8
2019	25664.7	35737.7	15373.1	17987.2	23483.1	12372.0

3-2-4 山西居民收支主要数据

年 份	人均可支配收入(元/人)			人均消费支出(元/人)		
	全体居民	城镇居民	农村居民	全体居民	城镇居民	农村居民
1978		301.4	101.6		275.4	90.6
1979			145.4		304.8	118.3
1980		379.7	155.8		356.6	134.4
1981		400.6	179.5		373.2	147.8
1982		433.0	227.2		389.9	167.7
1983		451.5	275.8		393.5	203.4
1984		516.9	338.8		433.3	224.3
1985		595.3	358.3		533.4	272.7
1986		717.7	345.0		634.8	287.4
1987		806.8	376.9		707.5	312.7
1988		944.5	438.7		855.6	354.3
1989		1176.1	513.9		993.5	409.2
1990	801.7	1290.9	603.5	649.1	1047.7	487.7
1991		1410.2	567.9		1171.2	495.9
1992		1622.8	627.0		1302.6	492.9
1993		1957.5	718.3		1559.7	598.9
1994		2565.7	884.2		2043.3	673.6
1995		3306.0	1208.3		2640.7	928.0
1996		3702.7	1557.2		3035.6	1174.3
1997		3989.9	1738.3		3228.7	1145.4
1998		4096.2	1873.6		3278.1	1063.7
1999		4337.1	1799.7		3515.8	1062.1
2000	2923.7	4715.0	1950.4	2163.0	3981.6	1174.8
2001		5376.8	2017.5		4178.3	1258.9
2002		6213.5	2235.8		4791.2	1407.5
2003		6976.8	2410.4		5209.9	1502.1
2004		7865.6	2737.9		5790.0	1728.1
2005	5517.5	8865.8	3082.0	3902.3	6517.8	1999.8
2006	6235.5	9966.7	3419.5	4560.4	7395.1	2421.1
2007	7282.3	11486.6	3974.8	5319.3	8384.7	2907.9
2008	8333.0	13021.1	4480.2	5984.1	9145.0	3386.4
2009	8911.1	13883.4	4677.0	6449.4	9747.0	3641.6
2010	10149.5	15510.1	5263.3	7010.6	10236.3	4070.4
2011	11959.2	17964.5	6224.7	8404.2	11868.7	5096.0
2012	13591.5	20232.2	7063.9	9446.1	12764.8	6183.9
2013	15119.7	22258.2	7949.5	10118.3	13762.7	6457.7
2014	16538.3	24069.4	8809.4	10863.8	14636.9	6991.7
2015	17853.7	25827.7	9453.9	11729.1	15818.6	7421.2
2016	19048.9	27352.3	10082.5	12682.9	16992.8	8028.8
2017	20420.0	29131.8	10787.5	13664.4	18404.0	8424.0
2018	21990.1	31034.8	11750.0	14810.1	19789.8	9172.2
2019	23828.5	33262.4	12902.4	15862.6	21159.0	9728.4

3-2-5 内蒙古居民收支主要数据

年 份	人均可支配收入(元/人)			人均消费支出(元/人)		
	全体居民	城镇居民	农村居民	全体居民	城镇居民	农村居民
1978		301.0	100.3		268.8	
1979		350.1			350.6	
1980		407.1	181.3		353.0	156.6
1981		449.2	225.1		377.9	177.1
1982		452.7	273.0		397.1	204.8
1983		474.2	294.2		411.4	226.6
1984		548.8	336.1		449.0	245.6
1985		685.9	360.4		594.8	291.3
1986		773.6	339.5		680.0	307.5
1987		819.7	388.8		711.8	349.1
1988		915.8	499.8		843.8	404.3
1989		1052.8	477.5		913.4	447.8
1990	804.0	1149.0	607.2	670.1	982.3	491.9
1991		1294.2	618.0		1081.1	571.3
1992		1494.9	672.2		1253.7	599.7
1993		1893.2	778.0		1584.8	695.4
1994		2498.3	969.9		2110.9	835.2
1995		2863.0	1208.4		2482.2	1180.5
1996		3431.8	1602.3		2767.8	1437.6
1997		3944.7	1780.2		3032.3	1559.6
1998		4359.5	1988.4		3105.7	1602.4
1999		4784.7	2016.2		3468.9	1582.4
2000	3379.2	5151.8	2058.3	2647.7	3927.5	1694.0
2001		5568.5	1998.8		4195.3	1655.7
2002		6095.6	2119.9		4859.4	1783.7
2003		7075.7	2312.3		5418.5	1950.2
2004		8208.5	2667.2		6218.4	2336.7
2005	5985.3	9247.0	3069.6	4746.1	6927.5	2796.0
2006	6875.6	10498.9	3444.1	5384.9	7665.2	3225.4
2007	8340.5	12566.5	4089.1	6577.7	9279.6	3859.6
2008	9923.1	14675.6	4834.1	7705.8	10826.2	4364.4
2009	11015.5	16139.8	5143.4	8873.5	12366.9	4870.3
2010	12538.1	18050.0	5780.0	10209.2	13990.9	5572.5
2011	14715.3	20813.3	6942.3	11920.1	15873.9	6880.3
2012	16800.1	23610.6	7955.9	13475.1	17712.4	7972.4
2013	18692.9	26003.6	8984.9	14877.7	19244.0	9079.6
2014	20559.3	28349.6	9976.3	16258.1	20885.2	9972.2
2015	22310.1	30594.1	10775.9	17178.5	21876.5	10637.4
2016	24126.6	32974.9	11609.0	18072.3	22744.5	11462.6
2017	26212.2	35670.0	12584.3	18945.5	23637.8	12184.4
2018	28375.7	38304.7	13802.6	19665.2	24437.1	12661.5
2019	30555.0	40782.5	15282.8	20743.4	25382.5	13816.0

3-2-6 辽宁居民收支主要数据

年 份	人均可支配收入(元/人)			人均消费支出(元/人)		
	全体居民	城镇居民	农村居民	全体居民	城镇居民	农村居民
1978		363.3	185.0		337.0	
1979						
1980		494.0	273.0		426.0	228.1
1981		508.0	306.6		455.0	258.5
1982		529.0	334.3		460.0	266.2
1983		549.0	452.5		487.0	307.4
1984		636.0	477.4		545.0	335.0
1985		704.0	467.8		619.0	401.6
1986		882.0	533.2		756.2	433.5
1987		992.0	599.3		883.3	471.9
1988		1204.0	699.6		1127.9	566.6
1989		1417.0	740.2		1275.6	668.4
1990	1201.7	1551.0	836.2	1020.2	1346.3	679.1
1991		1705.7	896.7		1485.0	767.2
1992		1948.9	995.1		1639.4	799.4
1993		2314.2	1161.0		1976.6	940.4
1994		3062.9	1423.5		2587.8	1240.6
1995		3706.5	1756.5		3113.4	1471.9
1996		4207.2	2150.0		3493.0	1763.6
1997		4518.1	2301.5		3719.9	1790.2
1998		4631.2	2572.7		3910.4	1700.6
1999		4928.9	2488.2		4029.9	1613.7
2000	4024.0	5408.4	2338.0	3216.3	4422.9	1746.9
2001		5870.6	2532.1		4750.1	1777.2
2002		6629.4	2716.3		5482.7	1769.9
2003		7381.2	2889.4		6271.5	1869.6
2004		8189.9	3247.4		6786.8	2054.1
2005	6978.7	9346.4	3613.6	5657.4	7685.0	2775.6
2006	7936.8	10677.5	3994.6	6181.8	8373.3	3029.5
2007	9420.9	12710.2	4648.2	7240.9	9941.5	3322.5
2008	11124.9	14923.8	5414.6	8652.2	11909.0	3756.9
2009	12182.5	16395.7	5769.8	9587.4	13137.3	4184.3
2010	13953.4	18487.3	6670.6	10461.7	14229.3	4410.0
2011	16429.4	21362.1	8011.5	11953.9	15846.8	5310.6
2012	18760.9	24238.4	9061.3	13489.4	17779.7	5892.1
2013	20817.8	26697.0	10161.2	14950.2	19318.4	7032.1
2014	22820.2	29081.7	11191.5	16068.0	20519.6	7800.7
2015	24575.6	31125.7	12056.9	17199.8	21556.7	8872.8
2016	26039.7	32876.1	12880.7	19852.8	24995.9	9953.1
2017	27835.4	34993.4	13746.8	20463.4	25379.4	10787.3
2018	29701.4	37341.9	14656.3	21398.3	26447.9	11455.0
2019	31819.7	39777.2	16108.3	22202.8	27355.0	12030.2

3-2-7 吉林居民收支主要数据

年 份	人均可支配收入(元/人)			人均消费支出(元/人)		
	全体居民	城镇居民	农村居民	全体居民	城镇居民	农村居民
1978			179.2			
1979						
1980		368.0	236.3			216.3
1981		444.3	293.3		347.9	246.1
1982		431.0	333.1		366.9	253.4
1983		451.0	462.5		397.0	275.0
1984		499.0	486.8		425.0	335.8
1985		615.6	413.7		554.2	364.5
1986		755.0	456.7		661.9	388.8
1987		852.0	523.1		715.2	441.6
1988		987.0	627.5		879.4	516.4
1989		1109.0	624.0		967.4	562.8
1990	983.9	1230.2	803.5	810.9	1053.9	632.9
1991		1395.3	748.3		1179.3	648.4
1992		1637.0	807.4		1374.7	643.1
1993		1953.1	891.6		1596.0	670.0
1994		2561.1	1271.6		2096.4	853.7
1995		3174.8	1609.6		2598.0	1494.6
1996		3805.5	2125.6		3037.3	1513.2
1997		4190.6	2186.3		3408.0	1623.8
1998		4193.9	2386.6		3449.9	1473.3
1999		4452.2	2266.0		3662.0	1351.3
2000	3387.8	4764.7	2029.4	2782.2	4021.3	1559.7
2001		5272.5	2192.4		4337.9	1671.0
2002		6158.8	2314.6		4974.9	1691.9
2003		6868.5	2548.6		5493.4	1831.0
2004		7661.8	3025.3		6070.7	1990.9
2005	6010.4	8464.2	3296.2	4677.3	6796.9	2332.8
2006	6757.4	9488.2	3681.8	5183.0	7355.3	2736.4
2007	7790.9	10916.3	4243.8	6009.6	8563.7	3110.9
2008	8920.8	12367.3	5001.4	6816.6	9733.4	3499.7
2009	9670.8	13457.2	5345.8	7677.0	10919.7	3973.1
2010	10797.6	14758.7	6340.8	8176.2	11685.2	4228.1
2011	12620.9	17042.7	7634.5	9441.5	13017.5	5409.1
2012	14394.7	19352.1	8740.7	10736.9	14621.2	6306.7
2013	15998.1	21331.1	9780.7	12054.3	15940.7	7523.4
2014	17520.4	23217.8	10780.1	13026.0	17156.1	8139.8
2015	18683.7	24900.9	11326.2	13763.9	17972.6	8783.3
2016	19967.0	26530.4	12122.9	14772.6	19166.4	9521.4
2017	21368.3	28318.7	12950.4	15631.9	20051.2	10279.4
2018	22798.4	30171.9	13748.2	17200.4	22393.7	10826.2
2019	24562.9	32299.2	14936.0	18075.4	23394.3	11456.6

3-2-8 黑龙江居民收支主要数据

年 份	人均可支配收入(元/人)			人均消费支出(元/人)		
	全体居民	城镇居民	农村居民	全体居民	城镇居民	农村居民
1978		455.0	171.7			124.9
1979		458.0	190.6			146.7
1980		420.0	205.4		361.0	164.1
1981		424.0	224.4		377.5	175.2
1982		460.0	251.9		404.9	200.6
1983		518.0	387.7		459.0	219.5
1984		580.0	431.7		504.6	238.6
1985		742.0	397.8		651.4	306.6
1986		830.0	476.2		726.2	338.5
1987		889.0	474.5		771.5	361.0
1988		1004.0	553.3		932.6	424.1
1989		1138.0	535.2		1004.4	482.0
1990	976.2	1211.0	759.9	809.0	1051.2	585.8
1991		1389.0	734.8		1227.0	618.6
1992		1630.3	949.2		1378.0	674.5
1993		1959.6	1028.4		1660.1	751.4
1994		2596.9	1393.6		2164.3	1042.7
1995		3375.2	1766.3		2776.5	1479.8
1996		3768.3	2181.9		3110.9	1537.3
1997		4090.7	2308.3		3213.4	1549.1
1998		4287.8	2248.7		3327.8	1469.9
1999		4637.6	2157.6		3534.7	1381.5
2000	3602.0	4981.3	2135.8	2771.8	3913.6	1558.1
2001		5527.8	2262.3		4324.3	1629.5
2002		6245.5	2381.2		4638.2	1707.0
2003		6870.1	2478.8		5255.7	1700.7
2004		7721.9	2962.1		5881.7	1888.4
2005	6048.2	8591.8	3168.3	4726.7	6579.3	2629.2
2006	6747.9	9582.7	3486.4	5084.5	7143.3	2715.8
2007	7656.2	10743.9	4046.1	5883.3	8136.8	3248.4
2008	8876.8	12204.6	4743.2	7007.8	9409.1	4025.1
2009	9642.7	13304.7	5075.5	7863.3	10592.8	4459.0
2010	10846.3	14741.4	6039.8	8618.9	11847.5	4634.8
2011	12604.6	16698.5	7381.8	9967.0	13367.0	5629.6
2012	14301.6	18893.9	8367.0	10749.6	14397.6	6035.3
2013	15903.4	20848.4	9369.0	12037.2	15704.1	7191.7
2014	17404.4	22609.0	10453.2	12768.8	16466.6	7830.0
2015	18592.7	24202.6	11095.2	13402.5	17152.1	8391.5
2016	19838.5	25736.4	11831.9	14445.8	18145.2	9423.8
2017	21205.8	27446.0	12664.8	15577.5	19269.8	10523.9
2018	22725.8	29191.3	13803.7	16994.0	21035.5	11416.8
2019	24253.6	30944.6	14982.1	18111.5	22164.9	12494.9

3-2-9 上海居民收支主要数据

年份	人均可支配收入(元/人)			人均消费支出(元/人)		
	全体居民	城镇居民	农村居民	全体居民	城镇居民	农村居民
1978		406.0	290.0		357.0	193.0
1979		481.0	360.0		429.0	247.0
1980		637.0	401.0		552.8	321.8
1981		636.8	444.0		584.5	389.9
1982		659.0	530.1		575.6	444.6
1983		686.0	563.0		615.2	511.6
1984		834.0	785.1		726.0	619.0
1985		1075.0	805.9		991.8	778.4
1986		1293.0	936.6		1170.2	895.6
1987		1437.0	1059.2		1282.2	977.5
1988		1723.0	1301.0		1648.4	1229.0
1989		1976.0	1520.0		1812.1	1319.0
1990	2008.1	2183.0	1665.0	1709.1	1937.0	1262.0
1991		2485.5	2003.0		2167.0	1540.0
1992		3009.0	2226.0		2509.5	1967.4
1993		4277.0	2727.0		3530.1	2200.1
1994		5868.0	3436.6		4669.0	2714.6
1995		7172.0	4246.0		5868.1	3368.0
1996		8159.0	4846.1		6763.1	3867.9
1997		8438.9	5277.0		6819.9	4227.9
1998		8787.8	5399.0		6935.4	4180.1
1999		10971.8	5393.6		8430.4	3819.5
2000	11055.6	11781.4	5572.1	8565.4	9161.9	4059.1
2001		12976.0	5836.7		9746.6	4628.7
2002		13367.1	6178.1		11046.2	5126.1
2003		15026.1	6595.2		11777.3	5444.2
2004		16891.2	6993.4		13628.0	6033.8
2005	17737.7	18911.9	8149.2	14134.8	15022.3	6887.6
2006	19646.6	21001.0	9015.1	15283.7	16272.4	7523.3
2007	22459.3	24047.6	9991.7	18001.2	19243.1	8252.9
2008	25385.2	27204.0	11249.8	20345.0	21875.1	8453.1
2009	27499.7	29461.1	12256.1	22229.7	23928.7	9025.3
2010	30436.0	32583.7	13702.2	24758.0	26737.3	9336.4
2011	34731.3	37079.0	15737.0	26858.1	28928.9	10103.5
2012	38549.5	41129.5	17452.4	28151.8	30255.8	10946.7
2013	42173.6	44878.3	19208.3	30399.9	32447.2	13016.2
2014	45965.8	48841.4	21191.6	33064.8	35182.4	14820.1
2015	49867.2	52961.9	23205.2	34783.6	36946.1	16152.3
2016	54305.3	57691.7	25520.4	37458.3	39856.8	17070.8
2017	58988.0	62595.7	27825.0	39791.9	42304.3	18089.8
2018	64182.6	68033.6	30374.7	43351.3	46015.2	19964.7
2019	69441.6	73615.3	33195.2	45605.1	48271.6	22448.9

3-2-10 江苏居民收支主要数据

年 份	人均可支配收入(元/人)			人均消费支出(元/人)		
	全体居民	城镇居民	农村居民	全体居民	城镇居民	农村居民
1978		288.0	155.0		276.0	139.7
1979			200.1			169.2
1980		433.0	217.9		434.9	194.7
1981		448.0	258.0		440.8	225.5
1982		484.0	309.0		452.3	261.4
1983		498.0	356.6		486.6	322.2
1984		626.0	447.9		577.5	360.3
1985		766.0	492.6		719.6	415.6
1986		910.0	561.3		866.8	499.3
1987		1005.0	626.5		952.9	578.9
1988		1218.0	796.8		1238.6	746.6
1989		1372.0	875.7		1300.6	811.0
1990	1009.0	1464.0	883.8	906.0	1338.7	787.0
1991		1623.0	920.7		1591.5	878.0
1992		2138.3	1060.7		1769.4	953.4
1993		2773.8	1266.9		2310.5	1058.8
1994		3778.9	1831.5		3079.8	1500.5
1995		4634.4	2456.9		3772.3	1938.0
1996		5185.8	3029.3		4057.5	2414.4
1997		5765.2	3269.9		4533.6	2487.7
1998		6005.0	3375.4		4922.5	2349.7
1999		6509.7	3492.3		5077.2	2319.5
2000	4928.1	6756.1	3590.6	3667.3	5429.5	2378.1
2001		7310.9	3778.4		5680.0	2430.3
2002		8088.1	3971.5		6245.8	2699.1
2003		9139.7	4228.7		6982.5	2802.6
2004		10319.0	4739.8		7683.9	3121.4
2005	8712.3	12097.9	5258.3	6451.1	9101.9	3746.8
2006	9947.3	13799.5	5790.9	7415.8	10235.8	4373.1
2007	11573.9	16008.5	6532.8	8487.1	11470.3	5095.9
2008	13236.9	18215.4	7321.6	9620.6	12911.5	5710.4
2009	14653.0	19996.2	7962.1	10717.2	14276.2	6260.4
2010	17006.1	22272.6	9066.9	12265.8	15690.1	7103.6
2011	19819.7	25569.6	10744.2	14635.1	18339.4	8788.2
2012	22432.4	28808.2	12133.4	16499.9	20572.6	9921.3
2013	24775.5	31585.5	13521.3	17925.8	22262.3	10759.0
2014	27172.8	34346.3	14958.4	19163.6	23476.3	11820.3
2015	29538.9	37173.5	16256.7	20555.6	24966.0	12882.5
2016	32070.1	40151.6	17605.6	22129.9	26432.9	14428.2
2017	35024.1	43621.8	19158.0	23468.6	27726.3	15611.5
2018	38095.8	47200.0	20845.1	25007.4	29461.9	16567.0
2019	41399.7	51056.1	22675.4	26697.3	31329.1	17715.9

3-2-11 浙江居民收支主要数据

年 份	人均可支配收入(元/人)			人均消费支出(元/人)		
	全体居民	城镇居民	农村居民	全体居民	城镇居民	农村居民
1978		332.0	165.0		301.0	157.0
1979						
1980		488.0	219.2		428.0	191.9
1981		523.0	286.0		475.8	267.0
1982		530.0	346.0		470.9	301.9
1983		551.0	358.9		483.8	325.9
1984		669.0	446.4		561.8	369.2
1985		904.0	548.6		795.1	473.8
1986		1104.0	609.3		968.9	560.6
1987		1228.0	725.1		1100.5	659.4
1988		1589.0	902.4		1453.0	838.7
1989		1797.0	1010.7		1555.9	927.0
1990	1358.6	1932.0	1099.0	1151.2	1604.4	946.0
1991		2143.0	1210.8		1806.0	1026.5
1992		2619.2	1359.1		2154.1	1111.9
1993		3626.0	1745.9		2855.9	1263.0
1994		5066.3	2224.6		4078.6	1680.1
1995		6221.4	2966.2		5263.4	2378.4
1996		6955.8	3463.0		5764.3	2701.7
1997		7358.7	3684.2		6170.1	2839.0
1998		7824.8	3837.7		6254.6	2908.3
1999		8402.2	3996.3		6600.3	2839.6
2000	6719.3	9236.2	4332.5	5169.8	7149.7	3292.1
2001		10399.4	4696.6		8152.8	3568.0
2002		11623.9	5095.6		8989.9	3811.2
2003		13055.4	5593.7		10086.9	4453.2
2004		14386.6	6209.7		11116.5	4873.5
2005	12093.1	16089.0	7003.2	9739.8	12893.5	5722.6
2006	13550.4	18006.6	7762.5	10780.2	14135.0	6422.8
2007	15351.4	20250.0	8804.8	11695.4	15013.6	7260.7
2008	17073.2	22333.6	9927.0	12794.0	16252.2	8096.1
2009	18527.7	24147.9	10798.4	13943.0	18002.7	8359.6
2010	21158.8	26801.5	12276.6	15634.3	19391.1	9720.8
2011	24194.9	30339.6	14197.1	17874.0	22191.7	10848.9
2012	27020.3	33846.2	15805.9	18930.9	23394.5	11597.6
2013	29775.0	37079.7	17493.9	20610.1	25253.5	12803.3
2014	32657.6	40392.7	19373.3	22552.0	27241.7	14497.8
2015	35537.1	43714.5	21125.0	24116.9	28661.3	16107.7
2016	38529.0	47237.2	22866.1	25526.6	30067.7	17358.9
2017	42045.7	51260.7	24955.8	27079.1	31924.2	18093.4
2018	45839.8	55574.3	27302.4	29470.7	34597.9	19706.8
2019	49898.8	60182.3	29875.8	32025.8	37507.9	21351.7

3-2-12 安徽居民收支主要数据

年 份	人均可支配收入(元/人)			人均消费支出(元/人)		
	全体居民	城镇居民	农村居民	全体居民	城镇居民	农村居民
1978			113.0			
1979			170.0			
1980			184.8			162.9
1981		425.0	246.5		391.9	193.3
1982		452.5	269.1		402.7	239.9
1983		488.4	304.6		435.3	258.4
1984		559.1	323.0		479.4	263.3
1985		642.4	369.4		565.7	299.0
1986		814.8	396.5		700.0	340.0
1987		924.8	429.3		806.0	383.0
1988		1074.7	485.5		1020.0	455.0
1989		1247.6	515.7		1138.4	498.4
1990	684.7	1354.6	539.2	634.0	1182.1	514.9
1991		1485.4	446.1		1307.1	474.6
1992		1807.8	573.6		1520.8	501.7
1993		2247.9	724.5		1846.1	609.3
1994		3047.7	973.2		2551.0	934.2
1995		3795.4	1302.8		3161.4	1070.6
1996		4512.8	1607.7		3607.4	1309.4
1997		4599.3	1808.8		3693.6	1336.6
1998		4765.6	1875.1		3747.7	1354.7
1999		5054.1	1924.9		3840.4	1344.8
2000	2855.4	5277.1	1972.2	2120.4	4131.5	1387.0
2001		5645.2	2072.9		4373.2	1508.3
2002		6001.0	2187.3		4548.1	1602.8
2003		6735.2	2211.5		4822.9	1764.3
2004		7455.8	2617.2		5391.8	2041.8
2005	4777.2	8398.6	2784.0	3742.0	5959.9	2521.3
2006	5572.7	9676.8	3152.0	4290.4	6767.5	2829.3
2007	6724.1	11349.8	3803.9	5045.3	7844.0	3278.4
2008	7893.0	12835.7	4528.6	5887.2	8681.0	3985.6
2009	8682.7	13903.4	4886.6	6509.6	9251.0	4516.3
2010	9954.8	15566.3	5776.1	7296.8	10316.8	5047.9
2011	11873.0	18344.6	6811.1	8683.0	11812.3	6235.3
2012	13593.5	20728.7	7825.6	9877.9	13452.4	6988.3
2013	15154.3	22789.3	8850.0	10544.1	14593.6	7200.3
2014	16795.5	24838.5	9916.4	11727.0	16107.1	7980.8
2015	18362.6	26935.8	10820.7	12840.1	17233.5	8975.2
2016	19998.1	29156.0	11720.5	14711.5	19606.2	10287.3
2017	21863.3	31640.3	12758.2	15751.7	20740.2	11106.1
2018	23983.6	34393.1	13996.0	17044.6	21522.7	12748.1
2019	26415.1	37540.0	15416.0	19137.4	23781.5	14545.8

3-2-13 福建居民收支主要数据

年份	人均可支配收入(元/人)			人均消费支出(元/人)		
	全体居民	城镇居民	农村居民	全体居民	城镇居民	农村居民
1978		371.0	137.5		285.4	112.4
1979			142.2		339.1	132.6
1980		450.0	171.7		391.9	157.7
1981		452.0	231.7		404.6	199.3
1982		520.0	268.2		465.7	231.1
1983		573.0	301.8		503.6	261.9
1984		582.0	344.9		494.4	287.9
1985		733.0	396.5		674.9	350.5
1986		929.0	418.5		790.0	394.1
1987		1021.0	484.9		893.0	442.8
1988		1236.0	613.4		1077.0	570.7
1989		1555.0	697.3		1340.0	652.5
1990	974.7	1749.0	764.4	862.4	1431.0	708.0
1991		1953.0	850.1		1659.0	747.0
1992		2351.0	984.1		1942.0	820.8
1993		2923.0	1210.5		2418.0	1069.8
1994		3935.0	1577.7		3351.0	1439.5
1995		4853.0	2048.6		4132.0	1793.7
1996		5574.0	2492.5		4568.0	2033.5
1997		6143.6	2785.7		4936.0	2119.6
1998		6442.9	2950.7		5190.4	2225.5
1999		6769.7	3100.5		5284.6	2320.5
2000	4940.0	7285.1	3244.7	3841.7	5667.8	2521.7
2001		8091.7	3400.6		6056.7	2659.2
2002		8883.0	3564.8		6689.7	2785.6
2003		9600.6	3766.8		7434.1	2973.3
2004		10654.8	4131.8		8262.6	3355.5
2005	8042.0	11666.6	4503.3	6289.7	8919.4	3722.3
2006	8947.9	12931.9	4899.7	7068.4	9965.4	4124.8
2007	10138.4	14477.6	5549.2	8084.3	11253.6	4732.3
2008	11784.6	16649.1	6299.1	9358.2	12749.2	5534.3
2009	12984.7	18023.3	6801.5	10287.2	13741.8	6047.9
2010	14566.1	19913.6	7573.5	11473.6	15096.5	6736.1
2011	16908.9	22771.6	8951.8	13217.7	17052.4	8013.3
2012	19141.3	25649.5	10163.9	14843.2	19029.9	9068.2
2013	21217.9	28173.9	11404.8	16176.6	20564.7	9986.2
2014	23330.9	30722.4	12650.2	17644.5	22204.1	11055.9
2015	25404.4	33275.3	13792.7	18850.2	23520.2	11960.8
2016	27607.9	36014.3	14999.2	20167.5	25005.5	12910.8
2017	30047.7	39001.4	16334.8	21249.3	25980.5	14003.4
2018	32643.9	42121.3	17821.2	22996.0	28145.1	14942.8
2019	35616.1	45620.5	19568.4	25314.3	30945.5	16281.4

3-2-14 江西居民收支主要数据

年 份	人均可支配收入(元/人)			人均消费支出(元/人)		
	全体居民	城镇居民	农村居民	全体居民	城镇居民	农村居民
1978		305.4	140.7			
1979						
1980		385.5	181.2		382.0	156.0
1981		406.9	226.9		373.8	194.2
1982		424.9	269.7		374.3	219.9
1983		438.6	301.8		386.5	252.3
1984		498.6	334.1		436.1	269.7
1985		583.4	377.3		520.8	303.1
1986		729.8	395.6		631.0	340.6
1987		791.9	429.3		703.2	389.6
1988		937.8	488.2		876.5	477.1
1989		1081.9	558.6		977.9	520.3
1990	775.3	1187.9	669.9	660.0	984.1	577.2
1991		1295.4	702.5		1110.2	597.0
1992		1585.0	768.4		1276.0	648.3
1993		1984.8	869.8		1585.7	712.1
1994		2776.8	1218.2		2201.0	1031.1
1995		3376.5	1537.4		2712.4	1256.1
1996		3780.2	1869.6		2942.1	1553.1
1997		4071.3	2107.3		3199.6	1569.2
1998		4254.9	2052.9		3266.7	1558.4
1999		4728.5	2139.9		3482.1	1651.3
2000	2972.1	5116.5	2151.1	2240.1	3623.1	1710.6
2001		5524.6	2253.9		3893.9	1816.3
2002		6362.7	2335.4		4548.4	1911.0
2003		6936.7	2494.8		4913.3	2071.6
2004		7604.8	2836.9		5336.3	2309.2
2005	5223.4	8678.9	3193.9	4011.4	6107.4	2780.5
2006	5894.3	9625.0	3541.0	4433.5	6643.1	3039.7
2007	7096.7	11551.1	4151.8	5185.3	7807.5	3451.7
2008	8207.9	12989.5	4835.3	5873.8	8713.4	3870.9
2009	9094.0	14168.1	5238.0	6585.2	9735.1	4191.4
2010	10217.1	15655.9	5991.2	7291.0	10612.9	4709.9
2011	11870.2	17692.4	7132.8	8360.9	11740.8	5610.8
2012	13566.8	20084.6	8103.4	9182.4	12768.7	6176.3
2013	15099.7	22119.7	9088.8	10052.8	13843.0	6807.4
2014	16734.2	24309.2	10116.6	11088.9	15141.8	7548.3
2015	18437.1	26500.1	11139.1	12403.4	16731.8	8485.6
2016	20109.6	28673.3	12137.7	13258.6	17695.6	9128.3
2017	22031.4	31198.1	13241.8	14459.0	19244.5	9870.4
2018	24079.7	33819.4	14459.9	15792.0	20760.0	10885.2
2019	26262.4	36545.9	15796.3	17650.5	22714.3	12496.7

3-2-15 山东居民收支主要数据

年 份	人均可支配收入(元/人)			人均消费支出(元/人)		
	全体居民	城镇居民	农村居民	全体居民	城镇居民	农村居民
1978		391.5	114.6		340.0	93.7
1979		420.0	159.8		367.0	128.0
1980		448.2	210.2		396.0	165.3
1981		495.5	251.6		450.4	202.1
1982		524.9	300.0		455.3	230.0
1983		537.0	360.6		472.9	264.4
1984		638.6	395.0		520.9	287.2
1985		747.6	408.1		670.0	322.0
1986		853.5	449.3		751.3	364.6
1987		987.1	517.7		812.5	406.3
1988		1163.5	583.7		1026.2	482.1
1989		1349.2	630.6		1160.5	513.1
1990	895.1	1466.2	680.2	733.6	1229.3	547.1
1991		1687.6	764.0		1407.1	613.0
1992		1974.5	802.9		1598.9	655.7
1993		2515.1	952.7		1946.9	724.5
1994		3444.4	1319.7		2635.2	995.7
1995		4264.1	1715.1		3285.5	1338.5
1996		4890.2	2086.3		3771.0	1652.5
1997		5190.8	2292.1		4040.6	1626.3
1998		5360.7	2454.0		4135.7	1587.1
1999		5766.4	2552.0		4496.6	1662.4
2000	4095.3	6417.5	2662.9	2982.1	4990.7	1743.0
2001		6995.1	2809.7		5209.1	1864.9
2002		7472.8	2954.6		5538.7	1945.3
2003		8212.2	3159.4		5994.3	2065.8
2004		9191.0	3519.0		6577.2	2300.6
2005	6860.2	10422.5	3945.5	4740.5	7333.5	2618.9
2006	7795.2	11780.0	4387.1	5443.3	8309.5	2991.9
2007	9084.6	13726.5	5009.3	6249.1	9464.2	3426.3
2008	10410.7	15628.0	5671.4	7127.8	10752.4	3835.1
2009	11398.0	17006.3	6154.2	7794.0	11710.5	4132.1
2010	12921.7	18970.8	7034.3	8560.4	12761.2	4472.0
2011	15076.7	21677.6	8394.7	9853.3	14164.4	5489.2
2012	17126.7	24496.1	9506.0	10902.0	15348.8	6303.6
2013	19008.3	26882.4	10686.9	11896.8	16646.5	6877.3
2014	20864.2	29221.9	11882.3	13328.9	18322.6	7962.2
2015	22703.2	31545.3	12930.4	14578.4	19853.8	8747.6
2016	24685.3	34012.1	13954.1	15926.4	21495.3	9518.9
2017	26929.9	36789.4	15117.5	17280.7	23072.1	10342.1
2018	29204.6	39549.4	16297.0	18779.8	24798.4	11270.1
2019	31597.0	42329.2	17775.5	20427.5	26731.5	12308.9

3-2-16 河南居民收支主要数据

年 份	人均可支配收入(元/人)			人均消费支出(元/人)		
	全体居民	城镇居民	农村居民	全体居民	城镇居民	农村居民
1978		315.0	104.7		274.0	81.7
1979		361.0	133.6		303.0	110.8
1980		365.0	160.8		335.0	135.5
1981		395.0	215.6		363.2	165.6
1982		429.0	216.7		382.5	177.9
1983		452.5	272.0		405.0	196.4
1984		497.5	301.2		431.7	219.6
1985		600.6	328.8		556.7	260.2
1986		724.2	333.6		653.8	292.5
1987		814.2	377.7		711.3	309.9
1988		946.1	401.3		896.6	346.7
1989		1111.5	457.1		964.0	390.0
1990	639.8	1267.7	527.0	533.7	1067.7	437.7
1991		1384.8	539.3		1200.0	454.7
1992		1608.0	588.5		1342.6	472.6
1993		1962.8	695.9		1609.3	564.9
1994		2618.6	909.8		2155.2	731.8
1995		3299.5	1232.0		2674.0	929.4
1996		3755.4	1579.2		3009.4	1206.4
1997		4093.6	1733.9		3378.0	1270.5
1998		4210.5	1872.0		3422.5	1250.8
1999		4512.7	1964.9		3511.8	1183.4
2000	2649.4	4735.3	2010.8	1937.8	3854.7	1350.9
2001		5221.3	2133.2		4144.8	1425.1
2002		6175.6	2262.5		4552.6	1517.5
2003		6833.1	2292.1		5005.1	1591.4
2004		7584.0	2629.5		5373.7	1772.2
2005	4668.5	8512.2	2969.7	3293.5	6142.6	2034.3
2006	5409.3	9611.5	3388.9	3848.8	6816.0	2422.0
2007	6492.5	11217.4	4021.4	4675.9	7998.6	2938.2
2008	7637.0	12901.1	4672.1	5420.3	9051.9	3374.9
2009	8426.0	13982.1	5063.8	6065.2	9820.3	3792.9
2010	9520.0	15462.7	5845.5	6831.3	11150.6	4160.5
2011	11206.5	17660.8	6988.7	7967.9	12691.8	4881.1
2012	12772.2	19842.6	7963.3	9103.4	14128.5	5685.8
2013	14203.7	21740.7	8969.1	10002.5	15248.8	6358.7
2014	15695.2	23672.1	9966.1	11000.4	16184.5	7277.2
2015	17124.8	25575.6	10852.9	11835.1	17154.3	7887.4
2016	18443.1	27232.9	11696.7	12712.3	18087.8	8586.6
2017	20170.0	29557.9	12719.2	13729.6	19422.3	9211.5
2018	21963.5	31874.2	13830.7	15168.5	20989.2	10392.0
2019	23902.7	34201.0	15163.7	16331.8	21971.6	11546.0

3-2-17 湖北居民收支主要数据

年份	人均可支配收入(元/人)			人均消费支出(元/人)		
	全体居民	城镇居民	农村居民	全体居民	城镇居民	农村居民
1978		325.0	110.5			107.0
1979		324.4	159.7			148.7
1980		413.7	169.9		369.0	152.7
1981		456.4	217.4		423.0	183.8
1982		481.4	286.1		431.0	227.0
1983		511.2	299.3		465.0	252.5
1984		590.6	392.3		516.0	305.0
1985		704.2	421.2		644.0	334.6
1986		851.3	445.1		751.9	373.5
1987		951.8	460.7		836.0	408.7
1988		1128.1	497.8		1058.8	450.6
1989		1262.6	571.8		1130.6	540.1
1990	888.2	1427.2	670.8	783.7	1220.3	607.6
1991		1592.9	626.9		1380.2	615.4
1992		1874.2	677.8		1577.7	611.8
1993		2438.7	783.2		2097.6	722.1
1994		3346.0	1170.1		2733.1	1013.0
1995		4016.7	1511.2		3433.8	1245.1
1996		4350.2	1863.6		3713.5	1636.4
1997		4673.2	2102.2		3855.6	1660.1
1998		4822.7	2186.5		4066.3	1727.5
1999		5204.8	2246.0		4323.2	1622.7
2000	3607.9	5511.7	2313.1	2839.2	4616.6	1630.4
2001		5837.9	2414.1		4766.6	1758.0
2002		6761.8	2525.0		5552.1	1892.5
2003		7287.4	2669.4		5891.0	1985.7
2004		7978.5	3027.0		6308.2	2345.5
2005	5627.9	8730.4	3268.2	4442.3	6628.3	2779.8
2006	6303.6	9732.8	3631.0	4969.7	7263.3	3182.2
2007	7429.6	11394.2	4276.4	5817.4	8524.6	3664.2
2008	8642.6	13037.0	5018.0	6607.1	9266.1	4413.9
2009	9495.7	14229.1	5463.6	7091.0	10043.9	4575.6
2010	11068.5	15891.2	6374.8	8090.5	11149.2	5113.6
2011	12940.5	18182.6	7539.6	9589.1	12816.9	6263.5
2012	14809.0	20622.6	8582.1	10755.6	14114.0	7158.5
2013	16472.5	22667.9	9691.8	11760.8	15334.5	7849.5
2014	18283.2	24852.3	10849.1	12928.3	16681.4	8680.9
2015	20025.6	27051.5	11843.9	14316.5	18192.3	9803.1
2016	21786.6	29385.8	12725.0	15888.7	20040.0	10938.3
2017	23757.2	31889.4	13812.1	16937.6	21275.6	11632.5
2018	25814.5	34454.6	14977.8	19537.8	23995.9	13946.3
2019	28319.5	37601.4	16390.9	21567.0	26421.8	15328.0

3-2-18 湖南居民收支主要数据

年 份	人均可支配收入(元/人)			人均消费支出(元/人)		
	全体居民	城镇居民	农村居民	全体居民	城镇居民	农村居民
1978		323.9	143.0		289.6	
1979						
1980		475.9	219.7		425.5	192.9
1981		505.1	241.7		465.8	207.6
1982		519.0	284.4		449.4	248.7
1983		564.0	315.7		492.7	273.9
1984		645.0	348.2		540.8	293.2
1985		735.5	395.3		685.3	348.5
1986		904.4	439.7		714.8	386.4
1987		1017.8	471.3		810.7	434.8
1988		1255.0	515.4		1048.8	480.8
1989		1492.6	558.3		1120.9	516.3
1990	803.9	1438.5	664.2	708.5	1162.0	608.7
1991		1714.6	688.9		1380.9	655.5
1992		2094.4	739.4		1653.9	707.8
1993		2687.8	851.9		2087.0	816.6
1994		3887.6	1155.0		3138.2	1088.7
1995		4699.2	1425.2		3885.6	1367.3
1996		5052.1	1792.3		4098.3	1736.7
1997		5209.7	2037.1		4317.2	1815.8
1998		5449.9	2076.1		4389.8	1913.3
1999		5849.4	2150.9		4842.9	1952.0
2000	3344.5	6273.7	2233.7	2917.1	5290.4	2017.1
2001		6861.1	2350.9		5647.8	2092.3
2002		7061.2	2465.3		5701.2	2202.5
2003		7811.1	2618.9		6249.6	2306.4
2004		8798.5	2951.8		7107.8	2703.5
2005	5664.1	9753.8	3262.2	4805.2	7784.3	3055.5
2006	6363.7	10791.0	3567.4	5370.0	8512.7	3385.2
2007	7586.9	12669.5	4134.5	6098.0	9412.7	3846.4
2008	8804.1	14288.2	4808.3	6951.1	10461.5	4393.4
2009	9745.4	15640.8	5261.5	7614.6	11442.9	4703.0
2010	10861.2	17229.3	6062.8	8308.0	12554.9	5108.0
2011	12612.5	19599.0	7082.0	9713.2	14229.8	6137.8
2012	14390.8	22172.8	8023.5	10805.7	15510.2	6956.4
2013	16004.9	24352.0	9028.6	11945.9	16867.3	7832.6
2014	17621.7	26570.2	10060.2	13288.7	18334.7	9024.8
2015	19317.5	28838.1	10992.5	14267.3	19501.4	9690.6
2016	21114.8	31283.9	11930.4	15750.5	21420.0	10629.9
2017	23102.7	33947.9	12935.8	17160.4	23162.6	11533.6
2018	25240.7	36698.3	14092.5	18807.9	25064.2	12720.5
2019	27679.7	39841.9	15394.8	20478.9	26924.0	13968.8

3-2-19 广东居民收支主要数据

年份	人均可支配收入(元/人)			人均消费支出(元/人)		
	全体居民	城镇居民	农村居民	全体居民	城镇居民	农村居民
1978		412.1	193.3		400.0	184.9
1979		416.3	222.7		425.0	205.2
1980		472.6	274.4		485.8	222.2
1981		560.7	325.4		517.4	266.1
1982		631.5	381.8		592.1	312.4
1983		714.2	395.9		660.1	328.8
1984		818.4	425.3		744.4	346.2
1985		954.1	495.3		889.6	388.0
1986		1102.1	546.4		998.9	454.1
1987		1320.9	662.2		1215.8	545.3
1988		1583.1	808.7		1507.0	684.7
1989		2086.2	955.0		1921.1	870.6
1990	1506.2	2303.2	1043.0	1319.0	1983.9	932.6
1991		2752.2	1143.1		2388.8	942.4
1992		3476.7	1307.7		2830.6	1060.3
1993		4632.4	1674.8		3777.4	1391.0
1994		6367.1	2181.5		5181.3	1882.0
1995		7438.7	2699.2		6253.7	2255.0
1996		8157.8	3183.5		6736.1	2584.2
1997		8561.7	3467.7		6853.5	2617.7
1998		8766.3	3513.5		6997.5	2696.9
1999		8975.1	3600.7		7395.5	2672.6
2000	6898.9	9517.7	3612.1	5543.9	7820.9	2686.1
2001		10067.9	3711.5		7839.4	2758.3
2002		10673.3	3836.1		8624.4	2897.5
2003		11758.8	3960.4		9168.7	3018.1
2004		12828.9	4246.9		10087.8	3359.7
2005	10150.3	13783.2	4544.0	8221.4	11043.7	3865.8
2006	11147.0	14815.4	4900.8	8771.1	11530.3	4072.9
2007	12237.6	16227.5	5403.0	9952.4	13177.3	4428.3
2008	13604.5	17929.9	6121.6	10859.5	14151.5	5164.3
2009	14727.7	19431.5	6579.6	11615.2	15233.2	5348.0
2010	16578.8	21332.0	7483.6	12907.4	16565.1	5908.5
2011	18915.7	24009.6	8888.6	14458.8	18144.0	7204.6
2012	21267.6	26981.4	9999.3	16002.4	20065.3	7989.8
2013	23420.7	29537.3	11067.8	17421.0	21621.5	8937.8
2014	25685.0	32148.1	12245.6	19205.5	23611.7	10043.2
2015	27858.9	34757.2	13360.4	20975.7	25673.1	11103.0
2016	30295.8	37684.3	14512.2	23448.4	28613.3	12414.8
2017	33003.3	40975.1	15779.7	24819.6	30197.9	13199.6
2018	35809.9	44341.0	17167.7	26054.0	30924.3	15411.3
2019	39014.3	48117.6	18818.4	28994.7	34424.1	16949.4

3-2-20 广西居民收支主要数据

年份	人均可支配收入(元/人)			人均消费支出(元/人)		
	全体居民	城镇居民	农村居民	全体居民	城镇居民	农村居民
1978		289.2	119.5			
1979						
1980		455.0	173.7			151.1
1981		460.4	203.9		423.0	171.5
1982		427.0	235.3		399.0	210.2
1983		444.0	261.7		427.0	224.1
1984		563.0	267.2		492.0	237.6
1985		745.2	303.0		664.0	268.3
1986		784.0	316.1		739.6	283.9
1987		899.0	354.0		860.8	309.3
1988		1158.0	424.2		1198.1	361.9
1989		1304.0	483.0		1296.5	419.0
1990	780.4	1587.6	639.5	656.1	1338.1	537.0
1991		1794.3	657.7		1641.4	580.8
1992		2103.8	731.7		1739.9	616.3
1993		2895.3	892.1		2303.0	705.0
1994		3981.1	1107.0		3326.8	926.1
1995		4791.9	1446.1		4045.8	1202.9
1996		5033.3	1703.1		4339.4	1399.1
1997		5110.3	1875.3		4452.7	1375.7
1998		5401.5	1992.5		4361.6	1430.3
1999		5597.5	2091.0		4545.2	1489.5
2000	3013.2	5800.2	1920.6	2451.9	4784.9	1537.3
2001		6612.4	2023.5		5127.1	1619.8
2002		7241.9	2116.1		5287.4	1781.7
2003		7691.6	2225.0		5602.3	1871.0
2004		8567.7	2475.5		6233.8	2084.6
2005	4869.5	9137.7	2707.8	3983.1	6768.0	2572.7
2006	5352.8	9720.4	3038.1	4000.7	6507.7	2672.0
2007	6613.7	11952.9	3578.9	4777.6	7767.8	3078.1
2008	7839.3	13829.0	4143.1	5574.3	9125.6	3382.9
2009	8655.1	15073.8	4516.7	6079.9	9765.1	3704.0
2010	9738.8	16612.9	5213.9	6696.6	10783.9	4006.0
2011	11053.6	18355.7	6003.3	7816.3	12058.7	4882.1
2012	12644.5	20681.3	6894.1	8910.0	13368.6	5720.0
2013	14082.3	22689.4	7793.1	9596.5	14470.1	6035.3
2014	15557.1	24669.0	8683.2	10274.3	15045.4	6675.1
2015	16873.4	26415.9	9466.6	11401.0	16321.2	7582.0
2016	18305.1	28324.4	10359.5	12295.2	17268.5	8351.2
2017	19904.8	30502.1	11325.5	13423.7	18348.6	9436.6
2018	21485.0	32436.1	12434.8	14934.8	20159.4	10617.0
2019	23328.2	34744.9	13675.7	16418.3	21590.9	12045.0

3-2-21 海南居民收支主要数据

年 份	人均可支配收入(元/人)			人均消费支出(元/人)		
	全体居民	城镇居民	农村居民	全体居民	城镇居民	农村居民
1978						
1979						
1980						
1981						
1982						
1983						
1984						
1985		778.3			711.0	
1986					863.0	
1987		986.0			921.0	
1988		1196.0	566.6		1030.0	466.3
1989		1367.0	674.3		1196.0	578.2
1990	924.6	1650.0	696.2	761.3	1382.0	565.8
1991		1799.0	730.1		1589.0	560.0
1992		2318.1	842.8		1851.1	671.8
1993		3071.6	992.0		2403.8	725.6
1994		3920.2	1304.5		3013.7	1019.5
1995		4770.4	1519.7		3760.3	1080.5
1996		4926.4	1746.1		3815.3	1289.0
1997		4849.9	1916.9		3908.6	1287.0
1998		4845.1	2026.4		3836.5	1259.4
1999		5320.4	2104.1		4026.6	1288.6
2000	3478.9	5331.7	2208.5	2577.4	4096.1	1536.1
2001		5799.7	2262.0		4387.4	1419.4
2002		6764.3	2472.1		5491.5	1697.8
2003		7184.8	2651.1		5540.6	1762.0
2004		7643.4	2898.2		5849.3	1891.5
2005	5322.2	8013.4	3102.5	3888.5	5983.4	2160.6
2006	6084.1	9250.2	3376.1	4656.7	7201.8	2479.9
2007	7186.1	10806.9	3949.3	5479.0	8390.8	2876.1
2008	8324.7	12367.3	4593.1	6282.6	9531.3	3283.8
2009	9150.9	13465.1	4984.4	6836.7	10230.2	3559.3
2010	10341.7	15229.4	5565.8	7516.9	11095.2	4020.4
2011	12392.1	17954.4	6800.8	8859.3	12837.7	4860.2
2012	14179.8	20445.6	7815.7	10161.2	14679.5	5572.1
2013	15733.3	22411.4	8801.7	11192.9	15833.5	6376.2
2014	17476.5	24486.5	9912.6	12470.6	17513.8	7029.0
2015	18979.0	26356.4	10857.6	13575.0	18448.4	8210.3
2016	20653.4	28453.5	11842.9	14275.4	19015.5	8921.2
2017	22553.2	30817.4	12901.8	15402.7	20371.9	9599.4
2018	24579.0	33348.7	13988.9	17528.4	22971.2	10955.8
2019	26679.5	36016.7	15113.1	19554.9	25316.7	12417.5

3-2-22 重庆居民收支主要数据

年 份	人均可支配收入(元/人)			人均消费支出(元/人)		
	全体居民	城镇居民	农村居民	全体居民	城镇居民	农村居民
1978						
1979		354.5				
1980		411.5				
1981		480.6				
1982		505.2				
1983		535.5				
1984		616.3				
1985		762.4				
1986		984.0				
1987		1108.7				
1988		1277.9				
1989		1449.0				
1990		1691.1				
1991		1891.9				
1992		2195.3				
1993		2780.6				
1994		3634.3				
1995		4375.4				
1996		5023.0	1479.1		4467.1	1328.2
1997		5302.1	1692.4		4919.6	1390.0
1998		5431.3	1803.6		4942.8	1436.2
1999		5818.4	1840.7		5345.1	1425.7
2000	3414.0	6152.2	1900.4	2865.9	5424.0	1451.8
2001		6544.4	1982.2		5658.4	1556.1
2002		7000.3	2112.4		6266.7	1601.2
2003		7773.2	2233.4		6991.3	1716.4
2004		8792.7	2535.5		7806.5	2041.0
2005	5941.6	9699.9	2841.7	5116.8	8417.5	2394.4
2006	6631.8	10878.4	2911.0	5603.0	9146.3	2498.5
2007	7519.8	11757.9	3560.5	6137.5	9596.2	2906.2
2008	8756.3	13321.4	4193.0	7074.1	10781.1	3368.5
2009	9688.0	14502.2	4557.5	7842.8	11709.7	3721.8
2010	10984.0	16032.1	5378.4	8810.1	12818.4	4358.9
2011	13037.5	18516.8	6605.3	10263.5	14394.4	5414.1
2012	14924.3	21002.6	7525.6	11468.0	15931.1	6035.4
2013	16568.7	23058.2	8492.5	12600.2	17123.8	6970.7
2014	18351.9	25147.2	9489.8	13810.6	18279.5	7982.6
2015	20110.1	27238.8	10504.7	15139.5	19742.3	8937.7
2016	22034.1	29610.0	11548.8	16384.8	21030.9	9954.4
2017	24153.0	32193.2	12637.9	17898.1	22759.2	10936.1
2018	26385.8	34889.3	13781.2	19248.5	24154.2	11976.8
2019	28920.4	37938.6	15133.3	20773.9	25785.5	13112.1

3-2-23 四川居民收支主要数据

年 份	人均可支配收入(元/人)			人均消费支出(元/人)		
	全体居民	城镇居民	农村居民	全体居民	城镇居民	农村居民
1978		338.3	116.7		314.2	
1979		369.3			339.8	
1980		391.2	187.9		363.7	159.4
1981		457.1	221.0		396.5	184.1
1982		445.0	256.0		406.8	208.2
1983		493.0	258.4		456.9	231.1
1984		581.0	286.8		516.7	251.8
1985		700.3	315.1		679.7	276.3
1986		849.0	337.9		787.2	310.9
1987		948.0	369.5		889.4	348.3
1988		1130.0	448.9		1086.2	426.5
1989		1349.0	494.1		1183.6	473.6
1990	745.4	1488.0	557.8	664.9	1281.3	509.2
1991		1702.9	590.2		1520.4	552.4
1992		2001.3	634.3		1651.4	569.5
1993		2420.7	698.3		2034.0	647.4
1994		3310.7	946.3		2806.1	904.3
1995		4002.9	1158.3		3429.0	1092.9
1996		4482.7	1459.1		3787.6	1358.0
1997		4763.3	1680.7		4092.6	1440.5
1998		5124.6	1797.2		4377.6	1456.7
1999		5472.7	1859.8		4489.1	1457.6
2000	3000.9	5885.9	1928.8	2430.1	4839.3	1534.9
2001		6348.4	2022.2		5152.7	1565.5
2002		6595.2	2154.5		5382.5	1683.8
2003		7022.0	2289.7		5720.2	1870.2
2004		7684.4	2598.8		6320.5	2185.4
2005	4703.5	8354.2	2905.3	3926.0	6828.6	2496.4
2006	5247.3	9310.2	3126.3	4301.9	7447.7	2659.7
2007	6322.2	11045.1	3711.5	5048.5	8592.3	3089.5
2008	7412.8	12566.5	4333.8	5804.0	9556.7	3561.9
2009	8214.3	13759.1	4713.7	7078.0	10710.0	4785.1
2010	9373.0	15364.3	5399.6	7490.2	11923.4	4550.1
2011	11129.7	17787.0	6505.3	8750.8	13490.8	5458.3
2012	12752.5	20179.8	7431.8	9837.4	14823.7	6265.3
2013	14231.0	22227.5	8380.7	11054.7	16098.2	7364.8
2014	15749.0	24234.4	9347.7	12368.4	17759.9	8301.1
2015	17221.0	26205.3	10247.4	13632.1	19276.8	9250.6
2016	18808.3	28335.3	11203.1	14838.5	20659.8	10191.6
2017	20579.8	30726.9	12226.9	16179.9	21990.6	11396.7
2018	22460.6	33215.9	13331.4	17663.6	23483.9	12723.2
2019	24703.1	36153.7	14670.1	19338.3	25367.4	14055.6

3-2-24　贵州居民收支主要数据

年　份	人均可支配收入(元/人)			人均消费支出(元/人)		
	全体居民	城镇居民	农村居民	全体居民	城镇居民	农村居民
1978		261.3	108.0		247.0	
1979		279.7			274.0	
1980		343.8	161.5		333.0	139.3
1981		452.5	208.8		393.0	162.5
1982		459.7	223.2		404.0	187.0
1983		483.3	224.9		426.0	185.1
1984		558.0	260.7		480.0	208.9
1985		631.3	287.8		618.0	254.6
1986		824.4	303.5		693.5	271.9
1987		912.3	341.8		760.8	304.2
1988		1101.8	397.7		1020.0	359.7
1989		1275.5	430.3		1063.7	407.3
1990	606.6	1326.5	435.1	539.0	1108.6	403.3
1991		1480.5	465.5		1324.9	420.4
1992		1899.6	506.1		1564.3	454.5
1993		2312.8	579.7		1876.2	550.1
1994		3220.5	786.8		2531.8	684.3
1995		3931.5	1086.6		3250.6	930.6
1996		4221.2	1276.7		3572.8	1068.1
1997		4441.9	1298.5		3555.7	1065.7
1998		4563.8	1342.5		3800.8	1103.2
1999		4930.4	1379.5		3967.2	1086.7
2000	2289.7	5116.6	1398.9	1880.1	4282.9	1122.9
2001		5443.9	1445.8		4280.0	1133.6
2002		5933.1	1535.2		4606.5	1183.6
2003		6554.6	1622.2		4959.6	1243.2
2004		7302.9	1796.4		5508.3	1371.5
2005	3625.0	8126.6	1971.0	2872.2	6177.1	1657.8
2006	4016.0	9085.7	2096.9	3157.6	6870.8	1751.9
2007	4816.7	10637.8	2525.9	3691.4	7787.1	2079.6
2008	5532.8	11709.6	2996.4	4123.4	8382.8	2374.4
2009	6098.8	12804.3	3240.0	4594.4	9088.0	2678.6
2010	7225.7	14072.8	3768.2	5506.6	10106.3	3184.0
2011	8594.4	16413.5	4499.2	6452.4	11407.0	3857.4
2012	9850.2	18608.1	5158.6	7247.2	12645.7	4355.2
2013	11083.1	20564.9	5897.8	8288.0	13768.2	5291.1
2014	12371.1	22548.2	6671.2	9303.4	15254.6	5970.3
2015	13696.6	24579.6	7386.9	10413.8	16914.2	6644.9
2016	15121.1	26742.6	8090.3	11931.6	19201.7	7533.3
2017	16703.6	29079.8	8869.1	12969.6	20347.8	8299.0
2018	18430.2	31591.9	9716.1	13798.1	20787.9	9170.2
2019	20397.4	34404.2	10756.3	14780.0	21402.4	10221.7

3-2-25　云南居民收支主要数据

年　份	人均可支配收入(元/人)			人均消费支出(元/人)		
	全体居民	城镇居民	农村居民	全体居民	城镇居民	农村居民
1978		327.7	130.6		303.0	
1979		362.4	125.2		343.0	
1980		420.5	150.1		381.0	124.6
1981		446.4	178.1		412.0	137.8
1982		492.5	231.8		456.0	185.8
1983		532.5	266.6		480.0	223.8
1984		608.2	310.4		527.0	260.6
1985		752.3	338.3		704.0	267.0
1986		871.8	338.1		814.0	305.0
1987		989.4	364.6		883.6	325.7
1988		1156.5	429.7		1143.2	389.2
1989		1305.2	477.9		1140.7	436.2
1990	686.1	1514.8	540.9	602.7	1272.1	485.5
1991		1703.2	572.6		1422.6	501.4
1992		2062.0	618.0		1704.2	536.1
1993		2639.0	674.8		2186.3	625.2
1994		3434.0	803.0		2843.7	764.9
1995		4065.0	1011.0		3448.3	981.1
1996		4978.0	1229.3		4007.5	1209.2
1997		5558.3	1375.5		4537.1	1318.1
1998		6027.0	1396.3		5024.8	1321.7
1999		6147.4	1456.6		4926.8	1287.4
2000	2623.0	6277.2	1508.0	2201.6	5162.5	1298.2
2001		6729.3	1574.7		5222.0	1375.4
2002		7149.3	1662.7		5785.0	1432.6
2003		7528.1	1766.1		5970.5	1468.3
2004		8712.6	1953.8		6766.0	1654.3
2005	4197.2	9077.7	2155.0	3378.7	6914.3	1899.2
2006	4663.6	9839.6	2392.1	3855.3	7281.9	2351.6
2007	5469.5	11202.4	2820.9	4415.1	7805.0	2849.0
2008	6492.2	12876.0	3347.9	5128.7	8928.3	3257.2
2009	7169.5	13980.0	3661.1	5523.9	10019.3	3208.1
2010	8184.2	15528.4	4326.7	6203.9	10859.4	3758.6
2011	9739.1	17955.6	5169.7	7135.3	12010.6	4424.0
2012	11232.7	20371.1	5930.1	8191.7	13614.8	5044.9
2013	12577.9	22460.0	6723.6	8823.8	14862.3	5246.6
2014	13772.2	24299.0	7456.1	9869.5	16268.3	6030.3
2015	15222.6	26373.2	8242.1	11005.4	17675.0	6830.1
2016	16719.9	28610.6	9019.8	11768.8	18622.4	7330.5
2017	18348.3	30995.9	9862.2	12658.1	19559.7	8027.3
2018	20084.2	33487.9	10767.9	14249.9	21626.4	9122.9
2019	22082.4	36237.7	11902.4	15779.8	23454.9	10260.2

3-2-26 西藏居民收支主要数据

年 份	人均可支配收入(元/人)			人均消费支出(元/人)		
	全体居民	城镇居民	农村居民	全体居民	城镇居民	农村居民
1978		565.0				
1979		625.0				
1980		683.0				
1981		715.0			519.0	
1982		768.0			522.0	
1983		840.0			602.0	
1984		915.0			619.0	
1985		983.3	353.0		909.0	269.6
1986		1026.0	343.6		820.0	257.9
1987		1229.0	348.4		1008.0	245.9
1988		1376.0	374.4		1211.0	271.4
1989		1477.0	397.3		1432.0	289.8
1990	760.7	1613.0	649.7			490.8
1991		2381.1	706.7			490.2
1992		2083.0	829.7		1886.7	540.9
1993		2348.0	889.5			638.2
1994		4013.9	976.0			563.6
1995		4000.0	1200.3			896.8
1996		6556.3	1353.3		4536.9	773.0
1997		5135.0	1194.5			805.3
1998		5446.5	1231.2			716.3
1999		6929.6	1308.7		5309.1	781.7
2000	2520.6	7459.2	1329.7	2019.5	5610.2	1153.7
2001		7914.9	1402.5		6117.3	1172.2
2002		8136.9	1460.3		7173.9	1052.4
2003		8840.5	1688.0		8393.9	1094.5
2004		9196.5	1857.6		8786.0	1584.1
2005	3629.5	9537.6	2073.2	3398.0	9169.9	1877.6
2006	3828.4	9053.1	2428.7	3141.3	6635.2	2205.2
2007	4609.5	11288.6	2780.2	3693.1	8164.7	2468.4
2008	5248.6	12676.8	3165.7	3927.3	9118.3	2471.7
2009	5806.5	13775.2	3519.5	4347.0	10000.0	2724.6
2010	6628.3	15258.1	4123.1	4808.8	10831.1	3060.6
2011	7509.6	16495.7	4885.8	5063.3	11628.9	3146.3
2012	8567.6	18362.5	5697.8	5468.0	12507.2	3405.6
2013	9740.4	20394.5	6553.4	6306.8	13678.6	4101.6
2014	10730.2	22015.8	7359.2	7317.0	15669.4	4822.1
2015	12254.3	25456.6	8243.7	8245.8	17022.0	5579.7
2016	13639.2	27802.4	9093.8	9318.7	19440.5	6070.3
2017	15457.3	30671.1	10330.2	10320.1	21087.5	6691.5
2018	17286.1	33797.4	11449.8	11520.2	23029.4	7452.1
2019	19501.3	37410.0	12951.0	13029.2	25636.7	8417.9

3-2-27 陕西居民收支主要数据

年　份	人均可支配收入(元/人)			人均消费支出(元/人)		
	全体居民	城镇居民	农村居民	全体居民	城镇居民	农村居民
1978		310.0	133.0		268.0	
1979						
1980		407.0	142.5		371.0	139.8
1981		427.0	177.2		379.0	148.5
1982		452.0	218.3		392.0	168.9
1983		488.0	236.1		417.0	203.4
1984		552.0	262.5		457.0	214.4
1985		650.0	295.3		585.0	233.4
1986		814.0	299.0		697.6	262.6
1987		905.0	329.5		772.0	285.8
1988		1040.0	404.1		983.3	345.1
1989		1239.0	433.7		1065.8	382.5
1990	711.4	1369.4	530.0	614.9	1117.2	477.1
1991		1498.4	534.0		1290.3	486.8
1992		1705.0	558.8		1405.3	497.8
1993		2101.7	653.0		1714.0	559.6
1994		2684.0	804.8		2245.7	736.6
1995		3309.7	962.9		2837.7	913.7
1996		3809.6	1165.1		3211.2	1097.6
1997		4001.3	1273.3		3462.3	1215.5
1998		4213.3	1415.1		3534.2	1191.5
1999		4638.3	1475.0		3943.2	1181.3
2000	2637.4	5098.1	1471.7	2241.5	4260.3	1285.1
2001		5446.6	1529.1		4614.1	1379.9
2002		6276.6	1648.0		5343.2	1560.8
2003		6736.7	1741.1		5622.8	1536.9
2004		7403.0	1952.6		6176.9	1725.5
2005	4394.5	8159.1	2161.7	3735.4	6588.1	2043.4
2006	5028.6	9125.1	2396.3	4365.8	7465.6	2373.9
2007	5973.9	10578.4	2824.0	5050.3	8318.2	2814.9
2008	7263.4	12613.3	3373.5	5972.0	9632.5	3310.3
2009	8121.8	13836.4	3722.1	6707.9	10539.1	3758.3
2010	9411.8	15343.4	4477.2	7625.3	11622.7	4299.8
2011	11229.2	17836.2	5483.8	9025.6	13550.5	5090.8
2012	12884.9	20269.1	6285.0	10175.5	15074.4	5796.8
2013	14371.5	22345.9	7092.2	11217.3	16398.6	6487.6
2014	15836.7	24365.8	7932.2	12203.6	17546.0	7252.4
2015	17395.0	26420.2	8688.9	13087.2	18463.9	7900.7
2016	18873.7	28440.1	9396.4	13943.0	19368.9	8567.7
2017	20635.2	30810.3	10264.5	14899.7	20388.2	9305.6
2018	22528.3	33319.3	11212.8	16159.7	21966.4	10070.8
2019	24666.3	36098.2	12325.7	17464.9	23514.3	10934.7

3-2-28 甘肃居民收支主要数据

年 份	人均可支配收入(元/人)			人均消费支出(元/人)		
	全体居民	城镇居民	农村居民	全体居民	城镇居民	农村居民
1978		407.5	101.0			
1979		418.1	112.0			
1980		403.4	153.3		399.0	126.6
1981		447.7	158.6		433.3	135.2
1982		473.5	174.2		447.4	141.1
1983		490.6	213.1		482.3	162.7
1984		571.9	221.1		552.2	178.4
1985		640.8	257.0		625.2	204.6
1986		776.8	283.0		737.2	232.8
1987		870.5	303.0		829.0	252.8
1988		978.9	345.0		1026.5	277.0
1989		1132.7	376.0		1065.4	296.4
1990	599.5	1197.0	431.0	491.3	1030.6	339.3
1991		1369.0	446.4		1270.2	403.4
1992		1707.8	489.5		1457.4	419.7
1993		2002.5	551.0		1679.7	537.8
1994		2658.1	723.7		2209.1	674.2
1995		3152.5	880.3		2617.7	915.3
1996		3353.9	1100.6		2838.5	986.3
1997		3592.4	1210.0		2946.3	976.3
1998		4024.2	1403.3		3105.6	949.4
1999		4507.9	1432.7		3697.4	898.9
2000	2299.2	4969.9	1458.0	1847.6	4153.2	1121.3
2001		5461.1	1549.9		4458.2	1179.3
2002		6264.0	1644.9		5118.9	1219.9
2003		6803.0	1742.2		5366.9	1431.8
2004		7565.5	1942.4		6026.4	1587.0
2005	3961.7	8323.4	2090.5	3392.4	6641.3	1998.7
2006	4428.3	9214.7	2268.9	3630.1	7108.5	2060.7
2007	5036.9	10380.2	2493.4	4130.2	8044.9	2266.8
2008	5782.2	11413.2	2938.0	4669.8	8504.3	2732.9
2009	6453.7	12456.7	3237.0	5257.6	9118.9	3188.4
2010	7358.0	13820.5	3747.2	5846.3	10171.0	3429.9
2011	8463.1	15706.8	4277.6	6919.5	11500.3	4272.7
2012	9767.7	17978.9	4931.1	7936.9	13205.0	4833.9
2013	10954.4	19873.4	5588.8	8943.4	14411.3	5653.9
2014	12184.7	21803.9	6276.6	9874.6	15942.3	6147.8
2015	13466.6	23767.1	6936.2	10950.8	17450.9	6829.8
2016	14670.3	25693.5	7456.9	12254.2	19539.2	7487.0
2017	16011.0	27763.4	8076.1	13120.1	20659.4	8029.7
2018	17488.4	29957.0	8804.1	14624.0	22606.0	9064.6
2019	19139.0	32323.4	9628.9	15879.1	24453.9	9694.0

3-2-29 青海居民收支主要数据

年份	人均可支配收入(元/人)			人均消费支出(元/人)		
	全体居民	城镇居民	农村居民	全体居民	城镇居民	农村居民
1978			113.0			
1979						
1980			128.8			
1981		454.8	158.3			153.5
1982			201.4			152.7
1983			252.5		450.0	202.0
1984		684.8	294.2		581.0	225.2
1985		746.6	343.0		679.0	274.7
1986		1002.2	369.2		777.2	313.5
1987		1084.0	392.2		828.4	344.9
1988		1153.8	492.8		1048.1	399.5
1989		1274.9	457.5		1069.4	413.3
1990	759.1	1321.4	559.8	643.0	1117.8	474.8
1991		1448.8	555.6		1272.2	486.3
1992		1806.5	603.4		1533.4	495.9
1993		2127.3	672.6		1869.6	638.5
1994		2812.8	869.3		2422.1	745.7
1995		3319.9	1029.8		2870.1	913.8
1996		3834.2	1173.8		3177.8	1052.3
1997		3999.4	1320.6		3300.5	1085.4
1998		4253.6	1429.4		3630.6	1135.1
1999		4734.1	1475.9		4014.1	1168.8
2000	2706.1	5220.8	1504.4	2274.5	4363.5	1276.3
2001		5931.4	1576.7		4969.1	1416.8
2002		6272.2	1695.1		5406.6	1499.2
2003		6878.9	1828.0		5870.2	1719.4
2004		7489.0	2001.2		6346.2	1873.8
2005	4587.0	8271.5	2206.5	4104.6	6978.3	2247.9
2006	5113.2	9269.9	2426.5	4433.9	7395.0	2519.9
2007	5915.9	10620.1	2770.7	5183.8	8633.7	2877.2
2008	6807.6	12071.0	3171.1	5951.8	9547.8	3467.3
2009	7553.1	13204.5	3477.5	6619.2	10381.7	3905.8
2010	8658.5	14461.7	4028.0	7712.6	11519.5	4675.0
2011	10024.1	16286.6	4805.7	9031.7	13127.1	5619.1
2012	11470.2	18335.5	5594.0	10385.5	14793.6	6612.6
2013	12947.8	20352.4	6461.6	11576.5	16223.4	7505.9
2014	14374.0	22306.6	7282.7	12604.8	17492.9	8235.1
2015	15812.7	24542.3	7933.4	13611.3	19200.6	8566.5
2016	17301.8	26757.4	8664.4	14774.7	20853.2	9222.2
2017	19001.0	29168.9	9462.3	15503.1	21473.0	9902.7
2018	20757.3	31514.5	10393.3	16557.2	22997.5	10352.4
2019	22617.7	33830.3	11499.4	17544.8	23799.2	11343.1

3-2-30 宁夏居民收支主要数据

年 份	人均可支配收入(元/人)			人均消费支出(元/人)		
	全体居民	城镇居民	农村居民	全体居民	城镇居民	农村居民
1978		346.1	115.9		300.0	
1979		358.0			383.0	
1980		464.2	178.1		403.3	135.5
1981		481.0	202.4		423.0	141.7
1982		521.0	229.2		471.4	179.4
1983		529.8	288.7		448.6	208.9
1984		628.7	313.2		532.7	231.6
1985		697.4	321.2		645.1	265.2
1986		884.4	374.5		747.2	301.2
1987		951.4	382.7		791.8	334.7
1988		1084.3	472.5		1013.6	398.3
1989		1235.6	521.9		1089.2	460.8
1990	797.4	1421.3	578.1	673.1	1211.8	483.7
1991		1565.2	590.0		1346.7	508.3
1992		1820.7	591.0		1505.6	544.6
1993		2170.6	636.4		1877.4	556.6
1994		2985.9	867.0		2477.8	806.7
1995		3382.8	998.7		2867.7	1063.2
1996		3612.1	1397.8		3039.0	1235.7
1997		3836.5	1512.5		3271.3	1249.6
1998		4107.4	1733.9		3387.4	1331.4
1999		4461.9	1778.8		3564.1	1276.5
2000	2776.7	4894.2	1759.7	2337.9	4230.5	1429.0
2001		5516.5	1873.3		4639.3	1404.0
2002		6029.6	1983.7		5166.2	1437.6
2003		6481.8	2128.6		5406.6	1664.7
2004		7155.0	2434.8		5918.7	1965.4
2005	4918.3	8012.9	2651.5	3996.3	6527.0	2142.6
2006	5576.4	9074.0	2937.9	4479.4	7361.7	2305.1
2007	6629.6	10722.6	3411.0	4980.6	8005.6	2601.9
2008	7924.0	12751.4	3977.6	6172.4	9814.6	3194.8
2009	8742.0	13812.5	4405.3	6745.7	10580.5	3465.9
2010	9863.6	15093.2	5125.3	7745.4	11693.8	4167.8
2011	11479.5	17291.0	5931.2	9009.6	13304.9	4908.8
2012	13104.3	19506.6	6775.7	10009.5	14513.2	5557.6
2013	14565.8	21475.7	7598.7	11292.0	15806.9	6739.8
2014	15906.8	23284.6	8410.0	12484.5	17216.2	7676.5
2015	17329.1	25186.0	9118.7	13815.6	18983.9	8414.9
2016	18832.3	27153.0	9851.6	14965.4	20364.2	9138.4
2017	20561.7	29472.3	10737.9	15350.3	20219.5	9982.1
2018	22400.4	31895.2	11707.6	16715.1	21976.7	10789.6
2019	24411.9	34328.5	12858.4	18296.8	24161.0	11464.6

3-2-31 新疆居民收支主要数据

年份	人均可支配收入(元/人)			人均消费支出(元/人)		
	全体居民	城镇居民	农村居民	全体居民	城镇居民	农村居民
1978		319.0	119.2			
1979						
1980		427.1	198.0			150.6
1981		580.9	235.8		446.0	168.6
1982		513.0	227.1		456.0	203.1
1983		547.9	307.3		472.0	228.0
1984		648.7	362.7		564.0	251.4
1985		697.3	394.3		651.0	290.4
1986		842.8	419.9		721.9	317.5
1987		920.4	452.7		765.1	359.8
1988		1067.7	496.5		955.6	414.3
1989		1175.8	545.6		977.4	452.7
1990	923.1	1420.8	683.5	701.0	1104.4	506.8
1991		1613.5	703.2		1261.0	579.6
1992		1951.9	740.4		1490.5	610.7
1993		2423.0	777.6		1834.7	703.6
1994		3170.3	946.8		2478.5	850.3
1995		4163.4	1136.5		3186.8	941.6
1996		4649.9	1290.0		3457.1	1346.6
1997		4844.7	1504.4		3887.1	1395.0
1998		5022.6	1608.9		3740.3	1466.5
1999		5367.0	1488.2		4228.1	1309.1
2000	3023.6	5720.6	1643.8	2375.4	4526.2	1275.1
2001		6511.9	1747.1		5088.1	1408.8
2002		7057.8	1913.8		5864.6	1489.5
2003		7370.3	2175.9		5806.8	1563.2
2004		7743.3	2331.9		6097.6	1825.1
2005	4706.7	8282.8	2593.0	3777.1	6607.9	2103.8
2006	5290.0	9239.4	2875.7	4134.3	7221.4	2247.0
2007	6272.8	10794.2	3363.8	4937.5	8522.2	2631.1
2008	7012.3	12021.2	3722.9	5590.5	9459.0	3050.0
2009	7656.3	12948.1	4150.4	6122.5	10258.0	3382.6
2010	9042.1	14479.8	4992.7	7126.0	11304.9	4014.0
2011	10442.9	16464.2	5852.5	8574.6	13125.6	5105.1
2012	12151.2	19018.7	6875.8	10171.1	15400.9	6153.8
2013	13669.6	21091.5	7846.6	11391.8	16858.1	7103.1
2014	15096.6	23214.0	8723.8	11903.7	17684.5	7365.3
2015	16859.1	26274.7	9425.1	12867.4	19414.7	7697.9
2016	18354.7	28463.4	10183.2	14066.5	21228.5	8277.0
2017	19975.1	30774.8	11045.3	15087.3	22796.9	8712.6
2018	21500.2	32763.5	11974.5	16189.1	24191.4	9421.3
2019	23103.4	34663.7	13121.7	17396.6	25594.2	10318.4

4

全国及分地区农村住户固定资产投资情况

一、农村住户固定资产投资和结构

4-1-1 2014-2019年全国农村住户固定资产投资情况

单位：亿元

指 标	2014年	2015年	2016年	2017年	2018年	2019年
农村住户固定资产投资完成额	**10755.8**	**10409.8**	**9964.9**	**9554.4**	**10039.2**	**9396.2**
一、按投资构成分						
1.建筑工程	8620.4	8426.4	7903.0	7339.9	7632.1	7065.7
#水利	38.4	41.4	36.9	40.9	54.5	51.5
住宅	7726.8	7501.7	7010.3	6424.3	6645.4	5991.9
2.安装工程	13.7	8.8	8.0	7.9	7.9	7.7
3.设备工具器具购置	1617.7	1587.4	1529.1	1589.9	1622.0	1567.5
#生产设备	1557.2	1562.9	1515.6	1575.9	1608.3	1536.5
4.其他	503.9	387.2	524.9	616.7	777.3	755.3
二、按投资方向分						
#农林牧渔业	1999.8	1980.3	2079.2	2069.7	2254.1	2286.9
采矿业	1.7	0.6	0.6	1.2	1.6	1.7
制造业	127.5	137.0	126.1	94.3	127.3	135.6
电力、燃气及水的生产和供应业	4.7	13.1	11.8	11.4	14.8	16.6
建筑业	91.7	59.9	37.5	191.0	68.8	106.8
批发和零售业	247.6	243.5	227.8	238.1	309.5	262.4
交通运输、仓储和邮政业	326.1	225.2	261.9	264.0	324.1	239.3
住宿和餐饮业	41.3	42.4	28.9	38.3	119.4	71.7
房地产业	7789.9	7578.1	7075.7	6491.9	6681.4	6031.2
租赁和商务服务业	11.6	12.1	26.2	52.9	34.8	53.1
居民服务和其他服务业	96.1	102.1	74.3	66.5	79.8	77.4

注：表4-1-1到4-3-7为农村住户固定资产投资抽样调查资料。

4-1-2 2014年分地区农村住户固定资产投资结构情况

单位：亿元

地　区	投资额	建筑工程	#住宅	设备工具器具购置	#生产设备
全　国	**10755.8**	**8620.4**	**7726.8**	**1617.7**	**1557.2**
北　京	50.8	48.7	45.9	1.1	1.1
天　津	27.8	19.9	8.3	6.2	6.2
河　北	524.7	458.1	414.5	56.1	56.1
山　西	319.1	223.1	213.6	80.5	80.5
内蒙古	154.0	90.2	67.5	53.4	53.4
辽　宁	304.0	216.3	188.9	59.0	59.0
吉　林	231.7	68.6	53.6	143.7	143.7
黑龙江	291.1	112.6	87.0	164.9	136.2
上　海	3.5	3.5	3.4	0.0	0.0
江　苏	385.9	341.3	265.5	28.5	
浙　江	708.0	650.1	612.8	54.8	54.8
安　徽	619.3	475.8	439.7	106.9	106.9
福　建	308.1	264.0	247.9	38.2	38.1
江　西	432.9	383.0	371.7	30.9	30.9
山　东	896.4	626.5	432.5	228.7	228.7
河　南	769.9	691.1	602.3	70.7	70.7
湖　北	473.6	404.1	365.3	46.6	46.6
湖　南	694.4	599.3	562.6	68.6	68.6
广　东	450.9	434.0	417.8	9.6	9.6
广　西	555.6	403.3	388.2	88.8	88.8
海　南	72.8	67.3	64.4	4.7	4.7
重　庆	144.6	122.0	112.8	9.5	9.5
四　川	656.4	573.7	534.2	42.1	42.1
贵　州	247.3	198.1	189.4	21.8	21.8
云　南	424.7	341.9	318.3	39.3	39.3
西　藏					
陕　西	351.7	295.6	262.5	45.0	45.0
甘　肃	124.5	87.2	64.5	29.3	26.0
青　海	72.3	58.9	55.2	11.1	11.1
宁　夏	79.9	51.2	50.2	25.6	25.6
新　疆	380.0	311.3	286.3	52.0	52.0

4-1-3　2015年分地区农村住户固定资产投资结构情况

单位：亿元

地　区	投资额	建筑工程		设备工具器具购置	
			#住宅		#生产设备
全　国	**10409.8**	**8426.4**	**7501.7**	**1587.4**	**1562.9**
北　京	50.0	46.6	44.7	1.8	1.8
天　津	17.4	11.3	7.1	5.4	5.4
河　北	542.5	456.9	402.4	77.8	77.8
山　西	329.6	228.7	217.0	86.3	86.3
内蒙古	173.1	106.5	91.0	53.0	53.0
辽　宁	277.5	197.7	133.7	52.1	52.1
吉　林	196.7	109.5	97.8	71.5	71.5
黑龙江	298.7	112.8	104.2	170.0	170.0
上　海	3.3	3.0	2.8	0.3	0.3
江　苏	341.7	299.5	248.3	39.1	39.1
浙　江	658.6	621.7	572.1	35.0	35.0
安　徽	582.0	435.5	409.6	142.8	142.8
福　建	327.4	290.4	276.8	31.5	22.2
江　西	394.2	354.2	331.8	30.3	30.3
山　东	931.0	652.2	444.1	258.1	251.2
河　南	709.1	641.4	556.9	59.6	57.6
湖　北	477.5	399.6	353.1	63.7	63.7
湖　南	720.9	625.5	567.2	69.7	69.7
广　东	392.6	367.5	358.7	23.0	23.0
广　西	572.8	417.1	399.5	81.7	81.7
海　南	95.8	92.4	87.6	2.0	2.0
重　庆	145.1	125.9	110.4	7.0	7.0
四　川	560.3	479.9	432.9	50.8	50.8
贵　州	268.8	211.3	201.9	36.1	36.1
云　南	431.2	373.2	346.5	30.0	30.0
西　藏					
陕　西	351.2	310.5	293.6	28.6	28.6
甘　肃	127.6	87.3	66.8	33.8	27.6
青　海	66.5	53.2	49.7	11.9	11.9
宁　夏	79.0	63.1	57.3	8.9	8.9
新　疆	287.6	251.9	236.4	25.7	25.7

4-1-4 2016年分地区农村住户固定资产投资结构情况

单位：亿元

地　区	投资额	建筑工程	#住宅	设备工具器具购置	#生产设备
全　国	**9964.9**	**7903.0**	**7010.3**	**1529.1**	**1515.6**
北　京	55.2	53.4	51.0	0.8	0.8
天　津	23.0	12.2	9.7	9.3	9.3
河　北	409.9	357.4	295.2	42.8	42.8
山　西	338.6	229.7	217.3	93.5	93.5
内蒙古	186.1	121.2	97.4	46.4	46.4
辽　宁	255.9	168.2	112.7	57.2	57.2
吉　林	150.0	55.4	40.9	64.5	64.5
黑龙江	215.8	53.2	39.2	141.1	141.1
上　海	4.2	4.2	4.1	0.0	0.0
江　苏	292.4	204.7	190.3	44.4	44.4
浙　江	705.1	640.0	597.7	56.5	56.5
安　徽	456.0	344.2	304.1	106.3	106.3
福　建	309.4	232.5	220.1	62.5	62.5
江　西	315.5	272.9	253.4	36.9	36.9
山　东	958.4	684.2	463.2	261.9	254.9
河　南	661.2	584.3	535.0	61.7	61.7
湖　北	507.8	423.3	382.6	42.2	42.2
湖　南	664.9	578.7	536.5	75.9	75.9
广　东	356.3	337.4	325.4	16.4	16.4
广　西	583.8	445.5	416.3	85.3	85.3
海　南	143.4	130.3	122.8	11.5	11.5
重　庆	116.3	104.5	85.0	4.5	4.5
四　川	582.2	488.3	434.2	46.0	46.0
贵　州	274.8	192.7	185.6	35.3	35.3
云　南	456.9	387.4	356.4	30.4	30.4
西　藏					
陕　西	350.4	322.3	302.9	17.3	17.3
甘　肃	129.9	87.5	67.9	35.9	29.5
青　海	72.5	63.6	61.0	3.1	3.1
宁　夏	85.2	61.1	56.4	17.5	17.5
新　疆	303.7	262.7	246.1	21.7	21.7

4-1-5 2017年分地区农村住户固定资产投资结构情况

单位：亿元

地　区	投资额	建筑工程	#住宅	设备工具器具购置	#生产设备
全　国	**9554.4**	**7339.9**	**6424.3**	**1589.9**	**1575.9**
北　京	63.1	59.3	56.2	0.3	0.3
天　津	14.2	7.2	5.5	6.1	6.1
河　北	394.6	335.1	284.3	38.8	38.8
山　西	318.4	202.1	197.2	101.6	101.6
内蒙古	185.3	117.8	90.7	33.7	33.7
辽　宁	232.0	149.5	101.5	54.5	54.5
吉　林	153.0	56.4	42.1	72.0	72.0
黑龙江	212.3	51.4	35.8	145.4	145.4
上　海	5.7	5.7	5.1	0.0	0.0
江　苏	276.8	178.3	166.1	50.2	50.2
浙　江	570.0	500.4	490.2	25.6	25.6
安　徽	458.7	356.9	311.2	96.0	95.0
福　建	305.9	257.4	237.7	15.8	15.8
江　西	314.9	265.2	245.0	43.8	43.8
山　东	966.7	690.8	454.1	265.5	258.0
河　南	606.6	524.1	463.8	44.0	44.0
湖　北	409.8	331.0	310.1	62.0	62.0
湖　南	631.1	544.2	505.7	68.8	68.8
广　东	357.8	322.1	304.1	24.0	24.0
广　西	590.8	451.7	420.9	81.7	81.7
海　南	119.0	114.5	109.9	3.2	3.2
重　庆	96.5	83.3	70.6	9.3	9.3
四　川	666.2	558.8	456.1	58.1	58.1
贵　州	215.8	142.0	138.3	33.9	33.9
云　南	461.1	307.3	281.1	134.4	134.4
西　藏					
陕　西	351.2	299.0	266.3	38.2	38.2
甘　肃	131.4	88.1	68.4	36.6	30.1
青　海	63.7	49.2	47.7	12.9	12.9
宁　夏	88.3	68.1	61.5	13.4	13.4
新　疆	293.5	223.1	197.0	20.1	20.1

4-1-6 2018年分地区农村住户固定资产投资结构情况

单位：亿元

地区	投资额	建筑工程	#住宅	设备工具器具购置	#生产设备
全国	**10039.2**	**7632.1**	**6645.4**	**1622.0**	**1608.3**
北京	63.2	61.2	60.1	1.7	1.7
天津	17.6	9.9	7.0	5.6	5.6
河北	362.3	274.7	238.6	39.9	39.9
山西	257.7	148.2	138.9	96.3	96.3
内蒙古	166.0	63.8	43.0	61.4	61.4
辽宁	205.8	131.1	87.6	50.6	50.6
吉林	151.7	46.8	30.9	73.2	73.2
黑龙江	217.8	53.5	32.0	148.3	148.3
上海	6.5	6.3	6.1	0.2	0.2
江苏	258.0	156.8	137.7	55.3	55.3
浙江	863.6	796.3	749.8	41.9	41.9
安徽	554.9	439.2	408.8	84.9	84.9
福建	301.1	242.0	231.3	17.9	17.9
江西	308.6	260.0	200.9	41.8	41.8
山东	958.6	682.9	440.7	264.8	256.4
河南	629.2	542.4	466.0	52.2	52.2
湖北	501.8	406.4	377.9	39.3	39.3
湖南	705.7	568.8	524.3	107.9	107.9
广东	368.3	310.8	304.8	19.5	19.5
广西	596.2	454.9	423.4	83.3	83.3
海南	97.4	91.4	80.7	2.4	2.4
重庆	95.5	67.8	54.9	11.1	11.1
四川	678.8	584.7	493.7	56.0	56.0
贵州	280.5	187.0	179.1	60.3	60.3
云南	469.6	422.2	388.6	27.7	27.7
西藏					
陕西	358.3	277.7	224.9	56.5	56.5
甘肃	132.3	87.8	71.4	37.7	32.4
青海	54.4	45.5	42.8	4.4	4.4
宁夏	89.6	54.9	54.1	33.3	33.3
新疆	288.2	157.3	145.3	46.7	46.7

4-1-7 2019年分地区农村住户固定资产投资结构情况

单位：亿元

地　区	投资额	建筑工程	#住宅	设备工具器具购置	#生产设备
全　国	**9396.2**	**7065.7**	**5991.9**	**1567.5**	**1536.5**
北　京	76.8	73.5	72.6	2.0	2.0
天　津	18.0	8.7	5.1	8.1	8.1
河　北	316.8	231.2	205.3	52.3	52.3
山　西	178.9	97.2	86.8	70.8	70.8
内蒙古	154.2	68.7	44.0	45.8	48.8
辽　宁	221.0	112.9	53.9	58.3	58.3
吉　林	114.1	24.6	18.6	45.4	45.4
黑龙江	221.2	44.7	31.7	135.8	135.8
上　海	6.9	6.4	6.2	0.5	0.5
江　苏	236.5	149.2	128.5	45.3	45.3
浙　江	665.0	576.5	544.4	37.9	37.9
安　徽	501.6	406.5	369.5	59.8	59.8
福　建	248.1	218.8	209.5	19.9	19.9
江　西	345.9	285.1	274.1	54.0	54.0
山　东	943.8	671.1	426.4	261.4	251.7
河　南	580.1	463.4	415.3	73.7	73.7
湖　北	433.8	367.1	270.5	59.1	59.1
湖　南	638.9	537.3	491.6	80.6	80.6
广　东	423.4	407.2	389.6	12.2	12.2
广　西	619.4	437.6	409.6	103.2	103.2
海　南	117.0	110.2	97.3	4.3	4.3
重　庆	90.5	58.1	43.6	16.6	16.6
四　川	630.5	555.7	478.4	35.0	35.0
贵　州	215.5	135.7	124.1	42.3	42.3
云　南	479.9	401.7	367.5	29.8	30.2
西　藏					
陕　西	355.1	292.6	147.7	47.6	47.6
甘　肃	136.6	90.0	73.0	39.4	14.8
青　海	73.5	56.5	52.5	10.6	10.6
宁　夏	65.3	29.8	20.3	17.9	17.9
新　疆	288.0	147.6	134.3	97.8	97.8

二、农村住户固定资产投资和投向

4-2-1 2014-2019年分地区农村住户固定资产投资完成额

单位：亿元

地　　区	2014年	2015年	2016年	2017年	2018年	2019年
全　　国	**10755.8**	**10409.8**	**9964.9**	**9554.4**	**10039.2**	**9396.2**
北　　京	50.8	50.0	55.2	63.1	63.2	76.8
天　　津	27.8	17.4	23.0	14.2	17.6	18.0
河　　北	524.7	542.5	409.9	394.6	362.3	316.8
山　　西	319.1	329.6	338.6	318.4	257.7	178.9
内 蒙 古	154.0	173.1	186.1	185.3	166.0	154.2
辽　　宁	304.0	277.5	255.9	232.0	205.8	221.0
吉　　林	231.7	196.7	150.0	153.0	151.7	114.1
黑 龙 江	291.1	298.7	215.8	212.3	217.8	221.2
上　　海	3.5	3.3	4.2	5.7	6.5	6.9
江　　苏	385.9	341.7	292.4	276.8	258.0	236.5
浙　　江	708.0	658.6	705.1	570.0	863.6	665.0
安　　徽	619.3	582.0	456.0	458.7	554.9	501.6
福　　建	308.1	327.4	309.4	305.9	301.1	248.1
江　　西	432.9	394.2	315.5	314.9	308.6	345.9
山　　东	896.4	931.0	958.4	966.7	958.6	943.8
河　　南	769.9	709.1	661.2	606.6	629.2	580.1
湖　　北	473.6	477.5	507.8	409.8	501.8	433.8
湖　　南	694.4	720.9	664.9	631.1	705.7	638.9
广　　东	450.9	392.6	356.3	357.8	368.3	423.4
广　　西	555.6	572.8	583.8	590.8	596.2	619.4
海　　南	72.8	95.8	143.4	119.0	97.4	117.0
重　　庆	144.6	145.1	116.3	96.5	95.5	90.5
四　　川	656.4	560.3	582.2	666.2	678.8	630.5
贵　　州	247.3	268.8	274.8	215.8	280.5	215.5
云　　南	424.7	431.2	456.9	461.1	469.6	479.9
西　　藏						
陕　　西	351.7	351.2	350.4	351.2	358.3	355.1
甘　　肃	124.5	127.6	129.9	131.4	132.3	136.6
青　　海	72.3	66.5	72.5	63.7	54.4	73.5
宁　　夏	79.9	79.0	85.2	88.3	89.6	65.3
新　　疆	380.0	287.6	303.7	293.5	288.2	288.0

4-2-2 2014年分地区农村住户固定资产投资投向情况

单位：亿元

地区	投资额	农林牧渔业	制造业	建筑业	交通运输、仓储和邮政业	房地产业	居民服务和其他服务业
全国	**10755.8**	**1999.8**	**127.5**	**91.7**	**326.1**	**7789.9**	**96.1**
北京	50.8	3.3	0.0	0.3	0.5	45.9	0.0
天津	27.8	2.6	13.3	0.0	1.1	8.3	0.4
河北	524.7	83.4	0.0		21.9	414.5	0.9
山西	319.1	59.0	0.3	0.8	31.1	213.6	2.9
内蒙古	154.0	82.6				67.5	0.7
辽宁	304.0	89.8	2.8	12.4	7.6	160.8	8.0
吉林	231.7	176.5	0.0	0.1	0.9	53.6	0.3
黑龙江	291.1	158.7		0.6	25.7	87.0	0.0
上海	3.5	0.1				3.4	
江苏	385.9	69.9	36.1	0.6	0.7	275.5	0.3
浙江	708.0	41.5	6.0	32.9	7.4	612.8	0.6
安徽	619.3	125.0	5.4	2.0	38.0	439.7	2.8
福建	308.1	30.6	2.8	3.7		247.9	0.3
江西	432.9	43.4	0.6	3.8		371.7	1.5
山东	896.4	272.7	47.8	1.8		472.5	9.6
河南	769.9	78.4	6.0	4.8	33.3	612.2	27.0
湖北	473.6	76.2	0.3	0.5	30.2	365.3	0.2
湖南	694.4	80.7	0.4	8.4		562.6	1.4
广东	450.9	26.6	0.0	0.0		417.8	0.9
广西	555.6	110.7	3.2	0.5	25.9	388.2	22.5
海南	72.8	4.7	0.2	1.9		64.4	0.0
重庆	144.6	21.2	0.0	0.9	2.7	113.2	1.0
四川	656.4	65.9	1.3	1.5	45.1	532.0	5.7
贵州	247.3	36.5	0.2	6.6		189.4	1.2
云南	424.7	72.2	0.0	0.2	25.4	318.5	1.1
西藏							
陕西	351.7	63.2	0.4	1.2	15.0	269.0	0.6
甘肃	124.5	21.3		3.3		87.4	5.1
青海	72.3	6.1		2.3		58.7	0.4
宁夏	79.9	15.5	0.5		13.6	50.2	
新疆	380.0	81.6		0.7		286.3	0.6

4-2-3 2015年分地区农村住户固定资产投资投向情况

单位：亿元

地区	投资额						
		农林牧渔业	制造业	建筑业	交通运输、仓储和邮政业	房地产业	居民服务和其他服务业
全国	**10409.8**	**1980.3**	**137.0**	**59.9**	**225.2**	**7578.1**	**102.1**
北京	50.0	1.7	0.2	0.1	0.3	44.7	0.0
天津	17.4	1.5	5.7	0.2	1.4	7.1	0.5
河北	542.5	89.7	1.1	1.6	41.8	402.4	1.4
山西	329.6	63.6	0.3	0.7	32.0	217.1	3.3
内蒙古	173.1	72.9				91.0	2.9
辽宁	277.5	91.0	2.8	11.2	8.2	133.7	8.7
吉林	196.7	91.8	0.0	0.0	5.7	97.8	0.3
黑龙江	298.7	172.6	1.3	0.7	9.4	104.9	0.0
上海	3.3	0.5				2.8	0.0
江苏	341.7	69.1	20.2		3.5	248.3	
浙江	658.6	53.8	29.9	0.1	1.4	572.1	0.1
安徽	582.0	140.9	2.9	0.6	9.8	409.6	0.5
福建	327.4	21.8	5.7	4.1		277.0	2.5
江西	394.2	46.2	1.5	3.7	5.0	331.8	4.5
山东	931.0	295.2	47.2	1.8		482.4	9.9
河南	709.1	72.5	6.6	4.6	31.2	559.3	23.3
湖北	477.5	103.9	3.6	0.2	15.1	353.1	1.3
湖南	720.9	100.0	3.5	1.1		567.2	1.9
广东	392.6	24.8		0.0		358.8	1.9
广西	572.8	112.8	3.2	0.6	23.8	399.5	29.2
海南	95.8	6.9		1.3		87.6	
重庆	145.1	19.7	0.0	2.3	2.7	110.4	0.5
四川	560.3	98.3		2.7	13.3	432.9	2.0
贵州	268.8	28.5	0.5	16.9		210.4	0.4
云南	431.2	72.3	0.6	1.2	5.9	346.8	1.4
西藏							
陕西	351.2	34.0			11.9	294.9	
甘肃	127.6	22.6		3.4		88.2	5.3
青海	66.5	4.1		0.8		52.9	0.2
宁夏	79.0	18.8	0.1		2.8	57.3	
新疆	287.6	48.8				236.4	0.1

4-2-4　2016年分地区农村住户固定资产投资投向情况

单位：亿元

地　区	投资额	农林牧渔业	制造业	建筑业	交通运输、仓储和邮政业	房地产业	居民服务和其他服务业
全　国	**9964.9**	**2079.2**	**126.1**	**37.5**	**261.9**	**7075.7**	**74.3**
北　京	55.2	1.7	1.2	0.3	0.2	51.0	0.2
天　津	23.0	3.2	1.3	0.4	7.6	9.7	0.2
河　北	409.9	88.7	1.9	2.5	14.0	295.2	1.0
山　西	338.6	72.9	0.3	0.8	30.9	217.3	3.1
内蒙古	186.1	79.8				101.5	1.3
辽　宁	255.9	113.9			8.5	112.7	0.0
吉　林	150.0	98.5	1.3		7.3	40.9	0.5
黑龙江	215.8	169.6			6.7	39.2	
上　海	4.2	0.1				4.1	
江　苏	292.4	70.8	13.2	1.4	8.7	190.3	
浙　江	705.1	46.8	38.3		4.5	597.7	10.9
安　徽	456.0	120.3	7.5	0.6	14.3	304.1	4.1
福　建	309.4	73.9	0.8	0.9	6.9	220.1	1.3
江　西	315.5	46.8	0.1	6.5	7.1	253.4	0.2
山　东	958.4	308.6	44.4	1.8		495.0	9.7
河　南	661.2	90.7	4.2		9.9	535.0	1.5
湖　北	507.8	71.3		0.4	38.8	382.6	2.8
湖　南	664.9	98.2		7.8		536.5	6.0
广　东	356.3	21.5		1.3		325.4	0.2
广　西	583.8	116.2	2.7	0.7	25.9	416.3	18.5
海　南	143.4	16.1				122.8	0.1
重　庆	116.3	18.9	0.0	2.0	1.8	86.8	0.4
四　川	582.2	99.9	6.6	0.1	33.6	434.2	1.0
贵　州	274.8	45.4	0.7	4.5		190.4	0.7
云　南	456.9	76.9		1.4	17.0	356.4	3.7
西　藏							
陕　西	350.4	29.2	0.1	0.4	8.0	302.9	0.0
甘　肃	129.9	23.7		3.5		89.1	5.5
青　海	72.5	5.2		0.3		62.5	0.2
宁　夏	85.2	16.5	1.5		10.2	56.4	0.1
新　疆	303.7	54.0		0.0		246.3	0.9

4-2-5 2017年分地区农村住户固定资产投资投向情况

单位：亿元

地区	投资额					
		农林牧渔业	制造业	建筑业	交通运输、仓储和邮政业	房地产业	居民服务和其他服务业
全国	**9554.4**	**2069.7**	**94.3**	**191.0**	**264.0**	**6491.9**	**66.5**
北京	63.1	2.5	1.2	0.7	0.7	56.2	0.2
天津	14.2	2.3	0.5	0.1	5.0	5.5	0.0
河北	394.6	77.0	4.6		19.2	284.3	0.6
山西	318.4	71.1	0.3	0.8	31.7	197.2	3.3
内蒙古	185.3	78.9				100.7	1.3
辽宁	232.0	105.9			6.1	101.5	0.1
吉林	153.0	102.4	0.1		6.7	42.1	
黑龙江	212.3	166.8		5.9	2.2	35.8	0.9
上海	5.7	0.5				5.1	
江苏	276.8	75.8	15.5	3.6	7.8	166.1	4.1
浙江	570.0	15.0	4.3	18.9	1.5	490.6	2.6
安徽	458.7	119.1	1.1	19.8	3.2	311.3	0.6
福建	305.9	32.9	1.2	0.8	3.4	237.7	1.4
江西	314.9	55.6		1.8	10.8	245.0	0.2
山东	966.7	315.4	45.5	1.8		485.4	9.5
河南	606.6	101.8	3.2	0.6	11.0	464.2	1.8
湖北	409.8	47.5	0.3	0.1	47.2	310.1	0.6
湖南	631.1	83.3	2.4	7.2		505.7	5.5
广东	357.8	50.6		1.7		304.6	
广西	590.8	125.7	2.3	0.8	24.0	420.9	13.5
海南	119.0	7.4	0.0			109.9	0.1
重庆	96.5	18.0	0.0	0.2	0.2	70.6	0.1
四川	666.2	141.1	8.7	7.2	25.7	456.1	10.1
贵州	215.8	31.7	0.8	20.2		140.4	0.4
云南	461.1	59.0	2.2	92.1	23.5	281.3	0.2
西藏							
陕西	351.2	54.2		2.9	21.8	266.3	1.5
甘肃	131.4	24.5		3.6		89.4	5.5
青海	63.7	4.0	0.0	0.3		49.1	0.1
宁夏	88.3	13.2	0.0		12.4	61.5	0.1
新疆	293.5	86.6		0.0		197.4	2.2

4-2-6　2018年分地区农村住户固定资产投资投向情况

单位：亿元

地　区	投资额	农林牧渔业	制造业	建筑业	交通运输、仓储和邮政业	房地产业	居民服务和其他服务业
全　国	**10039.2**	**2254.1**	**127.3**	**68.8**	**324.1**	**6681.4**	**79.8**
北　京	63.2	1.0			0.2	60.1	0.7
天　津	17.6	3.7	1.4		2.7	7.0	1.1
河　北	362.3	70.6	1.0	1.1	31.7	238.6	1.6
山　西	257.7	70.2	0.3	0.8	29.8	138.9	3.3
内蒙古	166.0	118.2				43.0	1.1
辽　宁	205.8	101.4			5.5	87.6	0.1
吉　林	151.7	115.4			3.7	30.9	0.1
黑龙江	217.8	175.0		1.1	2.2	32.0	0.3
上　海	6.5	0.4	0.1			6.1	
江　苏	258.0	73.4	10.7		8.5	137.7	5.9
浙　江	863.6	56.7	25.5		17.3	749.8	0.7
安　徽	554.9	98.7	2.9	2.4	7.1	408.8	6.9
福　建	301.1	23.3	5.4	3.7	30.9	231.3	0.4
江　西	308.6	63.4		2.5	6.6	232.9	0.4
山　东	958.6	306.9	45.2	1.8		475.9	10.1
河　南	629.2	113.9	3.2	7.6	14.1	466.0	9.5
湖　北	501.8	65.7	6.0	0.7	36.5	377.9	6.4
湖　南	705.7	89.6	11.2	10.2		524.3	4.4
广　东	368.3	16.0	1.4	6.8		304.8	0.2
广　西	596.2	128.6	2.1	0.8	25.2	423.4	12.3
海　南	97.4	13.2	0.1		2.4	80.7	0.0
重　庆	95.5	20.6	0.6	1.5	11.9	54.9	0.1
四　川	678.8	150.6	0.1	2.0	25.9	493.7	0.0
贵　州	280.5	30.2		16.1		179.1	2.2
云　南	469.6	97.4	7.8	5.5	19.4	334.7	0.4
西　藏							
陕　西	358.3	79.9	2.4		21.5	224.9	1.5
甘　肃	132.3	20.6		3.9		91.8	6.9
青　海	54.4	5.4		0.1		45.1	0.4
宁　夏	89.6	13.6	0.0		20.8	54.1	0.1
新　疆	288.2	130.3		0.3		145.3	2.7

4-2-7　2019年分地区农村住户固定资产投资投向情况

单位：亿元

地　　区	投资额						
		农林牧渔业	制造业	建筑业	交通运输、仓储和邮政业	房地产业	居民服务和其他服务业
全　　国	**9396.2**	**2286.9**	**135.6**	**106.8**	**289.3**	**6031.2**	**77.4**
北　　京	76.8	0.9			2.0	72.6	0.2
天　　津	18.0	6.9		1.2	3.1	5.1	0.3
河　　北	316.8	44.9	16.9	0.0	30.7	205.3	7.5
山　　西	178.9	54.0	0.3	0.7	20.9	86.8	3.2
内 蒙 古	154.2	105.3		0.6		44.0	1.5
辽　　宁	221.0	142.3	0.4	3.1	9.6	53.9	0.1
吉　　林	114.1	92.7				18.6	
黑 龙 江	221.2	136.7	0.1	0.8	11.1	31.7	0.4
上　　海	6.9	0.2			0.5	6.2	
江　　苏	236.5	68.5	10.8		7.5	128.5	5.2
浙　　江	665.0	36.1	33.3	11.2	10.2	545.3	5.9
安　　徽	501.6	78.2	1.5	25.1	17.8	369.9	1.1
福　　建	248.1	26.5	4.3	0.3	6.9	209.5	0.4
江　　西	345.9	67.4		1.8	5.9	269.1	0.4
山　　东	943.8	291.5	44.9	1.8		467.3	11.2
河　　南	580.1	83.4	4.1	5.7	55.4	415.3	3.5
湖　　北	433.8	137.7		9.8	9.3	270.5	0.0
湖　　南	638.9	73.1	10.2	10.4		475.7	5.4
广　　东	423.4	25.3		4.0		389.6	1.0
广　　西	619.4	156.1	2.3	1.0	31.6	408.8	14.9
海　　南	117.0	16.0	0.0		0.7	97.9	1.0
重　　庆	90.5	24.5	0.6	1.8	10.1	45.0	0.1
四　　川	630.5	133.2	0.7	3.1	6.1	478.4	0.6
贵　　州	215.5	28.8	2.2	5.1		124.1	0.5
云　　南	479.9	74.7	0.1	2.5	16.0	367.5	5.1
西　　藏							
陕　　西	355.1	164.5	1.0	5.5	21.2	147.7	0.6
甘　　肃	136.6	30.8	1.4	3.7	8.2	88.0	3.9
青　　海	73.5	8.3		7.2		54.4	0.0
宁　　夏	65.3	38.6	0.4		4.4	20.3	0.9
新　　疆	288.0	140.0		0.3		134.3	2.7

三、农村住户固定资产投资和建房

4-3-1 1985-2019年全国农村住户固定资产投资和建房情况

年 份	投资总额(亿元)	#竣工房屋投 资	#住 宅	房屋施工面 积(万平方米)	房屋竣工面 积(万平方米)	#住 宅	竣工房屋造 价(元/平方米)	#住 宅
1985	478.4	350.1	313.2		78973.0	69542.0	44.0	45.0
1990	876.5	777.1	649.8	76819.0	71136.0	67812.0	109.0	96.0
1995	2007.9	1709.4	1349.9	78192.0	73522.0	66230.0	233.0	204.0
1996	2544.0	2250.9	1766.4	96115.0	87277.0	79531.0	258.0	222.0
1997	2691.2	2405.8	1890.7	89309.0	85888.0	77287.0	280.0	245.0
1998	2681.5	2402.2	1907.2	89099.0	83864.0	77031.0	286.0	248.0
1999	2779.6	1908.2	1799.1	89050.0	83244.0	76758.0	229.2	234.4
2000	2904.3	1969.3	1846.8	88231.8	81270.2	75515.3	242.3	244.6
2001	2976.6	1908.2	1775.0	81048.2	74517.5	68799.3	256.1	258.0
2002	3123.2	1956.5	1858.1	80345.0	75125.7	69841.0	260.4	266.0
2003	3201.0	2053.2	1926.9	81123.7	75683.6	69741.1	271.3	276.3
2004	3362.7	2031.0	1933.4	71112.1	65801.5	62303.5	308.7	310.3
2005	3940.6	2190.6	2083.1	73109.2	66604.2	62292.4	328.9	334.4
2006	4436.2	2620.1	2490.2	76189.4	69237.9	64563.7	378.4	385.7
2007	5123.3	3228.3	3022.0	86665.6	78321.2	72676.4	412.2	415.8
2008	5951.8	3748.5	3547.1	91911.4	84407.0	78585.7	444.1	451.4
2009	7434.5	5029.9	4743.3	116099.4	105683.0	95570.5	475.9	496.3
2010	7886.0	5247.0	4931.7	106679.8	94114.8	87947.1	557.5	560.8
2011	9089.1	5983.7	5636.0	118455.2	103053.2	94939.1	580.6	593.6
2012	9840.6	6395.3	6051.6	105516.6	94187.8	87775.9	679.0	689.4
2013	10546.7	7249.6	6735.9	109242.0	92661.7	85953.0	782.4	783.7
2014	10755.8	7387.5	6843.0	103672.9	90287.4	83769.6	818.2	816.9
2015	10409.8	7157.1	6709.6	98376.7	85316.8	79380.2	838.9	845.2
2016	9964.9	6812.6	6331.3	92039.7	79649.1	73051.4	855.3	866.7
2017	9554.4	6446.3	5899.3	84395.0	72727.0	66870.0	886.4	882.2
2018	10039.2	6369.0	5885.0	79898.2	67861.3	62189.8	938.5	946.3
2019	9396.2	5732.2	5256.3	69488.9	60049.9	55571.7	954.6	945.9

4-3-2 2014年分地区农村住户固定资产投资和建房情况

地区	投资总额(亿元)	#竣工房屋投资	#住宅	房屋施工面积(万平方米)	房屋竣工面积(万平方米)	#住宅	竣工房屋造价(元/平方米)	#住宅
全国	**10755.8**	**7387.5**	**6843.0**	**103672.9**	**90287.4**	**83769.6**	**818.2**	**816.9**
北京	50.8	46.0	43.6	428.2	406.3	380.2	1132.9	1147.1
天津	27.8	27.1	23.6	219.1	181.7	155.4	1491.2	1519.9
河北	524.7	423.6	393.9	4870.7	4437.2	4032.5	954.6	976.8
山西	319.1	206.1	202.0	2872.6	2588.0	2504.5	796.5	806.4
内蒙古	154.0	88.1	78.2	903.2	871.8	709.6	1010.6	1101.9
辽宁	304.0	207.7	181.9	4113.8	3684.1	3106.5	563.9	585.6
吉林	231.7	58.8	52.1	509.7	504.0	410.8	1166.5	1267.2
黑龙江	291.1	75.4	64.7	785.0	747.6	579.4	1007.9	1117.1
上海	3.5	2.5	2.5	18.2	14.6	14.1	1741.6	1763.9
江苏	385.9	269.9	237.2	3079.9	2679.9	2474.3	1007.1	958.5
浙江	708.0	497.4	460.2	5242.4	3876.3	3649.1	1283.3	1261.2
安徽	619.3	407.7	378.2	5483.0	4454.0	4251.0	915.4	889.6
福建	308.1	189.2	185.9	2947.1	1892.4	1861.5	999.7	998.6
江西	432.9	322.2	312.7	5818.5	4783.2	4642.1	673.6	673.6
山东	896.4	510.0	421.6	10095.0	9900.0	8520.0	515.2	494.8
河南	769.9	603.3	576.4	9279.3	8013.7	7663.2	752.8	752.1
湖北	473.6	351.8	329.6	4543.9	3671.4	3388.3	958.2	972.9
湖南	694.4	542.7	517.6	5988.7	5309.1	5045.9	1022.2	1025.8
广东	450.9	327.4	314.0	3664.1	3060.9	2957.5	1069.7	1061.7
广西	555.6	330.0	323.6	5995.1	5460.8	5256.7	604.3	615.6
海南	72.8	60.6	58.8	693.4	552.2	529.0	1096.9	1111.4
重庆	144.6	98.2	90.5	1382.0	1175.8	1101.5	835.4	821.3
四川	656.4	537.6	490.4	5911.8	5794.7	5139.9	927.8	954.1
贵州	247.3	184.0	177.4	2427.0	2251.0	2145.0	817.6	826.9
云南	424.7	334.7	290.1	7960.6	6380.0	6080.2	524.6	477.1
西藏								
陕西	351.7	235.1	207.7	2774.3	2295.6	2228.7	1024.1	932.0
甘肃	124.5	71.6	64.5	1268.0	1220.0	1105.0	586.6	583.3
青海	72.3	57.5	54.0	750.6	723.5	654.7	794.3	824.5
宁夏	79.9	51.2	50.2	353.0	353.0	329.0	1451.1	1525.8
新疆	380.0	270.0	260.1	3294.9	3004.7	2854.0	898.6	911.5

4-3-3　2015年分地区农村住户固定资产投资和建房情况

地　区	投资总额（亿元）	#竣工房屋投资	#住宅	房屋施工面积（万平方米）	房屋竣工面积（万平方米）	#住宅	竣工房屋造价（元/平方米）	#住宅
全　国	**10409.8**	**7157.1**	**6709.6**	**98376.7**	**85316.8**	**79380.2**	**838.9**	**845.2**
北　京	50.0	43.7	43.0	329.5	303.8	296.2	1438.3	1451.5
天　津	17.4	13.7	12.1	138.9	97.0	82.8	1414.3	1459.2
河　北	542.5	382.1	351.4	5296.8	4752.2	4158.5	804.1	845.1
山　西	329.6	218.8	215.9	2907.4	2707.6	2535.0	808.3	851.8
内蒙古	173.1	94.5	90.4	995.5	987.5	878.9	957.3	1029.0
辽　宁	277.5	168.9	140.7	3110.2	2883.6	2296.6	585.6	612.6
吉　林	196.7	99.7	97.6	762.6	759.1	731.1	1313.1	1334.7
黑龙江	298.7	104.7	100.4	795.2	750.1	703.7	1395.1	1426.4
上　海	3.3	2.6	2.5	17.4	15.4	15.0	1661.4	1662.9
江　苏	341.7	269.7	269.5	2777.0	2549.3	2547.2	1058.0	1058.0
浙　江	658.6	433.1	404.5	4444.0	2890.7	2694.4	1498.2	1501.4
安　徽	582.0	335.3	323.9	5820.8	4339.0	4186.0	772.7	773.8
福　建	327.4	204.7	202.1	2697.8	1899.4	1871.5	1077.5	1080.1
江　西	394.2	290.2	276.4	5220.2	4353.1	4178.8	666.6	661.3
山　东	931.0	525.8	441.4	10498.0	10191.0	8932.0	516.0	494.2
河　南	709.1	493.9	462.6	7123.4	6437.1	6135.3	767.3	753.9
湖　北	477.5	343.9	319.4	4289.2	3666.8	3404.8	938.0	938.2
湖　南	720.9	537.7	511.9	7131.0	6064.2	5833.3	886.7	877.6
广　东	392.6	332.7	325.0	3388.2	2761.5	2716.4	1204.7	1196.4
广　西	572.8	339.0	332.2	6164.2	5631.2	5424.9	602.1	612.3
海　南	95.8	71.9	64.8	833.5	611.5	589.4	1175.8	1099.2
重　庆	145.1	100.1	93.1	1397.3	1197.4	1134.8	836.0	820.7
四　川	560.3	417.6	386.7	5404.4	4685.4	4292.2	891.2	900.9
贵　州	268.8	198.9	191.9	2779.0	2533.0	2427.0	785.2	790.9
云　南	431.2	466.0	425.3	5702.1	4721.5	4253.7	987.0	999.9
西　藏								
陕　西	351.2	242.2	234.6	3006.5	2444.6	2416.0	990.7	971.0
甘　肃	127.6	74.0	66.8	1320.0	1252.0	1110.0	591.4	601.4
青　海	66.5	52.9	49.7	741.7	670.1	614.7	789.1	808.3
宁　夏	79.0	63.0	56.2	434.0	434.0	368.0	1451.8	1527.8
新　疆	287.6	235.9	217.6	2851.2	2727.9	2552.2	864.7	852.6

4-3-4 2016年分地区农村住户固定资产投资和建房情况

地区	投资总额(亿元)	#竣工房屋投资	#住宅	房屋施工面积(万平方米)	房屋竣工面积(万平方米)	#住宅	竣工房屋造价(元/平方米)	#住宅
全国	**9964.9**	**6812.6**	**6331.3**	**92039.7**	**79649.1**	**73051.4**	**855.3**	**866.7**
北京	55.2	50.0	48.9	443.5	417.3	403.7	1198.6	1210.6
天津	23.0	9.5	8.7	104.2	80.2	72.1	1191.1	1211.7
河北	409.9	323.4	281.0	4362.9	3751.9	3279.6	861.9	856.9
山西	338.6	209.0	205.5	3007.9	2851.7	2685.8	732.9	765.2
内蒙古	186.1	104.2	94.8	1096.0	1103.0	959.4	945.1	988.4
辽宁	255.9	121.4	105.7	1403.4	1309.5	925.6	927.3	1141.7
吉林	150.0	42.4	40.7	478.9	463.9	434.0	914.2	938.0
黑龙江	215.8	40.0	35.5	497.6	455.4	365.0	878.5	971.8
上海	4.2	3.4	3.3	35.0	25.9	25.1	1322.9	1325.1
江苏	292.4	174.4	168.2	2215.0	1990.1	1874.0	876.1	897.3
浙江	705.1	440.8	432.9	4332.3	3111.8	3022.3	1416.6	1432.3
安徽	456.0	276.6	257.3	4959.6	3907.5	3596.8	707.8	715.3
福建	309.4	174.0	166.5	2299.6	1521.7	1494.2	1143.7	1114.5
江西	315.5	237.0	227.9	3721.6	3230.1	2932.4	733.6	777.3
山东	958.4	541.4	455.6	10810.0	10461.0	9198.0	517.5	495.3
河南	661.2	526.2	494.0	6686.4	6017.9	5570.1	874.4	886.8
湖北	507.8	372.0	349.9	4305.5	3799.3	3556.2	979.3	984.0
湖南	664.9	534.8	503.6	5406.9	4749.6	4434.7	1126.0	1135.6
广东	356.3	303.7	297.1	3073.2	2453.2	2405.2	1237.9	1235.3
广西	583.8	359.9	353.3	6552.5	5977.5	5769.3	602.1	612.3
海南	143.4	110.4	104.4	1272.3	861.4	783.7	1282.1	1332.3
重庆	116.3	87.1	83.6	1139.1	957.3	872.0	910.2	959.3
四川	582.2	461.5	397.0	5255.6	4569.3	4133.7	1009.9	960.4
贵州	274.8	182.0	177.3	2414.9	2235.8	2164.9	813.9	819.0
云南	456.9	492.7	450.7	7322.6	5777.3	5195.4	852.9	867.4
西藏								
陕西	350.4	261.2	244.5	3039.1	2588.1	2448.5	1009.2	998.5
甘肃	129.9	76.0	67.9	1349.0	1270.0	1123.0	598.5	604.2
青海	72.5	60.3	58.5	717.1	663.9	635.9	908.1	919.9
宁夏	85.2	34.5	26.5	456.0	456.0	399.0	756.2	663.4
新疆	303.7	202.7	190.5	3281.8	2591.6	2291.7	782.2	831.5

4-3-5 2017年分地区农村住户固定资产投资和建房情况

地区	投资总额(亿元)	#竣工房屋投资	#住宅	房屋施工面积(万平方米)	房屋竣工面积(万平方米)	#住宅	竣工房屋造价(元/平方米)	#住宅
全国	**9554.4**	**6446.3**	**5899.3**	**84395.0**	**72727.0**	**66870.0**	**886.4**	**882.2**
北京	63.1	54.1	53.0	450.0	421.0	413.0	1286.0	1282.8
天津	14.2	7.3	6.8	73.0	65.0	61.0	1119.9	1108.7
河北	394.6	295.4	264.9	2817.0	2561.0	2233.0	1153.4	1186.2
山西	318.4	181.2	179.4	2758.0	2568.0	2463.0	705.5	728.2
内蒙古	185.3	110.1	88.4	1021.0	1012.0	819.0	1088.2	1078.9
辽宁	232.0	110.9	98.0	1257.0	1200.0	856.0	924.6	1144.7
吉林	153.0	42.1	40.8	428.0	413.0	398.0	1020.6	1026.3
黑龙江	212.3	36.3	34.3	414.0	393.0	368.0	922.5	932.2
上海	5.7	4.6	4.0	41.0	34.0	33.0	1353.9	1213.8
江苏	276.8	148.7	138.4	1933.0	1729.0	1645.0	859.9	841.6
浙江	570.0	457.5	450.8	3960.0	3126.0	3078.0	1463.6	1464.5
安徽	458.7	332.3	267.3	4947.0	3868.0	3714.0	859.1	719.8
福建	305.9	193.9	187.6	2314.0	1685.0	1674.0	1151.0	1120.8
江西	314.9	195.3	183.8	3013.0	2476.0	2344.0	788.7	784.2
山东	966.7	552.9	432.3	10903.0	10568.0	8883.0	523.2	485.6
河南	606.6	493.1	437.2	5399.0	4973.0	4631.0	991.5	944.0
湖北	409.8	287.3	272.7	3424.0	3098.0	3017.0	927.2	904.0
湖南	631.1	474.2	442.5	5009.0	3977.0	3744.0	1192.4	1182.0
广东	357.8	273.1	263.9	4195.0	2600.0	2307.0	1050.4	1143.8
广西	590.8	365.7	357.7	6638.0	6052.0	5839.0	604.2	612.7
海南	119.0	106.4	91.5	994.0	747.0	747.0	1424.9	1224.4
重庆	96.5	67.6	64.0	1032.0	856.0	791.0	789.6	809.6
四川	666.2	423.7	399.7	5771.0	4695.0	4310.0	902.5	927.5
贵州	215.8	134.6	132.6	1739.0	1638.0	1599.0	821.8	829.4
云南	461.1	488.5	430.6	5955.0	4775.0	4225.0	1023.0	1019.2
西藏								
陕西	351.2	260.1	255.4	2564.0	2398.0	2259.0	1084.5	1130.4
甘肃	131.4	76.9	68.4	1367.0	1288.0	1135.0	597.3	602.7
青海	63.7	48.0	45.4	624.0	598.0	570.0	803.1	796.7
宁夏	88.3	36.7	29.0	538.0	538.0	451.0	682.1	642.9
新疆	293.5	187.6	178.8	2817.0	2375.0	2264.0	790.1	789.9

4-3-6 2018年分地区农村住户固定资产投资和建房情况

地区	投资总额(亿元)	#竣工房屋投资	#住宅	房屋施工面积(万平方米)	房屋竣工面积(万平方米)	#住宅	竣工房屋造价(元/平方米)	#住宅
全国	**10039.2**	**6369.0**	**5885.0**	**79898.2**	**67861.3**	**62189.8**	**938.5**	**946.3**
北京	63.2	54.5	53.7	491.0	446.6	426.2	1220.0	1260.0
天津	17.6	4.3	4.2	54.1	46.2	42.2	932.8	985.4
河北	362.3	264.1	239.8	2810.8	2232.2	1937.2	1183.0	1238.1
山西	257.7	142.8	136.6	1916.8	1861.1	1701.4	767.0	803.0
内蒙古	166.0	63.4	41.5	541.9	643.3	472.8	985.5	878.2
辽宁	205.8	101.5	86.0	1121.6	1085.3	736.6	935.3	1168.1
吉林	151.7	31.6	30.9	367.0	367.0	367.0	861.2	842.9
黑龙江	217.8	35.9	31.8	532.8	513.7	362.9	698.4	877.3
上海	6.5	5.0	4.8	51.3	35.4	34.4	1410.2	1389.2
江苏	258.0	133.0	125.2	1600.0	1414.0	1309.0	940.5	956.8
浙江	863.6	551.7	542.3	4884.6	3252.1	3180.9	1696.5	1704.9
安徽	554.9	338.0	324.7	4677.6	3561.7	3367.2	948.9	964.2
福建	301.1	187.2	180.6	2393.6	1669.1	1609.9	1121.3	1121.6
江西	308.6	232.8	214.0	3253.7	2438.0	2326.0	954.9	920.2
山东	958.6	535.7	405.8	10592.9	9973.9	8232.9	537.1	492.9
河南	629.2	463.1	428.6	5824.0	5351.0	5017.0	865.5	854.4
湖北	501.8	369.6	354.0	4404.8	3512.5	3337.2	1052.1	1060.9
湖南	705.7	465.3	447.7	3978.6	3246.9	3062.4	1433.2	1462.0
广东	368.3	232.2	227.2	2410.2	1548.2	1498.2	1500.0	1516.8
广西	596.2	372.6	364.2	6684.8	6142.4	5915.1	606.6	615.7
海南	97.4	89.8	84.5	856.2	693.7	662.5	1294.4	1275.3
重庆	95.5	54.3	49.6	758.7	618.6	553.8	877.9	895.0
四川	678.8	461.6	419.7	5830.7	4810.3	4339.1	959.6	967.3
贵州	280.5	173.5	170.8	1979.0	1859.0	1830.0	933.6	933.1
云南	469.6	484.5	422.5	5341.0	4346.3	4065.3	1114.7	1039.4
西藏								
陕西	358.3	222.3	214.3	2277.1	2101.6	1998.2	1058.0	1072.6
甘肃	132.3	78.1	71.4	1377.0	1292.0	1163.0	604.6	613.6
青海	54.4	44.5	42.2	499.3	492.1	452.2	903.8	932.3
宁夏	89.6	29.4	28.1	458.0	458.0	450.0	641.7	624.3
新疆	288.2	146.8	138.1	1929.0	1849.1	1739.4	794.0	794.0

4-3-7　2019年分地区农村住户固定资产投资和建房情况

地区	投资总额（亿元）	#竣工房屋投资	#住宅	房屋施工面积（万平方米）	房屋竣工面积（万平方米）	#住宅	竣工房屋造价（元/平方米）	#住宅
全国	**9396.2**	**5732.2**	**5256.3**	**69488.9**	**60049.9**	**55571.7**	**954.6**	**945.9**
北京	76.8	69.2	69.0	572.5	477.2	476.1	1451.0	1450.1
天津	18.0	8.7	3.8	54.7	52.1	29.8	1678.8	1263.4
河北	316.8	204.0	176.5	1826.3	1565.3	1486.7	1303.1	1187.4
山西	178.9	92.8	87.8	1247.9	1226.0	1210.8	756.7	725.0
内蒙古	154.2	43.5	41.7	530.9	489.1	458.2	889.1	910.9
辽宁	221.0	67.6	54.3	740.1	737.7	516.4	916.6	1051.3
吉林	114.1	15.8	15.8	190.8	161.5	161.5	980.5	980.5
黑龙江	221.2	34.5	31.6	455.4	461.9	362.3	747.1	872.7
上海	6.9	4.9	4.7	47.4	33.3	32.8	1479.3	1423.9
江苏	236.5	126.4	117.6	1580.0	1395.7	1222.0	905.4	961.9
浙江	665.0	410.8	396.8	3328.2	2062.5	1983.0	1991.8	2001.1
安徽	501.6	338.7	281.3	4209.8	3426.9	3268.6	988.4	860.5
福建	248.1	179.6	178.2	2112.9	1569.0	1556.7	1145.0	1144.6
江西	345.9	249.7	237.2	3281.7	2854.3	2738.9	874.9	865.9
山东	943.8	503.4	379.9	10342.9	9381.5	7826.2	536.6	485.4
河南	580.1	401.1	376.7	5281.6	4784.9	4553.4	838.2	827.3
湖北	433.8	308.4	256.8	2686.1	3240.9	3005.1	951.5	854.5
湖南	638.9	472.3	452.6	3719.5	3160.0	3008.9	1494.6	1504.2
广东	423.4	268.1	262.2	2876.5	1601.5	1555.5	1674.4	1685.4
广西	619.4	365.2	355.8	6423.5	6020.1	5778.8	606.6	615.7
海南	117.0	87.1	84.5	855.1	652.0	631.9	1335.7	1335.8
重庆	90.5	43.6	43.5	615.1	541.3	528.6	804.8	823.0
四川	630.5	463.0	425.3	4756.4	4138.0	3832.8	1118.9	1109.6
贵州	215.5	123.8	118.4	1461.0	1351.0	1307.0	916.3	906.3
云南	479.9	417.2	399.0	4758.8	3677.7	3388.4	1134.3	1177.7
西藏								
陕西	355.1	148.3	141.6	1520.3	1414.5	1353.3	1048.4	1046.4
甘肃	136.6	82.3	72.8	1276.0	1101.0	998.0	747.2	729.9
青海	73.5	42.8	40.9	520.2	427.0	385.8	1001.9	1059.0
宁夏	65.3	23.2	20.0	270.0	196.0	148.0	1186.1	1353.4
新疆	288.0	136.2	130.0	1947.2	1850.3	1766.3	736.0	736.0

5

住户调查其他数据

5-1 全国居民人均可支配收入基尼系数

年　份	基尼系数
2003	0.479
2004	0.473
2005	0.485
2006	0.487
2007	0.484
2008	0.491
2009	0.490
2010	0.481
2011	0.477
2012	0.474
2013	0.473
2014	0.469
2015	0.462
2016	0.465
2017	0.467
2018	0.468
2019	0.465

5-2 农村贫困状况

年份	1978年标准		2008年标准		2010年标准	
	贫困人口（万人）	贫困发生率（%）	贫困人口（万人）	贫困发生率（%）	贫困人口（万人）	贫困发生率（%）
1978	25000	30.7			77039	97.5
1980	22000	26.8			76542	96.2
1981	15200	18.5				
1982	14500	17.5				
1983	13500	16.2				
1984	12800	15.1				
1985	12500	14.8			66101	78.3
1986	13100	15.5				
1987	12200	14.3				
1988	9600	11.1				
1989	10200	11.6				
1990	8500	9.4			65849	73.5
1991	9400	10.4				
1992	8000	8.8				
1994	7000	7.7				
1995	6540	7.1			55463	60.5
1997	4962	5.4				
1998	4210	4.6				
1999	3412	3.7				
2000	3209	3.5	9422	10.2	46224	49.8
2001	2927	3.2	9029	9.8		
2002	2820	3.0	8645	9.2		
2003	2900	3.1	8517	9.1		
2004	2610	2.8	7587	8.1		
2005	2365	2.5	6432	6.8	28662	30.2
2006	2148	2.3	5698	6.0		
2007	1479	1.6	4320	4.6		
2008			4007	4.2		
2009			3597	3.8		
2010			2688	2.8	16567	17.2
2011					12238	12.7
2012					9899	10.2
2013					8249	8.5
2014					7017	7.2
2015					5575	5.7
2016					4335	4.5
2017					3046	3.1
2018					1660	1.7
2019					551	0.6

注：①1978年标准：1978–1999年称为农村贫困标准，2000–2007年称为农村绝对贫困标准。
②2008年标准：2000–2007年称为农村低收入标准，2008–2010年称为农村贫困标准。
③2010年标准：即现行农村贫困标准。现行农村贫困标准为每人每年生活水平2300元(2010年不变价)。

5-3 分地区农村贫困人口

(2010年标准) 单位：万人

地 区	2014年	2015年	2016年	2017年	2018年	2019年
全国总计	**7017**	**5575**	**4335**	**3046**	**1660**	**551**
北 京	.	.	.	.	.	.
天 津	.	.	.	.	.	.
河 北	320	241	188	124	63	.
山 西	269	223	186	133	74	16
内蒙古	98	76	53	37	14	.
辽 宁	117	86	59	39	24	.
吉 林	81	69	57	41	26	9
黑龙江	96	86	69	50	27	.
上 海	.	.	.	.	.	.
江 苏	61	.	.	.	.	.
浙 江	45	.	.	.	.	.
安 徽	371	309	237	158	67	.
福 建	50	36	23	.	.	.
江 西	276	208	155	107	63	.
山 东	231	172	140	60	.	.
河 南	565	463	371	277	168	51
湖 北	271	216	176	114	67	.
湖 南	532	434	343	232	105	42
广 东	82	47	.	.	.	.
广 西	540	452	341	246	140	51
海 南	50	41	32	23	7	.
重 庆	119	88	45	21	13	.
四 川	509	400	306	212	98	52
贵 州	623	507	402	295	173	53
云 南	574	471	373	279	179	66
西 藏	61	48	34	20	13	4
陕 西	350	288	226	169	83	17
甘 肃	417	325	262	200	121	46
青 海	52	42	31	23	10	5
宁 夏	45	37	30	19	9	4
新 疆	212	180	147	113	64	20

注："."表示数值较小，统计上不显著。

5-4 农民工数量及收入水平

年 份	一、农民工总量(万人)	1. 外出农民工(万人)	(1)省内流动(万人)	(2)跨省流动(万人)	2. 本地农民工(万人)	二、农民工月收入水平(元/人)
2008	22542	14041			8501	1340
2009	22978	14533	7092	7441	8445	1417
2010	24223	15335	7618	7717	8888	1690
2011	25278	15863	8390	7473	9415	2049
2012	26261	16336	8689	7647	9925	2290
2013	26894	16610	8871	7739	10284	2609
2014	27395	16821	8954	7867	10574	2864
2015	27747	16884	9139	7745	10863	3072
2016	28171	16934	9268	7666	11237	3275
2017	28652	17185	9510	7675	11467	3485
2018	28836	17266	9672	7594	11570	3721
2019	29077	17425	9917	7508	11652	3962

注：本表数据来源于农民工监测调查资料。

住户调查简介

住户收支与生活状况调查简介

住户收支与生活状况调查是由国家统计局负责组织实施的一项重要民生调查，调查数据是测量分析收入分配、多维贫困和居民福祉状况的基础，调查结果是各级政府制定各项民生政策的重要依据。住户收支与生活状况调查过去一直按照城镇和农村分别组织实施，城镇统计居民可支配收入，农村统计农民纯收入。从 2012 年四季度起，国家统计局对分别进行的城乡住户调查实施了一体化改革，统一了城乡居民收入指标名称、分类和统计标准，建立了城乡统一的全国住户收支与生活状况调查。

一、调查目的

为全面、准确、及时了解全国和各地区城乡居民收入、消费及其他生活状况，客观监测居民收入分配格局和不同收入层次居民的生活质量，更好地满足研究制定城乡统筹政策和民生政策的需要，为国民经济核算和居民消费价格指数权重制定提供基础数据，依照《中华人民共和国统计法》规定，开展全国住户收支与生活状况调查（以下简称住户调查）。

二、调查对象

住户调查的调查对象为我国境内的住户，既包括以家庭形式居住的住户，也包括以集体形式居住的住户。无论户口性质和户口登记地，所有居民均以户为单位，在常住地参加调查。

三、调查组织

住户调查以省为总体进行抽样。国家统计局统一领导住户调查，负责制定调查方案，组织调查实施，监督调查过程，审核、处理、汇总调查数据，发布全国和分省城乡居民收入、消费和生活状况数据。国家统计局各调查总队按照本方案规定，负责组织本省住户调查工作。

四、调查内容

住户调查主要收集城乡居民的收入和消费情况，同时收集反映居民就业、社会保障参与、住房状况、家庭经营和生产投资以及收入分配影响因素的调查内容。

五、样本抽选

住户调查以省为总体，采用分层、多阶段、与人口规模大小成比例的概率抽样方法，随机抽选调查住宅，确定调查户。全国共抽选出 1800 个县(市、区)的 1.6 万个调查小区，对抽中小区中的 160 多万户进行全面摸底调查，在此基础上随机等距抽选出约 16 万住户参加记账调查。在 95%的置信度下，全国居民人均可支配收入和人均消费支出的抽样误差小于 1%。

六、数据采集与处理

住户调查主要采用调查户记日记账的方式采集居民收支数据，同时辅之以统一的调查问卷，收集与收入支出有关的其他调查内容。所有调查工作由国家统计局派驻各地的调查队独立完成。由市县级调查队使用统一的方法和数据处理程序对原始调查资料进行编码、审核、录入，然后将分户基础数据直接传输至国家统计局进行统一汇总计算。国家统计局以数据库形式保存所有调查户信息、记账资料、问卷调查资料等基础数据和汇总计算结果。

七、数据主要变化情况

根据全国住户收支与生活状况调查，2013年及以后新口径的城镇和农村居民人均可支配收入等数据的覆盖人群主要变化：一是计算城镇居民人均可支配收入时分母包括了在城镇地区常住的农民工，计算农村居民人均可支配收入时分母不包括在城镇地区常住的农民工；二是由本户供养的在外大学生视为常住人口。新口径的城镇居民和农村居民人均可支配收入及消费等的指标口径变化主要是：计算城镇居民和农村居民人均可支配收入和消费支出时，包括了自有住房折算租金。

八、数据发布

住户调查结果数据按年度和季度发布。全国和分省数据由国家统计局发布。

九、数据质量控制

住户调查实行全过程质量控制。国家统计局建立全过程质量控制制度，规范方案设计，科学抽选样本，认真组织培训，严格流程管理，加强监督检查。每个季度随机抽取 6000 个调查户进行电话回访，检查核实各地上报的数据。同时，也采用现场抽查等多种质量控制办法。

住户调查主要收支指标解释

一、2013 年及以后的住户收支与生活状况调查指标解释

从 2012 年四季度起，国家统计局对分别进行的城乡住户调查实施了一体化改革，统一了城乡居民收入指标名称、分类和统计标准，建立了城乡统一的全国住户收支与生活状况调查，并据此采集全国居民有关数据。

（一）居民可支配收入

居民可支配收入指居民可用于最终消费支出和储蓄的总和，即居民可用于自由支配的收入。既包括现金收入，也包括实物收入。按照收入的来源，可支配收入包含四项，分别为：工资性收入、经营净收入、财产净收入和转移净收入。

工资性收入　指就业人员通过各种途径得到的全部劳动报酬和各种福利，包括受雇于单位或个人、从事各种自由职业、兼职和零星劳动得到的全部劳动报酬和福利。

经营净收入　指住户或住户成员从事生产经营活动所获得的净收入，是全部经营收入中扣除经营费用、生产性固定资产折旧和生产税之后得到的净收入。计算公式具体为:

经营净收入=经营收入－经营费用－生产性固定资产折旧－生产税

财产净收入　指住户或住户成员将其所拥有的金融资产、住房等非金融资产和自然资源交由其他机构单位、住户或个人支配而获得的回报并扣除相关的费用之后得到的净收入。财产净收入包括利息净收入、红利收入、储蓄性保险净收益、转让承包土地经营权租金净收入、出租房屋净收入、出租其他资产净收入和自有住房折算净租金等。财产净收入不包括转让资产所有权的溢价所得。

转移净收入　计算公式为:

转移净收入=转移性收入－转移性支出

转移性收入　指国家、单位、社会团体对住户的各种经常性转移支付和住户之间的经常性收入转移。包括养老金或退休金、社会救济和补助、政策性生产补贴、政策性生活补贴、救灾款、经常性捐赠和赔偿、报销医疗费、住户之间的赡养收入，本住户非常住成员寄回带回的收入等。转移性收入不包括住户之间的实物馈赠。

转移性支出　指居民家庭对国家、单位、住户或个人的经常性或义务性转移支付。包括缴纳的税款、各项社会保障支出、赡养支出、经常性捐赠和赔偿支出以及其他经常转移支出等。

（二）居民消费支出

居民消费支出是指居民用于满足家庭日常生活消费需要的全部支出，既包括现金消费支出，也包括实物消费支出。消费支出可划分为食品烟酒、衣着、居住、生活用品及服务、交通通信、教育文化娱乐、医疗保健以及其他用品及服务八大类。

食品烟酒　指用于各种食品和烟草、酒类的支出。

衣着　指与居民穿着有关的支出，包括服装、服装材料、鞋类、其他衣类及配件、衣着相关加工服务的支出。

居住　指与居住有关的支出，包括房租、水、电、燃料、物业管理等方面的支出，也包括自有住房折算租金。

生活用品及服务　指家庭及个人的各类生活品及家庭服务。包括家具及室内装饰品、家用器具、家用纺织品、家庭日用杂品、个人用品和家庭服务。

交通通信　指用于交通和通信工具及相关的各种服务费、维修费和车辆保险等支出。

教育文化娱乐　指用于教育、文化和娱乐方面的支出。

医疗保健　指用于医疗和保健的药品、用品和服务的总费用。包括医疗器具及药品，以及医疗服务。

其他用品及服务　指无法直接归入上述各类支出的其他用品与服务支出。

服务性消费　指住户用于各种生活服务的消费支出，包括餐饮服务、衣着鞋类加工服务、居住服务、家庭服务、交通通信服务、教育文化娱乐服务、医疗服务和其他服务等。

二、2012 年及以前的分城镇和农村住户调查指标解释

2012 年及以前年份，中国的住户调查一直分城乡分别开展。由于分别调查，农村与城镇居民收入、支出等指标的统计口径有所不同，数据也不完全可比，城镇调查城镇居民可支配收入，农村调查农村居民纯收入。城镇居民收入与支出数据，指现金收入或现金支出，不包括实物收支；其中，计算城镇居民人均可支配收入和消费支出时，不包括自有住房折算租金，也不包括购建房支出。农村居民收入与支出数据，分为总收支和现金收支，即农村居民的总收支部分包括了自产自用的实物收支；其中，计算农村居民人均纯收入和消费支出时，也不包括自有住房折算租金，但农村居民居住消费支出中，包括了购建房支出。

为了保持历史数据的可比，本年鉴中 2012 年及以前年份的数据和指标解释仍保持了原城镇住户调查和农村住户调查方案的原貌。

（一）城镇住户调查主要收支指标解释

1. 城镇居民家庭总收入

家庭总收入：指居民家庭中生活在一起的所有家庭成员在调查期得到的工薪收入、经营净收入、财产性收入、转移性收入的总和，不包括出售财物和借贷收入。收入的统计标准以实际发生的数额为准，无论收入是补发还是预发，只要是调查期得到的都应如实计算，不作分摊。

工薪收入：指就业人员通过各种途径得到的全部劳动报酬，包括所从事的主要职业的工资以及从事第二职业、其他兼职和零星劳动得到的其它劳动收入。

经营净收入：指家庭成员从事生产经营活动所获得的净收入。是全部生产经营收入中扣除生产成本和税金后所得的收入。如当期收入小于生产费用的开支，其差额记入“其他借贷支出”中。

财产性收入：指家庭拥有的动产（如银行存款、有价证券）、不动产（如房屋、车辆、土地、收藏品等）所获得的收入。包括出让财产使用权所获得的利息、租金、专利收入；财产营运所获得的红利收入、财产增值收益等。

利息收入：指资产所有者按预先约定的利率获得的高于存款本金以外的那部分收入。包括各类定期和活期存款利息、债券利息、储蓄性奖券和存款的“中奖”收入。利息与红利的差异：利息一般是预先约定的，与企业的经营状况无关，而红利的多少与企业的经营效益直接有关，一般不预先约定。利息收入是应得收入，包括银行代扣的利息所得税。

转移性收入：指国家、单位、社会团体对居民家庭的各种转移支付和居民家庭间的收入转移。包括政府对个人收入转移的离退休金、失业救济金、赔偿等；单位对个人收入转移的辞退金、保险索赔、住房公积金、家庭间的赠送和赡养等。

记账补贴：指居民家庭因承担记账工作从统计部门、工作单位和其它途径所得到的现金。不包括实物部分。

2. 城镇居民可支配收入

可支配收入：指居民家庭可用于最终消费支出和其它非义务性支出以及储蓄的总和，即居民家庭可以用来自由支配的收入。它是家庭总收入扣除交纳的所得税、个人交纳的社会保障费以及调查户的记账补贴后的收入。计算公式为：

可支配收入=家庭总收入-交纳所得税-个人交纳的社会保障支出-记账补贴

3. 城镇居民家庭总支出

家庭总支出：指家庭除借贷支出以外的全部实际支出。包括消费支出、购房建房支出、转移性支出、财产性支出、社会保障支出。支出统计是以实际购得的商品或服务的总价值填报，不论其付款方式是一次付清、分期付款，还是赊购，只要商品或服务已被消费就要按其总价值计量。如果采用分期付款或赊购形式，则要在借贷收入类相应的项目填入实付款与总的应付款的差额。

4. 城镇居民消费支出

消费支出：指居民家庭用于满足家庭日常生活

消费需要的全部支出，包括食品、衣着、居住、家庭设备及用品、交通通信、文教娱乐、医疗保健、其他等八大类。消费支出构成是按照商品或服务的用途进行分类，如果消费支出的目的与用途不一致时，必须按照用途归入相应类内。

服务性消费支出：指居民家庭用于本家庭支付社会提供的各种文化和生活方面的非商品性服务费用。不包括为别人付款的服务。服务消费与商品消费不同，其特点在于其劳动过程和消费过程在时间与空间上的统一。

财产性支出：指家庭购买或维护财产所支付的利息等有关费用。

社会保障支出：指居民家庭成员参加国家法律、法规规定的社会保障项目中由个人交纳的保障支出。不包括职工所在单位交纳的那部分社会保障金。

食品支出：指居民为摄取身体所需要的营养和满足某种嗜好而进食的各种消费品，包括在商店、集市、工作单位食堂和饮食业购买的主食、副食、烟草、酒、饮料以及干鲜瓜果、糖果、糕点、奶制品等。

衣着支出：指各种穿着用品及加工穿着品的各种材料，包括棉、麻、丝、毛和各种人造纤维、合成纤维纺织的各种布匹、呢绒、绸缎及其加工的服装，各种鞋、袜、帽及其他零星穿着用品等。

居住支出：指与居住有关的支出，包括住房、水、电、燃料方面的支出。其中的住房支出：指居民家庭用于住房的直接支出，包括房租、房屋维修支出、物业管理费、房屋装潢支出。不包括购建房支出，也不包括自有住房虚拟租金。

家庭设备及用品支出：指家庭各类日用消费品及家庭服务。包括日用耐用消费品、室内装饰品、床上用品、家庭日用杂品、家具、家庭服务。不含个人用品和服务。

交通通信支出：指用于交通和通信工具和相关的各种服务费、维修等支出。

交通：指购置交通工具及零配件、支付各种交通费、修理服务费、油料费等的支出。

通信：指家庭用于通信方面的全部支出。包括通信工具、电话费、邮费及其他通信费用。

文教娱乐支出：指居民家庭用于教育和文化娱乐方面的支出。

文化娱乐用品：指居民家庭用于购置家庭文娱用耐用消费品和其它文娱用品的支出。其中，购买家庭影院的根据其设备配置情况分别记为彩色电视机、影碟机、组合音响等。

文化娱乐服务：指和文化娱乐活动有关的各种服务费用。

教育支出：是指按一定的目的要求，对受教育者的德育、智育、体育、爱好、技能等诸方面施以影响的一种有计划的活动，与这一活动直接相关的支出即为教育支出。包括学费、教材费、家教费、赞助费、寄宿学生的住宿费等。

医疗保健支出：指用于医疗和保健的药品、用品和服务费用。包括医疗器具、保健用品、医药费、滋补保健品、医疗保健服务及其他医疗保健费用。实行医疗改革的单位，医疗基金（医保卡）支付的全部费用计入工资及补贴收入中，同时记入相应的医疗保健支出中。个人先现金支付然后到单位报销的医疗费在记入相应消费的同时，如果是在职职工则记入工资性收入，如果是离退休职工则记入离退休金中。

其他支出：指无法直接归入上述各类支出以外的个人用品和其他商品与服务支出。

其他商品：指七大类以外的个人用品和各种其他商品。

服务：指用于个人消费中的服务费，包括旅馆住宿费、理发洗澡费、美容费等。

（二）农村住户调查主要收支指标解释

1．农村居民总收入与总支出

总收入：指调查期内农村住户和住户成员从各种来源渠道得到的收入总和。按收入的性质划分为工资性收入、家庭经营收入、财产性收入和转移性收入。

工资性收入：指农村住户成员受雇于单位或个人，靠出卖劳动而获得的收入。

在非企业组织中劳动得到的收入：指农村住户成员在不具备企业性质的行政事业单位和各种组织中劳动得到的收入。包括村干部和民办教师的工资(奖金、补贴)，乡及以上行政、事业单位工作人员的工资(奖金、补贴)等。

在本地劳动得到的收入：指农村住户成员在住

户所属乡(镇)地域范围内受雇于单位或个人，靠出卖劳动而获得的收入。

常住人口外出从业得到的收入：指农村住户成员到住户所属乡(镇)地域范围以外从业得到的收入。

家庭经营收入：指农村住户以家庭为生产经营单位进行生产筹划和管理而获得的收入。农村住户家庭经营活动按行业划分为农业、林业、牧业、渔业、工业、建筑业、交通运输业邮电业、批发和零售贸易餐饮业、社会服务业、文教卫生业和其他家庭经营。

农业收入：指包括谷物种植业，豆类和薯类作物种植业，棉、麻等植物性纺织原料种植业，油料、糖料作物种植业，烟草种植业，药材种植业，蔬菜、瓜类作物种植业，饲料作物种植业，茶、桑、果树种植业。

种植业收入：是指农村住户当年从承包地和自营地上收获的粮食、经济作物、蔬菜、茶叶、水果、水生植物（如菱、藕等）等的主产品和副产品的全部收入。但生产用的绿肥和青饲料不作为收入，用来沤肥的副产品以及野生植物的采集和家庭兼营商品性手工业不作为种植业收入。

林业收入：是指农村住户当年采伐竹木收入、出售树苗和从人工栽培的竹林上不经砍伐而取得的各种林产品收入，如生漆、棕片、五倍籽、松脂、紫胶、竹笋、油桐籽、油茶籽、乌桕籽、核桃、各种林木子实，以及修剪竹木枝叶（荆条、柳条、蒲葵叶）等等；包括野生林木的采集产品收入；但不包括桑叶、茶叶、水果、花卉，它们算在种植业收入中。

畜牧业收入：是指农村住户当年出售、屠宰的畜禽、小动物和畜禽产品收入。包括家畜（仔畜、架子猪也包括在内）、家禽（包括幼禽）及其他小动物收入；也包括出售鹌鹑、鸽子等收入，按出售和屠宰的产品计算。畜禽的繁殖和增重，不计算收入；活的家畜、家禽及其他小动物的产品（如蛋类、羊毛、蜂蜜、蜂蜡等）收入，按全部产品计算；动物屠宰和死后的畜产品（如猪鬃、羊皮、蚕茧等）收入，按全部产品计算。牧区和半牧区农民出卖大牲畜的收入，应作为畜牧业收入；农户出售肉牛的收入和专门饲养大牲畜出售的收入应作为畜牧业收入，但变卖属于固定资产的役畜的现金收入，不能作为牧业收入，而应计算在出售财物收入中；包括野生动物的狩猎及其产品的采集收入。

渔业收入：是指农村住户当年捕捞天然水生的和人工养殖的鱼、虾、蟹、贝、藻类等淡水水产品和海水水产品的全部收入。包括养殖观赏鱼类的收入。

工业收入：是指农村住户的个体企业（有固定场所和生产设备、有专业生产劳动力，年内生产三个月以上）利用手工和机械进行自然资源开采，农副产品，工业品加工和修理以及从事手工业(手工业指依靠手工劳动,使用简单工具从事的工业性生产活动，包括各种制作、刺绣、编织、雕刻、加工等手工业。)所得全部产品收入，来料加工的产品，按加工费计算收入。自制自用的产品不计收入。

建筑业收入：是指农村住户成员当年从事房屋或建筑物的新建和维修以及设备安装所得到的劳动报酬,参加国家举办的基本建设工程所得到的收入。

交通运输业、邮电业收入：是指农村住户成员当年从事对本户以外的单位或个人进行货物运送、旅客运送及从事邮电行业活动的收入。

批发和零售贸易、餐饮业收入：是指从事批发贸易、零售商业和餐饮业活动的收入。

社会服务业：是指从事于日常生活及社会公共服务等服务活动的收入。包括从事社会服务业、金融保险业、房地产管理、旅馆、车店、理发、照相、洗染、缝纫、修理、导游等收入。

文教卫生业：指在文教卫生等单位从事有关活动的收入。如在教育、文化艺术事业、广播电视业从事有关活动的收入；在体育事业单位、体育设施管理单位、体育队、体育训练机构等从事体育活动的收入；在医疗、防治、检疫及其他卫生事业的收入等。

财产性收入：指金融资产或有形非生产性资产的所有者向其他机构单位提供资金或将有形非生产性资产供其支配，作为回报而从中获得的收入。

转移性收入：指农村住户和住户成员无需付出任何对应物而获得的货物、服务、资金或资产所有权等，不包括无偿提供的用于固定资本形成的资金。一般情况下，是指农村住户在二次分配中的所有收入。包括在外人口寄回和带回、农村外部亲友赠送、救济金、保险赔偿收入、退休金、土地征用补偿收入等。

总支出：是指农村住户全年用于生产、生活和再分配等方面的全部实际支出。包括家庭经营费用支出、购置生产性固定资产支出、税费支出、生活消费支出、转移性支出和财产性支出。

家庭经营费用支出：指农村住户以家庭为基本生产经营单位从事生产经营活动而消费的商品和服务、自产自用产品。所消费的未计算为住户收入的自产自用产品，不计算为费用支出；库存的化肥、农药也不计算为本期费用支出。

农业生产支出：指用于农业生产活动费用。如种籽、肥料、农药、小农具购置和修理、油料费、耕畜的饲料、饲草费、机耕费、排灌费、电费等，此外还包括家庭兼营商品性手工业等所支付的有关费用。

种植业生产支出：是指种植各种农作物所支付的生产费用。如种籽、肥料、农药、小农具购置和修理、油料费、耕畜的饲料、饲草费、机耕费、排灌费、电费等。

林业生产支出：是指经营林业生产而支付的费用。如树种、树苗、肥料、农药、电费及小型工具的购置维修等开支，但不包括林业的基本建设投资。

牧业生产支出：是指经营牧业生产所支付的费用。如购买仔畜（包括架子猪）、幼禽支出；肉用牛、羊的饲料、饲草支出；生猪、家禽等的饲料、燃料、防疫医疗费；电费和小型用具购置、维修等支出。但耕畜的饲料费应列为“种植业生产费用支出”。

渔业生产支出：是指养殖水生动物、培养海藻和捕捞生产过程中的开支。包括鱼苗、饵料、电费以及小型渔具和用具的购置、维修及油料费等支出。但不包括添置的固定资产支出。

工业生产支出：是指进行工业生产所支付的生产费用。包括工业生产耗用的原料、燃料、电费及小型工具的购置、维修等开支，还包括来料加工产品所耗用的燃料、电费，但不包括自产自用和来料加工产品所耗用的原材料。

建筑业生产支出：是指为了从事本户以外的房屋或建筑物的新建与维修以及设备安装而耗用的建筑材料、电器设备、燃料、电费以及小型工具的购置、维修等开支。

交通运输业生产支出：是指为从事对本户以外单位或个人进行货物运送和旅客运送所耗用燃料和小型工具的购置、维修等开支。

批发和零售贸易、餐饮业生产支出：是指从事批发贸易、零售商业和餐饮业活动时所购买的生产用具支出、租用铺面支出、帮工工资支出、燃料支出、电费支出及其他费用开支。

社会服务业生产支出：指用于包括金融保险业、房地产管理、旅馆、车店、理发、照相、洗染、缝纫、修理、导游等日常生活及社会公共服务等服务活动的费用支出。

文教卫生业生产支出：指在文教卫生等单位从事有关活动的支出。如在教育、文化艺术事业、广播电视业从事有关活动的支出；在体育事业单位、体育设施管理单位、体育队、体育训练机构等从事体育活动的支出；在医疗、防治、检疫及其他卫生事业的支出等。

其他家庭生产经营支出：是指上述各项家庭经营费用支出以外的其他支出，包括各项劳务所支出的费用。

购置生产性固定资产支出：指农村住户用于建造和购置生产性固定资产所支出的费用。

税费支出：是指农村住户从事生产经营活动以现金和实物形式缴纳的各种税费。

消费支出：指农村住户用于物质生活和精神生活方面的消费支出。消费支出分为食品支出、衣着支出、居住支出、家庭设备及用品支出、交通通信支出、文教娱乐支出、医疗保健支出、其他支出。

食品支出：指农村居民年内消费各类食品支出。包括主食、副食、其他食品、在外饮食和食品加工费支出。

衣着支出：指农村住户用于各种穿着用品及加工穿着用品的材料支出。包括棉花、丝棉、化纤棉、驼毛、棉布、各种化纤布、绸、缎、呢绒、各类成衣、棉、毛、丝、麻纺织品，背心、汗衫、棉毛衫裤、卫生衫裤、袜子等针织品，毛线、毛线织品、各种鞋、帽等消费品及衣着的加工修理费(指农村住户为加工或修补服装、鞋帽等衣着所支付的服务费)。但不包括用各种布料做的床上用品，室内装饰品。

居住支出：指与农村住户居住有关的所有支出。包括新建(购)房屋、房屋维修、居住服务、租赁住房所付的租金、生活用水、生活用电、用于生活的燃料等支出。

家庭设备及用品支出：指农村住户消费的各种耐用消费品、其他家庭用品及用品的加工修理费用。

交通通信支出：指农村住户用于交通和通讯的工具、各种服务费、维修费用支出。

文教娱乐支出：指农村住户用于文化、教育、娱乐方面的支出。包括文化教育娱乐用品支出和文化教育娱乐服务支出。

医疗保健支出：指农村住户用于医疗和保健的药品、医疗器械和服务费用。包括医药卫生保健用品、医疗保健服务费和医疗卫生设备、用品加工修理费等。

其他支出：指上述各类支出以外的商品和服务支出。

财产性支出：为获得其他住户财产(包括无形资产)的使用权而支付的各种费用。

转移性支出：指农村住户和住户成员没有获得任何对应物而支出的货物、服务、资金或资产所有权等，不包括无偿提供的用于固定资本形成的资金。一般情况下，指农村住户在二次分配中的所有支出。

2. 农村居民现金收入与支出

现金收入：指农村住户和住户成员在调查期内得到以现金形态表现的收入。按来源分成工资性收入、家庭经营现金收入、财产性收入、转移性收入。

现金支出：指农村住户在调查期内用于生产、生活和再分配所支付的现金。包括家庭经营费用支出、缴纳的税费、购买生产性固定资产、生活消费、财产性和转移性支出。

3. 农村居民纯收入

纯收入：指农村住户当年从各个来源得到的总收入相应地扣除所发生的费用后的收入总和。纯收入主要用于再生产投入和当年生活消费支出，也可用于储蓄和各种非义务性支出。“农民人均纯收入”按人口平均的纯收入水平，反映的是一个地区或一个农户农村居民的平均收入水平。计算方法：

纯收入＝总收入－家庭经营费用支出－税费支出－生产性固定资产折旧－农村内部亲友赠送

三、分组等指标

（一）收入五等份分组方法

是将所有调查户按人均可支配收入水平由低到高排队，按20%、20%、20%、20%、20%的比例依次分成为：低收入组、中间偏下收入组、中间收入组、中间偏上收入组、高收入组五组。

（二）四大经济区域

东部地区：包括北京、天津、河北、上海、江苏、浙江、福建、山东、广东、海南10个省（市）。

中部地区：包括山西、安徽、江西、河南、湖北、湖南6个省。

西部地区：包括内蒙古、广西、重庆、四川、贵州、云南、西藏、陕西、甘肃、青海、宁夏、新疆12个省（区、市）。

东北地区：包括辽宁、吉林、黑龙江3个省。

（三）基尼系数

指在全部居民收入中，用于进行不平均分配的那部分收入占总收入的比例。基尼系数最大为“1”，最小为“0”。前者表示居民之间的收入分配绝对不平均，即100%的收入被一个单位的人全部占有；而后者则表示居民之间的收入分配绝对平均，即人与人之间收入完全平等，没有任何差异。通常这两种情况在实际生活中不会出现。因此，基尼系数的实际数值只能介于0～1之间。本书中，基尼系数使用住户收支与生活状况调查的全部样本人均可支配收入的分户数据计算。

（四）中位数

人均可支配收入中位数，指将所有调查户按人均可支配收入水平从低到高顺序排列，处于最中间位置调查户的人均可支配收入。